GENERATIONENSERVICE

FAMILIEN GUIDE 2009

HERAUSGEBER Dr. Marion Breiter-O´Donovan
REDAKTION Dr. Marion Breiter-O´Donovan, Barbara Duras, Doris Simhofer, Astrid Bartholomäus
REDAKTIONELLE KOORDINATION Marion Kaiser
PROJEKTLEITUNG Dr. Edith Lehbauer
ARTDIRECTION Regina Lorenz
COVER Olga Solovei/fotolia.de
FOTOS Adams Kids/prshots.com – Girls sparkle bow t-shirt from £5.99/g8.99 (S. 195), Airfrance (S. 164), BangOlufsen (S. 246), Lukas Beck (S. 297), Bene (S. 382), BGL (S. 162), Blaue Lagune (S. 306), ClickPop/fotolia (S. 358), DAK/Wigger (S. 364), Debenhams/ pr–shots.com – Spot ruched tankini £14 - £16/g21.50 - g25, Stripe ruched tankini £14 - £16/ 21.50-25 (S. 160), Dimo Dimov (S. 75), Dotcomgiftshop/prshots.com – Kids Umbrella with Pink & White Spots Design, £6.95 (S. 285), A. Dreher (S. 157), Elefanten (S. 202), Irina Fischer/fotolia (S. 357), Forum Trinkwasser (S. 341), French Connection/prshots.com (S. 200), Wojciech Gajda/fotolia (S. 304), Henkel (S. 23), S. Hofschlaeger (S. 158), Ikea (S. 316, 319), Clemens Kois (S. 67), Landwirtschaftskammer Österreich (S. 165), Rémi Leblond/fotolia (S. 124), Lego (S. 22), LernSpielZwerge (S. 340), Günther Linshalm (S. 65), Bill Lorenz/ Blaue Lagune (S. 307), Johannes Markovsky (S. 74), Matalan (S. 198), Matalan/prshots.com – jacket £6/£7, long sleeve jersey top £3/ £4, embroidered £6/£7, shoes £6 (S. 196), Mini Mode/prshots.com (S. 199), Mobilkom Austria (S. 129), Molly n' Jack/prshots.com (S. 201), Monkey Business/fotolia (S. 253), Öamtc (S. 148), Obs/CMA Informationsbüro Deutscher Käse (S. 360), obs/Deutsches Jugendherbergswerk (S. 20), obs/Kamps AG (S. 227), obs/ LTUR (S. 166), obs/Rama (S. 228), obs/SodaClub (S. 18), Rolf Plühmer /pixelio.de (S. 308), Procter u Gamble Service GmbH (S. 153), Rosenthal (S. 223), s Versicherung (S. 291), Meike Sasse (S. 75), Christian Schneider (S. 67), Spielefest (S. 24), stokke (S. 303, 314, 318), sxc.hu (S. 17, 123, 127, 128, 130, 143, 144, 146, 147, 159, 163, 226, 229, 230, 241, 245, 247, 251, 267, 268, 270, 286, 288, 290, 337, 338, 342, 343, 361, 362, 363), Marzanna Syncerz/fotolia (S. 242), Techniker Krankenkasse (S. 224), Tyrosur (S. 289), Ubisoft (S. 21), UPC (S. 126), Vibel (S. 317); Archiv, beigestellt
BILDBEARBEITUNG Bernsteiner & Partner GmbH., 1130 Wien

LEKTORAT Susanne Drexler
DRUCK & BUCHBINDER Holzhausen Druck & Medien Gmbh., 1140 Wien
VERTRIEB Othmar Edelmann GmbH, Friesenplatz 8–9, 1100 Wien
BESTELL-HOTLINE www.kgv.at oder Tel.: +43/1/298 88 88-0 oder Fax: DW 7

Medieninhaber: KGV Marketing- und VerlagsgesmbH, Altmannsdorfer Straße 104, A-1120 Wien, Tel.: +43/1/298 88 88, Fax: +43/1/298 88 88 DW 7, www.kgv.at

GESCHÄFTSFÜHRUNG Germanos Athanasiadis
VERLAGSLEITUNG Michael Stein
SEKRETARIAT Susanna Gratzer (DW 223 30)
MARKETING Alexander Post
ANZEIGEN Ilse Böhm, Dr. Edith Lehbauer, Giulia Stein, Michael Stein, Carola de Wall, Sascha Zelenka
ANZEIGENGRAFIK Regina Lorenz

ISBN 978-3-902645-21-0 VERKAUFSPREIS 9,90 EURO

STORCK
Part of Your Worl
nimm2
Orangen- und Zitronenbonbons mit wertvollen Vitaminen
nimm2 soft
Gefüllte Kaubonbons mit wertvollen Vita
nimm2 Lolly
mit wertvollen Vitaminen
Neu
Mit Fruchtsaft
80 g 8 Stück
Schau vorbei auf:
www.nimm2.at
Vitamine und Naschen

Strahsenban
Strassenbann
Strahsenbahn
Strasenban
Strassenban
Strassen
Kann ich nicht einfach
Bim schreiben?
WIENER LINIEN
Die Stadt gehört Dir.
DRAFTFCB · KOBZA
www.wienerlinien.at

Die Zeit genießen

Marion
Breiter-O'Donovan

„Weißt du, wir wollen nur ein Kind, damit wir uns mehr leisten können", vertraute mir unlängst eine Freundin an. Eine andere meinte: „Ich gehe jetzt wieder arbeiten, sonst können wir den Hausbau vergessen." Gerade in Zeiten der wirtschaftlichen Unsicherheit wird es immer schwieriger, eine Familie zu ernähren und mit allem auszustatten, was zum heutigen Leben gehört. Dabei ist für manche die Villa mit Pool eine Minimumanforderung, andere kämpfen darum, die Wohnung kuschelig warm zu halten. Nicht umsonst ist der Begriff „Luxus" sehr individuell besetzt und hat sich über die Jahrtausende mit dem jeweiligen gesellschaftlichen Umfeld stark gewandelt. So galt es im 19. Jahrhundert als absoluter Luxus, fließendes Wasser im Haus zu haben. Heute drehen wir den Wasserhahn auf, und schon sprudelt das kostbare Nass – wir denken gar nicht weiter darüber nach.

Luxus wird meist durch das definiert, was man nicht hat. In unserem Kulturkreis ist die am weitesten verbreitete und auffälligste Mangelware: Zeit. Hand aufs Herz – um unseren Lebensstil zu ermöglichen, hetzen wir uns ganz schön ab. Nicht weiter verwunderlich, dass Zeit neben Gesundheit und Glück zum höchsten Gut wird.

Wann haben Sie zum letzten Mal innegehalten und sich bewusst Zeit „genommen"? Nein, nicht beim Anfüllen der Waschmaschine oder im Auto an der roten Ampel oder abends vor dem Fernseher. So richtig, ohne sich durch andere Tätigkeiten ablenken zu lassen. Wann haben Sie in sich hineingehorcht, Ruhe gefunden, Kraft getankt? Das Leben mit Kindern kann unglaublich viel fordern. Jeden Tag gilt es Neues zu meistern. Sind Mutter oder Vater aus dem Lot, spüren das die Kinder – oft bevor es die Eltern selbst bemerken. Schon aus diesem Grund ist es nicht purer Luxus, sich Zeit für sich selbst zu nehmen, sondern Notwendigkeit in einem erfüllenden Leben mit Kids.

Wer im Einklang mit sich selbst und seiner Umgebung ist, kann den Kindern Halt und Sicherheit geben. Auf dieser Basis kann sich ein starker Mensch entwickeln, der sein Leben aktiv in die Hand nehmen wird. Denn heute gibt es mehr denn je Wahlmöglichkeiten. Das beginnt bei der guten Ausbildung und geht bis zu umfassenden Angeboten, die Welt auf Reisen zu entdecken. Wir schöpfen aus einer Bandbreite an Optionen wie keine Generation vor uns.

Wofür es anno dazumal ein Angebot gab, gibt es heute viele. Eltern haben daher täglich Entscheidungen zu treffen, die von ganz kleinen bis hin zu großen gehen. Bei vielen dieser Entscheidungsfindungen wollen wir Sie unterstützen. Wir haben hunderte Tipps und Adressen für Sie zusammengestellt, die in vielen Belangen des täglichen Lebens mit Kindern zwischen drei und zwölf Jahren Antworten auf Fragen geben. Sei es, dass Sie Infos für die Zusammenstellung der Kindergarderobe suchen oder für die Auswahl des passenden Schultyps, für die nächste Familienreise oder für die Freizeitgestaltung. Wir haben uns bemüht, einen österreichweiten Querschnitt der Dienstleister, Geschäfte, Freizeitbetriebe etc. zu bieten. Dass dieser nicht lückenlos ist, versteht sich von selbst. Sonst wäre Ihr FAMILIEN GUIDE unvergleichlich dicker. Bei unseren Tipps handelt es sich um Empfehlungen, die auf eigenen Erfahrungen, aber auch auf Recherchen fußen und in diesem Sinne das Besondere widerspiegeln sollen.

Wir hoffen, dass Sie im neuen FAMILIEN GUIDE viele, viele Antworten auf Fragen finden und dass er mit der einen oder anderen Passage auch zum Nachdenken, Reflektieren und Innehalten anregt. Weil unsere Zeit so kostbar ist, dass wir sie mit voller Kraft erleben wollen.

Ihre

Dr. Marion Breiter-O'Donovan

Herausgeberin

Saftig
kleckern
frisch saftig steirisch
Finanziert mit Unterstützung
der Europäischen Gemeinschaft
frischsaftig
steirisch
www.frisch-saftig-steirisch.at
Äpfel aus der Steiermark

FREIZEIT

Spielen und Co.

Das Angebot an Freizeitmöglichkeiten für Kinder, aber auch für Familien ist breit.

Unterhaltungsmöglichkeiten gibt es heute nicht nur für die Eltern, sondern mehr und mehr auch für die Kids. Sei es, dass Kinderpartys in einer Location oder mit Animation gefeiert werden, dass Kultur in fertigen Programmen „zum Angreifen" erlebt wird oder dass in regelmäßigen Kursen Hobbys ausgeübt werden.

Mit einem Wort: Das Angebot ist toll. Es ist vielfältig, es ist umfangreich, es ist breit gefächert, es ist (mehr oder weniger) erschwinglich. Kinder werden gefördert und gefordert, wenn sie mit der Familie oder allein die für sie interessantesten Programme nutzen. Denn sie kommen dabei nicht nur mit neuen, spannenden Themen und Inhalten in Berührung und erfahren so vieles über die Welt, sondern sie lernen auch, sich auf neue Menschen und Situationen einzustellen und damit umzugehen.

Denken wir zum Beispiel an eine Erlebnisführung im Museum: Kinder kommen in eine für sie neue Umgebung, sind für 45, 60, 90 Minuten mit einer Gruppe ihnen unbekannter Kinder und einer Betreuerin / einem Betreuer konfrontiert, sehen, hören, erfahren Neues und sollen sich an der (spielerischen) Erarbeitung der Inhalte aktiv beteiligen – die Bewältigung einer heute selbstverständlichen Situation wäre für die Kids der letzten, vorletzten Generation eine wesentlich größere Herausforderung gewesen.

Die Kinder von heute entwickeln damit ihr Selbstbewusstsein. Generell sind Kids viel offener, aber auch unerschrockener als anno dazumal. Sie gehen auf andere Menschen zu und getrauen sich, auch gegenüber Erwachsenen Standpunkte einzunehmen und ihre Meinung zu äußern. (Manchmal sind die Erwachsenen fast vor den Kopf gestoßen, wie „unerschrocken" die Kids von heute auftreten – wenngleich das natürlich gut und richtig ist.)

Gemeinsam die Welt entdecken: Ein Familienausflug macht besonders viel Spaß!

GEMEINSAM IST DOPPELT SO SCHÖN

Ihre Meinung äußern Kinder auch, was die Gestaltung des Familienprogramms betrifft. Die Eisenbahn-Fans klappern die entsprechenden Museen ab, kleine Künstler erfreuen sich an Kunstprogrammen mit der Möglichkeit zum Selbermachen, und an Naturkunde Interessierte erforschen Höhlen oder schürfen Amethyste. Freizeit kann heute sehr individuell verbracht werden, denn schließlich gibt es ausreichend Möglichkeiten, aus denen das passende Unterhaltungsangebot herausgegriffen werden kann.

Das gilt für die Kids, aber auch für die gesamte Familie. Denn neben der Flut an Ballett-, Basketball-, Gymnastik-, Ski-, Schwimm- und anderen Kursen, mit denen die Stundenpläne der Kids vollgestopft werden, steht auch am „freien" Wochenende für die ganze Familie rund um die Uhr Beschäftigung am Programm. Decken sich die Interessen der einzelnen Familienmitglieder, ist es fein. Wenn nicht, gilt es Kompromisse zu finden. Manchmal hilft es, Papa, Mama und die Kinder reihum „bestimmen" zu lassen, was gemeinsam unternommen wird. Die Betonung liegt auf „gemeinsam", denn was gibt es letztlich Schöneres, als sich für einander Zeit zu nehmen und etwas als Familie zu erleben?

Dies kann übrigens nicht nur in Form vorgefertigter Programme bereichernd sein, sondern auch bei einem Spiel- und Bastelnachmittag zu Hause. Gesellschaftsspiele liegen nicht umsonst wieder im Trend – seien es Klassiker, Karten-, Geschicklichkeits- oder Würfelspiele. Besonders aktuell sind Stragegiespiele und anspruchsvolle Spiele auch mit komplizierten Regeln sowie Games mit überraschenden Effekten durch Magneten oder Elektronik.

Diese sind auch beim Spielzeug gefragt. So bewegen Puppen nicht nur die Arme und Beine, sondern halten mittels Magneten ihre Bettdecken fest, reagieren auf ihren Namen oder bekommen ihre ersten Zähne. Eisenbahnen drehen heute ganz selbstverständlich ihre Runden auf den Schienensets, kleine Ponys singen und tanzen und bewegen dabei die Lippen, Katzen schnurren und Einhörner leuchten und machen Musik – den Möglichkeiten sind kaum Grenzen gesetzt.

Kein Kinderzimmer mehr ohne elektronisches Spielzeug: Aber auch hier kann man etwas lernen.

FASZINATION DER ELEKTRONIK

Elektronisches Spielzeug liegt mehr denn je voll und ganz im Trend. So werden zum Beispiel „Hunde“, die je nach Gemütslage blinken und leuchten, an den CD- oder MP3-Player angeschlossen und mit der Lieblingsmusik des „Frauchens" oder des „Herrls“ gefüttert. Gut gelauntes Wedeln und Ohrenwackeln belohnt sozusagen den Besitzer. Während das musikalische Hündchen noch ein Exote ist, gehören Gameboys schon ganz selbstverständlich in jedes Kinderzimmer. Mit Bedacht eingesetzt, haben sie durchaus positive Lerneffekte. Insbesondere Spiele, die das Gehirn trainieren, den Spracherwerb fördern oder Mathe zum Kinderspiel machen, haben wünschenswerte Lerneffekte.

Aber auch unterhaltsame Spiele, wie es sie zum Beispiel von Ubisoft gibt (siehe dazu auch unseren Adressteil), haben ihre Berechtigung. Damit lernen Kinder, wie man einen Bauernhof erfolgreich bewirtschaftet, oder auch, wie man als Lehrer arbeitet, wie man Tiere betreut und für ihre Ernährung sorgt und vieles mehr. Auch Strategiespiele jenseits von Kriegs- und anderen Kampfspielen sind empfehlenswert.

Kreativität gefragt: Neue Spielesets sorgen dafür, dass bereits vorhandenes nicht an Attraktivität verliert.

Neben dem Gameboy und dem Computer halten auch die Wii-Konsole (bei der durch die eigene Bewegung die Figur auf dem Screen gesteuert wird, sodass wenigstens bis zu einem gewissen Grad Aktivität des Spielers gefordert ist), Playstation und X-Box eine breite Palette an Spielen bereit – wichtig ist auch hier die bewusste Auswahl. Wer Kids als Krieger ins Spiel schickt, darf sich über unerwünschte Auswirkungen auf das Verhalten der Kleinen nicht wundern. Ebenso unerlässlich: zeitliche Vorgaben an die Kinder. Wer die Nase nur noch vor einem „Kastl" hat, wird einseitig in der Entwicklung und in vielen Facetten absolut unzureichend gefördert. Eine Skiabfahrt in der virtuellen Realität der Wii-Konsole kann daher die „echte" nie und nimmer ersetzen!

KLASSIKER AM SPIELTEPPICH

In diesem Sinne sollte neben der Elektronik das gute alte Spielzeug seinen festen Platz in der Spielecke haben. Holz ist heute wie eh und je das hochwertigste Material für Puppenhaus, Kaufmannsladen oder Bauklötze, bei den Kindern steht aber Kunststoff seinem hochwertigen „Kollegen" in der Beliebtheit um nichts nach. Wichtig ist in jedem Fall, dass das Spielzeug mit Bedacht ausgewählt wird. Nicht mehr vom Gleichen, sondern Abwechslung lautet die Devise. Wer mit neuen Spielesets auch die vorhandenen Spielsachen wieder spannend findet, beschäftigt sich gern immer wieder aufs Neue damit. Dabei ist Aktivität statt passives Knöpfedrücken gefragt. Kids sollen selbst gestalten können, dann werden ganz spielerisch Fantasie und Kreativität angeregt. Und genau darum geht es ja, wenn man Kinder in der Freizeit sinnvoll beschäftigt wissen möchte!

FAMILY-TIPPS

So gestalten Sie die gemeinsame Familienfreizeit

- **Nehmen Sie auf die Interessen aller Familienmitglieder** Rücksicht. Sind diese sehr unterschiedlich, bestimmt einmal der, einmal der, was gemeinsam unternommen wird.
- **Planen Sie „faule Nachmittage" ein:** Jeder braucht mal Zeit für sich, auch Kinder. Nur so lernen Kids, sich auch allein zu beschäftigen und zur Ruhe zu kommen. Besonders im Sinne der Drogenprävention ist dies sehr, sehr wichtig!
- **Feiern Sie Feste im Jahreskreis:** Kinder brauchen die Orientierung. Dazu trägt die Begrüßung der Jahreszeiten bei. Frühlings-, Sommer-, Herbst- und Winterfeste können in der Familie, aber auch mit Freunden begangen werden. Auf einem Spaziergang werden passende Dekostücke aus der Natur gesucht und im Zimmer arrangiert, Geschichten, Spiele, Rezepte etc, findet man in den entsprechenden Familienbüchern.
- **Geburtstage sind für Kinder besondere Feste.** Vor allem der eigene, der mit Freunden, aber auch mit der Familie groß gefeiert wird. Dekos wie Kerzenketten, die jedes Jahr um ein Glied länger werden, werden zu lieben Gewohnheiten und können für alle Familienmitglieder verwendet werden. Kinderpartys gut planen, um Stress zu vermeiden. Immer beliebter werden Feiern in Locations mit fertigen Pogrammen, sodass die Party von zu Hause ausgelagert wird. Empfiehlt sich vor allem für Gastgeber mit kleinen Wohnungen und für ältere Geburtstagskinder. Kleine sind in der vertrauten Umgebung sicherer. Tipp: Nicht zu viele Kinder einladen, eine Faustregel besagt, immer so viele Gäste einzuladen, wie das Kind Jahre alt wird.

Bei der Gastaltung der Familienfreizeit ist darauf zu achten, dass jeder einmal bestimmen darf, was unternommen wird.

Gesellschaftsspiele gibt es unzählige – beim jährlichen Spielefest kann man vor dem Kauf Probe spielen.

- **Gesellschaftsspiele:** Spielenachmittage sind für Kinder und Eltern eine entspannende, aber auch anregende Form der Freizeitgestaltung. Das Gemeinsame steht im Vordergrund, man nimmt sich Zeit füreinander, ohne hektisch von Ort zu Ort zu hetzen, und in Form von Lernspielen kann das Kind auch noch ganz nebenbei gefördert werden. Speziell im Winter eine schöne Freizeitbeschäftigung. Wer Spiele vor dem Kauf testen möchte, kann zum Beispiel beim jährlichen Spielefest in Wien nach Herzenslust Probe spielen. Auch in Fachgeschäften wird man gut beraten, welches Spiel für welches Kind geeignet ist (Interessen und Charakter beachten), und auch im Internet gibt es Plattformen zum Thema.
- **Elektronische Spiele als Familienspiele:**
  Wii: Die Kombination von Computerspiel und Bewegung macht das virtuelle Vergnügen komplett. Denn die Figuren auf dem TV-Bildschirm werden beim Sport, bei Fitnessprogrammen, bei der Tanzparty etc. durch die eigenen Körperbewegungen gesteuert.
  Gameboy: Auch das Brettspiel hat mittlerweile den Weg auf die Konsole gefunden – so gibt es tradionelle Spiele zum Beispiel aus dem Ravensburger Verlag auch für Nintendo. Aber auch Gedächtnis-, Logik-, Wortschatztraining ist für Kids sowie ihre Eltern und Großeltern zu empfehlen. Bis hin zu Yoga gibt es allerlei Spannendes zu erlernen und erleben. Manche Spiele können auch gemeinsam gespielt werden.

Wo fallen
kleine Helden weicher?
Unter den Flügeln des Löwen.
80 % aller Unfälle passieren in der Freizeit – bei Spiel, Sport und zu Hause. Wussten Sie aber, dass Ihr Kind nur in der Schule oder auf dem Schulweg gesetzlich unfallversichert ist? Damit es Ihrem kleinen Helden auch dann an nichts fehlt, wenn sein Höhenflug einmal zur Bruchlandung wird, gibt es die Generali Kinder-Unfallvorsorge.
PAX TIBI MAR CE E VAN GELI STA MEVS
GENERALI
GRUPPE
Nähere Infos unter http://gesund.generali.at oder 0800 20 444 00.

Spieletest.at

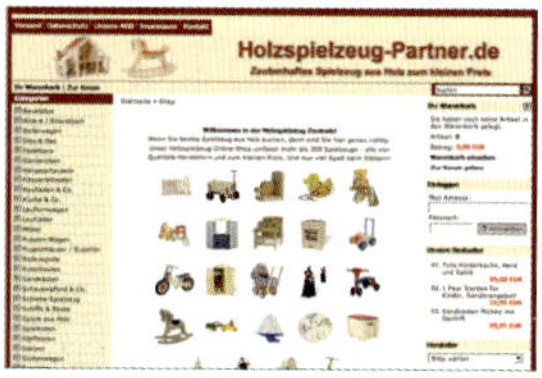

Holzspielzeug Partner

▸ INFORMATIONEN

NINTENDO.DE

Infos über neue Spiele und Trends sowie Hintergrundinfos für die Eltern. Diese können den Eltern-Newsletter abonnieren, der über E-Mail zugestellt wird. Der „Club Nintendo" winkt mit Vorteilen im „Sterne-Katalog".

PLAYSTATION.AT

Eine Plattform, auf der man nicht nur Infos über gängige Spiele und einen Release-Kalender, sondern auch ein Playstation-Network für echte Fans findet.

SPIELETEST.AT

Auf der Homepage können sich Eltern und Kinder über Spieleklassiker oder -neuheiten informieren. Vorgestellt bzw rezensiert werden Brett- und Computerspiele, aber auch Neuigkeiten sind hier abrufbar. Eine gute Plattform, um sich einen Überblick über das breite Spieleangebot zu machen!

ULTIMATE GAME AWARD

www.ultimate-game-award.at

Eine schier unerschöpfliche Informationsquelle für alle Spieleinteressierten. Dabei können die jeweiligen Spiele des Jahres mit Beschreibungen ebenso abgerufen werden wie ausgezeichnete Spiele aus dem Fantasy-Bereich und digitale Spiele, die mit dem „Ultimate Game Award" prämiert wurden. Bei Letzteren handelt es sich um pädagogisch wertvolle und familientaugliche Computer-, Konsolen- und Handygames. Links führen zu umfangreichen Seiten rund ums Spielen (spielen.at. spielezentrum.at etc.). Perfekt, um sich in die Welt des Spielens in Österreich zu vertiefen!

YUCATA.DE

Perfekt, um sich in Spielanleitungen bekannter und interessanter Brettspiele zu vertiefen, vor dem Einkauf eine Proberunde zu spielen oder auch um online gegen andere Spiele-Fans anzutreten. Dabei ist auch eine Spielunterbrechung kein Problem, denn die Spielstände bleiben in der Datenbank bestehen. Die Registrierung ist kostenlos, auch eine Gastrunde ist möglich, um die Seite vorab zu „testen".

ÖSTERREICHWEIT & (ONLINE-)VERSAND

BOL.AT

www.bol.at

Katalog & Angebot: viele schöne, aktuelle Spiele zum Bestellen. Der Shop ist übersichtlich und gut sortiert, die sind Spielbeschreibungen informativ, sowohl was elektronische Spiele für Gameboy, Playstation etc. als auch Brettspiele betrifft.

Bei Bestellung liegen die Versandkosten innerhalb Österreichs bei 3 Euro, ab einer Bestellsumme von 20 Euro wird sogar kostenfrei geliefert.

HOLZSPIELZEUG PARTNER

www.holzspielzeug-partner.de

Katalog & Angebot: Die Holzspielzeug Zentrale bietet eine große Auswahl an hochwertigem Holzspielzeug. Neben klassischen Bauklötzen, Kaufmannsläden und Kasperltheatern nebst Figuren umfasst das beeindruckende Sortiment auch Schaukelpferde, Sandkästen, Rutschautos, Puppenwagen und -möbel – alles unter dem Motto: „Holzspielzeug muss nicht teuer sein. Aber gut!".

Kidoh

Libro

KIDOH

spielen+lernen

KIDOH

5020 Salzburg, Sterneckstrasse 31-33
Bestellhotline: 0 66 2/80 70 670
Kundendienst: 0 66 2/88 21 21
Fax: 0 66 2/88 21 21-2, info@kidoh.at
www.kidoh.at

KIDOH

Kundendienst: 0 66 2/88 21 21
www.kidoh.at

Katalog & Angebot: Ein bunter Produktreigen in einem übersichtlichen Katalog – bei Kidoh gibt es fast alles und das zu relativ günstigen Preisen. Fündig wird man hier, wenn man kleine oder große Geschenke sucht oder auch Beschäftigungsmaterial wie Tassen zum Bemalen, Vogelfutterspender-Bastelsets, Hundekekse zum Selberbacken, aber auch Schmink- und Frisurensets; Käthe Kruse ist ebenso im Programm wie Disneys Cinderella, das Holzpuppenhaus (Letzteres fällt übrigens durch seinen guten Preis auf!) ebenso wie das Mega-Küchencenter aus Kunststoff.
Service: Spezialkataloge im Jahreskreis; Versandkostenpauschale von 4,25 Euro.

LAND OF TOYS

www.landoftoys.com

Katalog & Angebot: absolut empfehlenswert für alle, die auf der Suche nach sinnvollem Spielzeug sind. In verschiedenen Rubriken von Musik über Sprachförderung bis zu Bewegung werden Spielsachen und Materialien angeboten, mit denen man Kinder in ihrer Entwicklung unterstützen kann. Auch Dinge, die sonst nicht so leicht in Geschäften zu finden sind, entdeckt man im hochwertig gestalteten Katalog bzw. auf der benutzerfreundlichen Homepage. Ein Besuch im „Land of Toys" zahlt sich aus!
Service: Versandkostenpauschale 4,90 Euro, bei einem Bestellwert über 98 Euro freie Lieferung; sperrige Artikel ab 7 Euro.

LIBRO

Alle Adressen unter www.libro.at

Shop & Angebot: Bei Libro gibt es etwas zu erleben – dafür spricht der Spielwarenbereich, der starke saisonale Schwerpunkte hat. So wird in der warmen Jahreszeit eine Fülle an Outdoor-Spielzeug von Diabolo bis zu Wurfspielen angeboten; stark vertreten sind ganz besonders vor Weihnachten, aber auch rund ums Jahr Gesellschaftsspiele verschiedener Markenerzeuger wie Ravensburger, Piatnik etc. Dabei wird mit der Spielauswahl den angesagten Trends Rechnung getragen. In diesem Sinne ebenfalls stark vertreten: Computer-, PlayStation-, Gameboy-Spiele.

JAKO-O

6960 Wolfurt, Albert-Loacker-Straße 8
Tel.: 00800/22 44 88-00
www.jako-o.at

Katalog & Angebot: Als „Schwesterfirma" von Haba bietet Jako-o entsprechend viele Produkte dieser Marke, aber auch die anderer Anbieter an. Hauptsache, die Spielsachen fördern Kinder und wecken ihre Sinne. Ganzheitlichkeit steht bei Jako-o stets im Vorder-

Livipur

grund, etwa sinnvolle Beschäftigung oder Bewegung. Auch viele tolle „Kleinigkeiten" findet man hier. Für das „Durchstöbern" des Katalogs sollte man sich Zeit nehmen – bei so vielen tollen Produkten gibt es wirklich etwas zu sehen. Auch die allgemeinen Tipps und Infos zu verschiedenen Themenbereichen verdienen Beachtung!
Service: Ware zurückzugeben oder zu reklamieren ist bei Jako-o kein Problem, Anfragen werden prompt und freundlich bearbeitet.

JOKERS
www.jokers.at
Katalog & Angebot: Jokers ist Spezialist für Restauflagen und Sonderausgaben im Internet. So werden für Kids zahlreiche CD-Roms und DVD-Roms zu Schnäppchenpreisen angeboten. Versandkostenpauschale: 4,25 Euro.

LIVIPUR KINDER.SPIEL.VERSAND GMBH UND LADEN
D-61348 Bad Homburg, Hessenring 84
Tel.: 0180/500 09 04
www.livipur.de
Katalog & Angebot: Bei Purpur wird bei der Auswahl des Angebots auf Umweltkriterien geachtet. In diesem Sinne sind die Produkte aus Naturmaterialien hochqualitativ, aber auch überaus ansprechend gefertigt. Highlights: Püppchen mit Wollhaaren, Bauernhoftiere aus Holz und die ganz und gar nicht kitschigen Verkleidungen. Liebevoll gemachtes Spielzeug, das gern auch noch für die nächste Generation aufbewahrt wird.

NECKERMANN VERSAND ÖSTERREICH
8012 Graz, Triester Straße 280
Tel.: 0 31 6/246 246
www.neckermann.at
Katalog & Angebot: Spielen, toben, kindisch sein! In der SpielWelt von Neckermann Versand Österreich finden große und kleine Kinder alles, was Spaß macht. Mit Marken wie Playmobil, Lego, Nintendo, Sony, Fisher-Price, Mattel etc. wird hier alles von Spielsachen für die Jüngsten über ein wahres Puppenparadies und Technik & Action für drinnen und draußen bis zu Gesellschaftsspielen für die ganze Familie geboten. Das komplette Spielwarensortiment kann man im Spezialkatalog „Spielwelt" und online auf www.neckermann.at/spielwelt „studieren".

RAVENSBURGER
www.ravensburger.de
Spieleneuheiten, aber auch gängige Spiele, Puzzles, Malen nach Zahlen etc. aus dem hochwertigen Sortiment des bekannten Spieleverlags können bequem via Homepage bestellt werden. Dabei gilt ein Mindestbestellwert von 10 Euro, die Versandkostenpauschale nach Österreich beträgt 3,95 Euro. Die Auflistung von „Top-Spielen", „Top-Puzzles" etc. macht die Entscheidung einfacher. Übersichtlich und angenehm gestalteter Webshop – ein Eldorado für Spielefans!

SPIELWAREN HEINZ
Filialen in Wien, Niederösterreich, Burgenland unter www.spielwarenheinz.at
Shop & Angebot: Kaum ein Kinder-(Spielzeug-)wunsch, der hier nicht erfüllt werden kann. Die bekannten Marken wie Ravensburger, Kosmos, Piatnik, Lego, Playmobil, Hasbro, Gowi, Märklin, Carrera etc. sind hier ebenso vertreten wie Produkte günstigerer Hersteller wie etwa Simba. Auch wer eine nicht zu teure Kleinigkeit sucht, wird hier fündig. Geräumige Geschäfte für ein wirklich breites

Toys R'Us

Walz-kidzz

Produktangebot, aus dem Kids nach Herzenslust wählen können. Auch an Spielen ist hier von Ravensburger und Schmidt über Zoch bis Piatnik und Kosmos die ganze Palette zu haben. Auch elektronische und Outdoor-Spielsachen findet man in den Regalen von Spielwaren Heinz.
Service: Freundliche und kompetente Beratung durch Experten.

TOYS R'US

Filialen unter www.toysrus.at
Shop & Angebot: Der Spielzeuggigant bietet eine Fülle an Produkten für Kids aller Altersstufen und sämtlicher Erzeuger. Marken wie Barbie, Fisher Price, Lego, Zapf Creation, Haba, Play-Dooh, Hasbro, Brio etc., aber auch elektronischem Spielzeug sind hier große Regalflächen gewidmet. Vom kleinen Mitbringsel über große Spielesets bis zum Fahrrad und Schaukelgerüst ist hier alles zu haben. Interessante Sonderangebote vor allem vor Weihnachten!
Service: Mit der Rückgabegarantie kann nichts mehr schief gehen – auch wenn dem Kind das ausgewählte Spielzeug nicht gefallen sollte. Im Rahmen des Kundenclubs haben treue Kunden die Gelegenheit für tolle Schnäppchen.

TRIO MÄRKTE

Filialen unter www.triospiel.at
Shop & Angebot: Die Einrichtung des Shops ist farbenfroh, lässt aber dennoch die Produkte zur Geltung kommen. Dafür sorgen die relativ breiten Gänge und die übersichtliche Präsentation. Hier macht Einkaufen Groß und Klein Spaß.
Service: Fachwerkstätten, in der Reparaturen oder Servicearbeiten am Fahrrad durchgeführt werden können, in den Märkten! Bestpreis-Garantie!

UBISOFT

http://spielefuermich.de.ubi.com
www.sophiesfreunde.de
Top-Spiele mit Lerneffekten: Speziell bei den Spielen für unter 12-Jährige zeichnet sich Ubisoft durch die gelungene Kombination von unterhaltsamen und lehrreichen Elementen aus. So lernen die Kinder bei der Babypflege, am Bauernhof oder als Lehrerin ganz spielerisch. Bei Mädchen ist die Serie Sophies Freunde, die immer einen anderen zentralen Themenbereich der Girls von heute aufgreift und in Minispielen, Aufgaben etc. umsetzt, ein Renner. Mindestens ebenso sinnvoll sind die Tierspiele rund um Hamster, Hasen, Pferde, Delfine etc. Aber auch Strategiespiele wie zum Beispiel „Die Siedler" oder Denkspiele wie „Maths Play" oder „Gehirn Training" helfen Kids auf die Sprünge. Zu haben sind die Spiele für Nintendo DS, PlayStation 2, PC etc. auch über den Online-Shop. Genaue Spielbeschreibungen und die übersichtliche Gestaltung sprechen dabei ebenso für den Einkauf per Mausklick wie interessante Sonderangebote. Die Versandkosten bei Zustellung durch die Post belaufen sich auf 3 Euro, ab einem Bestellwert von 29,94 Euro ist der Versand kostenlos.

WALZ-KIDZZ

www.walz-kidzz.at
Katalog & Angebot: preisgünstige Spielsachen und Kleinigkeiten, die Kindern Spaß machen um weniger als 5 Euro. Auch zu verschiedenen Themen wie Piraten, Polizei etc. wird eine umfassende Produktpalette geboten. Perfekt für die Kinderparty oder das Rol-

Bumfidl

Fischer Spiele

lenspiel! Wichtig ist bei Walz-Kidzz: sinnvolle Beschäftigung und dabei ein gutes Preis-Leistungs-Verhältnis. Ein übersichtlicher Katalog, in dem man gern stöbert!
Service: Versandkostenanteil 3,95 Euro.

WIEN

BANNERT

1010 Wien, Werdertorg. 14, Tel.: 01/533 25 30-0
1220 Wien, Wagramer Straße 56
Tel.: 01/203 55 89-0, office@bannert.com
www.bannert.com
Shop & Angebot: Mit 900 Quadratmetern ist Bannert das größte Spielzeuggeschäft in Wiens Innenstadt. Dementsprechend riesig ist das Angebot an Marken von Barbie und Simba über Fisher Price bis zu Lego und Playmobil. Auffallend umfangreich ist die Abteilung für Spiele, Lernspiele und Puzzles.

BUMFIDL

1070 Wien, Lerchenfelder Straße 113
Tel.: 01/522 74 82, office@bumfidl.com
www.bumfidl.com
Shop & Angebot: Der Spezialist für Jonglierartikel, Artistikbedarf und kreatives Spielzeug: Wer Einräder, Balancierbretter, Modellierballons etc. sucht, ist hier richtig..
Service: Online-Bestellung: www.bumfidl.com.

DAMAGE UNLIMITED

1060 Wien, Mariahilfer Straße 23–25 / Eingang Theobaldgasse 20, Tel.: 01/587 90 81
office@damageonline.com
Shop & Angebot: Damage Unlimited ist ein Fachgeschäft für Rollenspiele, Tabletops und Sammelkartenspiele. Zudem gibt es eine gute Auswahl an „klassischen" Brettspielen und Kinderspielen, wobei hier hauptsächlich Haba vertreten ist. Das Sortiment ist sehr gut sortiert, man findet sich leicht zurecht. Wünscht man trotzdem die Beratung eines Fachmanns, nimmt man sich viel Zeit.
Service: Es gibt einen kundenfreundlichen Online-Shop unter http://www.damage-unlimited.com. Hier sind besonders schön gestaltete Geschenkgutscheine erhältlich.

DAS SPIELZEUG

1010 Wien, Ringstrassen–Galerien / Top 101
Tel.: 01/512 56 10
1160 Wien, Thaliastraße 78, Tel.: 01/486 41 20
dasspielzeug@aon.at
www.dasspielzeug.at
Shop & Angebot: Das Spielzeug ist ein Familienunternehmen in der 3. Generation, dessen Kompetenz sich auf über 45-jährige Erfahrung gründet. Die im 16. Bezirk mehr als 350 Quadratmeter große Gesamtverkaufsfläche ermöglicht es, Dreiräder, Fahrräder, Tret- und Elektroautos, aber auch Gartenspielgeräte wie Rutschen, Schaukeln und Spielhäuser mit kompetenter Beratung anzubieten. Als Sammler (Bären, Puppen etc.) findet man hier nicht nur eine große Auswahl, sondern auch ein tiefes Verständnis für seine Leidenschaft. Und in den Ringstrassen-Galerien ist Das Spielzeug ein hübsches Innenstadtgeschäft mit einem umfangreichen Angebot.

FISCHER SPIELE

1220 Wien, Donauzentrum, Wagramer Str. 94,
Tel.: 01/203 02 03-0
1130 Wien, Hietzinger Hauptstr. 22/Ekazent,
Tel.: 01/877 61 00-1310 oder 1311
1190 Wien, Obkirchergasse 37–39,
Tel.: 01/320 33 43- 1910 oder 1911,
spiele@fischerimnetz.at

Fly High

Fischer Spiele & Design in der SCN,
1210 Wien, Ignaz-Köck-Str. 1, Tel.: 01/890 12 10, scn@fischerimnetz.at
www.fischerimnetz.at
Shop & Angebot: Die Aufmachung der Filialen in Orange, Rot und Mint ist eine freundliche Umgebung für viele schöne Spielsachen von Videospielkonsolen bis zu alternativen Spielsachen aus Holz. Unter den vertretenen Marken gibt es im Kreativbereich Geomag, Hama, Lego, Matador, Playmobil, Revell, im Elektronikbereich Nintendo, Sony, V Tech, an Funkautos und Autobahnen finden sich hier Marken wie Carrera, MicroSizers, Nikko, Scalextric, Tyco, Puppen von Barbie, Götz, Heidi Ott, Zapf, Spiele von Amigo, Haba, Kosmos, MB, Parker, Piatnik, Ravensburger, Schmidt, Selecta und Stofftiere von Diddl, Felix, Nici, Russ, Sigikid, Steiff, Ty, WWF.

FLY HIGH
1060 Wien, Mariahilfer Straße 77
Tel.: 01/585 22 83, office@fly-high.com
www.fly-high.com
Shop & Angebot: Zum Abheben ist das Geschäft im Generali Center – Drachen, wohin das Auge blickt. Auch Wurfspiele, Jonglierartikel und Windspiele werden hier angeboten.
Service: Auch Bestellung über das Telefon bzw. per E-Mail möglich.

IMAGINARIUM
1010 Wien, Neuer Markt 8a, Tel.: 01/513 13 42
1220 Wien, Donaustadtstraße 1, Donauzentrum / Top 928, Tel.: 01/204 59 58
Imaginarium@imaginarium.info
www.imaginarium.info
Shop & Angebot: Die Extratür im Kleinformat (diese ist bei allen Filialen der weltweiten Kette Standard) macht sofort deutlich: Hier betreten wir ein Kinderwunderland. Buntes Spielzeug aus Spanien ist eine pfiffige Alternative zum Herkömmlichen. Rollenspielzeug findet sich hier ebenso wie Autosets, Puppensachen und tolle Stoffspielhäuser. Interessant ist auch die Serie „Bio Habitat", durch die Kids den bewussten Umgang mit Ressourcen ganz im Spiel erlernen.
Service: Willkommen im Club: Es warten Spezialangebote und Geburtstagsüberraschungen für die Kids.

JIPITOY
1010 Wien, Kärntner Straße 19,
Kaufhaus Steffl, Tel.: 01/513 76 71
1070 Wien, Gerngross Citycenter,
Mariahilfer Straße 42–48, Tel.: 01/523 56 15...-0
Shop & Angebot: Die „Kinderwelt" im Kaufhaus Steffl bzw. Gerngross ist ein Spielzeugparadies. Mit Marken von Anna Club Plush über Brio, Die Spiegelburg / Coppenrath, Mattel, Haba, Joker, Klein bis Matchbox, Playmobil und Selecta ist hier alles vertreten, was in diesem Bereich Rang und Namen hat. Jipi und Toy, die beiden Maskottchen von Jipitoy, wissen eben, was Kindern Spaß macht.
Service: kompetente Fachberatung.

KARLIMAX
1030 Wien, Landstraße Hauptstraße 99–101 (Galleria), Tel.: 01/715 64 97
1100 Wien, Columbusplatz 7–8 (Columbuscenter), Tel.: 01/600 66 60
1110 Wien, Guglgasse 12–14 (Gasometer A), Tel.: 01/748 14 44
1170 Wien, Elterleinplatz 12 (EKZ Hernals), Tel.: 01/402 09 89
www.karlimax.at
Shop & Angebot: Hier findet sich eine be-

Kober Spielwaren

Mädchen und Buben

sonders große Auswahl an qualitativ hochwertigem Spielzeug, wobei eine breite Palette an Marken von Hasbro, Ravensburger bis Barbie, Playmobil etc. angeboten wird.
Service: Bei Karlimax passt nicht nur die Atmosphäre. Geschultes und freundliches Personal bietet Beratung, die von Herzen kommt.

KOBER SPIELWAREN
1010 Wien, Graben 14–15, Tel.: 01/533 60 18
office@kobertoys.at, office-kobertoys@ukg.at
www.kobertoys.com
Shop & Angebot: Auf 700 Quadratmetern finden kleine und große Kunden mitten in Wiens Innenstadt alles, was das Kinderherz begehrt. Das traditionsreiche Spielwarengeschäft punktet mit der Fülle des Angebots von Zapf-Puppen über einen eigenen Verkaufsraum für Barbies bis zu einem Raum für Rollenspielzeug. Besondere Highlights: die riesige Abteilung für Stofftiere, wo es so gut wie jedes Tier in Plüsch gibt, sowie die Abteilungen für Eisenbahnen und Zinnfiguren. Bei Kober gibt es übrigens auch die „guten alten" Anker-Steinbaukästen.
Service: absolut fundierte Beratung und Know-how zu sämtlichen Spielwarenbereichen.

LEBENS-RAUM FACHGESCHÄFT FÜR ZEITGEMÄSSES KINDERSPIELZEUG
1180 Wien, Gentzgasse 112, Tel.: 01/470 27 01
lebens-raum@hotmail.com
www.lebens-raum.biz
Ein Traumgeschäft für alle, die hochwertiges Spielzeug mögen. Zugegeben, der Raum ist eng – dafür ist die präsentierte Ware umso faszinierender. Sämtliche Spielewelten vom Rollenspiel über Murmeln in allen Farben, Größen und Mustern bis zu Kleinigkeiten wie Geduldsspielen, Minipurzelzwergen aus Filz etc. erwecken hier auch bei Erwachsenen den Wunsch, wieder Kind zu sein. Ebenfalls im Sortiment: Bastelsachen und Dekos z. B. fürs Geburtstagsfest.
Service: Die Liebe zum Spielzeug spürt man hier auch bei der Beratung, Bestellung auch per E-Mail möglich.

MÄDCHEN UND BUBEN
1090 Wien, Servitengasse 4a
Tel.: 01/968 62 33, fuernis@chello.at
www.handpuppen.at
Shop & Angebot: Dieses entzückende Geschäft lässt Kinderherzen höher schlagen. Fürnis verkauft eigens designte und kreierte Handpuppen, Fingerpuppen, Stofftiere, Anziehpuppen. Kinder können in dieser Welt der Fantasie nach Herzenslust herumtoben und alles ausprobieren, denn das Wohl der kleinen Kunden steht an erster Stelle. Zudem wird dafür garantiert, dass alle Spielwaren unter menschenwürdigen Arbeitsbedingungen und unter absolutem Ausschluss von Kinderarbeit produziert werden.

PIATNIK-SPIELEBOUTIQUE
1070 Wien, Schottenfeldg. 19, Tel.: 01/524 04 37
shop@piatnik-spielkarten.at
www.piatnik-spielkarten.at
Shop & Angebot: Hier taucht man ein in die Welt der Spiele – vom Puzzle in allen erdenklichen Schwierigkeitsgraden über Würfel-, Brett- und Kartenspiele bis zu Lernspielen gibt es hier alles, was Spielfreude aufkommen lässt.
Service: Bestellung auch im Online-Shop.

Spielerei

Spielwurm

RUMPELSTILZCHEN
1080 Wien, Lange Gasse 72, Tel.: 01/406 35 69
rumpelstilzchen@utanet.at
falk@rumpelstilzchen.cc
www.rumpelstilzchen.cc
Shop & Angebot: Produkte aus Holz und anderen natürlichen Materialien sind bei Rumpelstilzchen Philosophie. Durch die Entscheidung auch für weniger bekannte Spielzeughersteller können gute Preise gemacht werden. Absoluter Schwerpunkt bei Rumpelstilzchen: Mobiles in den unterschiedlichsten Designs für die unterschiedlichsten Altersstufen.

SPIELEREI
1070 Wien, Mariahilfer Straße 88a
Tel.: 01/523 64 34, office@spielerei.at
www.spielerei.at
Shop & Angebot: Von außen eher klein und unscheinbar, entpuppt sich die Spielerei im Inneren als Eldorado für Brett- und Kartenspieler, für Tabletop, Rollenspiele, Knobelspiele, etc. Das Sortiment ist umfassend, auch ausgefallene Spiele sind hier lagernd.

SPIELZEUGSCHACHTEL
1010 Wien, Rauhensteing. 5, Tel.: 01/512 44 94
info@spielzeugschachtel.com
www.spielzeugschachtel.com
Shop & Angebot: In freundlicher Atmosphäre wird hier hochwertiges Spielzeug von Herstellern wie Haba, Selecta, Die Spiegelburg und Käthe Kruse angeboten. Dabei ist das Sortiment genau auf die Förderung von Kindern zugeschnitten. Sehr umfangreich ist das Spieleangebot – und das Schöne ist: Die Spiele können geöffnet und nach Herzenslust ausprobiert werden. Ein Nebenraum wurde zur „Puppenstube" umfunktioniert: Hier können Klein und Groß in den liebevoll gemachten Produkten von Käthe Kruse schwelgen.
Service: Individuelle Beratung wird hier großgeschrieben, die Mitarbeiter sind stets freundlich und bemüht, auf die Bedürfnisse des Kunden einzugehen, und nehmen sich reichlich Zeit für das Kundengespräch. Mit der Vorteilskarte sammeln Stammkunden Punkte für einen Rabatt.

SPIELWURM
1070 Wien, Westbahnstr. 20, Tel.: 01/523 93 56
www.spielwurm.at
Shop & Angebot: Über 100 m^2 sind hier hochwertigem Spielzeug gewidmet. Holz steht dabei im Vordergrund und prägt auch die gemütliche Einkaufsatmosphäre.
Service: Individualität, Sich-Zeit-Nehmen, Beratung sind die Devise!

VAVRA
1120 Wien, Meidlinger Hauptstraße 68,
Tel.: 01/817 86 81,
1230 Wien, Anton-Baumgartner-Straße 44 / Kaufpark Alt Erlaa, Tel.: 01/665 35 65
office@vavra.co.at
www.vavra.co.at
Shop & Angebot: Der Schwerpunkt von Spielwaren Vavra sind Brettspiele (bis 101 Jahre), und dementsprechend groß ist das Sortiment. Das kompetente, freundliche und serviceorientierte Personal kann annähernd jedes Spiel bis ins Detail erklären.
Service: Für Stammkunden gibt es einige Besonderheiten, z. B. eine Kundenkarte, mit der man sich 3 % vom Jahreseinkauf rückvergüten lassen kann. Im Internetshop kann Spielzeug auch bestellt werden. Versandkosten: 5 Euro.

Playmobil bei Struwwelpeter

VEDES SPIELWAREN CARL HILPERT KG
1010 Wien, Schulerstraße 1–3
Tel.: 01/512 33 69, Hilpert.Wien@vedes.de
www.hilpert.vedes.at
Shop & Angebot: Das kleine Altwiener Traditionslokal führt neben herkömmlichen Spielwaren und Stofftieren eine große Palette an Brettspielen sowie Modellautos und Modellbahnen samt Zubehör.
Service: Die Mitarbeiter sind bemüht, freundlich und äußerst kompetent.

WIENXTRA-SPIELEBOX
1080 Wien, Albertg. 35/2, Tel.: 01/40 00-834 24
spielebox@wienXtra.at
www.wienxtra.at
Angebot: In der einzigen öffentlichen Spielothek Wiens können Kinder, Jugendliche und Familien mehr als 4200 verschiedene Brett- und Gesellschaftsspiele ausprobieren oder entlehnen. Fachkundige BetreuerInnen beraten gern, welche Spiele für welches Alter geeignet sind, und erklären auch die Spielregeln, wenn's schwierig wird.
Service: Die kompetente Beratung und Information über Computerspiele – die Liste der Empfehlungen (gratis von der Homepage downloadbar) wird jedes Viertel Jahr aktualisiert, entscheidende Kriterien sind gute Spielbarkeit, gemeinsamer Spielspaß, Verzicht auf Gewalt- und Kriegsverherrlichung sowie Diskriminierung.

NIEDERÖSTERREICH

BANNERT
3107 St. Pölten, EKZ Traisenpark
Tel.: 0 27 42/282 02
www.bannert.com
Shop & Angebot: Von führenden Marken bis zu günstigen Kleinigkeiten umfasst das Sortiment des Spielwarenparadieses alles, was Kinderherzen begehren.

DER STRUWWELPETER
2000 Stockerau, Neue Marktgasse / Hauptstraße 38–42, Tel.: 0 22 66/650 10
struwwelpeter@telering.at
www.spiel-u-spass.at
Shop & Angebot: Auf ca 250 m² sind gängige Marken wie Lego, Playmobil, Zapf, Mattel usw. vertreten, zudem gibt es elektronisches Spielzeug von V-Tech, Leap Frog, Nintendo.

FRANZ BAADER / SPIELGRUBE
2500 Baden bei Wien, Breyerstraße 4
Tel.: 0 22 52/482 19
Shop & Angebot: Ein großes Sortiment mit allen gängigen Marken, darunter besonders die „Hits". Besonders umfangreich ist die Abteilung für Plüschtiere, aber auch im großen Spieleangebot wird man sicher fündig.
Service: „Der Baader" punktet mit fundierter Beratung, beruhend auf langjähriger Erfahrung.

KARLIMAX
3400 Klosterneuburg, Stadtplatz 38
Tel.: 0 22 43/348 69
2334 Vösendorf, SCS, Tel.: 0699/13 53 30 18
www.karlimax.at
Shop & Angebot: Hier findet sich eine besonders große Auswahl an qualitativ hochwertigem Spielzeug, wobei eine breite Palette an Marken von Hasbro, Ravensburger bis Barbie, Playmobil etc. angeboten wird.
Service: Bei Karlimax passt nicht nur die Atmosphäre. Geschultes und sehr freundli-

Brio bei Krawany

Ravensburger bei Vedes

ches Personal bietet excellente Beratung, die von Herzen kommt.

KRAWANY
2340 Mödling, Freiheitsplatz 4
Tel.: 0 22 36/415 00-16
spielwaren@krawany.com
www.krawany.com
Shop & Angebot: Krawany führt von Spielwaren für die Kleinsten über Stofftiere, Puppen, Holzspielzeug, Puzzles bis zu Brettspielen, Baukästen und sogar Musikinstrumenten alles, was Kindern Freude macht und womit man sie fördert. Handelspartner sind Brio, Eichhorn, Kappla, Kosmos, Mattel etc. Eine große „Ecke" für Schleich-Tiere rundet das Sortiment ebenso ab wie eine umfangreiche Abteilung für Rollenspiele und Fahrzeuge sowie eine große Bastelabteilung.
Service: Das traditionsreiche Haus punktet mit freundlicher und fundierter Beratung.

RABATTZ
3500 Krems, Wiener Straße 96–102
Tel.: 0 27 32/756 05, office@rabattz-krems.at
krems@fama.com.at
Shop & Angebot: Rabattz bietet eine große Auswahl an Spiel- und Freizeitartikeln für Jung und Alt. Das Rabattz-Sortiment erstreckt sich von altbekannten Spieleklassikern über Puppen, Modellbau, Puzzles, Bastelzubehör bis zu neuesten Trendprodukten und lässt nicht nur Kinderherzen höher schlagen.

SPIELWAREN KRÖLL
2230 Gänserndorf, Bahnstraße 69
Tel.: 0 22 82/56 36, kroell.spielwaren@aon.at
www.spielwaren-kroell.at
Shop & Angebot: Das 230 Quadratmeter große Fachgeschäft für Spielwaren und Freizeit- sowie Kreativartikel führt nahezu die komplette Produktpalette von über 10.000 Artikeln der führenden Spielwarenhersteller – und das zu marktgerechten Preisen.
Service: Als Ergänzung zu diesem Warenangebot werden Reservierungen, ein Bestellservice sowie Geschenkverpackungen als kostenlose Serviceleistungen angeboten.

VEDES FAMILY STORE
2700 Wiener Neustadt, Stadionstraße 42
Tel.: 0 26 22/294 42
wienerneustadt@vedes.cc
3442 Langenrohr, Europastraße 15
Tel.: 0 22 72/63 707, langenrohr@vedes.cc
www.vedes.cc
Shop & Angebot: In beiden Geschäften wird ein breites Sortiment ausgewählter Marken wie Ravensburger, Hasbro, Lük, Matador, Mattel, Nici, Bruder, Kosmos, Gowi, Bandai, Roco, Tomy, V-Tech, Nintendo etc. angeboten.
Service: Geschenk-, Umtauschservice, Reservierung, Gutschein-, Reparatur-, Bestellservice und jede Menge Gratisparkplätze. Bonus für Treuepass-Inhaber!

BURGENLAND

BANNERT
7000 Eisenstadt, Mattersburger Straße 37A
Tel.: 0 26 82/612 79
7210 Mattersburg, Hauptstr. 1, Tel.: 0 26 26/622 72
www.bannert.com
Shop & Angebot: Von führenden Marken bis zu günstigen Kleinigkeiten umfasst das Sortiment der Spielwarenparadiese alles, was Kinderherzen begehren.

Logo Spielwaren

Baby + Spiel Fees

OBERÖSTERREICH

LOGO

4020 Linz, Stockhofstr. 5 , Tel.: 0 73 2/66 48 98
m.hintersteiner@logospiel.at
www.logospiel.at

Shop & Angebot: Hochwertiges Spielzeug ist hier Programm. Logo Spiel führt Holzfahrzeuge, Puppenhauseinrichtungen, Schaukelpferde, Puppenwagen etc. des Holzspielzeugherstellers Nic, außerdem „edle" Spielzeugmarken wie Cuboro, Nic, Beck-Holzspielzeug, Brio, Kapla-Ostheimer-Holzfiguren, Matador etc. In der großen Abteilung für Gesellschaftsspiele finden sich Spiele von Kosmos, Ravensburger, Haba, Selecta.

Service: gezielte Beratung, unter anderem durch eine Kindergartenpädagogin. Sonderkonditionen für Stammkunden.

MUKI TOYS & MORE

4802 Ebensee, Rindbachstraße 15
Tel.: 0 61 33/50 30-63, office@muki.com
4820 Bad Ischl, Einkaufspark Pfandl
Tel.: 0 61 32/224 00, ischl@muki.com
4840 Vöcklabruck, Linzerstraße 61
Tel.: 0 76 72/211 20, voecklabruck@muki.com
4810 Gmunden, Druckereistraße 7
Tel.: 0 76 12/636 60-0, gmunden@muki.com
5280 Braunau, Erlachweg 12
Tel.: 077 22/644 19, braunau@muki.com
www.muki.com

Shop & Angebot: Ein wahres Spielzeugparadies, denn egal was man sucht oder nicht sucht – bei Muki wird man sicher fündig! Das Sortiment ist immer auf dem neuesten Stand und umfasst alles, was das Herz begehrt. Auf vorbildlich sortierten Regalen gibt es Markenspielzeug wie Lego, Duplo, Barbie, Fisherprice, Playmobil etc. in Hülle und Fülle.

Service: Auf Wunsch sind die Verkäufer sofort zur Stelle, man wird charmant und fachkundig beraten. Auch der umfangreiche Online-Shop (http://shop.muki.com) kann sich sehen lassen. Bestellhotline: 0810/100 900.

SPIELEPARADIES IM DONAUPARK

4310 Mauthausen, Poschacher Straße 12
Tel.: 0 72 38/48 70
spielwaren.donaupark@aon.at
www.spieleparadies.at

Shop & Angebot: Ein bunter Mix von Spielsachen in einem fröhlichen Umfeld. Mädchen sind von der Schminkecke mit typischen Produkten für Mädels entzückt.

SPIELWAREN BEYERL

4020 Linz, Landstraße 31, Tel.: 0 73 2/77 16 85

Shop & Angebot: Hier sind neben den berühmten Anker-Steinbaukästen auch Matador-Bausätze, Modellbahnen und neuerdings auch Eitech-Metallkonstruktionsspielzeug erhältlich. Die Augen kleiner und großer Buben beginnen hier zu glänzen.

Service: Die Beratung bei Beyerl ist top.

STEIERMARK

BABY + SPIEL FEES

8230 Hartberg, Wienerstraße 13
Tel.: 0 33 32/624 07, info@fees.at
www.fees.at

Shop & Angebot: In der Fußgängerzone von Hartberg gelegen, bietet „Baby und Spiel Fees" alles, was das Kinderherz begehrt. Die Liste an renommierten Marken wie z. B. Ravensburger, Lego, Hasbro, Playmobil, Piatnik, Matador usw. ist lang.

Lego bei Holzmüller

Service: Die Mitarbeiter von Fees stehen gern mit Rat und Tat zur Seite, zudem gibt es einen Online-Shop unter www.fees.at.

HOLZMÜLLER KG
8970 Schladming, Salzburger Straße 105
Tel.: 0 36 87/229 16, holzmueller.kg@kabsi.at
www.spielzeugprofi.com
Shop & Angebot: Hier werden hochqualitative Spielwaren wie Spieleneuheiten und klassische Spielwaren für Groß und Klein in kinderfreundlicher Atmosphäre angeboten.
Service: Freundliche und bestens geschulte Mitarbeiter beraten gern und ausführlich und informieren zudem über die aktuellen Trends.

KARLIMAX
8200 Gleisdorf, Bürgerg. 23, Tel.: 0 31 12/22 18
8280 Fürstenfeld, Bismarckstraße 4
Tel.: 0 33 82/530 85
www.karlimax.at
Shop & Angebot: Hier findet sich eine besonders große Auswahl an qualitativ hochwertigem Spielzeug, wobei eine breite Palette an Marken von Hasbro, Ravensburger bis Barbie, Playmobil etc. angeboten wird.
Service: Bei Karlimax passt nicht nur die Atmosphäre. Geschultes und freundliches Personal bietet Beratung, die von Herzen kommt.

MUKI TOYS & MORE
8940 Liezen, Bahnhofstraße 6,
Tel.: 0 36 12/252 33-0, liezen@muki.com
8700 Leoben, Hauptplatz 19/Top 103,
Tel.: 0 38 42/427 70, leoben@muki.com
8051 Graz, Wienerstraße 351, Shopping Nord,
Tel.: 0 31 6/67 08 35, graz@muki.com
www.muki.com
Shop & Angebot: Ein wahres Spielzeugparadies, denn egal was man sucht oder nicht sucht – bei Muki wird man sicher fündig! Das Sortiment ist immer auf dem neuesten Stand und umfasst alles, was das Herz begehrt. Auf vorbildlich sortierten Regalen gibt es Lego, Duplo, Barbie, Fisherprice, Playmobil etc. in Hülle und Fülle. Und auch elektronisches Spielzeug umfasst das breite Sortiment.
Service: Auf Wunsch sind die Verkäufer sofort zur Stelle, man wird charmant und fachkundig beraten. Auch der umfangreiche Online-Shop (http://shop.muki.com) kann sich sehen lassen. Bestellhotline: 0810/100 900.

SPIELZEUGSCHACHTEL
8010 Graz, Schmiedg. 16, Tel.: 0 31 6/82 20 76
info@spielzeugschachtel-graz.at
www.spielzeugschachtel-graz.at
Shop & Angebot: Auch nach dem Besitzerwechsel wird in der Grazer Spielzeugschachtel die Philosophie verfolgt, besonders sinnvolles Spielzeug anzubieten. Die Förderung der Kinder und hochqualitatives Spielzeug stehen dabei stets im Vordergrund.
Service: Online-Bestellung möglich.

VOGLMEIR SPIELWAREN
8600 Bruck/Mur, Mittergasse 8
Tel.: 0 38 62/512 15
Shop & Angebot: Die herrlich altmodisch überfüllte Auslage des Geschäfts in der Fußgängerzone beschäftigt Kinder lange genug, um den Eltern Zeit zu geben, in eine der umliegenden Boutiquen zu schauen. Geduldiges und kompetentes Verkaufspersonal und ein breites Sortiment vom Holzspielzeug bis zur Märklin-Eisenbahn und vom Kreativmaterial bis zu aktuellen Sammelkartensackerln lässt kaum Wünsche offen.

Spielmann Games & More

Spiel & Co

KÄRNTEN

SPIELMANN GAMES & MORE

9020 Klagenfurt, Flatschacher Straße 64
Südpark 1 / OG, Tel.: 0 46 3/26 40 05
spielmann.co@chello.at
www.spielmann.cc

Shop & Angebot: Hier gibt es eine eigene Verkaufsfläche für Kinder und ein großes Angebot an Jugend- und Erwachsenenspielen. Auch sehr viele Fantasy-Artikel wie z. B. Magic-Karten oder Tabletops und Rollenspiele sowie Videospiele sind erhältlich.

Service: beste Beratung von kompetenten, freundlichen und zuvorkommenden Mitarbeitern, die alles andere als aufdringlich sind. Webshop.

SALZBURG

KLEXX, DER SHOP FÜR KIDS

5020 Salzburg, Hanuschplatz 1
Tel.: 0 66 2/84 30 36

Shop & Angebot: Das großzügige Ambiente macht es leicht, den Überblick über das umfangreiche Sortiment mit Lego, Barbie etc. zu bewahren. Mit den aufgestellten Spielsachen wie einer Carrera-Bahn, einem Kasperltheater, einer Holzeisenbahn und einem Barbieschloss dürfen Kinder an Ort und Stelle spielen – gemäß dem Motto, dass man bei Klexx nicht nur einkaufen, sondern sich auch vergnügen soll. Etwas für Puzzlefreunde: Die Puzzle-Abteilung ist hier riesig!

Service: Klexx punktet mit individueller Beratung und Lieferservice. Schulkinder dürfen sich hier für ein Vorzugszeugnis ein Geschenk abholen!

NEUMÜLLER SPIELWAREN

5020 Salzburg, Rathauspl. 3, Tel.: 0 66 2/84 14 29
neumueller.salzburg@vedes.de
www.neumueller.vedes.at

Shop & Angebot: Das Eckgeschäft im Herzen der Altstadt bietet Spielzeug sämtlicher bekannter Markenartikler wie Ravensburger oder Zapf Creation, auffallend groß ist die Barbie-Ecke mit vielen Stücken aus der Sammleredition.

Service: Kostenloser Geburtstagsclub für Kids von 3 bis 11!

OMA'S UND OPA'S SPIELZEUGLADEN

5020 Salzburg, Auerspergstraße 55
Tel.: 0 66 2/87 60 45
omas-opas.spielzeugladen@aon.at

Shop & Angebot: Dieser Shop in Salzburg ist auf Eisenbahnen und Zubehör spezialisiert. Neu im Sortiment sind ferngesteuerte Autos.

SPIEL & CO

5020 Salzburg, Europastraße 1
Tel.: 0 66 2/42 80 07, europark@spielundco.at
www.spielzeugschachtel.at

Shop & Angebot: Modellbausätze, Modellautos, -schiffe und -flugzeuge sowie ferngesteuerte Autos sind hier neben klassischem Kinderspielzeug Schwerpunkte.

SPIELZEUG COMPANY

5500 Bischofshofen, Bahnhofsstraße 4
(KARO), Tel.: 0 64 62/329 14
spielzeugcompany@spielzeugschachtel.at
www.spielzeugschachtel.at

Shop & Angebot: Hier wird Spielzeug für alle Altersstufen angeboten. Von Stofftieren und Puppen über Dreiräder, Playmobil, Lego, Saisonspielzeug bis zu Modellautos, -schiffen, -flugzeugen, Autorennbahnen bis zu Fantasy-

Heiss Spielwaren

spielen und Tabletops reicht die Palette. Neben Spiel und Spaß ist die Förderung der Kids Anliegen des Teams.
Service: Auf fundierte Beratung wird hier Wert gelegt.

SPIELZEUGSCHACHTEL
5020 Salzburg, Schrannengasse 16
Tel.: 0 66 2/87 31 01, toys@spielzeugschachtel.at
www.spielzeugschachtel.at

Shop & Angebot: Auf über 200 m² werden Brettspiele, Holzspielzeug, Puppen und Stofftiere etc. angeboten. Dabei wird besonderer Wert auf eine Wohnzimmeratmosphäre gelegt. So können sich Eltern bei einer Tasse Tee oder Kaffee regenerieren und die Kinder in der Kuschelgrube oder im Kinderhaus spielen.
Service: An den Spieltischen kann nach Herzenslust ausprobiert werden. Für Fragen stehen fachlich geschulte MitarbeiterInnen

Juriatti Spiel + Freizeit

gern zur Verfügung. Übrigens finden Spiele und Spielsachen nur dann Aufnahme in das Sortiment, wenn sie von einem Bewertungsbeirat als geeignet erachtet werden.

TIROL

HEISS SPIELWAREN

6020 Innsbruck, Museumstraße 6
Tel.: 0 51 2/58 50 56, hobbyheiss@aon.at
www.heiss.co.at

Shop & Angebot: Schon die modern gestaltete Außenfront lädt zum Stöbern ein. Spielwaren Heiss führt über 35 bekannte Marken wie z.B. Hasbro, Liliput, Schleich und Steiff. Modelleisenbahnliebhaber werden hier genauso fündig wie Puppensammler und Bastler. Bei guter Beratung und großer Auswahl findet sich für jeden Geschmack etwas.

SPIELZEUGPARADIES FMZ

6460 Imst, Industriezone 30, Tel.: 0 54 12/611 38
monikabrunner-tischner@gmx.at
www.spielzeugparadies-zillertal.at

Shop & Angebot: Der Familienbetrieb bietet Spielzeug, so weit das Auge reicht, sowie topaktuelle Neuheiten und allerbeste Beratung. Führende Marken wie Lego, Playmobil, Mattell, Ravensburger usw. werden angeboten. Und es gibt auch eine erlesene Auswahl an Taschen und Schultaschen.

VORARLBERG

BUNTERKUNT, DAS SPIELWARENPARADIES

6890 Lustenau, Raiffeisenstraße 18
Tel.: 0 55 77/845 33
www.bunterkunt.at

Shop & Angebot: Im kunterbunten Spielwarengeschäft werden so gut wie alle Kinderträume wahr. Hier gibt es ein rosarotes Mädchenzimmer und ein blaues Technikzimmer, sodass man sich hinsichtlich der Produktwelten ganz unmissverständlich orientieren kann. Mit 130 m² bietet das Geschäft Platz für alles, was Kindern Freude macht, von Lego bis zu Käthe Kruse oder Barbie.
Service: Geburtstagskinder stellen ihren Geburtstagstisch zusammen, sodass es Verwandte und Bekannte nicht schwer haben, Wünsche zu erfüllen.

JURIATTI SPIEL + FREIZEIT

6706 Bürs, Hauptstraße 4, Tel.: 0 55 52/339 26
spiel.freizeit@vol.at
www.spielwaren.vedes.at

Shop & Angebot: Das Familienunternehmen führt auf 250 Quadratmetern alle wesentlichen Spielzeug-Marken von Amigo bis Zapf. Dabei dürfen Trendprodukte ebenso wenig fehlen wie Klassiker. Auch Brettspiele vom Familien- über das Karten- bis zum Lernspiel sind bei Juriatti Spiel + Freizeit in Hülle und Fülle vertreten. Ganz nach dem sympathischen Motto: Jedem sein Lieblingsspiel!
Service: Vom Umtauschservice bis zum Geburtstagsclub kommen Kunden hier in den Genuss der Vedes-Vorteile.

LUMPI'S SPIELZEUGPARADIES

6900 Bregenz, Römerstr. 2, Tel.: 0 55 74/473 48
Lumpis-spielzeugparadies@vedes.at
www.lumpis.at

Shop & Angebot: Mit 320 m² ein richtiges Spielzeugparadies. Eine Spielecke, das Kasperltheater und die Möglichkeit, Kindergeburtstage zu feiern, machen den Aufenthalt im gut sortierten Geschäft zusätzlich attraktiv.

Singen mit Peter Pan, Balu, Woody und Simba in SingStar® Best of Disney

Mehrere Generationen sind mit Disney-Filmen aufgewachsen, sind eingetaucht in fantastische Abenteuer mit bezaubernden Figuren und haben ihre Lieder mitgesungen. Mit SingStar® Best of Disney können Eltern und Kinder gemeinsam mit ihren Lieblingsfiguren von Disney die Klassiker singen, mit denen die Filme unvergesslich wurden. Das neue Spiel von Sony Computer Entertainment Europe (SCEE) für PlayStation®2 bietet eine Mischung aus modernen und klassischen Disney-Songs, insgesamt 20 Songs aus 13 Disney-Filmen – von Das Dschungelbuch, Cinderella und Aristocats bis hin zu Aladdin, Der König der Löwen und Arielle, die Meerjungfrau.
Die eigens für SingStar® Best of Disney ausgewählten Songs umfassen fünf Jahrzehnte. Die 50er Jahre sind mit Cinderella, Peter Pan und Dornröschen vertreten, das Dschungelbuch und 101 Dalmatiner stammen aus den 60er Jahren, und aus den 70ern wurden Winnie Puh und Aristocats aufgenommen. Arielle, die Meerjungfrau repräsentiert die 80er Jahre, während aus den 90ern die meisten Titel stammen: Die Schöne und das Biest, Aladdin, Toy Story, Der König der Löwen und Tarzan. Mit dieser zeitlosen Liedersammlung können Großeltern, Eltern und Kinder gemeinsam Spaß haben, solo oder im Duett singen oder gegeneinander antreten.

PlayStation.

www.singstargame.com

Jokers

Jungbrunnen

ÖSTERREICHWEIT & (ONLINE-)VERSAND

A & M-WELTBILD

Filialen unter www.aum.at

Katalog & Angebot: Die Auswahl an Kinder- und Jugendliteratur, Sachbüchern, Elternratgebern, Lern- und Fördermaterialien etc. ist riesig. Tolle Schnäppchen!

Service: Sehr umfangreicher Online-Shop unter www.aum.at. Versandkostenpauschale: 4,25 Euro.

BOL.AT

www.bol.at

Katalog & Angebot: Bei bol.at kann man online aus Bilderbuchbestsellern, Dauerbrennern von Ravensburger, Vorlesebüchern und Büchern für die Kleinsten, um nur einige Rubriken zu nennen, wählen. Zudem kann man gezielt nach Lesealter suchen, und es sind auch viele Elternratgeber, Lernsoftware und Hörbücher für Kinder erhältlich. Bei Bestellung liegen die Versandkosten innerhalb Österreichs bei 3 Euro, ab einer Bestellsumme von 20 Euro wird sogar kostenfrei geliefert.

BÜCHERZENTRUM

Filialen in Ostösterreich unter www.buecherzentrum.at und Bestellung über das Internet

Shop & Angebot: Leseratten sind von der Fülle an Büchern überzeugt, denn von Ars Edition und Coppenrath bis Ravensburger ist hier alles vorhanden, was Kinder und Jugend begeistert.

Service: Bestellung auch online unter www.buecherzentrum.at.

FRICK

Filialen unter www.buchhandlung-frick.at und Bestellung über das Internet

Shop & Angebot: Gegliedert nach Themenbereichen findet man hier Bücher aus allen renommierten Kinderbuchverlagen von Annette Betz über Esslinger bis zu Coppenrath. Auch werden immer wieder günstige Restposten angeboten.

Service: Man wird unaufdringlich, freundlich und professionell beraten.

G & G KINDER- UND JUGENDBUCHVERLAG

1090 Wien, Frankgasse 4, Tel.: 01/494 96 99-0
www.kinderbuchverlag.at

Verlag & Angebot: Im G & G Kinder- und Jugendbuchverlag sind zum einen Klassiker wie Bücher von Nöstlinger, Lindgren, Käthe Recheis, Mira Lobe etc. zu haben, zum anderen Reprints alter Ausgaben der Werke von Annelies Umlauf-Lamatsch oder Vera Ferra-Mikura. Aber auch Lernmaterialien für Kindergarten, Vorschule und Schule sowie österreichische Erstlesebücher sind hier zu finden.

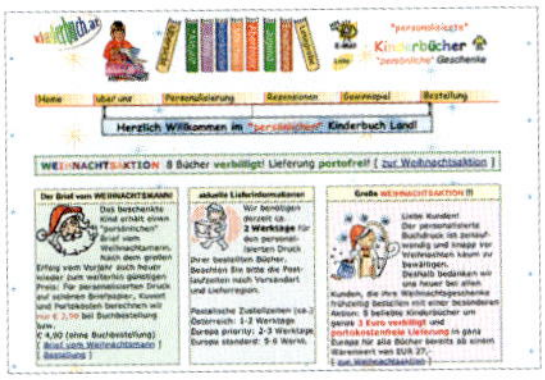

Kinderbuch

Obelisk Verlag

JOKERS
www.jokers.at
Katalog & Angebot: Jokers ist Spezialist für Restauflagen und Sonderausgaben im Internet. So werden für junge Leser Bilderbücher, Erstlesebücher, Romane etc. zu Schnäppchenpreisen angeboten. Dabei ist die Auswahl so groß, dass für jeden Geschmack etwas zu finden ist. Versandkostenpauschale: 4,25 Euro.

JUNGBRUNNEN
1010 Wien, Rauhensteing. 5, Tel.: 01/512 12 99
office@jungbrunnen.co.at
www.jungbrunnen.co.at
Verlag & Angebot: 1923 von den österreichischen Kinderfreunden gegründet, ist es bis heute Anspruch des Jungbrunnen-Verlages, Kindern literarisch und inhaltlich hochwertige Bücher zu bieten.

KINDERBUCH
2201 Gerasdorf, Liebknechtgasse 17
Tel.: 0 22 46/323 25, mail@kinderbuch.at
www.kinderbuch.at
Katalog & Angebot: Bei kinderbuch.at kann man personalisierte Bücher für Kids bestellen. Um die Kleinsten wieder mehr für Bücher zu begeistern, werden hier Bücher gedruckt, in denen die Kinder selbst aktiv die Hauptrolle übernehmen. Denn leselustige Sprösslinge lernen nicht nur leichter, sie haben auch einen größeren Wortschatz und können sich besser artikulieren. Zudem vermitteln personalisierte Bücher ein positives Persönlichkeitsbild, unterstützen das Selbstwertgefühl und fördern die Freude am Lesen.
Service: Unter www.kinderbuch.at findet sich ein bunter Online-Shop, der weniger durch Design als durch die große Auswahl an Büchern und Themen besticht.

LIBRO
Alle Adressen unter www.libro.at
Shop & Angebot: Übersichtlich und gegliedert nach Altersgruppen findet man hier Bücher für Kinder und Jugend der Verlagshäuser Xenos, Schneider, Edition Bücherbär, Ravensburger, Carlsen etc. zu den unterschiedlichsten Themenbereichen – und zwar von Pappbilderbüchern für die Allerkleinsten bis zu Romanen, Serien, Sachbüchern für die Älteren. Tipp: In der Kinderbuchabteilung von Libro gibt es immer wieder tolle Schnäppchen.

MORAWA
Filialen unter
www.morawa-buchundmedien.at
Shop & Angebot: Nicht umsonst ist die Morawa Buch- und Medien-Gruppe mit mehreren Filialen in verschiedenen Bundesländern für ihr breites Buchsortiment und ihre fundierte Beratung bekannt. Auch die Kinderbuchabteilungen bieten eine breite Palette an Büchern für ganz Kleine, Leseanfänger und fortgeschrittene Leser, die sich sehen lassen kann. Ein angenehmes Ambiete trägt seinen Teil dazu bei, dass Kids und Eltern gern in die Welt der Bücher eintauchen.
Service: Motto ist, ein Treffpunkt für Leser zu sein. Dementsprechend bemüht ist man bei Morawa, die Ansprüche an Beratung und Sortiment zu erfüllen. Auch online lohnt es sich, Morawa einen Besuch abzustatten – auch hier ist das Angebot umfangreich und vielfältig. Ab einem Bestellwert von 20 Euro ist die Lieferung versandkostenfrei!

OBELISK-VERLAG INNSBRUCK
6020 Innsbruck, Falkstr. 1, Tel.: 0 51 2/58 07 33
www.obelisk-verlag.at

Thalia

Buchhandlung Kunterbuch

Verlag & Angebot: Unter dem Leitspruch „Humorvolle, leicht zu lesende und auch spannende Lektüre mit literarischem Qualitätsanspruch soll Kinder zum Lesen verlocken" erscheinen im Obelisk Verlag seit 40 Jahren hochwertige Kinderbücher namhafter Autoren wie Ernst A. Ekker, Lene Mayer-Skumanz, Käthe Recheis, Edith Schreiber-Wicke, Georg Bydlinski, Jutta Treiber, Friedl Hofbauer u. a. Besonderer Verlagsschwerpunkt: Bücher für Leseanfänger und Kinder mit Leseschwierigkeiten. Zudem ist es erklärtes Ziel, klassische Kinderliteratur aus den 50er und 60er Jahren (Mira Lobe, Vera Ferra-Mikura, Kurt Mellach) für junge Leser zu erhalten. Bestellung übers Internet!

RAVENSBURGER

www.ravensburger.de
Bilder-, Erstlese-, Taschenbücher, Kinderliteratur, aber auch Lexika, Sach- und Bastelbücher aus dem hochwertigen Sortiment des bekannten Buchverlags können bequem via Homepage bestellt werden. Dabei gilt ein Mindestbestellwert von 10 Euro, die Versandkostenpauschale nach Österreich beträgt 3,95 Euro. Eine kleine Entscheidungshilfe ist die Rubrik „Leseproben". Übersichtlich und angenehm gestalteter Webshop – ein Eldorado für Bücherfans!

THALIA

Alle Adressen unter www.thalia.at
Shop & Angebot: große Auswahl und Angebot in netter Atmosphäre. Die Kinderbuchabteilung ist mit Büchern aller namhaften Verlage bestückt und beachtlich gut sortiert.
Service: Die Beratung durch kompetente Mitarbeiter erfolgt an eigenen Informationsinseln und ist absolut top. Im Internetversand arbeitet Thalia mit Buch.de zusammen. Innerhalb Österreichs fallen 3 Euro Versandkosten an, ab einem Bestellwert von über 20 Euro ist die Zustellung kostenlos. Ein einladender Shop mit übersichtlicher Gliederung, in dem man gern per Mausklick „stöbert".

WIEN

BUCHHANDLUNG HERDER

1010 Wien, Wollzeile 33, Tel.: 01/512 14 13-30
buchhandlung@herder.at
www.herder.at
Shop & Angebot: Auf 100 Quadratmetern wurde in der Buchhandlung Herder eine erlebnisreiche Kinderbuchabteilung eingerichtet. Die eigene Ebene speziell für Kinder hat neben einem schier unglaublichen Sortiment von Bilderbüchern bis Jugendliteratur auch eine Rutsche, über die Kids in die Welt der Bücher rutschen können, und eine Zeichen- und Kuschelecke zu bieten. Außerdem findet man hier eine der größten Abteilungen für pädagogische Fachlektüre in ganz Österreich. Die Mitarbeiter sind ganz besonders kompetent und belesen.
Service: Regelmäßige Veranstaltungen rund um das Buch für Kids zwischen drei und sechs Jahren im Rahmen der Familiensamstage.

BUCHHANDLUNG KUNTERBUCH

1010 Wien, Stubenring 20, Tel.: 01/513 50 93
buchhandlung@kunterbuch.at
www.kunterbuch.at
Shop & Angebot: In den großzügigen Räumlichkeiten der Buchhandlung Kunterbuch schaffen helles Holz und Farben ein besonders freundliches Ambiente und laden zum Verweilen und Schmökern ein. Die kindge-

Kinderbuchl./Spielzeugschachtel

rechte Leseecke mit Matratzen und einem Hängestuhl unterstreicht das „Wohnzimmerfeeling". Auf den zahlreichen Bücherwänden findet sich ein bestens sortiertes Angebot für jedes Alter. Eltern können aus einem großen Angebot an Erziehungsratgebern wählen. Mit etwa 3000 Büchern ist Kunterbuch tatsächlich reich bestückt!
Service: Die fundierte Beratung spricht für sich. Jeden ersten Freitag und jeden dritten Samstag im Monat machen Kids hier eine „abenteuerliche Reise durch das fantastische Land". Dabei stehen Kinderschminken, Basteln, Geschichten weiterspinnen etc. auf dem Programm (Unkostenbeitrag 2,50 Euro).

KINDERBUCHLADEN/ SPIELZEUGSCHACHTEL

1010 Wien, Rauhensteing. 5, Tel.: 01/512 44 94
info@spielzeugschachtel.com
www.spielzeugschachtel.com
Shop & Angebot: Hier sind kleine und große Bücherfans an der richtigen Adresse. Das Angebot an Bilderbüchern ist ebenso umfangreich wie der Lesestoff für Selbstleser. Dabei wird bei der Zusammenstellung des Sortiments großer Wert auf anspruchsvolle Literatur gelegt. Auch die Auswahl an Hör-, Bastel- und Malbüchern lädt zum Stöbern ein. Die Atmosphäre ist angenehm und entspannend.
Service: Fundierte Beratung, die auf jahrelanger Erfahrung fußt.

NIEDERÖSTERREICH

ALEXOWSKY

2301 Groß-Enzersdorf
Bischof-Berthold-Platz 1
Tel.: 0 22 49/23 29, alex.buch@eunet.at
www.alex-buch.at
Shop & Angebot: „Tipps vom Bücherwurm" helfen bei der oft schwierigen Buchauswahl. Was den Eltern gefällt, begeistert die Kinder noch lange nicht und umgekehrt. Da ist gu ter Rat oft gefragt.
Service: Bücher können auch via Internet oder Fax bestellt und geliefert oder im Geschäft abgeholt werden.

BUCHHANDLUNG STOCKERAU – KIRCHNER-KRÄMER KEG

2000 Stockerau, Rennerpl. 2, Tel.: 0 22 66/669 90
www.buchhandlung-stockerau.at
Shop & Angebot: Hier gibt es ein gut sortiertes Buchangebot; ein Besuch lohnt sich auf jeden Fall.
Service: kompetente Beratung. Online kann man in einer Datenbank mit über 1.000.000 Büchern, Videos, Hörbüchern usw. stöbern und diese auch gleich bestellen.

BÜCHER SCHÜTZE

2500 Baden, Antonsgasse 1 A
Tel.: 0 22 52/233 80, schuetze@aon.at
www.hofbuchhandlung.at
Shop & Angebot: Die überdurchschnittlich große Buchhandlung in Badens Zentrum überzeugt durch ihr beeindruckendes Sortiment. Im Kinderspielbereich können die Kleinen gleich einmal in Bilderbüchern und in den Büchern zum Selberlesen blättern. Schwerpunkt: Bastel- und Lernbücher. Ein einladendes Geschäft mit freundlicher Beratung.
Service: Auf der Homepage machen Buchrezensionen unter dem Motto „Von uns für Sie gelesen" so richtig Geschmack auf gute Bücher. Auch die Bestellung ist online möglich. Versandkostenpauschale: 3 Euro.

Knotzer Mattersburg

GABI'S BÜCHERNEST
2483 Ebreichsdorf, Rechte Bahnzeile 9a
Tel.: 0 22 54/763 77, buechernest@aon.at
www.buechernest.at
Shop & Angebot: große Auswahl an Kinder- und Jugendbüchern, Taschenbüchern, Ratgebern und Lernhilfen.
Service: Das bestens geschulte Team findet für jedes Kind die richtige Lektüre. Zudem kann man telefonisch oder auch per E-Mail Bücher bestellen.

SPAZIERER
3943 Schrems, Budweiser Straße 3
Tel.: 0 28 53/772 39
3950 Gmünd, Schremser Straße 1
Tel.: 0 28 52/523 45, skribo@spazierer.at
www.spazierer.at
Shop & Angebot: Spazierer punktet durch ein gutes Angebot an kindgerechtem Hör- und Lesegenuss in ruhigem Ambiente. Nicht umsonst ist diese Buchhandlung eine „Kinder-Lieblings-Buchhandlung" des Portals www.buchliebling.com.

BURGENLAND

KNOTZER
7100 Neusiedl/See, Untere Hauptstraße 62,
Tel.: 0 21 67/85 81
7132 Frauenkirchen, Hauptstraße 2,
Tel.: 0 21 72/22 04
7210 Mattersburg, Gustav-Degen-Gasse 4,
Tel.: 0 26 26/626 25
www.knotzer.com
Shop & Angebot: In angenehmer Atmosphäre wählt man in den Knotzer-Filialen aus einem reichhaltigen Angebot an Kinder- und Jugendliteratur. Besonderes Augenmerk wird auch auf Bilderbücher gelegt, die durchwegs in Kindergärten erprobt wurden.
Service: Zahlreiche Lesungen und Buchausstellungen bieten Information und Unterhaltung für junge Leser. Auf der Homepage ermöglichen die „10 besonderen Bücher" den Über- und Einblick, ebenso eine Auflistung „unverzichtbarer Bücher" für Kinder.

NENTWICH
7000 Eisenstadt, Hauptstraße 39
Tel.: 0 26 82/623 41, office@nentwich.cc
www.nentwich.cc
Shop & Angebot: Die Kinderbuchabteilung ist hier für kleine Kunden besonders ansprechend gestaltet. Viele Bücher werden von einem großen Holzzug transportiert, dies lädt zum Zugreifen und Durchblättern ein. Neben Kinder- und Jugendliteratur sind auch Lernbücher in den übersichtlichen Regalen vertreten.
Service: Die freundliche Gestaltung des Geschäfts spiegelt sich auch in der Beratung wider. Über die Homepage ist auch die Bestellung von Büchern möglich, wobei der Versand österreichweit ab 20 Euro Bestellwert kostenlos erfolgt.

'S LESEKISTL
7122 Gols, Obere Hauptstraße 2
Tel.: 0 21 73/27 12, lesekistl@aon.at
Shop & Angebot: Das 120 Quadratmeter große Geschäft bietet ein umfangreiches Sortiment an unterschiedlichster Literatur. Ein besonderer Schwerpunkt ist dem großen Angebot an Lernhilfen für jede Schulstufe gewidmet. Die gemütliche Leseecke lädt zum Verweilen und Schmökern bei einer Tasse Kaffee ein, um in aller Ruhe die richtige Wahl zu treffen.

Logo

Hinterschweiger/www.lesespass.at

OBERÖSTERREICH

BUCHHANDLUNG W. NEUGEBAUER

4010 Linz, Landstraße 1, Am Taubenmarkt
Tel.: 0 73 2/77 17 66-0, info@neugebauer.co.at
www.neugebauer.co.at
Shop & Angebot: Ein Schwerpunkt des Traditionsgeschäfts – in sechster Generation in den Händen der Familie Neugebauer – sind Kinder- und Jugendbücher.
Service: Auf persönliche und professionelle Betreuung wird hier großer Wert gelegt.

BUCHHANDLUNG JAVORSKY

4810 Gmunden, Salzfertigergasse 1
Tel.: 0 76 12/679 63
buchhandlung.javorsky@aon.at
Shop & Angebot: Die Buchhandlung bietet verschiedenste literarische Werke für Kinder und Jugend. Falls Buchwünsche nicht lagernd sind, werden sie prompt besorgt.
Service: Hier wird man persönlich von Buchhändlern bedient!

BUCHHANDLUNG SCHACHINGER

4780 Schärding, Unterer Stadtplatz 20
Tel.: 0 77 12/356 11
buchhandlung.schachinger@utanet.at
Shop & Angebot: Auf das Wohl des Kunden und freundliche Beratung wird hier besonders Wert gelegt. In gemütlicher Atmosphäre werden neben Kinderbüchern auch kleine Geschenkartikel, Hörbücher und das eine oder andere Spiel angeboten.

LOGO

4020 Linz, Stockhofstr. 5, Tel.: 0 73 2/66 48 98
m.hintersteiner@logospiel.at
www.logospiel.at
Shop & Angebot: Im Spielzeuggeschäft findet man eine umfangreiche und gut sortierte Buchabteilung mit ausgewählten Büchern von Ravensburger, Coppenrath, Ars Edition, Dorling Kindersley, Sauerländer usw. Zudem haben auch Lernmaterialien zum Beispiel von Westermann oder Loewe ihren fixen Platz im Sortiment.

VERITAS

4010 Linz, Harrachstr. 5, Tel.: 0 7 32/77 64 01-0
handel@veritas-buch.at
www.veritas-buch.at
Shop & Angebot: Eine Tradition von über 60 Jahren verpflichtet! Bei den Kinderbüchern wird auf die Auswahl hochwertiger Lektüre Wert gelegt. Die Atmosphäre im Geschäft ist ebenso einladend zum Stöbern und Schmökern wie das Sortiment.
Service: Persönliche Beratung wird großgeschrieben.

STEIERMARK

HINTERSCHWEIGER

8850 Murau, Anna-Neumann-Straße 43
Tel.: 0 35 32/22 63, office@hinterschweiger.at
www.hinterschweiger.at
Shop & Angebot: Hier sind kleine Kunden König und können aus einem großen Sortiment an Büchern wählen. Der Internetauftritt von Hinterschweiger verfügt sogar über eine eigene Plattform für Kinder unter www.lesespass.at. Auf jeden Fall einen Besuch wert.

KASTNER & ÖHLER

8021 Graz, Sackstraße 7–13, Tel.: 0 31 6/870-0
plus-card@kastner-oehler.at
www.kastner-oehler.at

Leykam/www.webbuch.at

Kärntner Buchhandlungen

Shop & Angebot: Die umfangreiche Kinderbuchabteilung der Kaufhauskette steht unter dem Motto „Lesen macht Spaß".

KINDERBUCHLADEN/ SPIELZEUGSCHACHTEL

8010 Graz, Schmiedg. 16, Tel.: 0 31 6/82 20 76
office@spielzeugschachtel-graz.com
www.spielzeugschachtel-graz.at

Shop & Angebot: Niveauvolle Kinderbücher mit großer Themenvielfalt werden in sympathischem Umfeld angeboten. Nach einer kürzlich erfolgten Neuübernahme stehen mehr denn je pädagogisch wertvolle Kinderbücher im Mittelpunkt. Das Sortiment wurde sehr stark an der Themenbezogenheit der Titel ausgerichtet, sodass es in der Grazer Spielzeugschachtel zu den meisten für Kinder relevanten Themen Bücher gibt, sehr viele auch aus kleineren Verlagshäusern.

Service: Top-Beratung durch Mitarbeiterinnen, die so gut wie jeden Kinderbuchtitel kennen.

LEYKAM

Filialen unter www.webbuch.at

Shop & Angebot: Das traditionsreiche Unternehmen Leykam bietet in all seinen Filialen neben einer großen Auswahl an hochqualitativer Literatur kompetenten Kundenservice. Auch was Kinderbücher betrifft, ist sind die Leykam-Buchhandlungen gut sortiert.

Service: kundenfreundlicher und umfangreicher Online-Shop unter www.webbuch.at.

KÄRNTEN

BUCHHANDLUNG HEYN

9020 Klagenfurt, Kramergasse 2–4
Tel.: 0 46 3/542 49-0, buch@heyn.at
www.heyn.at

Shop & Angebot: Die „Freude am Buch" soll in der Buchhandlung Heyn geweckt werden. Bei Kaffee, Tee oder Zotter-Schokolade kann gemütlich im breiten Sortiment geschmökert werden, Kinder vergnügen sich in der liebevoll gestalteten Spielecke. Hilfreich für die Buchauswahl ist übrigens die Empfehlungsliste auf der Homepage!

Service: Hier hat man alle Zeit der Welt, wenn es um die Auswahl des richtigen Buches geht! Bestellmöglichkeit via Internet, E-Mail, Telefon und Fax, versandkostenfreie Lieferung ab einem Rechnungswert von 100 Euro.

BUCHHANDLUNG PERAUER

9853 Gmünd, Hauptplatz 25, Tel.: 0 64 72/22 93
rosi.perauer@aon.at
www.buch-perauer.at

Shop & Angebot: Die „Buchhandlung mit der persönlichen Note" – am Hauptplatz von Gmünd werden Service und Beratung auch in Sachen Kinderbuch seit 1960 großgeschrieben. Aber auch die besonders große Auswahl an Kinder- und Jugendbüchern sowie die angenehme Einkaufsatmosphäre überzeugen.

Service: Schnellbestellservice ohne Portokosten.

KÄRNTNER BUCHHANDLUNGEN

Filialen unter www.kbuch.at

Shop & Angebot: Hier können leselustige Kids in einem großen und gut sortierten Angebot an Kinder- und Jugendliteratur stöbern.

Service: Regelmäßig werden in den gemütlichen Buchhandlungen auch Lesungen für

Rupertus Buchhandlung

Wagnersche, Büchercafé

Kinder und auch in Schulen abgehalten. Neuer Lesestoff kann unter www.kbuch.at auch online bestellt werden.

SALZBURG

DOMBUCHHANDLUNG

5020 Salzburg, Kapitelplatz 6
Tel.: 0 66 2/84 00 70
dombuchhandlung@buchzentrale.com
www.buchzentrale.com
Shop & Angebot: Die Dombuchhandlung, ein Unternehmen der katholischen Kirche, befindet sich teils in einem Gewölbe. In der wirklich schön eingerichteten Buchhandlung liegt ein Sortimentsschwerpunkt auf Kinder- und Jugendliteratur. Buchempfehlungen auf der Homepage!

HAIDENTHALER

5600 St. Johann im Pongau, Hauptstraße 36
Tel.: 0 64 12/42 58, bestellen@haidenthaler.at
www.haidenthaler.at
Shop & Angebot: Das freundliche Geschäft, geführt von belesenem Personal, punktet durch besondere Beratung und Betreuung sowie mit einem anspruchsvollen Angebot an Kinder- und Jugendbüchern auch abseits der Bestsellerlisten.

RUPERTUS BUCHHANDLUNG

5020 Salzburg, Dreifaltigkeitsgasse 12
Tel.: 0 66 2/87 87 33-0, info@rupertusbuch.at
www.rupertusbuch.at
Shop & Angebot: In einem Bau Fischer von Erlachs findet sich die Salzburger Rupertus-Buchhandlung. Die historischen Räumlichkeiten sind nicht nur modern und stilvoll eingerichtet, sondern haben auch jede Menge hochwertiger Literatur zu bieten. Ein großer Raum ist ausschließlich für Kinder- und Jugendliteratur reserviert und mit vielen interessanten, lehrreichen sowie unterhaltsamen Werken bestückt.
Service: Online-Bestellmöglichkeit unter www.rupertusbuch.at.

SPIELZEUGSCHACHTEL

5020 Salzburg, Schrannengasse 16
Tel.: 0 66 2/87 31 01
toys@spielzeugschachtel.at
www.spielzeugschachtel.at
Shop & Angebot: Viele Bücher und eine Lesecouch, sowie eine Kindersitzgruppe wecken die Leselaune schon beim Bücherkauf! Unter den rund 2000 Büchern finden kleine Bücherwürmer bis 10 Jahre bestimmt das Passende.

TIROL

LIPPOTT

6330 Kufstein, Unterer Stadtplatz 25
Tel.: 0 53 72/645 33, info@lippott.com
www.lippott.com
Shop & Angebot: Bei Lippott nimmt auch Kinder- und Jugendliteratur einen hohen Stellenwert ein.
Service: Gemäß dem Slogan „Innovativ, kompetent & freundlich" ist das Personal bei Lippott stets um die Wünsche der Kunden bemüht.

WAGNERSCHE

6020 Innsbruck, Museumstraße 4
Tel.: 0 51 2/595 05-0
kinderbuch@wagnersche.at
www.wagnersche.at

Tyrolia

Das Buch

Shop & Angebot: In der Wagnerschen findet man Bilderbücher mit Anspruch von Thienemann, Beltz & Gelberg, Dachs und viele andere mehr. Weitere Schwerpunkte sind Comics von Klassikern bis zu Mangas, Fördermaterial ab dem Kindergarten, Beschäftigungsmaterial sowie Sachbücher. Natürlich finden auch ältere Kids die richtige Lektüre und können aus einem umfangreichen Angebot an hochwertigen Büchern auswählen. Es gibt sogar ein eigenes Café mit Sonnenterrasse zum Entspannen und Schmökern.
Service: Online-Shop unter www.wagnersche.at

TYROLIA

Filialen unter tyrolia.at
Shop & Angebot: Tyrolia steht für umfangreiches Bücher-Angebot, gemütliches Einkaufen und professionelle sowie freundliche Beratung. Die Tyrolia-Filiale in Schwaz wurde übrigens auf den 3. Platz der Kinder-Lieblings-Buchhandlungen gewählt – und das ohne Zweifel mit Recht!

VORARLBERG

DAS BUCH

6850 Dornbirn, Messestraße 2
Tel.: 0 55 72/295 70-0, info@das-buch.at
www.dasbuch.ebuch.at
Shop & Angebot: Hier fühlen sich Bücherwürmer wohl! Je nach Abteilung berät ein spezialisierter Mitarbeiter und hilft bei der richtigen Wahl. Neben Kinder- und Jugendliteratur liegt ein besonderer Schwerpunkt auf Ratgebern zum Thema Familie und Erziehung.
Service: Der kundenfreundliche Online-Shop unter www.dasbuch.ebuch.at bietet neben einer großen Auswahl auch eine ausführliche Führung durch den Bestellvorgang. Der Versand ist ab 50 Euro frei, darunter wird eine Pauschale von 3,50 Euro verrechnet.

Figurentheater Gerti Tröbinger

Marko Simsa

ÖSTERREICHWEIT

FIGURENTHEATER GERTI TRÖBINGER

4222 St. Georgen/Gusen, Frankenbergerstr. 17
Tel.: 0664/240 59 73, gema.troebi@aon.at
www.gerti-troebinger.at
„Sobald man einer Figur die Augen einsetzt, beginnt sie zu leben" – Gerti Tröbinger ist mit Leib und Seele Puppenspielerin. Die kleinen Gesellen stellt sie selbst liebevoll her. Das Resultat kann sich sehen lassen: Kinder ab 4 Jahren sind von den Puppen und den Geschichten, die Tröbinger mit ihnen erzählt, fasziniert.

JEUNESSE
MUSIKALISCHE JUGEND ÖSTERREICH

1030 Wien, Lothringerstraße 20
(im Konzerthausgebäude)
Tel.: 01/710 36 16, mail@jeunesse.at
Ticketline: 01/505 63 56, tickets@jeunesse.at
www.jeunesse.at
Musikvermittlung am Puls der Zeit, Musik hören und Musik erleben sind Anliegen der Jeunesse in allen Bundesländern. Konsequentes Heranführen an musikalische Erlebnisse ist die Basis für eine lebenslange und erfüllende Beschäftigung mit Musik. Neben den kindgerechten Konzerten für kleine Konzertfans ab drei Jahren werden jährlich im Sommer nunmehr schon seit über 15 Jahren Musikcamps für Kinder und Jugendliche veranstaltet. Auch Festivals mit Konzerten und Workshops gehören zum jährlichen Programm.

KARIN SCHÄFER FIGUREN THEATER

7100 Neusiedl am See, Josef-Haydn-Gasse 25
Tel.: 0 21 67/33 84, info@figurentheater.at
www.figurentheater.at
Karin Schäfer reißt ihre Zuseher nicht nur im Erwachsenentheater mit. Auch Kids lieben die dreidimensionalen Abenteuer der Puppenspielerin.

KINDERLIEDERMACHER BERNHARD FIBICH

3580 Horn, Postfach 30, Tel.: 0 29 82/463 12
bernhard@kinderlieder.at
www.kinderlieder.at
Bernhard Fibich macht fröhliche, witzige, mitreißende und einfühlsame Musik für Kinder von 3 bis 11 Jahren. Selbst Vater von 3 Kindern, ist der Beruf für ihn Berufung, und Kinder und ihre Eltern spüren: Er weiß, wovon er singt. Konzerttermine und Veranstaltungsorte über die Homepage.

KULTURLEBEN
KULTURPLATTFORM DES BUNDESMINISTERIUMS FÜR UNTERRICHT, KUNST UND KULTUR

1014 Wien, Minoritenplatz 5, Tel.: 01/531 20-0
kulturleben@bmukk.gv.at
www.kulturleben.at
Unter „Schule & Jugend / Freizeit" findet man viele Tipps für kulturelle Angebote, bundesländerweise geordnet in ganz Österreich. Weiters das Jugendprogramm der Bundesmuseen, Infos zu Kindertheater und vieles mehr.

MARKO SIMSA

1120 Wien, Aichhorngasse 6
Tel. & Fax: 01/470 65 78, markosimsa@aon.at
www.markosimsa.at
Seit 20 Jahren bringt Marko Simsa Kids Musik näher. Dabei möchte er mit „spannenden und humorvollen Konzerten im besten Sinne des Wortes unterhalten", aber auch „neugierig machen auf mehr Musik und eine Auseinandersetzung mit Kultur". In diesem

Schneck + Co.

Trittbrettl

Sinne sind seine Konzerte, die entweder einem großen Musiker gewidmet sind, aber auch Musikstile einzelner Länder aufgreifen oder Geschichten erzählen, stets ebenso vergnüglich wie lehrreich. Die Kinder lassen sich gern mitreißen. Aufführungen in ganz Österreich; Spielplan im Internet und zu bestellen per Mail. Auch die CDs und Bücher führen gekonnt in das Thema Musik ein – zu bestellen via Internet (Versandkosten 2 Euro).

ÖSTERREICHISCHE KINDERFREUNDE BUNDESORGANISATION
1010 Wien, Rauhensteingasse 5/5
Tel.: 01/512 12 98-52
gernot.rammer@kinderfreunde.at
Bundesländer-Organisationen
unter www.kinderfreunde.at
Die größte Familienorganisation Österreichs ist nicht nur für ihre nahezu flächendeckenden Kinderbetreuungs- und Familienberatungseinrichtungen bekannt, sondern auch als Vermittler und teilweise Veranstalter von zahlreichen Kinder- und Familienfesten. So richten die Kinderfreunde pro Jahr etwa 800 verschiedene Kinderkulturveranstaltungen aus. Informationen dazu in den jeweiligen Landesorganisationen.

PIPIFAX KINDERTHEATER
Termine unter www.pipifax.at
Helen & Henri Brugat wollen mit ihrem Kindertheater Pipifax Kindern kreatives und spannendes Theater bieten. Inspiration für die meisten Stücke wie z. B. „Die kleine Raupe Nimmersatt" oder „Der Regenbogenfisch" waren die gleichnamigen Kinderbücher. Pipifax ist im deutschsprachigen Raum ein Begriff für gutes und unterhaltsames Kindertheater, wo Platz für kleine Menschen und ihre Fantasie ist.

SCHNECK + CO.
2620 Neunkirchen, Oberdanegg 53
Tel.: 0 26 30/300 84 oder 0664/454 46 13
co@schneck.at
www.schneck.at
Gegründet im Februar 1992, hat sich Schneck + Co. in den letzten Jahren zu einem fixen Bestandteil der heimischen Kinderkulturszene entwickelt. Mit ihren Produktionen begeistert die Gruppe um Peter „Schneck" Scheibenreif Kinder ab 3 Jahren.

THEATER BARFUSS
www.8ung.at/bennybarfuss/theater.htm
Stefan Grassl alias Benny Barfuss ist Mitglied der Gruppe „Irrwisch". Seine Stücke „Apfel-Zeller-Besenstiel" und „Benny-Barfuss-Zirkus" hat er bereits über 300-mal aufgeführt. Außerdem klettert er noch auf Kirchtürme, lässt Gemüse fliegen, steigt durch Kleiderbügel, schwingt die Besen und stellt als Zirkusdirektor einen Weltrekord im Seiltanzen auf – kurz: bewegt-bewegendes Theater für Kids!

TRITTBRETTL
brossmann@trittbrettl.at
www.trittbrettl.at
Das mobile Theater „Trittbrettl" kombiniert Schauspiel, Masken- und Puppenbühne. Die Stücke für Kinder ab 4 Jahren behandeln meist Konfliktsituationen aus dem Alltag und regen durch ihre offene Spielweise, in der Mensch und Puppe miteinander agieren, und ihren teilweise animatorischen Charakter zu deren spielerischer Bewältigung an. Spielpläne im Internet, Stückbeschreibungen, Termine und CD-Bestellung auf Anfrage per E-Mail.

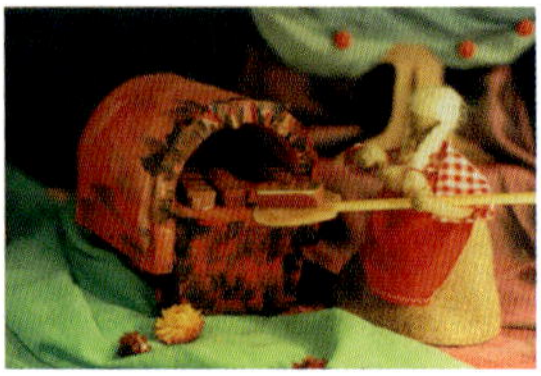

Der Bogen

Figurentheater Lilarum

WIEN

WUK KINDERKULTUR
1090 Wien, Währinger Straße 59
Tel.: 01/401 21-52 (Judith Zenta)
kinderkultur@wuk.at
www.wuk.at
Kinder von 0 bis 12 Jahren erwartet hier ein vielseitiges Programm mit Sprech-, Figuren- und Musiktheater, Lesungen, Workshops, Tanz u.v.m. Die jährlich stattfindende Kinder- und Jugendliteraturwoche, die Workshopreihe „Recht hat Jede(r)?“, die Kindern und Jugendlichen die Grundwerte der Menschenrechte vermittelt, und das „szenebuntewähne Tanz-Festival“ sind fixe Bestandteile der WUK-KinderKultur.

▸ THEATER

DER BOGEN
1090 Wien, Berggasse 29
Tel.: 0664/864 83 08 od. 0 22 42/331 90
office@derbogen.at
www.derbogen.at
Auf verschiedenen Bühnen in Wien und Niederösterreich (siehe Homepage) findet ein Puppentheater der besonderen Art statt: Die Puppenspielerin Karin Duit besinnt sich ganz auf die Tradition des Geschichtenerzählens, was sich nicht zuletzt in der wunderschönen Sprache niederschlägt. Ihre ruhigen Stücke sind speziell für junge Zuseher empfehlenswert, da ohne jeden Schrecken oder unpassende Effekte. Der Märchenzwerg – wie die anderen Puppen eine liebevoll gestaltete Figur – führt die Kinder in die Welt der Märchen ein. Ebenfalls auf dem Spielplan stehen je nach Jahreszeit unterschiedliche Geschichten rund um den kleinen Stoffel. Kindertheater für die Kleinen, wie es schöner nicht sein könnte!

FIGURENTHEATER LILARUM
1030 Wien, Göllnergasse 8, Tel.: 01/710 26 66
lilarum@lilarum.at
www.lilarum.at
In einem historischen Theater im 3. Bezirk wird Kindertheater für Kinder aller Altersstufen aufgeführt. So sind Stücke wie „Kroko und der weiße Vogel“ für die Gruppe der 3- bis 8-Jährigen, „Katzen reimen sich auf Spatzen“ für 4 bis 9 Jahre und „Der König in der Kiste“ für 5 bis 10 Jahre geeignet.

KASPERL & CO
ROTE BAR IM VOLKSTHEATER WIEN
1070 Wien, Neustiftgasse 1
Tel.: 01/521 11-400, ticket@vokstheater.at
www.volkstheater.at, www.kasperl.co.at
Für kleine Kasperlfans ab 4 Jahren gibt es einmal monatlich eine Vorstellung von und mit Kasperl & Co. Die Abenteuer von Kasperl, Pezi, Sepperl und Großmutti werden von einem zehnköpfigen Team gespielt und lassen Kinderherzen – nicht nur im TV, wo seit vielen Jahren Kasperl-&-Co-Produktionen ausgestrahlt werden – höher schlagen.

KINDERTHEATER AM SPITTELBERG
1070 Wien, Spittelberggasse 10
Tel.: 01/526 13 85
ticket@theateramspittelberg.at
www.theateramspittelberg.at
Viele Kindertheatergruppen haben schon auf der Pawlatschenbühne des Theaters gespielt. Das Programm ist vielfältig und sieht im Sommer (Anfang Juni bis Ende September) jeden Sonntag ein spezielles Kindertheater

Märchenbühne „Der Apfelbaum“

vor. Außerdem gibt es auch viele Kinderfeste mit Schminken und Animationen.

MÄRCHENBÜHNE „DER APFELBAUM“
1070 Wien, Kirchengasse 41
Tel.: 01/523 17 29-20
apfelbaum@maerchenbuehne.at
www.maerchenbuehne.at
Reduktion auf das Wesentliche ist die Devise bei der Gestaltung von Bühnenbild und Puppen, das Märchen wird durch die Inszenierung zum Leben erweckt. Klassische und weniger bekannte Märchen stehen hier auf dem Programm, wobei die bekannten tendenziell stärker besucht sind. Alle Aufführungen sind für Kinder ab 4 Jahren geeignet. Im angeschlossenen Café mit seinen biologischen Köstlichkeiten und dem märchenhaft-gemütlichen Ambiente kann man den Theaterbesuch angenehm ausklingen lassen.

ORIGINAL WIENER PRATERKASPERL
1020 Wien, Wurstelplatz 1, Tel.: 0650/527 73 75
www.praterkasperl.com
„Kinder, seid ihr alle da?“ heißt es mitten im Wiener Wurstelprater ganz in alter Kasperltradition. Mit einem Eintrittspreis von 3,50 Euro besonders preisgünstiges Kindertheater! Eine Besonderheit ist das „persönliche Kasperlstück“, das nach den Ideen der kleinen Gäste geschrieben wird.

THEATER DER JUGEND
Renaissancetheater
1070 Wien, Neubaugasse 36 (Büro Nr. 38)
Theater im Zentrum
1010 Wien, Liliengasse 3
Tel.: 01/521 10-230, office@tdj.at
www.tdj.at
Für Kinder adaptierte Klassiker und aktuelle Stücke von zeitgenössischen AutorInnen werden von Schauspielprofis inszeniert und gespielt. Hauptzielgruppe für die Aufführungen sind Kinder ab 6 Jahren; beachtlich ist die hohe Qualität, die Kinder regelrecht Lust auf „mehr Theater“ macht. Für Schulen, aber auch für den privaten Besuch. Empfehlenswert!

WIENER URANIA PUPPENTHEATER
1010 Wien, Uraniastraße 1, Tel.: 01/714 36 59
kasperl@kasperlundpezi.at
www.kasperlundpezi.at
Kasperl und Petzi haben im Wiener Urania Puppentheater ihren Fixplatz. Kids ab 4 Jahren unterhalten sich bestens bei den lustigen Streichen der beiden.

▸ MUSIK

GESELLSCHAFT DER MUSIKFREUNDE IN WIEN
1010 Wien, Bösendorferstraße 12
Tel.: 01/505 81 90, tickets@musikverein.at
www.musikverein.at
Die Gesellschaft der Musikfreunde möchte mit ihren Programmen die Freude der Kids an der Musik wecken. In diesem Sinne werden qualitativ anspruchsvolle künstlerische Darbietungen für Kinder ab drei Jahren aufbereitet, wobei das Augenmerk auf Möglichkeiten zum aktiven Mitwirken der kleinen Zuhörer gelegt wird.
Bei „KlingKlang“ kommen schon die Kleinsten ab 3 Jahren mit der Welt der Musik in Berührung. Unter verschiedenen Mottos wie „China gleich ums Eck“ (ab Ende Februar), „Mit der Straßenbahn nach Afrika“ (im April), „Ungarisch im Stiegenhaus“ (im Juni) werden verschiedene Musikstücke vorgestellt. Dabei ist die Interaktivität ein wesentliches Element dieses innovativen Kinderkonzertkonzepts:

Staatsoper für Kinder

Die Kids dürfen sich bewegen, mitsingen etc. und erfahren so Musik tatsächlich selbst. Weiters auf dem Spielplan: Der Zyklus „Agathes Wunderkoffer" ab 3 – auch dabei wird gemeinsam musiziert und getanzt. Kinder ab 5 erleben dann im Rahmen der Konzerte „Allegretto" klassische Musik von ihrer schönsten Seite. Kinder ab 11 lernen „Klassik-Hits im Goldenen Saal" kennen.

STAATSOPER FÜR KINDER
1010 Wien, Opernring 1
Tel.: 01/514 44-20 19, -22 50
information@wiener-staatsoper.at
www.wiener-staatsoper.at
Die Wiener Staatsoper ist mit der Kinderoper für Kinder zwischen 6 und 14 Jahren bestrebt, auch ein junges Publikum für das Musiktheater zu begeistern. So sind das Kinderopernzelt auf der Dachterrasse der Wiener Oper und die zahlreichen umjubelten Vorstellungen aus dem kulturellen Angebot für Kinder mittlerweile nicht mehr wegzudenken. Über den Jahreswechsel auf dem Spielplan: „Wagners Nibelungenring für Kinder". Für die Aufführungen in der Oper direkt gibt es übrigens interessante Preisreduktionen auf Kinderkarten!

▸ TANZ

BABY-DISCO
INDOORSPIELPLATZ WIENER KINDERFREUNDE
1160 Wien, Schuhmeierplatz 17–18 (Albert-Sever-Saal),
www.wien.kinderfreunde.at
Im großen Mehrzwecksaal mit Bühne, Licht- und Tonanlage findet jeden 1. und 3. Sonntag im Monat eine Baby-Disco für Kinder bis 6 Jahre, statt, wo sich Klein und Groß zu Kinderliedern und Hits der 70er und 80er in angenehmer Lautstärke wegshaken können. Beim Baby-Frühstück, einem gemütlichen Indoor-Picknick, kommen Kids bis 6 und ihre Eltern kulinarisch auf den Geschmack.

▸ WORKSHOPS

1ST FILMACADEMY FOR KIDS
1070 Wien, Lerchenfelder Straße 15/13
Tel.: 01/713 27 03 oder 0664/473 42 26
office@filmacademy.at
www.filmacademy.at
Die erste Filmakademie für Kinder ab 10 Jahren bietet eine praktische und auf das Alter der Kinder bezogene, fundierte Ausbildung. Bei den Filmprojekten werden die verschiedenen Aufgaben – Schauspiel, Regie, Kamera, Ton, Script, Schnitt usw. – von den Schülern selbst übernommen. „Learning by doing" lautet die Devise. Dauer der Ausbildung: 6 Semester, dabei wöchentlich zwei Stunden
Kosten: 99 Euro

BA-CA KUNSTFORUM
1010 Wien, Freyung 8, Tel.: 01/537 33 26
www.ba-ca-kunstforum.at
Kinder von 5 bis 11 Jahren erleben in spannenden Workshops oder im Rahmen von Familienführungen die jeweilige Ausstellung von einer aktiven Seite. Zum Abschluss geht es dann gemeinsam ins Atelier.

DAS WIENER KINDERTHEATER
1020 Wien, Taborstraße 11b/2/26c
Tel.: 01/214 46 25, info@kindertheater.com
www.kindertheater.com
Theater von Kindern für Kinder (und Erwachsene): Kids ab 5 Jahren schlüpfen in die Rollen

Kinder Business Week

Kinderuni Wien

großer literarischer Werke und führen die Stücke vor dem Publikum auf. Dabei geht es Sylvia Rotter und ihrem Team vor allem darum, Kinder mit Literatur in Berührung zu bringen. Darüber hinaus will die Schauspielerin und Produzentin Kindern die Möglichkeit bieten, sich selbst weiterzuentwickeln und ihre Persönlichkeit zu finden und zu festigen. Insbesondere als Kontrapunkt zu künstlichen Unterhaltungsparadiesen ist das Wiener Kindertheater eine besonders gelungene Initiative. Einsteiger-Workshops finden im Frühjahr und im Herbst statt, Theaterkurse laufen über ein Semester. Von den positiven Erfahrungen mit dem Wiener Kindertheater ausgehend hat Sylvia Rotter gemeinsam mit Prof. Dr. Max H. Friedrich die Bildungsinitiative gestartet, in deren Rahmen Theaterworkshops zur Förderung der emotionalen und sozialen, der sprachlichen und die motorischen Entwicklung der Kinder an Schulen eingesetzt werden sollen. Das Ziel ist, „eine lebendige, kreative und innovative Schule zu schaffen, die jungen Menschen durch Sensibilisierung und Begeisterung zeigt, was es heißt, ein Mensch in der heutigen Zeit zu sein." Das Projekt wird durch wissenschaftliche Tests untermauert.

KINDER BUSINESS WEEK
MEDIAGUIDE VERLAGS- UND HANDELSGES.
1140 Wien, Bierhäuselberggasse 81
Tel.: 0664/100 39 06
office@kinderbusinessweek.at
www.kinderbusinessweek.at
Kinder von 8 bis 13 Jahren treffen auf österreichische UnternehmerInnen und ManagerInnen – das Ergebnis sind spannende Workshops und Vorträge, in denen Kids das Abenteuer Wirtschaft erleben. Die unterschiedlichsten Themenbereiche stellen sicher, dass jede/r das passende Angebot findet. Die Teilnahme an der im Sommer stattfindenden Kinder Business Week ist kostenlos, Termin 2009: 27.–31. Juli. Registrierungen sind ab Juni 2009 auf der Homepage möglich. Ein besonderer Tipp für wirtschaftlich interessierte Kids!

KINDERUNI WIEN
KINDERBÜRO DER UNIVERSITÄT WIEN
Tel.: 0800/664 540, info@kinderuni.at
www.kinderuni.at
Universitätsluft schnuppern Kinder zwischen 7 und 12 Jahren im Rahmen der Kinderuni Wien. Wie im „richtigen" Studium gibt es ein Vorlesungsverzeichnis, aus dem man die Veranstaltungen auswählt, die man besuchen möchte. Ob Jus, Naturwissenschaften, Wirtschaft, Sprachen, Kunst etc. bleibt dabei ganz den persönlichen Vorlieben überlassen. Zum Schluss gibt es auch eine Sponsion – nur Prüfungen, die gibt es nicht. Die Teilnahme ist gratis. Rasch anmelden, die hohe Betreuungsqualität der Kinderuni Wien hat sich schon herumgesprochen! Geplanter Termin: 13.–25. Juli 2009.

KUNST THERAPIE ATELIER ANNA RAKOS
1180 Wien, Anastasius-Grün-Gasse 14
Tel.: 0676/963 43 26
anna@kunsttherapie-atelier.at
www.kunsttherapie-atelier.at
Kinder ab 6 Jahren können sich in Sommerkursen oder auch wöchentlich beim „Jour fixe für Kids, die gerne malen" nach Herzenslust kreativ betätigen. Für Kids ab 8 wird dreidimensionales Gestalten, bei dem mit Draht, Gips, Papier, Karton, Ton, Stein und Naturmaterialien gearbeitet wird, angeboten. Das freie Gestalten steht in jedem Fall im Vordergrund!

Teatro

MATH SPACE
1070 Wien, quartier21/MuseumsQuartier
Museumsplatz 1, info@math.space.or.at
http://math.space.or.at
Ein spielerischer Zugang wird Kindern im Rahmen der Workshops von Math Space eröffnet. Für die Kleinen ab 5 heißt es: „Wir spielen uns durch die Mathematik", für Größere dann zum Beispiel „Mathematik zum Begreifen". Achtung: Rechtzeitige Anmeldung erforderlich, da die Kurse stets rasch ausgebucht sind.

MINIMATH – VEREIN FÜR MATHEMATISCHE FRÜHERZIEHUNG
1070 Wien, Kandlgasse 1/10
Tel.: 0664/619 25 46, office@minimath.at
www.minimath.at
Die Kurse für Kinder zwischen 4 und 6 Jahren sollen Konzentrationsfähigkeit, Zuordnen, Orientierung im Raum etc. schulen. Dabei nehmen sie nicht die Schulinhalte vorweg und sind auch nicht als Begabtenförderung, sondern als spielerische Vorbereitung auf Mathematik und andere Lernstoffe zu sehen. Veranstaltungsorte und Termine: siehe Homepage.

SCIENCE CLUB
1110 Wien, Gröretgasse 90
Tel.: 01/769 16 49, 0650/769 16 49
office@sciencepool-vif.org,
www.sciencepool-vif.org
Was ist Magie? Warum beantwortet der Kreisel unsere Fragen mal mit Ja, mal mit Nein? Und wie funktioniert der Trick mit dem verbogenen Löffel? Die Spannung in der Kleingruppe steigt, wenn die Kursleiterin Kids ab 6 Jahren in die Welt der Naturwissenschaften einführt. Dass dabei nicht nur das Durchführen von Experimenten auf der Tagesordnung steht, sondern diese obendrein mit Geisteswissenschaften vernetzt werden, macht eine der Besonderheiten des Science Clubs aus. Außerdem wird ganz spielerisch und absolut mitreißend die Basis für das Verständnis von Mathematik, Physik, Chemie und Biologie gelegt. Wenn „Unterricht" immer so faszinierend wäre, gäbe es keine „Schulmuffel"!
Im Rahmen des Vereins zur Interessenförderung bei Kindern und Jugendlichen wird außer dem „Science Club"auch „English on Stage" angeboten, bei dem sich die Kids gemeinsam als Autoren eines Theaterstücks, Kostümbildner und Schauspieler betätigen und dabei Englisch lernen.

TEATRO
Norberto Bertassi, Tel.: 0650/992 21 00
office@teatro.at
www.teatro.at
Musical-Luft schnuppern Kids ab 6 Jahren bei Musical-Workshops und Kursen unter der Leitung von Norberto Bertassi. Siehe dazu auch Eintrag unter Niederösterreich.

TÖCHTERTAG
Initiative von Frauenstadträtin und Frauenabteilung der Stadt Wien, Kooperation mit Wirtschaftskammer Wien und Wiener Stadtschulrat
Tel.: 0800/22 22 10, office@toechtertag.at
www.toechtertag.at
Am 23. April 2009 haben Mädchen ab 11 Jahren beim 8. Wiener Töchtertag die Möglichkeit, ein Wiener Unternehmen zu besuchen und einen Einblick in die berufliche Praxis zu gewinnen. Um die Mädchen zu motivieren, für sie bislang ungewöhnliche Ausbildungs-

Volksoper Wien

Zoom Kindermuseum

wege zu gehen, liegt der Schwerpunkt auf technischen und techniknahen Berufen.

VOLKSOPER WIEN
1090 Wien, Probebühne, Severingasse / Ecke Wilhelm-Exner-Gasse
Anmeldung unter www.volksoper.at
Kinder ab 8 Jahren haben auf der Probebühne Gelegenheit, in die Welt des Theaters und der Musik hineinzuschnuppern. Künstler und Mitarbeiter der Volksoper – allen voran Direktor Robert Meyer – bringen den Kindern Oper und Ballett, aber auch das Orchester und seine Instrumente nahe. Singend, tanzend und bastelnd lernen die „Nachwuchs-Stars" das Stück in seinen verschiedenen Facetten kennen – dies umso besser, als die eigene Aktivität im Vordergrund steht. Rechtzeitige Anmeldung erforderlich! Für alle, die gern singen, ist auch der erfolgreiche Kinderchor ein heißer Tipp. Kids zwischen 7 und 12 Jahren werden einmal pro Woche ein bis zwei Stunden im Gesang unterrichtet.

ZOOM KINDERMUSEUM
1070 Wien, Museumsplatz 1, Tel.: 01/524 79 08
reservierung@kindermuseum.at
oder info@kindermuseum.at
www.kindermuseum.at
Atelier: Die Workshops für Kinder von 3 bis 12 Jahren legen den Schwerpunkt auf das freie Experimentieren mit Techniken und Materialien. Durch Mischen der eigenen Malfarbe, Bauen des eigenen Malgeräts und lustvolles Malen auf Wänden und Papier sollen die Kinder ihre Fähigkeiten und Ausdrucksmöglichkeiten kennenlernen und ihr eigenes kreatives Potenzial entdecken. Dabei werden sie von Betreuern begleitet und angeregt.
Ozean: Kinder bis 6 Jahre machen an Bord des Spiel-Dampfers wertvolle Sinneserfahrungen. Seit Kurzem macht die Famosa außerdem Halt im Eismeer, wo die Kinder Wissenswertes über die Einwohner Grönlands erfahren. Über Wellenrutschen geht es in den Unterwasserdschungel, wo sich die Kinder mittels U-Boot auf Forschungsreise begeben und wesentliche Techniken des wissenschaftlichen Arbeitens kennenlernen: An den neuen Ozean-Stationen können sie beobachten, ausprobieren, messen und vergleichen nach Herzenslust.
Lab: Kinder und Jugendliche von 8 bis 14 Jahren erlernen spielerisch den Umgang mit Multimediatechnologien, mit denen sie im Alltag konfrontiert sind. In Teams werden Geschichten erfunden, Charaktere, Szenen und Hintergründe gestaltet und in Form von kurzen vertonten Trickfilmen umgesetzt. Dabei wird nur die Rahmenhandlung festgelegt. Nach Fertigstellung des Films können die Kids (und Eltern) das fertige Werk gemeinsam von Anfang bis Ende sehen. Science: Der spielerische Zugang zur Wissenschaft ist im Zoom Kindermuseum einer der Schwerpunkte, dem mit Angeboten auf der Kinder-Homepage, mit Ausstellungen und mit den Wiener Kindervorlesungen Rechnung getragen wird: Bekannte WissenschaftlerInnen geben den Kids einen Einblick in ihre spannende Tätigkeit. Die Termine variieren, bitte der Homepage entnehmen.

▸ FUN-PARKS

BAGGERPARK
1110 Wien, Albener Hafenzufahrtsstraße 262
Tel.: 01/961 02 76 oder 0664/182 72 21
info@kids-on-stage.at
www.kids-on-stage.at
Auf einem 10.000 m² großen Areal haben Kin-

Bogi Park

Family Fun

der (und Junggebliebene) die Möglichkeit, echte Bagger und Baumaschinen zu bedienen. Nach einer kurzen Einweisung werden tonnenschwere Baumstämme verfrachtet, Unmengen Erde binnen weniger Minuten ausgehoben oder riesige Steinbrocken per Knopfdruck zerkleinert.
Öffnungszeiten: Do, Fr 14.00–18.00 Uhr, Sa, So, Feiertag 10.00–18.00 Uhr

BOGI PARK

1230 Wien, Gutheil-Schoder-Gasse 17
Tel.: 01/230 00 00, info@bogipark.at
www.bogipark.at
Österreichs größter Indoorspielplatz hat für Klein und Groß einiges zu bieten. Auf 3500 m² ist hier genug Platz, um sich nach Herzenslust auszutoben. Zudem gibt es viele spaßige Spielgeräte, z. B. eine Kletterwand, die schnellste Rutsche des Universums, einen großen Bällesee und noch viel mehr, zu entdecken. Spezielle Programme wie Tanzen, Kreativwerkstätten etc. runden das Unterhaltungsprogramm ab. Eltern entspannen in der Zwischenzeit im Bogi Restaurant und stärken sich am reichhaltigen Buffet mit Salaten, Snacks, Suppen, Hauptspeisen sowie Torten und Kuchen.
Öffnungszeiten: täglich 10.00–19.00 Uhr
Preise: Tagestickets von 0–1 Jahr gratis, 1–3 Jahre 2,90 Euro, 3–16 Jahre 7,90 Euro, Erwachsene 3,50 Euro, Abendtickets (17 bis 19 Uhr): 0–1 Jahr gratis, 1–3 Jahre 1,90 Euro, 3–16 Jahre 4,40 Euro, Erwachsene 2,40 Euro

FAMILY FUN

1220 Wien, Breitenleer Str. 77, Tel.: 01/236 70 70
office@familyfun.at
www.familyfun.at
Spielspaß bei jedem Wetter: Hier geht es rund – und das nicht nur an herkömmlichen Spielstationen, sondern auch an der riesigen Kletterwand, auf der Kartbahn, beim Air Hockey.

KINDERFREUNDE ABENTEUERSPIELPLATZ ROBINSON-INSEL

1190 Wien, Greinergasse 7, Tel.: 01/401 25-37
events@wien.kinderfreunde.at
wien.kinderfreunde.at
Das abgezäunte Gelände der „Robinson-Insel" ist 7000 Quadratmeter groß, teilweise naturbelassen und bietet dank vieler Bäume, Gebüsche, Böschungen, versteckten Plätzchen und geheimen Wegen den idealen Spielraum für kleine Entdecker. Perfekt für Versteck- und Geländespiele, das Klettern auf Hängen und Baumstämmen, Naturbeobachtungen und Suchspiele, Rätselrallyes und Schatzsuche etc. Ein Schwerpunkt ist immer das Kennenlernen von Pflanzen und Natur sowie das Gestalten mit Naturmaterial. An der eigens angelegten Feuerstelle werden zu besonderen Anlässen Lagerfeuer gemacht, Würstchen gegrillt und Kartoffeln gebraten, und im Sommer sind die Obstbäume begehrtes Objekt der Kinder. Die Aufsicht der Kinder übernehmen geschulte Freizeitpädagoginnen der Wiener Kinderfreunde. Der Spielplatz ist von Ostern bis Ende Oktober geöffnet (Zeiten variieren).

LUNA PARK

1210 Wien, Ignaz-Köck-Straße 1, SCN
Tel.: 01/264 08 50, lunapark@ringelspiel.at
www.lunapark.at
Unabhängig vom Wetter können Kinder hier auf einem klimatisierten und über 1000 Quadratmeter großen Indoor-Spielplatz spielen und toben. Ein Bungee-Trampolin, eine Softball-Arena, eine Go-Kart-Bahn, eine Hüpfburg, ein Kinderkarussell usw. warten darauf, entdeckt zu werden.

Minopolis

Mödlinger Puppentheater

Öffnungszeiten: Mo–Fr 13.00–19.00 Uhr, Sa 10.00–19.00 Uhr, So und Feiertag 13.00–19.00 Uhr
Kosten: pro Kind 6,50 Euro, Erwachsene nur 1 Euro, Happy Hour 18.00–19.00 Uhr: Preis pro Kind Euro 3,50

MINOPOLIS
1220 Wien, Wagramer Straße 2 (Cineplexx)
Tel.: 0810/970 27-0, welcome@minopolis.at
www.minopolis.at
Minopolis ist eine Großstadt im Kinderformat. Straßen, Plätze, Autos, Häuser – alles sieht aus wie in der Welt der Erwachsenen, nur eben kleiner. 4- bis 12-jährige Kinder lernen auf 6000 m² in detailgetreuen Themenstationen ihre Traumberufe kennen. So werden die kleinen Lokomotivführer, ÄrztInnen, JournalistInnen oder Feuerwehrmänner spielerisch in das Arbeits-, Sozial- und Wirtschaftsleben eingeführt. Die Betreuung der Kinder erfolgt durch speziell geschulte Kinder-Coaches. Und weil hier alles funktioniert wie bei den Großen, muss auch Geld verdient werden. Nur, dass das hier Eurolino heißt.
Kosten: Fr: Kinder: 8 Euro, Erwachsene 4 Euro, Sa, So, Feiertag, Fenstertage und Ferien der Wiener Schulen: Kinder 12 Euro, im Winter 15 Euro, Erwachsene: 6 Euro

NIEDERÖSTERREICH

▸ THEATER

MÖDLINGER PUPPENTHEATER
2340 Mödling, Pfarrg. 2, Tel.: 0 22 36/86 54 55 und 0664/513 93 66, moep@aon.at
www.puppentheater.co.at
Hier schnuppern Kids (und Eltern) Theaterluft: Im Gewölberaum in Mödlings Zentrum werden Puppen zum Leben erweckt. Ob beim Kasperl- oder Papiertheater – Kinder erfreuen sich an den liebevoll gespielten Stücken und Geschichten ebenso wie ihre großen BegleiterInnen. Auch die Gastspiele und die Kinderopern (zum Beispiel „Hänsel und Gretel" oder die „Zauberflöte") in den Räumen des Puppentheaters sind einen Besuch wert. Die Altersangaben beachten – es stehen Stücke ab 2 und bis 10 Jahre auf dem Spielplan!

THEATER 82ER HAUS
3003 Gablitz, Linzer St. 82, Tel.: 0664/243 64 65
office@theater82erhaus.at
www.theater82erhaus.at
Hier werden viele neue, attraktive und bezaubernde Theaterstücke mit bekannten Künstlern für Kinder von 3 bis 12 Jahren aufgeführt. So ziemlich alle bekannten Kindertheatergruppen kommen für ein Gastspiel vorbei.

▸ MUSIK

TONKÜNSTLER NIEDERÖSTERREICH
3109 St. Pölten, Kulturbezirk 2 / Festspielhaus
Tel.: 0 27 42/90 80 70-734 (Christina Krug)
tonspiele@tonkuenstler.at
www.tonkuenstler.at/tonspiele
Der musikalische Nachwuchs ist den Tonkünstlern Niederösterreich ein besonderes Anliegen – mit den für bestimmte Altersgruppen konzipierten Konzerten soll die Freude an der Musik geweckt werden. Dabei geht es nicht nur ums Musikhören, sondern auch ums Musikerleben: Die Zuhörer werden aufgefordert, sich aktiv am Geschehen zu beteiligen. Die Konzerte und Workshops sind einerseits speziell auf Kinder, aber auch auf Familien ausgerichtet.

Junge Uni Krems

Sammlung Essl

▸ WORKSHOPS

DANIEL MORELLI ZIRKUS
Daniel Gajdusek-Schuster
2500 Baden, Vöslauer Straße 9/36
Tel.: 0664/531 05 42, morelli@utanet.at
www.morelli.at
Im Kinderzirkus schnuppern Kids Zirkusluft: Jonglieren, Einradfahren, Akrobatik und vieles mehr stehen auf dem Programm.

JUNGE UNI KREMS IMC FACHHOCHSCHULE KREMS
3500 Krems, Piaristeng. 1, Tel.: 027 32/802 -0
http://jungeuni.fh-krems.ac.at
Kids ab 11 Jahren lernen hier eine Woche im Juli lang das Uni-Leben kennen (genauen Termin bitte erfragen, da zu Redaktionsschluss noch nicht fix). Dabei machen Lernbegierige spannende Ausflüge in die Welt der Wissenschaft und Forschung, aber auch Spaß, Fun & Action kommen nicht zu kurz (vormittags Vorträge, nachmittags Workshops.)

SAMMLUNG ESSL
3400 Klosterneuburg, An der Donau-Au 1
Tel.: 0 22 43/370 50-77, hoffer@essl.museum
www.sammlung-essl.at
Kunst wird hier nicht nur passiv erlebt, sondern auch die eigene Kreativität kommt nicht zu kurz. Die aktive Auseinandersetzung mit dem Thema wird in der Sammlung Essl in wöchentlichen Kinderworkshops gefördert, die „Sonntagsmaler" sind ein gemeinsames Angebot für Erwachsene und Kids. Auch ganz Kleine zwischen 3 und 6 Jahren greifen hier zu Pinsel und Farben: Im offenen Atelier können sie sich nach Herzenslust entfalten.
Zeiten: Kinderworkshop: Do 16.00–17.30 Uhr; Sonntagsmaler: jeden 2. So im Monat 10.30–12.30 Uhr; offenes Atelier: jeden 3. So im Monat von 10.30–12.30 Uhr und jeden 4. Sa im Monat von 15.00–17.00 Uhr.

TEATRO
Norberto Bertassi, Tel.: 0650/992 21 00
www.teatro.at, office@teatro.at
Musical-Workshops für Kids ab 6 unter der Leitung von Norberto Bertassi. Unter Anleitung von Musicalstars schwingen die Kinder und Jugendlichen selbst das Tanzbein, erproben die eigene Stimme und machen Erfahrungen im Schauspielen. So werden in zweieinhalb Tagen Szenen und Songs aus bekannten Musicals erarbeitet und bei der abschließenden Aufführung vor Verwandten und Freunden auf der Bühne präsentiert. Die Workshops begeistern durch die hochprofessionelle Umsetzung sowie die engagierte, liebevolle Betreuung der TeilnehmerInnen. Für diese steigen übrigens auch die Chancen, nach dem entsprechenden Casting bei den Aufführungen von Teatro mitzuwirken. Diese überzeugen wie die Workshops durch ihr hohes professionelles Niveau, wobei der thematische Schwerpunkt auf märchenhaften Geschichten, Mythen und Sagen sowie auf Weltliteratur, in jedem Fall Uraufführungen, liegt. Das räumliche Umfeld der freien Theatergruppe ist Niederösterreich und Wien. Bei Redaktionsschluss nächster Workshop-Termin: 30. Jänner bis 1. Februar 2009 im event und kulturcenter bettfedernfabrik Oberwaltersdorf. An derselben Adresse war zu Redaktionsschluss eine Schule für auf dem Gebiet des Tanzes und Gesangs besonders Begabte in Planung (Starttermin: Herbst 2009). Diese soll Kindern von 10 bis 18 die Möglichkeit geben, sich auf eine mögliche Berufslaufbahn vorzubereiten bzw. Musical-Luft zu schnup-

www.bgld-kulturzentren.at

Schloss Esterházy

pern und dementsprechend den Beruf zu wählen. Wie für die Teilnahme an den Workshops gilt auch für die Schule: Wichtig ist letztlich nicht, ob die Begabung für Tanz, Musik und Schauspiel eine einschlägige Berufswahl zur Folge hat, sondern dass Kids dabei in jedem Fall soziale Skills erlernen. Einzigartig!

BURGENLAND

▸ THEATER UND MUSIK

KULTURZENTREN
www.bgld-kulturzentren.at
Abwechslungsreiches Programm (nähere Infos siehe Homepage), das für Kids reichlich Gelegenheit bietet, Theaterluft zu schnuppern´– von „Der kleine Ritter" über „Der wilde Max" bis zu „Felix – Das Musical".

SCHLOSS ESTERHÁZY
7000 Eisenstadt, Tel.: 0 26 82/719-32 24
fritz.fuerstlich@schloss-esterhazy.at
www.schloss-esterhazy.at
Im Schloss gastieren je nach Saison verschiedene Gruppen, die Musik, Theater, Lesungen für Kids zum Besten geben. Auf der Homepage findet man Programm und Termine.

OBERÖSTERREICH

▸ THEATER

LINZER PUPPENTHEATER
4020 Linz, Langgasse 13, Tel.: 0 73 2/60 22 58
kasperl@puppentheater.at
www.puppentheater.at
Christa Koinig und ihr Team führen ihre Geschichte vor einem Publikum von 3 bis 99 auf. Dabei kommen Hand-, Stab- und Klappmaulpuppen, Marotten und Marionetten zum Einsatz – das Ergebnis ist fantasievolles, fröhliches Figurentheater.

THEATERACHSE LINZ
4040 Linz, Prandtauerstraße 22
Tel.: 0676/744 96 86, info@theaterachse.com
www.theaterachse.com
Kindertheater im „Spielraum der Sinne": Es werden für die Kleinen Märchen, für die Großen auch Stücke mit kritischen Inhalten angeboten. Ganz im Stil der „theaterachse", einer Gruppe von Schauspielern, Regisseuren, Musikern, Autoren, die „einen gemeinsamen Weg gehen und suchen". Niveauvolle Angebote für ein junges Theaterpublikum.

▸ MUSIK

BRUCKNERHAUS
4010 Linz, Untere Donaulände 7
Tel.: 0 73 2/76 12-0, kassa@liva.co.at
www.brucknerhaus.at
Hier wird je nach Alter ein interessantes Programm mit spannenden Geschichten und Musik geboten: „mini.music" für die 3- bis 6-Jährigen, „midi.music"und „midi.music+" (ab 6 Jahren). Die Erzählkonzerte sollen Kids für Musik begeistern und sind auf Interaktivität ausgerichtet. Achtung: Rasch zugreifen, die Karten sind für gewöhnlich rasch ausverkauft!

▸ WORKSHOPS

ARS ELECTRONICA CENTER
4040 Linz, Graben 15, Tel.: 0 73 2/72 72-51
MB_kassa@aec.at www.aec.at

Lebensspuren.Museum

Lentos Atelier

Die Welt der virtuellen Realität lernen Kids bei den vielfältigen Workshops des AEC kennen. Scheu vor dem Computer ist hier fehl am Platz. Termine auf der Homepage, besonders in den Ferien finden zahlreiche Workshops statt. Spannend für Comic-Fans sind die Workshops rund um „Gullivers Welt" – auf der Homepage können Kids sich schon mal im Comic-Gestalten üben.

KATHOLISCH-THEOLOGISCHE PRIVATUNIVERSITÄT LINZ
4020 Linz, Bethlehemstraße 20
Tel.: 0 73 2/78 42 93
hermine.eder@ktu-linz.ac.at
www.ktu-linz.ac.at
Und noch einmal KinderUniLinz: An vier Freitagen (23.1., 6.3., 27.3., 24.4.2009), jeweils von 16.00 bis 18.00 Uhr, besuchen Kids zwischen 8 und 10 Jahren eine Vorlesung oder ein Seminar und lernen anschließend die Universität mit ihren Hörsälen, Seminarräumen und der Universitätsbibliothek kennen. Die WissenschaftlerInnen der KTU Linz vermitteln dabei kindgerecht interessante Themen. Zum Abschluss gibt es ein Diplom, und zur Sponsion sind dann auch die Eltern eingeladen! Studierendenbeitrag: 10 Euro.

KINDERUNI STEYR
4400 Steyr, Wieserfeldplatz 22
Tel.: 0 72 52/811 99-14
kinderuni@schlauerfuchs.at
www.kinderunisteyr.at
In der letzten Augustwoche (31.8.–3.9.2009) haben Kinder von 7 bis 14 Jahren Gelegenheit, sich an der Fachhochschule Steyr und im Museum Arbeitswelt in die Welt der Wissenschaft zu vertiefen. Start ist stets am Montag mit einer Auftaktvorlesung, am Donnerstag findet die Woche mit einem lustigen Sponsionsfest ihren Abschluss.

LEBENSSPUREN.MUSEUM
4600 Wels, Pollheimerstraße 4
Tel.: 0 72 42/706 49, museum@lebensspuren.at
www.lebensspuren.at
In der trodat.kreativ.werkstatt werden künstlerische Ideen entsprechend den Inhalten des Museums umgesetzt. Dabei steht handwerklich-kreatives Gestalten im Vordergrund: Kinder können hier malen, modellieren, drucken, zeichnen, stempeln, ritzen, aber auch mit Tönen und Klängen experimentieren. In den Workshops werden die Kids von qualifizierten KünstlerInnen und PädagogInnen gefördert und begleitet. In den Ferien werden auch Projekttage angeboten. Die Workshops „mädchen.technik" sollen das Interesse der Mädchen an Technik wecken.

LENTOS KUNSTMUSEUM LINZ
4020 Linz, Ernst-Koref-Promenade 1
Tel.: 0 73 2/70 70, info@lentos.at
info@mag.linz.at
www.lentos.at
Das noch junge Museum hält für MuseumsbesucherInnen mit Kindern kostenlos Malkoffer mit Buntstiften, Wachsmalkreiden und Zeichenpapier bereit und bietet museumspädagogische Blätter mit Suchspielen, Anregungen zum Zeichnen und Infos zu den aktuellen Ausstellungen an. Bei „Kunst im Gespräch" (für Gruppen nach telefonischer Vereinbarung, 30 Euro + 2 Euro Eintritt pro Kind) entdecken Kinder gemeinsam den Spaß an der Kunst: Es geht um leuchtende Farben, interessante Fragen und spontane Ideen. Dauer: ca. 1 Stunde. Im Atelier entdecken Kids ab 6 selbst Kunstwerke und versuchen sich mit verschiedenen

Frida und Fred Kindermuseum

Materialien und Techniken. Anmeldung erforderlich, Programm siehe Homepage. Samstag 10.00 bis 12.00 Uhr, maximal 15 Kinder.
Kosten: 5 Euro

OÖ LANDESMUSEEN

Landesgalerie Linz
4010 Linz, Museumstraße 14
Tel.: 0 73 2/77 44 82-0
www.landesgalerie.at
Schlossmuseum Linz
4010 Linz, Tummelplatz 10
Tel.: 0 73 2/77 44 19-0
www.schlossmuseum.at
Biologiezentrum
4040 Linz-Dornach
Johann-Wilhelm-Klein-Straße 73
Tel.: 0 73 2/75 97 33-0,
www.biologiezentrum.at
www.landesmuseum.at
Im Schlossmuseum, in der Landesgalerie und im Biologiezentrum der OÖ Landesmuseen werden Kreativ-Workshops angeboten, in denen verarbeitet wird, was in der Ausstellung gesehen wurde. Die eigene Aktion der Kids ist gefragt; wechselnde Themen – bitte der Homepage entnehmen.

STEIERMARK

▸ THEATER

FRIDA UND FRED KINDERMUSEUM

8010 Graz, Grazer Augarten
Tel.: 0 31 6/872 77 00
fridaundfred@stadt.graz.at
www.fridaundfred.at
Theateraufführungen und Veranstaltungen im Kindermuseum!

GRAZER KASPERLTHEATER

8020 Graz, Mandellstraße 29
Raoul Riegler, Tel.: 0664/100 21 08
raoul.riegler@kasperl.com
www.kasperl.com
25 Spielzeiten lang hat die Grazer Kasperlbühne Kinderaugen bereits zum Leuchten gebracht. 2009 trifft Kasperl auf eine Schneekönigin, kümmert sich um kranke Osterhasen und verirrt sich auf eine geheimnisvolle Schatzinsel. Dazu kommen noch viele weitere spannende und witzige Abenteuer für kleine Kasperlfans.

NEXT LIBERTY

8010 Graz, Kaiser-Josef-Platz 10
Tel.: 0 31 6/80 00, abeigl@theater-graz.com
oder tickets@theater-graz.com
www.opernhaus-graz.com
In der Spielstätte der Bühnen Graz steht „Die Schneekönigin" auf dem Programm. Aber auch mit Aufführungen wie „Andorra" nach Max Frisch, der Kinderoper „Die Reise des kleinen Prinzen", „Hasse Karlsson" für die Größeren oder dem Urwald-Musical „Das Dschungelbuch" wird ein bunter Reigen von Klassikern bis zu modernen Stücken geboten.

MARIAGRÜNER KINDERTHEATER

8043 Graz, Mariagrünerstraße 82
Tel.: 0 31 6/38 60 62
mkt@mariagruener-kindertheater.at
www.mkt.or.at
Die Laientheatergruppe bietet professionelles Theater „von Kindern für Kinder". Ihre Stücke glänzen durch lockere Textpräsenz, luftige Songs, beschwingte Choreografie und witzige Pointen. Dazu schlüpfen die jungen Akteure in viele, viele verschiedene Rollen und begeistern die kleinen Zuschauer als

Mezzanin Theater

berüchtigte Räuberbande, als Ritter, Krokofant, Tigerkrake, Stiermonster und als liebenswerte Waldtiere.

MEZZANIN THEATER
8020 Graz, Elisabethinergasse 27a
Tel.: 0 31 6/67 05 50
office@mezzanintheater.at
www.mezzanintheater.at
Unter der künstlerischen Leitung von Martina Kolbinger-Reiner und Hanni Westphal hat sich das seit 14 Jahren bestehende Mezzanin Theater bereits weit über die steirischen Grenzen hinaus etabliert. Gezeigt werden hier viele Theaterstücke für ein junges Publikum – bezaubernde, überraschende und witzige Geschichten. Auch KuKuK, das Theaterfestival für ein junges Publikum im Frühjahr, wird vom Mezzanin Theater veranstaltet.

▸ WORKSHOPS

CIRKUSSCHULE FÜR KINDER FREIGELÄNDE UND TURNSÄLE DES SACRE CŒUR
8010 Graz, Petersgasse 1–7
Tel.: 0699/128 04 326
postkastl@kindercirkusschule.org
www.kindercirkusschule.org
Ungewöhnliche Fächer werden hier in einem ungewöhnlichen Rahmen gelehrt. Der Unterricht für Kinder zwischen 6 und 15 Jahren findet in einem eigenen Zelt statt. Am Stundenplan finden sich Akrobatik, Breakdance, Zirkustanz, Clownerie, Equibrilistik usw. für die älteren Schüler (8–15). Die Kleinen (6–8) lernen mal zaubern, mal jonglieren, mal Purzelbäume schlagen, mal Einrad fahren und auch übers Seil stolzieren. Vom 12. bis 31. Juli 2009!

FRIDA UND FRED KINDERMUSEUM
8010 Graz, Friedrichgasse 34
Tel.: 0 31 6/872 77 00
fridaundfred@stadt.graz.at
www.fridaundfred.at
Das junge, innovative und kreative Museum ist ein Haus für Kinder und bietet neben pädagogisch wertvollen Ausstellungen auch interessante Workshops (u. a. TV-Workshops) für Kinder von 6 bis 12 Jahren an. Kinder bekommen die Möglichkeit, die Welt in ihrer Vielfalt kennenzulernen und ihre Komplexität besser zu verstehen.

KINDER- UND JUGENDFILMWERKSTATT KULTURVEREIN TAG THEATERAGENDA
8010 Graz, Maiffredygasse 11
Tel.: 0 31 6/31 99 66, kifi@mur.at
www.kifi.mur.at
Hier lernen Kinder und Jugendliche ab zehn Jahren unter fachkundiger Anleitung und mit professioneller Ausrüstung technische Grundlagen und Berufsbilder des Films anhand praktischer Übungen kennen. Gemeinsam werden filmische Sequenzen produziert, die Wahrnehmung wird geschult, Medienkompetenz wird vermittelt.

KINDERUNI GRAZ
8010 Graz, Harrachgasse 32
Tel.: 0 31 6/380 10 65, info@kinderunigraz.at
www.kinderunigraz.at
Alle Veranstaltungen, also Vorlesungen und Workshops, der Kinderuni Graz werden den Bedürfnissen der Kinder angepasst. Unter dem Motto „Kinder für Wissenschaft begeistern" sollen die kleinen Studenten hauptsächlich mit Neugier, Interesse und Spaß lernen, ihr Wissen erweitern und neue Perspektiven kennenlernen. Für Kinder von 8 bis 10 Jahren;

Kleines Theater

Schauspielhaus Salzburg

Workshopwoche 23.–27. Februar 2009, die Ringvorlesung „Unendliche Weiten – Wir schreiben das Jahr 2059" zieht sich durch das Sommersemester 2009.

SALZBURG

▸ THEATER

FRIEDBURGER PUPPENBÜHNE / KASPERL IM KINO

5211 Friedburg/Lengau, Schubertweg 9
Tel.: 0 77 46/21 16, office@kasperl.at
www.kasperl.at
Die Puppenspieler Gabriele und Thomas Ofenböck entwickeln pro Jahr neun verschiedene Produktionen, eine davon speziell für die Adventzeit mit weihnachtlichem Inhalt. Termine und Spielorte auf der Homepage! Jeden Dienstag und ein- bis zweimal im Monat auch am Donnerstag gibt es jeweils um 15.30 Uhr Kasperltheater im „Das Kino" an der Staatsbrücke in Salzburg (Kartenvorbestellungen für Kasperl im Kino über die Hotline 0662/87 12 00).

KINDERMÄRCHEN IN DER STERNWARTE

Sternwarte und Planetarium Königsleiten
5742 Wald im Pinzgau, Königsleiten 29
Tel.: 0 65 64/200 14, sterwarte.kgl@aon.at
www.sternwarte-koenigsleiten.com
13 spannende Kindermärchen für Kinder von 3 bis 10 Jahren werden regelmäßig im Planetarium erzählt. Die Geschichten von der „Maus im Mond" oder der traurigen Sonne werden mit Dias, Musik und dem Sternenhimmel untermalt. Faszinierende Astronomie, die Kindern Spaß macht und auch ihre Neugierde weckt.

KLEINES THEATER – KULTURZENTRUM SALZBURG

5020 Salzburg, Schallmooser Hauptstraße 50
Tel.: 0 66 2/87 21 54
karten@kleinestheater.at
www.kleinestheater.at
Das „Kleine Theater" steht für Kabarett, Komödie, Volkstheater, Comedy und Musical, aber auch Kunst und Volkskultur. Weiterer Schwerpunkt: das Kinder- und Jugendtheater. Hier arbeitet das Theater erfolgreich mit verschiedenen Partnern zusammen.

SALZBURGER LANDESTHEATER

5020 Salzburg, Schwarzstraße 22
Tel.: 0 66 2/87 15 12-222
service@salzburger-landestheater.at
www.salzburger-landestheater.at
Da Theater viel mehr ist als nur ein Aufführungsort, versucht das Salzburger Landestheater durch seine zahlreichen kindgerechten Aufführungen Theater nicht nur erfahrbar zu machen, sondern auch die Kreativität der jungen Besucher zu fördern und anzuregen. In diesem Jahr werden unter anderem die Stücke „Eine Woche voller Samstage" oder auch „Die chinesische Nachtigall oder die Macht der Musik", die Geschichte des Kaisers von China und seiner Nachtigall, aufgeführt.

SCHAUSPIELHAUS SALZBURG

5020 Salzburg, Erzabt-Klotz-Straße 22
Tel.: 0 66 2/80 85-0
info@schauspielhaus-salzburg.at
www.ebuehne.at
Das Schauspielhaus Salzburg ist das größte freie Ensembletheater Österreichs. Mit rund zehn Produktionen und einem Kinderstück pro Spielzeit werden zwei Theatersäle von September bis Anfang Juli täglich bespielt.

Toihaus am Mirabellplatz

Kinderuni Salzburg

THEATERACHSE SALZBURG
5020 Salzburg, Malerweg 12
Tel.: 0676/744 96 86
info@theaterachse.com
www.theaterachse.com
Im „Spielraum der Sinne" steht eine bunte Palette von Kindertheater auf dem Programm. So werden für die Kleinen Märchen, für die Großen auch Stücke mit kritischen Inhalten angeboten. Ganz im Stil der „theaterachse", einer Gruppe von Schauspielern, Regisseuren, Musikern, Autoren, die „einen gemeinsamen Weg gehen und suchen". Niveauvolle Angebote für ein junges Theaterpublikum.

TOIHAUS AM MIRABELLPLATZ
5020 Salzburg, Franz-Josef-Straße 4
Tel.: 0 66 2/87 44 39-0, toihaus@subnet.at
www.toihaus.at
Als „modernes und risikobereites Theater" versteht sich das Toihaus, Theater am Mirabellplatz. So geht es auch in den Theaterstücken für Kinder um den hohen Anspruch: Auch hier werden seriöse künstlerische Mittel eingesetzt und anspruchsvolle Themen und Inhalte verarbeitet. Im Frühjahr finden im Rahmen der internationalen Theaterwochen für Klein- und Kleinstkinder auch vielseitige Aufführungen internationaler Schauspieltruppen statt. Zudem werden auch immer wieder Theaterworkshops für kleine Menschen angeboten.

▸ MUSIK

SALZBURGER BACHGESELLSCHAFT
5020 Salzburg, Kaigasse 36/1
Tel.: 0 66 2/43 53 71-0
salzburgerbachgesellschaft@aon.at
www.salzburger-bachgesellschaft.at
Der führende Konzertveranstalter für Alte Musik hat sich das Werk von Johann Sebastian Bach, seiner Vorfahren, Söhne und Zeitgenossen sowie von Salzburger Komponisten zum Schwerpunkt gewählt. Besonders gefördert wird auch die musikalische Kinder- und Jugendarbeit, unter anderem mit der Konzertreihe „Musik für junge Leute".

▸ WORKSHOPS

KINDERUNI SALZBURG
5010 Salzburg, Residenzplatz 9
(Zugang bei Kapitelgasse 5–7)
Tel.: 0 662/80 44 25 24, kinderbuero@sbg.ac.at
www.uni-salzburg.at/unikid
Eine Veranstaltungsreihe für wissbegierige 7- bis 14-Jährige, bei der WissenschaftlerInnen der Universität Salzburg kindgerecht aufbereitete Inhalte zu verschiedenen Themen vermitteln und wissenschaftliches Arbeiten in spannenden Workshops erlebt wird. Die nächste Kinderuni findet 2010 statt

ROCKHOUSE SALZBURG
5020 Salzburg, Schallmooser Hauptstraße 46
Tel.: 0 66 2/88 49 14-0, service@rockhaus.at
www.rockhaus.at
Hier wird seit 1995 aktiv Kinder- und Jugendkulturarbeit betrieben. Durch kostenlose Workshops sollen die Jugend gefördert und eine gesunde Basis für die Musikszene geschaffen werden. So wird beim monatlichen Rock-&-Pop-Schnupperworkshop für Kids von 9 bis 14 Jahren selbst Musik gemacht. Beim monatlichen Musiktreffpunkt „Rockshop" haben Kinder und Jugendliche die Möglichkeit, zu jammen, zu grooven und Tipps zu bekommen. „Rock the family" wendet sich an Kids von 5 bis 10.

Salzburger Barockmuseum

Konzerthaus Klagenfurt

SALZBURGER BAROCKMUSEUM ORANGERIE DES MIRABELLGARTENS
5020 Salzburg, Mirabellplatz 3
Mag. Markus Schwellensattl
Tel.: 0 66 2/87 74 32-12
markus.schwellensattl@barockmuseum.at
www.barockmuseum.at
Kids ab 5 Jahren erleben die jeweilige Ausstellung hautnah und entdecken anschließend die eigene Kreativität.

VEREIN LITERATURHAUS
5020 Salzburg, Strubergasse 23 / H.-C.-Artmann-Platz, Tel.: 0 66 2/42 24 11
info@literaturhaus-salzburg.at
www.literaturhaus-salzburg.at
Das Kinderprogramm umfasst unter dem „Decknamen" „Lese Rüssel" viele spannende und interessante Lesungen für Kinder von ca. 4 bis 10 Jahren. Weitere fixe Veranstaltungsreihen sind die „LeseAbenteuer" (für junge Menschen von ca. 4 bis 15 Jahren) und „SchreibReisen und LeseWelten" (für junge Menschen von ca. 10 bis 16). Zudem werden Workshops (Schreib-, Theater-, Drehbuch-, Liederwerkstätten etc.) und Theateraufführungen angeboten.

KÄRNTEN

▸ THEATER

CARINTHISCHER SOMMER
9570 Ossiach 1, Stift Ossiach
Tel.: 01/596 81 98 oder 0 42 43/25 10
office@carinthischersommer.at
www.carinthischersommer.at
Der Carinthische Kindersommer bietet auch für junge Kulturinteressierte interessante Aufführungen rund um Musik und Theater. Spielerisch und zugleich hochwertig!

MÄRCHENBÜHNE KLAGENFURT
9020 Klagenfurt, Lexergasse 6
Tel.: 0 46 3/90 92 74
info@maerchenbuehne.info
www.maerchenbuehne.info
Die Symbolkraft der Märchen steht hier im Mittelpunkt; sie sollen von den kleinen Zusehern einfach zu verstehen sein – wozu die Darstellung mit Musik und Gesang ihren Teil beiträgt. Die von Hand genähten Puppen sind bewusst sehr natürlich und reduziert. Nähere Infos zu den Stücken auf der Homepage! Für Kinder ab 4 Jahren.

▸ MUSIK

KONZERTHAUS KLAGENFURT
9020 Klagenfurt, Mießtalerstraße 8
Tel.: 0 46 3/542 72
www.konzerthaus-klagenfurt.at
Ein schöner Rahmen für Kinderkonzerte, Musicals, Kindermaskenbälle etc. Dabei werden Klassiker ebenso gezeigt wie weniger Bekanntes. Allemal einen Besuch wert.

▸ WORKSHOPS

ARCHÄOLOGISCHER PARK MAGDALENSBERG
9064 Pischeldorf, Magdalensberg 15
Tel.: 0 42 24/22 55
magdalensberg@landesmuseum-ktn.at
www.landesmuseum-ktn.at
Im Sommer können Kids von 9 bis 14 Jahren im museumspädagogischen Workshop „Junior-Archäologie-Akademie" die Arbeit der Archäologen und Ausgräber kennenlernen

Kindertheater Strombomboli

Puppenbühne Zappelfetzn

und auch selbst erste Grabungsversuche starten. Wer lieber in die Fußstapfen der Alten Römer tritt, versucht sich beim Münzenschlagen, Töpfern, Mosaiklegen, Meißeln von Steininschriften, Brotbacken – und das ganz stilecht in römische Gewänder gekleidet. Anmeldung!

LANDWIRTSCHAFTSMUSEUM SCHLOSS EHRENTAL
9020 Klagenfurt, Ehrentaler Straße 119
Tel.: 0 46 3/435 40
office@landw-museum.ksn.at
www.landwirtschaftsmuseum.at
Naturerlebnisse bieten und den Respekt vor Natur und altem Handwerk wecken, diese Anliegen werden im Landwirtschaftsmuseum Schloss Ehrental auch mit dem Kinder-Workshop-Angebot verfolgt. Insbesondere im Sommer gibt es Programme wie Filzen, Basteln mit Naturmaterialien etc. Für Gruppen werden spezielle Walderlebnisse angeboten.

MUSEUM MODERNER KUNST KÄRNTEN
9020 Klagenfurt, Burggasse 8/Domgasse
Tel.: 050/536-305 34
vermittlung.museum@ktn.gv.at
www.mmkk.at
Im Rahmen der Cre.Art.iv–Workshops erleben Kids die faszinierenden Facetten moderner Kunst. Im Offenen Atelier verarbeiten sie dann aktiv die Eindrücke. Kleine Jause inklusive. Kunstinteressierte Eltern sind an den Familiennachmittagen ebenfalls aufgerufen, sich am passiven und aktiven Kunstgenuss zu beteiligen! 3,50 Euro für Erwachsene, Kinder frei!
Öffnungszeiten: Di–So 10.00–18.00 Uhr, Do bis 20.00 Uhr, Feiertag bis 18 Uhr

TIROL

▸ THEATER

KASPERLTHEATER HOLARO
6112 Wattens, Voldererweg 28b
Tel.: 0676/73 08 249, holaro@chello.at
www.holaro.at.tt
Das Kasperltheater Holaro zeigt Kasperls Abenteuer wie zum Beispiel „Viel Wirbel um Omas Geburtstagsgeschenk", oder „Das gefährliche Krokodil ist ausgebrochen" in Wattens und Umgebung und auch zu privaten Anlässen.

KINDERTHEATER STROMBOMBOLI
6060 Hall in Tirol, Postfach 18
Tel.: 0 52 23/537 31, office@strombomboli.at
www.strombomboli.at
Mitspieltheater, farbiges Schattentheater, Ein- und Mehrpersonenstücke – das Repertoire des Kindertheaters Strombomboli, das als mobiles Tourneetheater im deutschsprachigen Raum auftritt, ist breit. Begründet wurde der Erfolg mit „Oh wie schön ist Panama" von Janosch; mittlerweile wird jährlich ein neues Stück mit professionellen SchauspielerInnen inszeniert.

PUPPENBÜHNE ZAPPELFETZN
6065 Thaur, Schlossgasse 7
Tel.: 0 52 23/49 22 18, zappelfetzn@gmx.at
www.zappelfetzn.at
Die Puppenspielerin Brigitte Haslwanter legt ihren Schwerpunkt auf das Kasperltheater, das von Lebendigkeit und Liebe zum Detail geprägt ist. Geschichten, Figuren und Requisiten kommen allesamt aus ihrer eigenen Werkstatt.

Landestheater Vorarlberg

TIROLER LANDESTHEATER UND ORCHESTER
6020 Innsbruck, Rennweg 2, Tel.: 0 51 2/520 74
tiroler@landestheater.at
www.landestheater.at
Mit Stücken wie „Prosperos Zauberinsel" nach Shakespeare wird am Tiroler Landestheater auf die Unterhaltung des jungen Publikums, aber auch auf die Vermittlung von Kultur großer Wert gelegt. Außerdem können Kinder hier selbst in Theaterkursen oder Ballettworkshops Theaterluft schnuppern.

▸ WORKSHOPS

JUGENDLAND
6020 Innsbruck-Reichenau, Gumppstraße 77
6020 Innsbruck-Reichenau, Langer Weg 11
Tel.: 0699/134 18 010 oder 0699/134 18 013
kuenstlerkinder@jugendland.at
www.jugendland.at
Hier werden viele kreative Freizeitangebote, Kurse und Workshops angeboten. In den Workshops wie Malen, Fotografie, Backen, Kochen, Tanzen u.v.m. können Kinder von 4 bis 12 Jahren Neues probieren und erlernen, Fantasie entwickeln und Gemeinschaft erleben. Durch die wechselnden Programme kommt auch keine Langeweile auf.

JUNGE UNI INNSBRUCK
Universität Innsbruck
6020 Innsbruck, Innrain 52
Tel.: 0 51 2/507-90 15, jungeuni@uibk.ac.at
www.uibk.ac.at/jungeuni
Junge „Studierende" werden an der Universität Innsbruck im Rahmen der „Jungen Uni" in den Mittelpunkt gestellt. Dabei sollen von Seiten der WissenschaftlerInnen Antworten auf die vielen Fragen der Kids gegeben und Freude an Wissenschaft und Forschung geweckt werden. An Veranstaltungen steht auch 2009 auf dem Programm: Aktionstage, Kinder-Sommer-Uni, Kinderuni-Express, Youth into Science etc.

KULTUR AM LAND
6200 Buch bei Jenbach, Maurach 301
info@kulturamland.at
www.kulturamland.at
Kinder werden im Veranstaltungszentrum „Kultur am Land" im Rahmen spannender Workshops selbst kreativ. Darüber hinaus besteht die Möglichkeit, hier Kindertheater oder verschiedene Festivals zu besuchen. Grundgedanken sind stets das Kennenlernen neuer Kulturen sowie die Förderung von Kleinkunst.

VORARLBERG

▸ THEATER

KULT PUR NÜZIDERS
SONNENBERGSAAL NÜZIDERS
6714 Nüziders, Schulgasse 12
Tel.: 0 55 52/622 41-80, kontakt@kultpur.at
www.kultpur.at
Bei kult pur nüziders findet Kindertheater der besonderen Art statt. Regelmäßig gibt es Clowntheateraufführungen und Konzerte für Kinder und Jugendliche.

LANDESTHEATER VORARLBERG
6900 Bregenz, Seestraße 2, Tel.: 0 55 74/428 70
info@landestheater.org
www.landestheater.org
Theater erleben und spielen – in diesem Sinne lädt der Frosch Gosch jeden Sonntag um 15.00 Uhr zu verschiedenen Theaterstücken,

Spielboden

Kunsthaus Bregenz KUB

Lesungen und Workshops für Kinder ein. Zudem gibt es jeden Dienstag von 15.00 bis 17.00 Uhr einen Spielclub. Es wird gemeinsam improvisiert, gespielt und schließlich mit viel Spaß ein kleines Stück entwickelt, das im Juni 2009 aufgeführt wird.

SPIELBODEN
6850 Dornbirn, Färbergasse 15
Tel.: 0 55 72/219 33
spielboden@spielboden.at
www.spielboden.at
Das hauseigene Ensemble des Kasperletheaters bezaubert einmal im Monat kleine und große Kinder mit den Abenteuern und Geschichten rund um Kasperl und seine Freunde. Außerdem sind auch regelmäßig verschiedene Theatergruppen mit Gastauftritten im Programm vertreten.

THEATER AM SAUMARKT
6800 Feldkirch, Mühletorplatz 1
Tel.: 0 55 22/728 95, office@saumarkt.at
www.saumarkt.at
Kindern wird hier Kasperltheater geboten, aber auch Lesungen, Kinderkino und Workshops finden in dem innovativen Theater mit seinem vielfältigen Programmangebot statt.

▸ WORKSHOPS

„KINDER KUNST KINDER“
Tel.: 0676/845 54 52 11
kotula.studer.marion@aon.at
Die Kunsthistorikerin Marion Kotula-Studer organisiert das Vorarlberger Sommerferienprojekt Kinder Kunst Kinder u. a. mit Workshops in Bregenz. Das Programm ist jährlich neu, die Kurse sind nach Altersstufen gestaffelt und so ausgelegt, dass die verschiedensten Interessen der 5- bis 16-Jährigen abgedeckt werden. Auch in anderen Vorarlberger Städten finden Kurse von „Kinder Kunst Kinder“ statt. Achtung: Anmeldung unbedingt erforderlich!

KUNSTHAUS BREGENZ KUB
6900 Bregenz, Karl-Tizian-Platz
Tel.: 0 55 74/485 94-0
kub@kunsthaus-bregenz.at
www.kunsthaus-bregenz.at
Jede Woche samstags (10.00 bis 12.00 Uhr) heißt es für Kids zwischen 5 und 10, sich aktiv mit moderner Kunst auseinanderzusetzen. Zunächst geht es durch die aktuelle Ausstellung, anschließend arbeiten die kleinen Museumsbesucher selbst künstlerisch.

KINDERUNI VORARLBERG
6850 Dornbirn, Hochschulstraße 1
Tel.: 0 55 72/792 21 12
hannelore.nagel@fhv.at, kinderuni.fhv.at
Auf der Kinderuni Vorarlberg haben Kinder zwischen 8 und 12 Jahren die Möglichkeit, von „echten“ Universitätsprofessoren zu lernen und mit ihnen über spannende Themen zu diskutieren. Pro Semester finden vier Vorlesungen statt. Eine Anmeldung ist unbedingt erforderlich! Bei Redaktionsschluss die Termine für 2009: 14. Jänner, 11. März, 15. April, 13. Mai, 10. Juni, 14. Oktober, 11. November und 9. Dezember.

minopolis
DIE STADT DER KINDER.
BIST DU BEREIT?
MINOPOLIS - Die Stadt der Kinder
Komplette Stadt im Kinderformat mit über 25 Themenstationen geeignet für Kinder von 4-12 Jahren.
Über 90 verschiedene Berufe – von der Ärztin über Feuerwehrmann bis hin zu Kamerafrau oder Bäcker.
Eurolino - eigene Währung zum Verdienen, Ausgeben und Sparen.
Vormittags für Schulen und Kindergärten geöffnet (Anmeldung erforderlich).
Party- und Eventlocation für bis zu 1000 Gäste.
Events, Konzerte, Workshops und vieles mehr!
MINOPOLIS IN WIEN (im Cineplexx Reichsbrücke)
MINOPOLIS – DIE STADT DER KINDER
Wagramer Straße 2, 1220 Wien
Weitere Informationen, Öffnungszeiten und Eintrittspreise unter der Hotline 0810 / 970 270 oder unter
www.minopolis.at

Timna Brauer & Elias Meiri Ensemble

WienXtra Kinderinfo

ÖSTERREICHWEIT

ÖSTERREICH WERBUNG WIEN
1040 Wien, Margaretenstraße 1
Tel.: 01/588 66-0, urlaub@austria.info
www.austria.info
Ausflugs-Tipps für ganz Österreich!

TIMNA BRAUER & ELIAS MEIRI ENSEMBLE
1170 Wien, Alszeile 101, Tel.: 01/489 38 38
info@brauer-meiri.com
www.brauer-meiri.com
Auf Kinder zugeschnitten, aber auch für Erwachsene ein absoluter Hörgenuss: Mit „Der kleine Mozart", „Karibische Fiesta", „Kinderlieder aus Europa" oder „Eine Reise durch die Weltmusik" haben Timna Brauer und Elias Meiri Maßstäbe in Sachen Kinderkonzerte gesetzt. Termine auf der Homepage! Auch die CDs für das Konzert in den eigenen vier Wänden sind ein heißer Tipp.

WIEN

WIENXTRA KINDERINFO
1070 Wien, MQ, Fürstenhof, Museumsplatz 1
Tel.: 01/40 00-844 00
kinderinfowien@wienXtra
www.wienXtra.at
Hier gibt es sämtliche Informationen rund um die Familie in Wien. Viele Info-Broschüren sowie spezielle Zeitschriften zu Themenbereichen ermöglichen es, sich bequem einen Überblick über das umfangreiche Angebot zu verschaffen. Während sich die Eltern bei WienXtra informieren, toben und spielen die Kids in der Kinderecke. Im Rahmen der „Familientage" werden spezielle Programme für Familien mit Kids bis 13 Jahre geboten: Von Natur- und Museumsaktivitäten über Workshops bis zu Veranstaltungstipp reicht der Bogen. **Öffnungszeiten:** Di–Do 14.00–19.00 Uhr, Fr–So 10.00–17.00 Uhr

▸ NATUR

BOTANISCHER GARTEN DER UNIVERSITÄT WIEN / GRÜNE SCHULE
1030 Wien, Rennweg 14
Anmeldung: Tel.: 0664/602 77 56-40
grueneschule.biogeographie@univie.ac.at
www.botanik.univie.ac.at/hbv/gruene_schule
Die Grüne Schule des Botanischen Garten der Universität Wien bietet seinen BesucherInnen die Gelegenheit, unter dem Motto „Natur zum Be-greifen" mitten in der Stadt Natur zu erleben. Das Konzept „Grüne Schule" bietet die Möglichkeit, die faszinierende Pflanzenwelt unter fachkundiger Leitung von pädagogisch geschulten Studenten der Fächer „Botanik", „Ökologie" bzw. „Biologie" zu entdecken. Im Rahmen der Familientage des Vereins wienXtra gibt es jeden Monat ein speziell auf Familien mit Kindern zwischen 6–12 Jahren zugeschnittenes Führungsprogramm zu spannenden Themen.
Preise: 7 Euro pro Familie (6 Euro mit Familientage-Aktionskarte)

HEIMTIERPARK IM TIERGARTEN SCHÖNBRUNN
1130 Wien, Maxingstraße 13b
Tel.: 01/877 92 94-500
reservierung@zoovienna.at
www.zoovienna.at/heimtierpark.html
Neues Highlight im Tiergarten Schönbrunn seit 2008: der neue Heimtierpark. Der in Zusammenarbeit mit dem Verein „Tierschutz macht Schule" und dem Bundesministerium

Dschungel Wien

Volksoper Wien

entstandene Park soll zeigen, wie Heimtiere ihren Bedürfnissen entsprechend richtig gehalten werden. Tierschutz wird nun greifbar und vor allem begreifbar durch verblüffende Einblicke in das Leben der Tiere. Auf diese Weise wird Lernen zu einem spannenden Abenteuer für die ganze Familie.
Öffnungszeiten: November–Jänner 9.00–16.30 Uhr, Februar –17.00 Uhr, März –17.30 Uhr, April–September –18.30 Uhr, Oktober – Ende der Sommerzeit –17.30 Uhr
Preise: Kinder (ab 6 Jahren) 5 Euro, Schüler 5 Euro, Erwachsene 12 Euro, Familienermäßigung. Workshops zur Tierhaltung: 18 Euro plus Eintritt

ABENTEUERSCHULE NATUR ERLEBNIS

Tel.: 0676/527 22 66, natur-erlebnis@gmx.net
www.abenteuerschule.at
Abenteuer in der Großstadt und rund um sie herum: Wer gerne Höhlen erforschen oder als „Flying Family“ die luftigen Höhen unsicher machen möchte, ist hier an der richtigen Adresse für das Familienabenteuer. Individuelle Programme für Gruppen möglich.

▸ KULTUR

DSCHUNGEL WIEN

1070 Wien, MQ, Museumsplatz 1
Tel.: 01/522 07 20-20,
tickets@dschungelwien.at
www.dschungelwien.at
Das Theater für ein junges und junggebliebenes Publikum: Im Herzen von Wien, im MQ, ist ein „lebendiges Haus für alle Altersgruppen und Kunstformen“ angesiedelt. Von Eigenproduktionen über Gastspiele bis zu Festivals und Abendvorstellungen für Familien ist das Angebot von Kultur in ihren verschiedenen Ausprägungen hier ausgesprochen breit. Auch Innovatives und Unangepasstes hat hier seinen Platz.

VOLKSOPER WIEN

1090 Wien, Währinger Straße 78
Tel.: 01/514 44-36 70, tickets@volksoper.at
www.volksoper.at
Unter dem Motto „Großes Theater für kleine Menschen“ stehen in der Volksoper spezielle Familienvorstellungen auf dem Programm. Denn hier will man die Freude der jungen Generation an der Musik mit kindgerechten Aufführungen, aber auch familienfreundlichen Nachmittagsaufführungen wecken. Mit Stücken wie dem Ballett „Der Nussknacker“, der Humperdinck-Kinderoper „Hänsel und Gretel“ und „Max und Moritz“, einer Ballettkomödie von Edmund Gleede, erleben schon junge Besucher ab sechs Jahren die Opernwelt von einer besonders faszinierenden Seite. Ebenfalls erfreulich: Kids zahlen in

Albertina

Haus der Musik

der Volksoper nur 25 % des Kartenpreises. Auch Kinder-, Familien- und Ballett-Familienzyklen zu Sonderpreisen werden angeboten (75 % Ermäßigung für Kinder, 10 % Ermäßigung für Erwachsene).

▸ MUSEEN

ALBERTINA

1010 Wien, Albertina-Platz 1, Tel.: 01/534 83-0
besucher@albertina.at
www.albertina.at
Spurensuche im Museum: Ein Besuch in der Albertina soll Kindern nicht nur Lust auf Kunst machen, sondern auch zum kreativen Mitmachen anregen. Im Atelier erproben kleine und große Familienmitglieder ihre künstlerischen Fähigkeiten.
Kinderführungen: Jänner – Dezember jeweils So 15.30–18.00 Uhr
Preise: Eintritt Schüler 3,50 Euro, Erwachsene 9,50 Euro, Atelierbeitrag 3 Euro

HAUS DER MUSIK

1010 Wien, Seilerstätte 30, Tel.: 01/516 48
info@hdm.at
www.hdm.at
Die weltweit einzigartige Musik-Erlebniswelt lädt Kinder zu einer spannenden Entdeckungsreise ein: Musik, Töne und Geräusche werden hier von einer ganz neuen Seite und in verschiedensten Facetten gesehen. Was das Ungeborene im Leib der Mutter hört, ist ebenso Thema wie das Leben großer Komponisten oder das Erkennen von Schnarchen etc. Mitmachen ist gefragt. So können Kids ein ganzes Orchester dirigieren – aber Achtung, etwas Taktgefühl ist dabei schon notwendig, um die Musiker nicht zum Murren zu bringen. Wer will, kann im Haus der Musik auch seine eigene CD aufnehmen, Riesininstrumente oder Instrumente der Zukunft ausprobieren etc. Spannend, interessant und mitreißend ist das Haus der Musik allemal, eine Kinderführung ist zu empfehlen, um dieses Museum der ganz besonderen Art wirklich kennen zu lernen. Übrigens finden hier auch Kinderkonzerte mit Marko Simsa statt, die einen Besuch absolut lohnen. Vergünstigungen für Mitglieder im Kinderclub!
Kinderführungen für Kinder von 6–12: Sa 14 Uhr, So 10 und 14 Uhr, Treffpunkt an der Kassa (Anmeldung; kein Aufpreis)
Kosten: Kinder (3–12 Jahre) 5,50 Euro, Erwachsene 10 Euro, Familie (2 Erwachsene + 3 Kinder unter 12 Jahre) 26 Euro

KUFFNER STERNWARTE WIEN

1160 Wien, Johann-Staud-Straße 10
Tel.: 01/914 81 30, admin@kuffner.ac.at
www.kuffner.ac.at
Astronomie wie in der guten alten Zeit: Hier blickt man durch das Teleskop gen Himmel und fühlt sich den Sternen plötzlich ganz nah. Beeindruckend!
Familienführungen zu wechselnden Themen: Samstag, 17 Uhr

MUMOK

1070 Wien, MuseumsQuartier, Museumsplatz 1, Tel.: 01/525 00-13 13
kulturvermittlung@mumok.at
www.mumok.at
Im Museum für moderne Kunst warten am „Sonntag der Fantasie" spannende Entdeckungsreisen auf interessierte Kinder ab 6 und ihre Eltern.
Kinderprogramm: So 14.00–16.00 Uhr
Kosten: Kinder auf Anfrage, Erwachsene 9 Euro

Naturhistorisches Museum

Technisches Museum

NATURHISTORISCHES MUSEUM

1010 Wien, Maria-Theresien-Platz
Tel.: 01/521 77-335
gertrude.schaller@nhm-wien.ac.at
www.nhm-wien.ac.at

Spannende Themen und Fragestellungen garantieren einen interessanten Aufenthalt im Museum. Dabei können selbst Erwachsene Neues hören und entdecken! Wechselnde Programme. Ebenso interessant ist für Klein und Groß das Mikrotheater, in dem lebende Tiere und Pflanzen die Stars sind. Mikroskope und Videokameras bringen selbst Kleinorganismen groß heraus und sorgen auf der Kinoleinwand für bleibende Eindrücke.

Kinderprogramm 3–5 Jahre: letzten So im Monat 16.00–17.00 Uhr, Kinder ab 5 Jahre Sa 14.00 Uhr, Sonntag und schulfreie Tage: 10.00 und 14.00 Uhr, Mikrotheater: Sa /So, 13.30, 15.00 und 16.15 Uhr

Kosten: Familienkarten (2 Erwachsene + 1 Kind) 16 Euro, weiteres Kind 1,50 Euro

OBERES UND UNTERES BELVEDERE

1030 Wien, Oberes Belvedere:
Prinz-Eugen-Straße 27
Unteres Belvedere: Rennweg 6a
Tel.: 01/795 57-134, pubilc@belvedere.at
www.belvedere.at

Kids von 3 bis 12 Jahre entdecken Kunst von ihrer schönsten Seite: Zu erkunden gilt es die Sammlung oder die Sonderausstellungen des Belvedere, wobei die aktive Auseinandersetzung mit den Werken und das spielerische Lernen mit allen Sinnen im Vordergrund stehen. Anschließend greifen Kids im Atelier Pinselstrich zu den Malutensilien und versuchen sich mit unterschiedlichen Materialien und in verschiedenen Kunsttechniken.

TECHNISCHES MUSEUM

1140 Wien, Mariahilfer Straße 212
Tel.: 01/899 98-0, museumsbox@tmw.at
www.tmw.ac.at

Seit dem großen Umbau weist das Technische Museum einen Erlebnischarakter auf, der Kinder – und Erwachsene – fasziniert. Hier darf experimentiert werden! Eindrucksvoll ist die Bergwerksführung ebenso wie die Hochspannungs- oder Dampfmaschinenvorführung. Und im „Mini" machen die Kleinen von 2 bis 6 Jahre erste Erfahrungen mit technischen Phänomenen und Ursache und Wirkung.

Öffnungszeiten: Mo–Fr 9.00–18.00 Uhr, Sa, So und Feiertag 10.00–18.00 Uhr geöffnet (1. Jänner, 1. Mai, 1. November, 25. und 31. Dezember geschlossen)

Kosten: Kinder ab 6 Jahre 5 Euro, Erwachsene 8,50 Euro, Familienkarte (2 Erwachsene und 1 Kind) 17 Euro

WIEN MUSEUM

1040 Wien, Karlspl., Tel.: 01 505 87 47-851 80
service@wienmuseum.at
www.wienmuseum.at

Mit einer Spielstation im Wien Museum Karlsplatz wird ein Spiel- und Lernbereich für 2- bis 6-Jährige geboten. Aber auch „Familientage" bieten den Rahmen, um den Museumsbesuch für Kinder und Eltern attraktiv zu machen. Unter dem Motto „Berühren erlaubt" hat man fallweise die Gelegenheit, Geschichte wirklich hautnah zu erleben. Einzelne Programme in den diversen Einrichtungen des Wien Museums bitte abfragen. Tipp: das Römermuseum!

ZEISS PLANETARIUM WIEN

1020 Wien, Oswald-Thomas-Platz 1
Tel.: 01/729 54 94-0

Thermalbad Oberlaa

admin@planetarium-wien.at
www.planetarium-wien.at
Was macht einen Stern zum Stern? Welcher Planet ist der größte? Antworten auf diese und viele andere Fragen bekommt man im Planetarium. Hier schaut der Betrachter nicht durch ein Teleskop, sondern der Sternenhimmel wird auf die Kuppel des Raums projiziert. Jeweils am zweiten und letzten Sonntag im Monat um 15 Uhr Programm für Familien mit Kindern von 4 bis 12 Jahren.

▸ WORKSHOPS

ARCHIKIDS
ARCHITEKTURZENTRUM WIEN

1070 Wien, Museumsplatz 1 / Stiege 13
Tel.: 01/522 31 15, office@azw.at
www.azw.at
Jeder zweite Samstag im Monat ist ein Fixtermin für wissbegierige Archikids (ab 6 Jahren) im Architekturzentrum Wien. Auf dieser Expedition in die Welt der Architektur erfahren Kinder alles, was sie schon immer darüber wissen wollten. Die Workshops für Kinder ab 6 Jahren vermitteln Grundbegriffe wie Statik und was ein Architekt beim Planen so denkt, und am Ende der Veranstaltung geht jedes Kind mit einem selbst geplanten und gebastelten Schuhschachtelbauwerk nach Hause. „Archimatik" findet in Zusammenarbeit mit math:space statt und widmet sich Fragen nach dem Maßstab, aber auch Sommer-Workshops (hier steht der Aspekt des 1:1-Bauens im Vordergrund) werden im Architekturzentrum Wien angeboten. (Anmeldung erbeten)

VIENNA OPEN LAB

1030 Wien, Dr.-Bohr-G. 3, Tel.: 01/790 44-4591
www.viennaopenlab.at
In Laborkursen zu molekularbiologischen Fragestellungen geht die ganze Familie Geheimnissen der Natur auf den Grund. Dabei kommt die praktische Anwendung mit den zum jeweiligen Workshop-Thema passenden Experimenten ebenso wenig zu kurz wie Hintergründe und Theorie. Schon Kids ab 6 werden im Labor zu wahren Forschern.
Termine: Gruppen von acht bis 20 Personen können den Termin frei wählen, fixe Termine für Einzelpersonen auf der Homapage bzw. auf Anfrage. Die Altersangaben beziehen sich auf das Mindestalter, alle Kurse stehen auch Erwachsenen offen. Dauer: zwischen zwei und fünf Stunden.
Preise: ab 6 Euro

▸ SPORT

SOMMERRODELBAHN HOHE-WAND-WIESE

1140 Wien, Hohe-Wand-Wiese
Mauerbachstraße 174–184
Sportamt Wien – MA 51, Tel.: 01/40 00-0
oder 0650/668 67 28
post@m51.magwien.gv.at, www.wien.gv.at
Auf einer rund 850 Meter langen Strecke geht es auf insgesamt 25 modernen Rodeln mit bis zu 40 Kilometern pro Stunde talwärts. Mit 14 Kurven und einem „Erlebnis-Jump" sorgt die Sommerrodelbahn für Fahrspaß und ein erhebendes Freizeiterlebnis für die ganze Familie.
Öffnungszeiten: Mai/Juni/September: Mo–Do 13.00–18.00 Uhr, Sa 10.00–19.00, So 10.00–18.00 Uhr
Preise: 2 Fahrten (Minimum) für Kinder (7–15 Jahre) 4 Euro, Erwachsene 6 Euro

THERMALBAD OBERLAA

1100 Wien, Kurbadstr. 16, Tel.: 01/680 09-96 00

All4Familiy

Irrgarten, Labyrinth Schönbrunn

thermalbad@oberlaa.at
www.oberlaa.at
Das Thermalbad Oberlaa ist der Freizeit- und Erholungsort für die ganze Familie und das 364 Tage im Jahr! Kinder von 0 bis 12 können aus einer breiten Palette an Möglichkeiten wählen. Eigene Kinderwelt mit Wasserspielpark für die Kleinen, eine 80-Meter-Erlebnisrutsche für die Größeren sowie Kinderanimation jeden Montag und Samstag von 13.00 bis 18.00 Uhr! Geburtstagspartys und Schwimmkurse für jedes Alter runden das Angebot ab.
Öffnungszeiten: Mo–Sa 8.45–22.00 Uhr, So, Feiertag 7.45–22.00 Uhr
Preise: 2-Stunden-Karte: ab 3 bis Ende 14 Jahre 6 Euro, jede weitere halbe Stunde 0,40 Cent, Erwachsene 9,60 Euro (Kästchen), jede weitere halbe Stunde 0,75 Cent
Tageskarten: ab 3 bis Ende 14 Jahre 10,40 Euro, Erwachsene 18,35 Euro (Kästchen) ab 5,5 Stunden Aufenthalt

▸ DIES & DAS

ALL4FAMILY – DIE FAMILIENMESSE

Hallen Y + Z beim Austria Center Vienna
www.familienmesse.at
Spaß und Unterhaltung für die ganze Familie verspricht die große Familienmesse von 9. bis 11. 10. 2009: Die Eintrittskarte für die Kleinen ist ein Spielepass und für die Großen ein Gewinnspielpass. So kann man sich auf der stolzen Fläche von fast 6000 Quadratmetern indoors und auf nochmals 1500 Quadratmetern outdoors über sämtliche Lifestyle-Themen, die für Familien spannend und interessant sind, informieren und, wie gesagt, das Informations- auch noch zum Erlebniswochenende machen.

IRRGARTEN, LABYRINTH & LABYRINTHIKON

Schloss Schönbrunn, 1130 Wien
Tel.: 01/811 13-23, info@schoenbrunn.at
www.schoenbrunn.at
Ein nach originalgetreuen historischen Plänen angelegtes 2700 Quadratmeter großes Labyrinth gilt es im Schönbrunner Schlosspark auf spielerische Weise zu entdecken. Dabei haben Groß und Klein ihr Vergnügen an den Spielstationen vom schnurlosen Telefon bis zu Wasser- und Gleichgewichtsspielen. Highlight: Im Labyrinthikon können Kinder ab 10 Jahren auf einen überlebensgroßen Vogel klettern und mit den Armen dessen Schwingen bewegen. Viele Stationen wie die Sandbaustelle, das Riesenkaleidoskop mit Zerrspiegel, das Mini-Labyrinth und vieles mehr bringen eine Menge Spaß und schärfen die Sinne. Hier lautet die Devise: Mitmachen und ausprobieren!
Öffnungszeiten: April – Juni/September: 8.30–17.00 Uhr, Juli/August: 8.30–18.00 Uhr, September – Anfang November: 8.30–17.00 Uhr, November – Ende März: 8.30 – 16.30 Uhr
Preise: Kinder (6–18 Jahre) 1,70 Euro, Erwachsene 2,90 Euro, Familienkarte (2 Erwachsene und bis zu 3 Kinder) 5,80 Euro

WISSENSCHAFTSSPIELPLATZ CAMPUS UNIVERSITÄT WIEN, ALTES AKH

1090 Wien, Spitalgasse 2
www.wissenschaftsspielplatz.at
Wissenschaft zum Angreifen: Der WissenschaftsSpielplatz, der 2008 anlässlich des zehnjährigen Jubiläums des Campus der Universität Wien aufgebaut wurde, soll eine kreative Annäherung an das Thema Wissenschaft ermöglichen. So werden mit den acht Spielobjekten in den Höfen 2 und 7 des Cam-

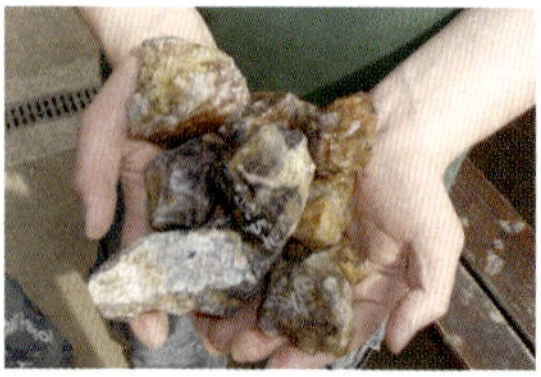

Amethyst Welt Maissau

Die Garten Tulln

pus spielerisch wissenschaftliche Phänomene wie die Möbius-Schleife, Prismen etc. anschaulich gemacht. Stationen wie das „Lupenliegen" oder „Sprechröhren" laden zum Ausprobieren ein.
Öffnungszeiten: 00.00–24.00 Uhr, 365 Tage im Jahr, Zugang: öffentlich und kostenlos.

NIEDERÖSTERREICH

NÖ FAMILIENPASS
AMT DER NÖ LANDESREGIERUNG

Abteilung Allgemeine Förderung / Familienreferat
3109 St. Pölten, Landhausplatz 1
Tel.: 0 27 42/90 05-190 05
familienreferat@noel.gv.at
www.familienpass.at
Der Familienpass des NÖ Familienreferats bietet viele Vorteile für Familien, auch in der Freizeit. So gibt es bis zu 50 % Ermäßigung bei Vorteilsgebern in ganz Niederösterreich: Freizeiteinrichtungen (von Freibädern bis zu Skiliften), Gasthäuser, Geschäfte aller Branchen usw. Beantragen können den Familienpaß alle Familien mit Kindern in Niederösterreich, die österreichische Staatsbürger oder EU-Bürger sind und für mindestens ein Kind die Familienbeihilfe des Bundes beziehen.

▸ NATUR

AMETHYST WELT MAISSAU

3712 Maissau, An der Horner Bundesstraße
Tel.: 0 29 58/848 40, office@amethystwelt.at
www.amethystwelt.at
Diese außergewöhnliche Welt rund um den mystischen Edelstein ist ein Gesamterlebnis der besonderen Art. Zu besuchen ist die Amethyst-Welt nur mit Führung. Diese zieht mit ihrer lebendigen Multimedia-Show und der interessanten Aufbereitung der Schaustücke auch Kids in ihren Bann. Im Schaustollen geht es dann ins Herz der Amethyst Welt: Der weltweit größte freigelegte Amethystgang beeindruckt mit der schillernden Faszination des violetten Bänderamethysts. Mit Chakrenweg und Naschgarten bietet der Amethyst Park Gelegenheit zum Rasten, Schauen und Genießen. Am Schatzgräberfeld schließlich legen die Familienmitglieder dann mit Elan los, um selbst fündig zu werden – was den meisten auch wirklich gelingt. Aber keine Sorge, wer mit Hammer und Schaufel nicht so geschickt umgeht, erhält am Ausgang einen Amethyst zum Mitnehmen. Am großen Erlebnisspielplatz am Waldrand schließlich können sich alle Kids, die noch überschüssige Energien haben, so richtig austoben.
Öffnungszeiten: täglich 9.00–17.00 Uhr, Mai – September bis 18.00 Uhr
Preise: Kinder 4–14 Jahre 3 Euro, Erwachsene 6 Euro

DIE GARTEN TULLN – NÖ LANDESGARTENSCHAU 2008

3430 Tulln, Am Wasserpark 1
Tel.: 0 22 72/681 88, office@diegartentulln.at
www.diegartentulln.at
Mit ihren Schau- und Mustergärten zum „Anfassen und Nachmachen" sowie ökologischen Gartenideen und einer großen Vielfalt an heimischen Pflanzen geht Die Garten Tulln – NÖ Landesgartenschau mit neuen Ideen und Attraktionen in die zweite Saison. Das einzigartige Gartenkompetenzzentrum bietet Familien zahlreiche Highlights wie den 30 m hohen Baumwipfelweg mit Lift, Nieder-

Naturpark Hochmoor Schrems

Natur- und Wildpark Buchenberg

österreichs größten Abenteuer- und Naturspielplatz und einen Wasserpark zum Bootfahren und Spazierengehen. Eine große Auswahl an Veranstaltungen für Kinder und Erwachsene zum Thema „Garten" und „Ökologie" runder das Angebot der Garten Tulln ab.
Öffnungszeiten: 1. Mai – 26. Oktober 2009 Mo–So 9.00–18.00 Uhr
Preise: Erwachsene 9,50 Euro, Kinder (6–17 Jahre) 6 Euro, Tagesfamilienkarte (2 Erwachsene plus Kinder/Jugendliche bis 17 Jahre) 22 Euro

NATURPARK HOCHMOOR SCHREMS

Informationszentrum UnterWasserReich
3943 Schrems, Moorbadstraße 4A
Tel.: 0 28 53/763 34
info@unterwasserreich.at
www.unterwasserreich.at
Die einzigartigen Moorlandschaften, Flussläufe und Feuchtgebiete des oberen Waldviertels bilden den idealen Rahmen für das „UnterWasserReich". Während einer spannenden Rätselrallye erleben Kinder das Element Wasser in all seinen Dimensionen. In den Aquarien des Unterwasserzoos tummeln sich Wasserflöhe, Insektenlarven und kleine Fische. Im Außenbereich des Zentrums können Frösche, Libellen und Fischotter in ihrem natürlichen Umfeld beobachtet werden. Kinder begreifen die Notwendigkeit des Wassers als Lebensraum für Tiere, aber auch für den Menschen, bei speziellen Führungen (parallel zu den Erwachsenenführungen – Anmeldung!) Der gleich ans UnterWasserReich angrenzende Naturpark Hochmoor birgt eine Vielzahl an Wander- und Radwegen. Besonders empfehlenswert ist der rund 4,5 Kilometer lange Rundwanderweg, der den Besucher vorbei an Wasserflächen alter Torfstiche und durch idyllische Wiesenlandschaften führt.
Öffnungszeiten: April–Oktober täglich 9.00 – 18.00 Uhr, November–April: Sa, So 10 . 16 Uhr
Preise: Kinder 6–14 Jahre 4 Euro (2 Kinder 6,50), Erwachsene 7,50 Euro, Naturparkführung: Kind 3 Euro, Erwachsene: 4 Euro, UnterWasserReich-Führung: 2,50 Euro

NATUR- UND WILDPARK BUCHENBERG

3340 Waidhofen/Ybbs, Tel.: 0676/885 11 444
naturpark@waidhofen.at
www.tierpark.at
Ein Schwerpunkt des Wildtierparks sind Eulen wie „Waldkauz Ossi", das Maskottchen des Parks, das vor allem bei Kindern großen Anklang findet. Aber auch die noch bzw. einst bei uns heimischen Wildtiere wie Kauze, Waschbären, Luchse und Wildkatzen begeistern kleine und große Besucher. Kinder haben auch beim Toben auf dem Abenteuerspielplatz, Bezwingen der Riesenrutsche und Erkunden des Labyrinths im Erlebniswald ihren Spaß. Hautnah erleben kann man im Haustierbereich Esel, Zwerg-Shetland-Ponys, Waldschafe, Zwergziegen, Hühner, Gänse und Enten. Übrigens gibt es auch für Eltern spannende Programmpunkte wie Bogenschießen oder eine Waldolympiade.
Öffnungszeiten: 1. März bis 2. November täglich 9.30–19.00 Uhr
Preise: Kinder 2,40 Euro, Erwachsene 4,80 Euro

TIERPARK STADT HAAG

3350 Haag, Salaberg, Tel.: 0 74 34/454 08-1
Verwaltung: Stadtgemeinde Haag
3350 Haag, Sparkassestraße 3
tierpark@haag.gv.at
www.tierparkstadthaag.at

Archäologiepark Carnuntum

Kaiserliches Festschloss Hof

Über 800 Tiere – rund 80 exotische und heimische Tierarten – leben in dem 33 ha großen Naturpark in der Nähe des Schlosses Salaberg in Haag. Entlang der schön angelegten Spazierwege durch den Park gibt es immer wieder etwas Neues zu entdecken. Höhepunkte sind der Raubkatzenweg, der Vogelstimmenweg, die Möglichkeit zum Fischen, Ponyreiten, ein großer Kinderspielplatz etc. Dabei steht das Erleben der Natur stets im Vordergrund. Nicht umsonst ist auch die Pflanzenwelt des Tierparks interessant: Auf dem Gelände des heutigen Tierparks wurde bereits in der zweiten Hälfte des 19. Jahrhunderts ein Landschaftsgarten angelegt.
Öffnungszeiten: ganzjährig geöffnet; April–September 8.30–17.30 Uhr, Oktober–März 9.00–16.00 Uhr
Preise: Kinder ab 6 Jahren und Schüler 4 Euro, Erwachsene 7 Euro

▸ KULTUR

ARCHÄOLOGIEPARK CARNUNTUM
2404 Petronell-Carnuntum, Hauptstraße 3
Tel.: 0 21 63/33 77-0
info@carnuntum.co.at
www.carnuntum.co.at
Die größte archäologische Landschaft Österreichs liegt rund 40 Kilometer östlich von Wien. Mit den Methoden der experimentellen Archäologie werden römische Gebäude am Originalstandort wiedererrichtet. Carnuntum wird so zu einem einmaligen Zentrum für fabelhafte Zeitreisen in die Antike und gibt spannende Einblicke in die Welt der archäologischen Ausgrabungen.
Öffnungszeiten: 21. März – 15. November 2009 9.00–17.00 Uhr
Preise: Freier Eintritt für Kinder bis 10 Jahre, 11–14 Jahre 4 Euro, Erwachsene 9 Euro, Ermäßigt 7 Euro

ARCHÄOLOGISCHER PARK CARNUNTUM
2404 Petronell-Carnuntum
Hauptstraße 3
Tel.: 0 21 63/33 77-0, Fax.: 0 21 63/33 77-5
info@carnuntum.co.at
www.carnuntum.co.at

FESTSPIELHAUS ST. PÖLTEN
3109 St. Pölten, Kulturbezirk 2
Festspielhaus, Tel.: 0 27 42/90 80 80-222
karten@festspielhaus.at
www.festspielhaus.at
Familienstücke, an denen Groß und Klein Gefallen finden: Dazu tragen nicht nur die Beginnzeiten, sondern auch Auswahl und Umsetzung der Aufführungen bei. Schwerpunkte liegen auf Ballett und Tanz. Einführungen in die Stücke bieten Workshops.

KAISERLICHES FESTSCHLOSS HOF
2294 Schlosshof 1, Tel.: 0 22 85/200 00
office@schlosshof.at
www.festschlosshof.at
Wo anno dazumal die Kutschen vorfuhren und der barocke Meierhof bewirtschaftet wurde, herrscht heute wieder Leben. So er-

Landestheater Niederösterreich

Schallaburg

weckte man Schloss und Gärten Prinz Eugens aus ihrem Dornröschenschlaf und gestaltete ein Anwesen, das seinen einzigartigen Charakter aufs Neue zeigt. Die Attraktionen wie Tiere aus dem alten Österreich, unter ihnen Weiße Pfaue und Esel, die Stallungen mit stattlichen Pferden ebenso wie Shetland-Ponys, Nasch-, Paradeis- und Kräutergarten faszinieren kleine wie große Besucher. Diverse Feste und Veranstaltungen wie der alljährliche Adventmarkt sind wahre Publikumsmagneten. Im Meierhof isst man übrigens gemütlich und gut. Alles in allem ein absolut lohnendes Ausflugsziel, das durch seine stimmige und natürliche Atmosphäre überzeugt!

LANDESTHEATER NIEDERÖSTERREICH

3100 St. Pölten, Rathausplatz 11
Tel.: 0 27 42/90 80 60-0
office@landestheater.net
www.landestheater.net
Kindertheater, wie es die Kleinen anspricht: Ob „Pünktchen und Anton", „Her mit den Prinzen" oder „Aladdin" – am Landestheater Niederösterreich wird Wert auf Niveau bei gleichzeitiger Unterhaltung gelegt. Interessant auch für die Eltern.

RENAISSANCESCHLOSS ROSENBURG

3573 Rosenburg, Rosenburg 1
Tel.: 0 29 82/29 11, rosenburg@hoyos.co.at
www.rosenburg.at
Die beeindruckende Schlossanlage aus der Renaissance ist der perfekte Rahmen für die nicht minder beeindruckende Greifvogel-Flugschau. Adler, Falken, Eulen, seltene Riesenseeadler oder Gänsegeier mit Flügelspannweiten von bis zu 3 Metern sind darin die Stars.
Öffnungszeiten: April bis November, je nach Monat unterschiedlich, täglich um 11.00 und 15.00 Uhr Freiflugvorführungen, samstags im Juli und August auch 16.30 Uhr
Preise: Flugvorführung und Burgführung Schüler 5 Euro, Erwachsene 10 Euro, Familien 24 Euro

SCHALLABURG

3109 St. Pölten, Kulturbezirk 2
Tel.: 0 27 42/90 80 46-41, mayerl@schallaburg.at
www.schallaburg.at
Die ältesten Wurzeln der etwa fünf Kilometer von Melk entfernten Schallaburg gehen bis ins Mittelalter zurück. Heute zählt sie zu den schönsten Renaissanceschlössern nördlich der Alpen und bietet Raum für unterhaltsame und kindgerechte Familienführungen, die Kindern spielerisch Kultur zum „Angreifen" nahe bringen. Von 16. Mai bis 1. November steht Napoleon im Mittelpunkt einer großen Ausstellung. Unter dem Motto „Napoleon – Feldherr, Kaiser und Genie" widmet sie sich den unterschiedlichen Facetten dieser beeindruckenden Persönlichkeit, aber auch der Beziehung Napoleons zu Österreich. Aber auch der Abenteuerspielplatz im Burggraben mit seinen riesigen Kletteranlagen fasziniert die Kids – Eltern sind von den Gartenanlagen angetan.
Öffnungszeiten: Mo–Fr 9.00–17.00 Uhr, Sa, So, Feiertag 9.00–18.00 Uhr
Preise: Schüler 3,50 Euro, Erwachsene 8 Euro, Familienkarte 16 Euro

STADTTHEATER BADEN

2500 Baden, Theaterpl. 7, Tel.: 0 22 52/485 47
ticket@stadttheater-baden.at
www.stadttheater-baden.at
Die alljährliche Märchenaufführung im Stadttheater Baden hat sich als schöne Tradition eingebürgert: Die klassischen Geschich-

Eisenbahnmuseum Strasshof

ten werden fantasie- und schwungvoll ganz in Operettenmanier umgesetzt. Mit modernen musikalischen Akzenten und frisch-fröhlichen Bühnenbildern ist der Besuch der Stücke ein schönes Erlebnis für die ganze Familie – vorweihnachtliche Stimmung garantiert! Im Dezember 2008 steht „Pinocchio", ein beschwingtes Märchenmusical nach Carlo Collodi, auf dem Programm.

▸ MUSEEN

EISENBAHNMUSEUM STRASSHOF

2231 Strasshof, Sillerstr. 123, Tel.: 0 22 87/30 27-11
office@eisenbahnmuseum-heizhaus.com
www.eisenbahnmuseum-heizhaus.com
Für Kinder gibt es im Eisenbahnmuseum Strasshof ein eigenes Kinderland mit einer Gartenbahn, auf der Kids ihre Runden drehen können, einer Lkw-Modellanlage mit ferngesteuerten Lkw, Baufahrzeugen etc. und anderen faszinierenden Modellbahnen.
Öffnungszeiten: 1. April – 26. Oktober
Di–So und Feiertag 10.00–16.00 Uhr
Preise: Staffelungen ab 7 Euro / Erwachsener

MIA MAUTZ

www.mia-mautz.at
Jeden ersten Sonntag im Monat oder auch jeden Sonntag werden in sieben „abenteuerIndustrie"-Museen Arbeit, Alltag und Technik des Industrieviertels für Familien erlebbar. Ob im Waldbauernmuseum in Gutenstein oder im Stadtmuseum Traiskirchen, in jedem Fall werden spezielle Programme für kleine Leute und ihre Begleitpersonen geboten.

MICHELSTETTNER SCHULE

2151 Michelstetten 8, Tel.: 0 25 25/640 37
office@michelstettnerschule.at
www.michelstettnerschule.at
Im Museum mit seinen 50.000 Original-Schulobjekten lernen die Besucher die Geschichte der Schule auf fortschrittliche Art kennen. Gemäß der Forderung von Heinrich Pestalozzi Ende des 18. Jahrhunderts, „Kinder sollten weniger durch Worte vermittelt bekommen als vielmehr durch eigene Aktivität selbst erlernen", werden hier interaktive Stationen geboten, an denen probiert und experimentiert werden darf.

MUSEUMSZENTRUM MISTELBACH

2130 Mistelbach, Waldstraße 44–46
Tel.: 0 25 72/207 19 – 19
www.mzmistelbach.at
Im Museumszentrum Mistelbach wird auf einer Fläche von stolzen 6000 m² die Vielfalt des Weinviertels gezeigt. Ein wesentlicher Schwerpunkt wird dabei auf das Werk von Hermann Nitsch gelegt. Für Familien mit Kindern zwischen 5 und 12 Jahren werden jeden letzten Sonntag im Monat um 15.00 Uhr Familienführungen angeboten, bei denen die Ausstellung spielerisch und interaktiv erlebt wird. Kids von 3 bis 8 Jahren experimentieren unter pädagogischer Betreuung im Mini-MZM jeden zweiten Sonntag im Monat um 15.00 Uhr mit Farben.
Öffnungszeiten: Di–So 10.00–18.00 Uhr, Mo geschlossen
Preise: Familienführung pro Person 2 Euro

▸ FUN-PARKS

FARBIE KINDERSPIELWELT IN DER SCS

2334 Vösendorf, Nordring 2
Tel.: 01/699 27 25, spiel@farbie.at
www.farbie.at
In der Farbie Kinderspielwelt haben Kinder

Saurierpark „Jurassic Island"

DDSG Zauberclown Poppo

die Gelegenheit, ihrem Spiel- und Bewegungsdrang freien Lauf zu lassen. Ein Spielturm lockt mit vielen Aktivitäten auf mehreren Ebenen, in der Ball-Shooter-Arena mit Softbällen können sich die Kinder so richtig austoben, und mit der Spiralrutsche geht's zu den Trampolinen oder zur Riesenrutsche. Auch gibt es eine Riesenraupe mit Spielmodulen im Bauch und mehrere Hüpfburgen zum fröhlichen Springen. Nach telefonischer Voranmeldung wird die Aufsicht von geschultem Personal übernommen, damit die Eltern ungestört shoppen können. Wer seine Kids nicht allein lassen will, kann sich im Bistro stärken und erholen.
Preise: Kinder (ab 2 Jahre) 8 Euro, Erwachsene 1,50 Euro für einen Getränkebon, der bei der Getränkekonsumation angerechnet wird. Der Farbie Club bietet für einmalige 7 Euro pro Kind eine Reihe von Vorteilen für seine kleinen Mitglieder.

SAUERIERPARK „JURASSIC ISLAND"
3133 Traismauer, In der Traisen Au 2
Tel.: 0 27 83/200 20, info@saurierpark.at
www.saurierpark.at
Über 100 lebensgroße, originalgetreue Dinosaurier laden dazu ein, betrachtet und bestaunt zu werden. Aber auch rund um die Dino-Figuren tut sich hier einiges: In der Dinowerkstatt können die Kids die Entstehung eines Sauriers miterleben, im Dinolabor werden Dinogelege unter der Wärmelampe ausgebrütet, in den Ausgrabungsstätten darf nach Skeletten gegraben werden. Weitere Attraktionen: das Dinokino, eine Dino-Bibliothek, Dino-Bastelhaus, Hüpfburgen, Spielgeräte, Gokart-Bahn, Ponyreiten, Streichelzoo, Badesee mit Sandstrand (Sommer) und vieles mehr.

Öffnungszeiten: April–Juni 9.00–17.00 Uhr, Juli/August 10.00–18.00 Uhr, September/Oktober 10.00–17.00 Uhr, Mo & Di Ruhetag
Preise: 2–4 Jahre 3 Euro, 5–12 Jahre 5,50 Euro, Erwachsene 7,50 Euro

▸ SPORT

DDSG BLUE DANUBE SCHIFFFAHRT GMBH
1020 Wien, Handelskai 265, Tel.: 01/588 80
info@ddsg-blue-danube.at
www.ddsg-blue-danube.at
Die DDSG Blue Danube hat für Familien einige interessante Freizeitangebote. Zum Beispiel kann man die Strecke zwischen Melk und Krems bzw. Melk und Spitz oder vice versa mit dem Schiff zurücklegen. Bei Ankunft erhält man dann einen gefüllten Picknickrucksack und passende Leihräder für jedes Familienmitglied. Den Rückweg kann man dann gemütlich auf dem Radweg entlang der Donau genießen und natürlich die Räder auch bequem in Krems bzw. Melk wieder abgeben. Aber auch Tagesausflüge nach Schloss Hof oder Carnuntum sind attraktiv für Familien. Weiters Auftritte des Zauberclowns Poppo an Bord, Weihnachts-, Nikolo- oder Osterschifffahrten. Aktuelle Termine und Preise bitte der Homepage entnehmen.

AQUA NOVA
2700 Wiener Neustadt
Ferdinand-Graf-von-Zeppelin-Straße 12
Tel.: 0 26 22/890 00, news@aqua-nova.at
www.aqua-nova.at
Kleine und große Wasserratten fühlen sich in der Wasserwelt Aqua Nova so richtig wohl. Denn die vielen Extras wie der Wasserfall, der Sprudel, das Wildwasser, der Whirlpool und die 100 Meter lange Rutsche mit Sound und

Sonnenland Draisinentour

Licht lassen keine Wünsche offen. Eltern entspannen im großzügigen Saunabereich mit Dampfkammer, Tauchbecken, Biosauna, Saftbar und Duschgrotte. Auch Sport-, Nichtschwimmer- und Mutter-Kind-Becken sind vorhanden.
Öffnungszeiten: täglich 9.00–22.00 Uhr
Preise: Kinder ab 6 Jahre Euro 6,50, Erwachsene 8 Euro, Familienkarten ab 13 Euro

BURGENLAND

FAMILIENPASS BURGENLAND AMT DER BURGENLÄNDISCHEN LANDESREGIERUNG

7000 Eisenstadt, Europaplatz 1
Tel.: 057/600-23 28 oder-26 75 (Abt. 6, Familienreferat)
www.familienpass-bgld.at
Mit dem Familienpass erhält man Ermäßigungen von bis zu 50 % bei Vorteilsgebern im ganzen Burgenland (Freizeiteinrichtungen, Gasthäuser, Geschäfte aller Branchen etc.), außerdem eine kostenlose Unfallversicherung für ein Kind pro Familie für 1 Jahr sowie ein Gratisabonnement des Burgenländischen Familienjournals und Ermäßigungen in anderen Bundesländern.

▸ NATUR

SONNENLAND DRAISINENTOUR

7301 Deutschkreutz, Carl-Goldmark-Gasse 4
Tel.: 0 26 13/801 00
info@draisinentour.at,
www.draisinentour.at
Familien haben hier die Möglichkeit, eine etwa 23 Kilometer lange Strecke per Fahrraddraisine zu radeln. Die Tour quer durchs Mittelburgenland führt an Weingärten, Sonnenblumenfeldern, schattigen Wäldern, Feldern, romantischen Dörfern, der Burgruine Landsee etc. vorüber. Das Museum auf Schloss Lackenbach ist auf jeden Fall einen kurzen Halt wert, denn hier hat man die Möglichkeit, Natur bewusst zu entdecken, zu riechen, zu sehen und zu hören. Auch für das leibliche Wohl ist gesorgt, denn entlang der Draisinenstrecke finden sich mehrere Gaststätten, die zu Jause oder Weinverkostung einladen.
Öffnungszeiten: April –Oktober
werktags 13.00–15.00 Uhr, Sa, So, Feiertag ab 9.00 Uhr
Preise: Familie (5 Personen): werktags 63 Euro, Sa, So und Feiertag 70 Euro

▸ KULTUR

BURG FORCHTENSTEIN

7212 Forchtenstein, Melinda-Esterhazy-Platz 1
Tel.: 0 26 26/812 12
burg-forchtenstein@esterhazy.at
www.esterhazy.at
Die trotzige Burg im Burgenland ist allemal einen Besuch wert: Hier locken außer den alten Gemäuern die über Jahrhunderte zusammengetragenen Schätze der Fürsten Esterházy. Kinder werden in „Mitmachführungen" in die Geheimnisse der Burg eingeweiht, aber auch die Sonderausstellungen werden von kindgerechten Rahmenprogrammen begleitet. Dabei erwacht die Burg zu neuem Leben: Bei Kinderschminken, Verkleiden, Burgspielen und anderen kindgerechten Angeboten kommt der Spaß nicht zu kurz. Ein schönes Ziel für den Familienausflug!
Öffnungszeiten: 20. März – Ende Oktober
täglich 10.00–18.00 Uhr

Schloss Esterházy

Märchenpark Neusiedlersee

Preise: Burgführung inkl. Waffensammlung: Schüler 7 Euro, Erwachsene 8 Euro, Familien (2 Erwachsene, 2 Kinder) 21 Euro

OPERNFESTSPIELE ST. MARGARETHEN
7062 St. Margarethen, Kirchengasse 20 (Festspielbüro), Tel.: 0 26 80/420 42
www.ofs.at
Auch im Sommer 2009 ist „Papagenos Opernwelt" in St. Margarethen, wo in einer außergewöhnlichen Naturkulisse stolze 1500 Besucher auf der Tribüne Platz finden, Aufführungsort eines Stücks für junges Publikum. Beeindruckende Opernaufführungen für die ganze Familie sind hier gewiss.

SCHLOSS ESTERHÁZY
7000 Eisenstadt, Tel.: 0 26 82/719-32 24
fritz.fuerstlich@schloss-esterhazy.at
www.schloss-esterhazy.at
Mit „Fritz Fürstlich" wird die Geschichte des Schlosses, der Fürstenfamilie und Joseph Haydns erlebbar. Spaß, Verkleidungen und Überraschungen spielen hier immer eine große Rolle – die Themen der Kinderführungen variieren. So geht es um die Kulinarik oder ab auf den grusligen Dachboden. In jedem Fall klingt die liebevolle Familienführung mit einer gemütlichen Jause in den „Kinder-Zimmern" aus. Hübsche Dekorationen sorgen hier für das Flair eines Märchenschlosses. Ein ebenso vergnüglicher wie lehrreicher Nachmittag für die ganze Familie! Für Kinder ab 5 Jahren empfohlen.
Öffnungszeiten: Jänner – Mitte März und Mitte November – Ende Dezember Mo–Do 9.00–17.00 Uhr, Fr 9.00–15.00 Uhr, Mitte März – Mitte November Mo–So 8.30–18.00 Uhr; Termine des Kinderangebots bitte erfragen!
Preise: Kinderführungen: 3,50 Euro, Kindergruppen 3 Euro, Erwachsene 5 Euro, Familien 11 Euro

▸ FUN-PARKS

MÄRCHENPARK NEUSIEDLERSEE
7062 St. Margarethen, Märchenparkweg 1
Tel.: 0 26 85/607 07, office@familypark.at
www.maerchenpark-neusiedlersee.at
www.familypark.at
Der „Magnet" für Kids: Kein Wunder, der Fun-Park auf rund 120.000 Quadratmetern Fläche hat einiges zu bieten. Ob Kroko-Wasserbahn, Traktorbahn, Märchenwald, Bauernhof, Erlebnisburg oder Abenteuerinsel, Erleben und Mitmachen ist das Motto. Zudem laden eine Vielzahl an Park- und Grünanlagen sowie Ruheplätze zum Verschnaufen und Entspannen ein. An manchen Attraktionen wie der Familienachterbahn „Götterblitz", dem Römerturm oder der Tempel-Wasserrutsche haben übrigens auch die Erwachsenen ihre helle Freude.
Öffnungszeiten: März–September 9.00–18.00 Uhr, Oktober 10.00–17.00 Uhr
Preise: 2–99 Jahre 15 Euro, Geburtstagskinder genießen freien Eintritt

▸ SPORT

SONNENTHERME LUTZMANNSBURG
7361 Lutzmannsburg, Thermengelände 1
Tel.: 0 26 15/871 71, info@sonnentherme.at
www.sonnentherme.com
„Funny Waters" heißt mit gutem Grund die Wasserwelt für Kids in der Sonnentherme Lutzmannsburg: Über die Indoor-Wasserrutschen Speedy & Twister sausen Mutige ins Nass. Außerdem locken über 1000 Qua-

Sonnentherme Lutzmannsburg

Wild- und Erlebnispark am Elfenberg

dratmeter Wasserfläche, weitere Riesenrutschen, Wellenbecken und noch vieles mehr. Kindersauna und -dampfbad sind speziell auf Kids ausgerichtet. Das Kinderangebot mit Bewegungs- Wellness- und Kreativprogrammen, sowie Kunst und Kultur ist übrigens für Kids bis 8 Jahre konzipiert und setzt auf das Erleben mit allen Sinnen. Auch für das gemeinsame Erleben mit den Eltern gibt es interessante Möglichkeiten.
Öffnungszeiten: Funny Waters (Erlebnistherme) und Babyworld: Mo–Do und So 9.00–21.00 Uhr, Fr, Sa 9.00–22.00 Uhr
Preise: z. B. Familienkarte mit einem Kind über 6 Jahre: 43,90 Euro

STEIERMARK

FAMILIENPASS STEIERMARK AMT DER STMK. LANDESREGIERUNG

8010 Graz, Karmeliterpl. 2, Tel.: 0 31 6/877-42 63 (FA 6A, Referat Frau-Familie-Gesellschaft)
www.verwaltung.steiermark.at/cms/ziel/602416/DE/
Der Familienpass ermöglicht unter anderem exklusive Familienermäßigungen in den Bereichen Freizeit, Sport, Kultur und Bildung. Anspruch auf den Familienpass hat jede Familie bzw. jede(r) Alleinerzieher/in, wenn der Hauptwohnsitz innerhalb der Steiermark liegt und für mindestens ein Kind Familienbeihilfe des Bundes bezogen wird.

▸ NATUR

WILD- UND ERLEBNISPARK AM ELFENBERG

8774 Mautern, Alpsteig 1, Tel.: 0 38 45/22 86
www.elfenberg.at
Der Elfenberg, das ideale Ausflugsziel für Familien, verbindet ein atemberaubendes Naturerlebnis mit modernster Freizeittechnik und bietet somit für jeden Geschmack etwas. Schöne Gehege mit 200 heimischen Tieren, eine unterirdische Wolfshöhle, Europas größtes Bärengehege, einen Erlebnisbauernhof, eine Greifvogel-Flugschau, einen Erlebnispark, einen Doppelsessellift auf den Elfenberg, freundliche Gastronomie und noch vieles mehr gibt es hier zu entdecken.
Öffnungszeiten: Mo–Fr 9.00–17.00 Uhr (Juli/August 9.00–18.00 Uhr) Sa, So und Feiertag 9.00–18.00 Uhr (Juli/August 9.00–19.00 Uhr), außer im Sommer Mo Ruhetag
Preise: Kinder (4–15) 10 Euro, Erwachsene 14 Euro, Familienermäßigung

KRÄFTEWELT ST. JAKOB IM WALDE

8255 St. Jakob i. W., Kirchenviertel 70
Tel.: 0 33 36/202 57, office@kraeftereich.at
www.kraeftereich.at
Auf die Spuren spannender Phänomene und Tatsachen begeben sich Familien in der Kräftewelt St. Jakob im Walde. „Was ist Wahrnehmung?“, „Ist es wahr, dass man auf dem Mond ein Grundstück kaufen kann?“ und „Warum legen sich Hunde und Katzen immer an bestimmte Stellen zum Schlafen?“ sind nur einige der vielen interessanten Fragen, auf die es hier Antworten gibt. In speziellen Familienführungen werden die Stationen zum Mitmachen erlebbar. Liebling der kleinen Besucher: der riesige Gummibär „Emanuel“, der die Kraft des Atems anschaulich macht. Familienführungen auf Anfrage ab 10 Personen.
Preise: Familienkarte für 2 Erwachsene und beliebig viele Kinder 20 Euro mit Führung, 17 Euro ohne Führung

Vivarium

NATURERLEBNISPARK HOHENTAUERN DER „KELTENBERG"
8785 Hohentauern 8
Tel.: 0 36 18/335, keltenberg@hohetauern.at
www.keltenberg.at
Natur pur: Die Familienwanderung in die Felsen- und Höhlenwelt findet für Kinder ihren Höhepunkt in einer Rutschpartie auf der 70 Meter langen Hangrutsche, am Wasserweg baut man unter fachmännischer Anleitung Floße oder angelt, am Waldlehrpfad schaukelt man an Lianen und im Pfahlbaudorf entspannt man sich. Die interessanten Stationen in malerischer Umgebung machen den Keltenberg zu einem Ort, an dem die Vergangenheit lebendig wird.
Öffnungszeiten: Mitte Mai – Oktober 10.00–17.00 Uhr
Preise: eineinhalbstündige Führung: Kinder 5 Euro, Erwachsene 8 Euro, dreistündige Führung Kinder 8,50 Euro, Erwachsene 15 Euro. Auch Kletterkurse werden für Erwachsene und Kinder unter Anleitung einer staatlich geprüften Bergführerin angeboten. Preis und Dauer nach Absprache

VIVARIUM
8812 Mariahof, Stadlob 500
Tel.: 0 35 84/40 50-0, info@vivarium.at
www.vivarium.at
Heimische und tropische Unterwasserwelt hautnah: Der „Wellness by Fish"-Badebereich mit dem 30 °C warmen Erlebnispool in direkter Nachbarschaft zum Reich des Amazonas (Krokodile, Schildkröten und Boas) ermöglicht unterhaltsames Badevergnügen – man schwimmt in dem einen Becken, während man durch die Glasscheibe ins Nachbarbecken mit den Tieren schaut. Kinder haben außerdem im Kleinkinderbecken und im Kriechtunnel ihren Spaß. Wer Tiere lieber auf die „klassische" Art bestaunen möchte, hat mit der Affenanlage, dem tropischen Regenwald etc. jede Möglichkeit dazu.
Öffnungszeiten: täglich 9.00–18.00 Uhr, Wellness by Fish –21.00 Uhr
Preise: Ausstellung: Kinder (4–14 Jahre) 5,50 Euro, Erwachsene 7,50 Euro

WASSERSPIELPARK EISENWURZEN
8933 St. Gallen, Markt 35, Tel.: 0 36 32/77 14-0
naturpark@eisenwurzen.com
www.wasserspielpark.at
Die Eigenschaften des lebensspendenden Elements stehen im Mittelpunkt des Wasserspielparks Eisenwurzen. Spiel und Spaß, Bewegung und Entdeckungsreise in der Natur machen den Wasserspielpark mit seinen abwechslungsreichen Stationen (viele mit Anleihen an historischen Vorbildern) zum Paradies für Kinder und ihre Eltern.
Öffnungszeiten: täglich 9.00–19.00 Uhr
Preise: Tageskarte 9 , Familienkarte 28 Euro

▸ KULTUR

FREILICHTMUSEUM STÜBING
8114 Stübing, Tel.: 0 31 24/537 00
service@freilichtmuseum.at
www.freilichtmuseum.at
In einem idyllischen Seitental der Mur erheben sich rund 100 originale historische bzw. bäuerliche Bauten, Bauernhäuser und Wirtschaftsgebäude. Alle Bauwerke sind liebevoll eingerichtet, Details wie Blumenschmuck erwecken sie zu neuem Leben. So tragen die farbenprächtigen Gärten, die auf den Wiesen grasenden Tiere und die bestellten Felder dazu bei, dass man sich tatsächlich in eine andere Zeit zurückversetzt fühlt. Österreichs

Riegersburg

Winter!Sport!Museum Mürzzuschlag

Vergangenheit erleben, das ist hier nicht umsonst die Devise. Ein ideales Ausflugsziel für Familien, da sich Kinder hier recht frei zwischen den Hausanlagen bewegen können.
Öffnungszeiten: März–Oktober 9.00–17.00 Uhr, Mo geschlossen
Preise: Kinder (ab 6 Jahre) 4,50 Euro, Erwachsene 8 Euro, Familienkarte (2 Erwachsene, 2 Kinder) 23 Euro

OPERNHAUS GRAZ
8010 Graz, Kaiser-Josef-Platz 10
Tel.: 0 31 6/80 08, tickets@theater-graz.com
www.opernhaus-graz.com
Im Opernhaus in Graz werden der ganzen Familie Musikerlebnisse geboten. So steht 2009 „Cinderella passt was nicht" als modernes, bezauberndes Märchen-Musical für Kinder ab 8 und Junggebliebene auf dem Spielplan.

RIEGERSBURG
8333 Riegersburg, Tel.: 0 31 53/82 13-1
office@veste-riegersburg.at
veste-riegersburg@aon.at
www.veste-riegersburg.at
Schon allein der Blick hoch hinauf zur Riegersburg ist eine Augenweide. Sie „thront" auf knapp 500 Meter Seehöhe trutzig auf einem Vulkanfelsen. Zu ihr hinauf kommt man nur zu Fuß oder mit einem Schrägaufzug. Dafür sind die Ausstellungen sehr beeindruckend, und der Aufstieg lohnt sich. Im Juli und August finden jeden Sonntag und Mittwoch um 12.30 sowie 15.00 Uhr Spezialführungen für Kinder statt.
Öffnungszeiten: März, April und Oktober 10.00–17.00 Uhr, Mai–Sept. 9.00–17.00 Uhr
Kosten: Kinder 7 Euro, Erwachsene 9,50 Euro, Familien 25 Euro

▸ MUSEEN

WINTER!SPORT!MUSEUM MÜRZZUSCHLAG
8680 Mürzzuschlag, Wiener Straße 13
Tel.: 0 38 52/35 04
office@wintersportmuseum.com
www.wintersportmuseum.com

Märchenwald Steiermark

Styrassic Park

Die weltweit größte Sammlung von Wintersportgeräten steht in der Steiermark.
Öffnungszeiten: Mai–März Di–So 10.00–18.00 Uhr
Kosten: Kinder (6–15 Jahre) 3 Euro, Erwachsene 5 Euro, Familie 12 Euro

▸ FUN-PARKS

MÄRCHENWALD STEIERMARK

8756 St. Georgen ob Judenburg
Tel.: 0 35 83/21 16, info@maerchenwald.at
www.maerchenwald.at
Über 130 Märchenfiguren bevölkern den Märchenwald Steiermark. Besonderheit: Sie werden liebevoll von Hand gefertigt und individuell in ihren Häuschen untergebracht und dekoriert. Weiters hier zu finden: rund 30 Burgen, ein Labyrinth, ein Indianerdorf, Elektroautos, ein Puppenhaus, ein Streichelzoo, Eselreiten und vieles mehr. Die Highlights für Kinder verschiedener Altersstufen, die Erlebnisgastronomie Sonnenhof mit ihrer märchenhaft-romantischen Dekoration und die Naturlandschaft der Steiermark machen den Tag im Freizeitpark Märchenwald zu einem spannenden Erlebnis für Familien!
Öffnungszeiten: März–Oktober täglich 8.30–18.30 Uhr
Preise: Erwachsene und Kinder ab 2 Jahren 7,50 Euro

STYRASSIC PARK

8344 Bad Gleichenberg, Dinoplatz 1
Tel.: 0 31 59/28 75-0
www.styrassicpark.at
Über 75 lebensgroße Saurierfiguren bevölkern den Fun-Park der besonderen Art. Ein feuriger Vulkan lässt die Erde erzittern, eine geheimnisvolle Moorleiche beschäftigt die Fantasie der Besucher, Säbelzahntiger und Höhlenbär erschrecken die Gäste. Hier kann man die Geschichte der Dinosaurier bis zu ihrem Aussterben hautnah mitverfolgen. Kinder haben auch auf der Riesen-Dschungel-Rutsche, im Streichelzoo beim Ponyreiten oder bei der Dinobaby-Fütterung ihren Spaß, bei Schlechtwetter werden im Dinohaus Abgüsse von Dinokrallen angefertigt. Zudem gibt es immer wieder interessante Sonderführungen. Und wer gar nicht genug bekommen kann von den Dinos, nächtigt in ihrer Nachbarschaft im Baumhotel.
Öffnungszeiten: März–November täglich 9.00–17.00 Uhr in der Hauptsaison, sonst gestaffelt
Preise: Kinder (ab 2) 6 Euro, Erwachsene 9,50 Euro

▸ SPORT

SOMMERRODELBAHN GREBENZEN

8813 St. Lambrecht, Tel.: 0 35 85/24 55
info@grebenzen.at
www.grebenzen.at
Steiermarks längste Sommerrodelbahn bietet eine kurvenreiche Abfahrt mit einer Gesamtlänge von 1720 Metern, zahlreichen Überraschungen und kleinen Brücken. Aber auch im Erlebnis-Spielpark können sich Kids richtig austoben.
Öffnungszeiten: Mai – Ende September 10.00–17.00 Uhr
Preise: Einzelfahrt Kinder 4,50 Euro, Erwachsene 7 Euro

ABENTEUERPARK GRÖBMING

8962 Gröbming, Stoderstraße 114
Tel.: 0 36 85/222 45, info@abenteuerpark.at
www.abenteuerpark.at

Abenteuerpark Gröbming

Abenteuerpark Agrarium

Klettern nach Herzenslust: Gut gesichert meistert man die je nach Können und Körpergröße unterschiedlichen Parcours zwischen den Bäumen. Auf der Reise ins Waldesinnere erlebt man die Natur aus einer völlig neuen Perspektive. 12 Parcours und über 160 Stationen sorgen für Abenteuer und Spannung am Fuße des Stoderzinkens. Kids ab 3 kommen schon einmal auf dem Mini- oder Kinderparcours auf den Kletter-Geschmack; Kinder bis 14 Jahre haben nur in Begleitung eines Erwachsenen Zutritt zum Abenteuerpark. Übrigens wird der Park regelmäßig auf seine Sicherheit überprüft!
Öffnungszeiten: je nach Jahreszeit
Preise: Mini- + Kinderparcours 6 Euro, Kinder ab 110 cm Körpergröße 11 Euro, Kinder (ab 12 Jahren) 14 Euro, Erwachsene 20 Euro

OBERÖSTERREICH

OÖ FAMILIENKARTE AMT DER OÖ LANDESREGIERUNG

4021 Linz, Bahnhofplatz 1, Tel.: 0 77 20/118 31 oder -118 32 (Präsidium/Familienreferat)
familienkarte@ooe.gv.at
www.familienkarte.at
Mit der Familienkarte kann man bis zu 50 Prozent sparen, und das nicht nur in der Gastronomie und bei den ÖBB. Auch viele Freizeit- und Sporteinrichtungen akzeptieren die OÖ Familienkarte, dort sind Sie und Ihre Kinder immer gern gesehene Gäste: mit besonderen Leistungen, die die ganze Familie freuen. Alle Familien, die ihren ordentlichen Wohnsitz in Oberösterreich haben und für ihr/e Kind/er Familienbeihilfe beziehen, können die Familienkarte anfordern. Angebote des jeweiligen Monats auf der Homepage.

▸ NATUR

BAUMKRONENWEG IM SAUWALD

4794 Kopfing im Innkreis, Knechtelsdorf 1
Tel.: 0 77 63/22 89 0
office@baumkronenweg.at
www.baumkronenweg.at
Wie sieht der Wald von oben aus? Was passiert zwischen den Baumwipfeln? Wäre es nicht spannend, einmal zwischen den Baumspitzen spazieren zu gehen oder sogar zu schlafen? Der einzige Baumkronenweg in Österreich bietet all diese Möglichkeiten. Für Familien gibt es spannende Rahmenprogramme: Kinder können, angeleitet von erfahrenen Naturführern, ein Lagerfeuer ohne Streichhölzer entfachen oder eine Hütte nur mit Zweigen, Moos und Rinde bauen. Die Größeren wiederum stellen ihren Mut und ihre Geschicklichkeit beim Klettern unter Beweis. Neu ist ein eigener Wasserspielplatz, bei dem nach Herzenslust Wasser gestaut und umgeleitet werden kann. Anschließend stärkt sich die ganze Familie am Ende des Baumkronenweges im Gasthof „Oachkatzl", wo mit Zutaten aus der Region frisch gekocht wird. Besondere Attraktion: die sechs Baumhotels für bis zu sechs Personen, die ganz aus Holz mehr als zehn Meter über dem Waldboden erbaut sind und alle Annehmlichkeiten wie Bad und TV bieten.
Öffnungszeiten: April–Oktober täglich 10.00–18.00 Uhr
Preise: Kinder (6–15 Jahre) 4 Euro, Erwachsene 6,50 Euro, OÖ Familienkarte 16 Euro

FAMILIENPARADIES AGRARIUM

4652 Steinerkirchen an der Traun
Tel.: 0 72 45/25 81-0, office@agrarium.at
www.agrarium.at

Zoo Schmiding

60 einzigartige und abwechslungsreich thematisierte Schaugärten sind durch einen zwei Kilometer langen Rundgang miteinander verbunden. Einen Großteil des zehn ha großen Familienparadieses bewohnen alte Haustierrassen oder auch die kleinsten Pferde der Welt. Auch seltene Insekten und Frösche können hier mit etwas Glück bestaunt werden. Die Traktorrundfahrt, ein Balancierpfad, die Spielburg, Fladenbrotbacken und vieles mehr machen diesen Familientag zu einem unvergesslichen Erlebnis. Seit Kurzem bewohnen auch Säbelzahntiger, Mammut und Co. den Abenteuerpark. Basierend auf wissenschaftlichen Erkenntnis gebaut, versetzen die beeindruckenden Rekonstruktionen die Besucher in die Urzeit. 2009 neu: eine Erlebnis-Rutsche, bei der auf 200 Metern Fahrt spannende Aufgaben gelöst werden.
Öffnungszeiten: Ende April – Oktober Di–So 10.00–17.00 Uhr, im Oktober nur am WE und an Feiertagen
Preise: Kinder ab 6 Jahre 6,90 Euro, Erwachsene 9,90 Euro, Familie (2 Erwachsene, 2 Kinder) 25 Euro

SALZWELTEN SALZBURG
5422 Bad Dürrnberg, Ramsaustraße 3
Voranmeldung zur Familienführung unter Tel.: 0 62 45/852 85-11 oder hallein@salinen.com
Salzwelten Hallstatt
4830 Hallstatt, Salzbergstraße 21
Tel.: 0 61 32/200 24 00
info@salzwelten.at
www.salzwelten.at
Mit Salty Joe und den Helden vom Bergwerk erleben Familien (Kinder 8–12 Jahre) Abenteuer in den Salzwelten Salzburg. So gilt es, den Salzdrachen zu besiegen und den legendären Schatz des Erzbischofs zu bergen. Dabei sind die Kids aufgerufen, selbst aktiv mitzumachen und die Aufgaben zu lösen. Mit dem Floß überqueren sie den unterirdischen Salzsee, und auf den langen Bergmannsrutschen rutschen sie tief ins Herz des Berges (ganzjährig jeden ersten Sonntag im Monat, im Juli/August: jeden ersten und dritten Sonntag im Monat). In den Salzwelten Hallstatt können Familien zu bestimmten Terminen an einer Schatzsuche teilnehmen: Sie erhalten eine Schatzkarte und suchen den sagenhaften Schatz des „Mannes im Salz" (Kinder ab 4 Jahren).

ZOO SCHMIDING
4631 Krenglbach, Schmidingerstraße 5
Tel.: 0 72 49/462 72, office@zooschmiding.at
www.zooschmiding.at
Der Zoologische Garten und Tierpark bei Wels gestattet einen Einblick in die Tierwelt der verschiedenen geografischen Regionen. Der Zoo Schmiding entwickelte sich aus Österreichs größtem Vogelpark. Heute präsentiert er sich mit seinen Flachlandgorillas, sibirischen Tigern, Nilkrokodilen, roten Pandas, Zebras, Aras und vielen weiteren Exoten. Der Besucherpfad schlängelt sich geschützt durch einen Felstunnel mitten durch das 2000 Quadratmeter große Revier der größten Raubkatze der Welt, des Tigers, und schafft Einblick in dessen Lebensraum. Neu ist der Evolutionsgarten des Aquazoo, in dem die Entwicklung der Erde und des Lebens auf ihr anschaulich gemacht wird.
Öffnungszeiten: täglich 9.00–19.00 Uhr
Preise: Erwachsene 11 Euro, 1 Kind (6–15 Jahre) 4,50 Euro, bei 2 Kindern je 4 Euro, bei 3 Kindern und mehr je 3,50 Euro

Keltendorf Mitterkirchen

Ars Electronica Center

▸ KULTUR

KELTENDORF MITTERKIRCHEN

4343 Mitterkirchen, Lehen, Tel.: 0 72 69/66 11
freilichtmuseum@mitterkirchen.at
www.mitterkirchen.at
Im Keltendorf ist was los: Die hallstattzeitliche Dorfanlage mit ihren 20 originalgetreuen Objektbauten ermöglicht einen lebendigen Einblick in das Leben der Menschen, die vor mehr als 2700 Jahren im Machland gelebt haben. Beim Keltenfest am 5. und 6. September wird Erwachsenen und Kindern ein vielfältiges Programm geboten.
Öffnungszeiten: 15. April – 31. Oktober täglich 9.00–17.00 Uhr
Preise: Schüler 3 Euro, Erwachsene 5 Euro, Familien (Eltern mit Kindern bis 15 Jahre) 10 Euro

LANDESTHEATER LINZ

4020 Linz, Promenade 39, Tel.: 0 73 2/76 11-0
Karten: 0800/218 00-0 (kostenfrei)
office@landestheater-linz.at
www.landestheater-linz.at
Das Spektrum am Landestheater Linz umfasst neben Oper, Operette, Schauspiel, Ballett etc. auch regelmäßige Kinderoper-Aufführungen. Schöne kulturelle Erlebnisse für Groß und Klein.

▸ MUSEEN

ARS ELECTRONICA CENTER – MUSEUM DER ZUKUNFT

4041 Linz, Graben 15, Tel.: 0 73 2/72 72
center@aec.at
www.aec.at
Das Museum der Zukunft bietet den Besuchern Einblicke in die zukunftsorientierte Alltagswelt, digitale Technologien und virtuelle Realitäten. Kinder von 5 bis 10 Jahre begeben sich jeden Samstag und Sonntag zwischen 14.00 und 15.30 Uhr auf eine Abenteuerreise in spannende Zukunftswelten.
Öffnungszeiten: ganzjährig Mi–Fr 9.00–17.00 Uhr, Sa/So 10.00–18.00 Uhr
Kosten: Kinder (6–18 Jahre) 3 Euro, Führung 4 Euro inkl Eintritt, Erwachsene 6 Euro

MUSEUM DER SINNE – VILLA SINNENREICH

4150 Rohrbach, Bahnhofstraße 19
Tel.: 0 72 89/224 58 20
office@villa-sinnenreich.at
www.villa-sinnenreich.at
Unsere Sinne von ganz neuen Seiten erleben – darum geht es im jungen Museum der Sinne. An Experimentierstationen dürfen „Abenteuer der Sinne" aktiv erlebt werden.
Öffnungszeiten: ganzjährig, Di–Sa 10.00–16.00 Uhr, So 13.00–18.00 Uhr
Kosten: Kinder (6–18 Jahre) 4 Euro, Erwachsene 6,50 Euro

OÖ LANDESMUSEEN

Landesgalerie Linz
4010 Linz, Museumstr. 14, Tel.: 0 73 2/77 44 82-0
www.landesgalerie.at
Schlossmuseum Linz
4010 Linz, Tummelpl. 10, Tel.: 0 73 2/77 44 19-0
www.schlossmuseum.at
Biologiezentrum
4040 Linz-Dornach
Johann-Wilhelm-Klein-Straße 73
Tel.: 0 73 2/75 97 33-0
www.biologiezentrum.at
www.landesmuseum.at
Jeden ersten Sonntag im Monat freier Eintritt für Familien! Weiters werden Familienführungen angeboten.

Lamawanderung am Haunsberg

Zoo Salzburg

SALZBURG

SALZBURGER FAMILIENPASS

Tel.: 0 66 2/80 42-5435 oder 5436
(Abteilung 2, Familienreferat)
www.salzburg.gv.at/themen/gv/familie/mat_foerderungen.htm#ilnk-familienförderung-anker4
Mit dem Familienpass können Familien von verschiedenen attraktiven Freizeitangeboten in Sport, Kultur und Bildung profitieren. Einzelne Angebote können auch in anderen Bundesländern (Burgenland, Niederösterreich, Oberösterreich, Steiermark, Tirol und Vorarlberg) kostengünstig in Anspruch genommen werden. Der Familienpass gilt für Familien, Lebensgemeinschaften oder Alleinerziehende und deren Kinder und Pflegekinder bis zum 18. Geburtstag, für die Familienbeihilfe bezogen wird.

▸ NATUR

HAUS DER NATUR

5020 Salzburg, Museumsplatz 5
Tel.: 0 66 2/84 26 53, office@hausdernatur.at
www.hausdernatur.at
Im Haus der Natur treffen echte Natur wie ein Reptilienzoo und die Ausstellung von Skeletten und ausgestopften Tieren wie Dinosauriern, Wald- und Wiesentieren und viele Besonderheiten aus aller Welt aufeinander. In speziellen Kinderprogrammen wird auf die Interessen der jungen Besucher ganz besonders eingegangen. Auch Workshops und Ferienangebote!
Öffnungszeiten: Achtung: Wegen Umbaus ist das Haus der Natur bis Frühjahr 2009 geschlossen!

SINNE ERLEBNISPARK / LEOS WASSERWELT LEOGANGER BERGBAHNEN GMBH

5771 Leogang, Hütten 39, Tel.: 0 65 83/82 19
info@leoganger-bergbahnen.at
www.leoganger-bergbahnen.at
Den Sinne-Erlebnispark erreicht man mit der 8er-Asitz-Kabinenbahn, ausgehend von der Talstation im Ortsteil Hütten in Leogang. Familien haben hier die Möglichkeit, das Sehen, Hören, Riechen, Schmecken und Fühlen auf eine neue Art zu begreifen. Die mehr als 25 Stationen und Geräte können allein oder in Gruppen erforscht und ausprobiert werden. Weiter geht's in Leos Wasserwelt mit begehbarem Wasserfall und Wasser-Kneippbecken, integriertem Barfußweg sowie Kräuter- und Alpenpflanzenweg mit an die 100 Pflanzen.
Öffnungszeiten: Juni–Oktober 9.00–16.45 Uhr (letzte Talfahrt)
Preise: (inkl. Berg- und Talfahrt) Kinder 7,30 Euro, Erwachsene 14,50 Euro

LAMAWANDERUNG AM HAUNSBERG

5162 Obertrum, Kaiserbuche 1
Tel.: 0664/632 20 36
www.lamasamsee.at
Lamawanderung mit Ausblick: Für 27 Euro pro Stunde und Familie oder Gruppe bis zehn Personen geht es mit den Tieren auf den Haunsberg.

ZOO SALZBURG

5081 Anif, Anifer Landesstraße 1
Tel.: 0 66 2/820 17 6-0, office@salzburg-zoo.at
www.salzburg-zoo.at
Auf dem 14 Hektar großen Gelände des Salzburger Zoos wohnen rund 800 Tiere. Im Grunde reist man hier in kürzester Zeit um die ganze Welt, denn Tiere von allen Konti-

Theaterschachtel Hallein

nenten können in den schönen Gehegen bewundert werden. Tipp: vor dem Besuch von der Homepage eine lustige Zoo-Rallye ausdrucken, um einen ganz besonderen Zoo-Tag zu erleben.
Öffnungszeiten: nach Jahreszeit – bitte erfragen
Preise: Kinder (4–14 Jahre) 4 Euro, Erwachsene 9 Euro

▸ KULTUR

BURG MAUTERNDORF

5570 Mauterndorf im Lungau
Mauterndorf 27, Tel.: 0 64 72/74 26
burg.mauterndorf@aon.at
www.salzburg-burgen.at
Hier können Kinder und Erwachsene „lebendige" Geschichte erleben. Wozu die Figuren der Personen, die hier lebten, und die detailgenauen Dekorationen ihren Teil beitragen. Ein Rundgang – vom Verlies bis zur Schatzkammer – gibt einen Einblick in das Leben des Rittertums.
Öffnungszeiten: Mai–Oktober Mo–So 10.00–18.00 Uhr, 26. Dezember – 23. April Di–Fr 10.30–18.00 Uhr
Kosten: Sommer: Kinder (6–14) 5,10 Euro, Erwachsene 8,20 Euro, Familie 20,50 Euro
Winter: Kinder (6–14) 3 Euro, Erwachsene 5,50 Euro, Familie 13 Euro

THEATERSCHACHTEL HALLEIN

5400 Hallein, Davisstr. 7, Tel.: 0 62 45/817 93
michel.widmer@sbg.at
www.theaterschachtel.at
Seit 1992 bietet die Theaterschachtel ein kontinuierliches und qualitätsvolles Theaterprogramm für Kinder (und ihre Erwachsenen) an. In der Wintersaison (Oktober bis März) gibt es zumeist am dritten Sonntag im Monat eine Vorstellung für Kinder und Familien. Interessante Spezialpreise!

▸ MUSEEN

SALZBURGER FREILICHTMUSEUM

5084 Grossgmain, Hasenweg
Tel.: 0 66 2/85 00 11
salzburger@freilichtmuseum.com
www.freilichtmuseum.com
Das Salzburger Freilichtmuseum liegt nur wenige Kilometer außerhalb der Stadt Salzburg. Auf dem Weg durch das weitläufige Museumsareal entdeckt man die Vielfalt ländlicher Bau- und Wohnkultur und erfährt dabei viel Wissenswertes über das bäuerliche Leben früherer Zeiten. Das Salzburger Freilichtmuseum hat auch für Kinder allerhand zu bieten: Ziegen, Bollerwagen, Erlebnisspielplatz etc., aber auch spezielle Veranstaltungen und den jährlichen Kindererlebnistag im September.
Öffnungszeiten: Ende März – Anfang November Di–So 9.00–18.00 Uhr, Juli–September täglich 9.00–18.00 Uhr
Preise: Kinder bis 6 Jahre gratis, Schüler 3,50 Euro, Erwachsene 7 Euro, Familie 14 Euro

SALZBURG MUSEUM

Tel.: 0 66 2/62 08 08-700
office@salzburgmuseum.at
www.salzburgmuseum.at
In den verschiedenen Häusern des Salzburg Museums (siehe Homepage) gibt es interessante Angebote für Familien. So Familienführungen in der Neuen Residenz, Kinder- und Kasperltheater im Spielzeugmuseum, Workshops im Volkskunde Museum.

Schatz der Donnerschlucht

Minimundus

▸ FUN-PARK

ERLEBNISPARK STRASSWALCHEN
5204 Strasswalchen, Märchenweg 1
Tel.: 0 62 15/81 81, info@erlebnispark.at
www.erlebnispark.at
In die Welt der heimischen Märchen lassen sich im Erlebnispark Strasswalchen Groß und Klein gern entführen. Hier können Familien vom Zauberwald bis in den Wilden Westen wandern und sogar auf Safari gehen. Nervenkitzel, Action, bezaubernde Shows und Romantik kommen dabei nicht zu kurz.
Öffnungszeiten: Ende April – Ende Oktober 10.00–18.00 Uhr
Preise: Kinder (ab 2 Jahren) 12,50 Euro, Erwachsene (ab 15 Jahren) 13,50 Euro, jeden Freitag ist Familientag: pro Person 10 Euro

KÄRNTEN

▸ NATUR

SCHATZ DER DONNERSCHLUCHT
9862 Innerkreis, Tel.: 0650/473 62 11
info@donnerschlucht.at
www.donnerschlucht.at
Riesiger Spaß auch für gehfaule Kinder: Mit einer Schatzkarte, einem Kompass, Schutzsteinen und anderen Hilfsmitteln ausgerüstet, brechen Familien am Zwergensee zur großen Schatzsuche durch vier Welten auf. Entlang des Zwergenweges geht es in die Schlucht, in der die Zwerge einen kostbaren Schatz versteckt haben. Und davon waren schon in alter Zeit die Knappen überzeugt.
Öffnungszeiten: Mitte Mai – Mitte Oktober täglich 10.00–17.00 Uhr
Preise: 8 Euro für die Schatzkarte

▸ KULTUR

ARCHÄOLOGISCHER PARK MAGDALENSBERG
9064 Pischeldorf, Magdalensberg 15
Tel.: 0 42 24/22 55
magdalensberg@landesmuseum-ktn.at
Hier wird Geschichte lebendig: Auf dem Rundgang durch die historischen Ausgrabungen aus der Römerzeit entdecken Familien eine der größten Ausgrabungsstätten Österreichs. Seien es die Überreste einer städtischen Siedlung aus der spätkeltisch-frührömischen Zeit, eines Kaiserkulttempels oder administrativer Gebäude – bei den interessanten Führungen wird das Leben von einst lebendig. Speziell für Kinder werden in der Ferienzeit spannende Workshops angeboten.
Öffnungszeiten: Mai – Mitte Oktober 9.00–19.00 Uhr
Preise: Erwachsene 5 Euro, Kinder 3 Euro, Familie: 11,50 Euro

BURG HOCHOSTERWITZ
9314 Launsdorf, Tel.: 0 42 13/20 20 und 20 10
burg@hochosterwitz.or.at
www.burg-hochosterwitz.or.at
Eine der schönsten Burgen des Landes ist das perfekte Ziel für den Familienausflug. Interessante Führungen, einzigartiger Blick!
Öffnungszeiten: März, April und Oktober täglich 9.00–17.00 Uhr, Mai–September täglich 8.00–18.00 Uhr
Preise: Kinder ab 6 Jahren 4,50 Euro, Erwachsene 7,50 Euro, Familienkarte 18 Euro

MINIMUNDUS
9020 Klagenfurt, Villacher Straße 241
Tel.: 0 46 3/211 94, info@minimundus.at
www.minimundus.at

Pilz-Wald-Naturwunderwelt

Nocky Flitzer

Auf dem 26.000 m² großen Areal der Miniaturwelt Minimundus kann man das Tadsch-Mahal neben der Akropolis und den Stephansdom neben dem Vatikan bewundern. Die 150 originalgetreuen Miniaturnachbauten bekannter Sehenswürdigkeiten in einer gepflegten Parklandschaft machen insbesondere Kids im Schulalter, denen die Gebäude schon bekannt sind, Vergnügen.
Öffnungszeiten: April/Oktober 9.00–18.00 Uhr, Mai/Juni/September 9.00–19.00 Uhr, Juli/August 9.00–20.00 Uhr und mittwochs bis 22.00 Uhr
Preise: Kinder (6–15 Jahre) 7 Euro, Erwachsene 12 Euro, Familienkarte 26 Euro

RITTERSTADT FRIESACH

9360 Friesach, Hauptpl. 1, Tel.: 0 42 68/43 00-13
tourismusinformation@friesach.at
www.friesach.at
Als Knappen oder Burgfräulein verkleidet machen Familien hier einen spannenden Ausflug ins Mittelalter. Beim Rundgang durch die Ritterstadt lernen die Kids mittelalterliche Bauwerke wie Wehrtürme, Burgen, Kirchen, Stadtbefestigungen kennen. Auch werden fesselnde Geschichten erzählt, Ritterspiele gespielt und Geheimnisse aufgestöbert. Für Familien gibt es eine interessante Walkmanführung. Kinder werden vom Burggeist „Fribu" zu den Sehenswürdigkeiten geführt.
Preise: Kinderführung 3,50 Euro, Walkmanführung 6 Euro pro Person

▸ MUSEEN

PILZ-WALD-NATURWUNDERWELT

9521 Einöde, Tel.: 0 42 48/26 66
info@pilzmuseum.at
www.pilzmuseum.at
Die handgemachten Modelle geben einen eindrucksvollen Überblick über essbare und nicht essbare Pilze, vermitteln aber auch Infos über ihre Verbreitung und ihren Platz in der Biosphäre. Kinder haben auch am schaurig-schönen Zauberwald mit seinen phosphorisierenden Algen und der geheimnisvollen Welt der Kristalle ihre Freude.
Öffnungszeiten: Ostern – Mitte Oktober 10.00–17.00 Uhr (Juli/August 9.00–18.00 Uhr)
Kosten: Schüler 2,50 Euro, Erwachsene 5 Euro, Familie 12 Euro

WACHSFIGURENMUSEUM

9232 Rosegg, Schloss Rosegg 1
Tel.: 0 42 74/30 09, info@rosegg.at
www.rosegg.at
Rosegg punktet nicht nur mit einer entzückenden Schlossanlage und einem kleinen, aber netten Tierpark und einem interessanten Labyrinth, sondern auch mit einem Wachsfigurenmuseum. Sie machen die Geschichte des Schlosses und ihrer Bewohner (etwa der Finanzberater und Geldfälscher Peter Ritter von Bohr) für große und kleine Besucher anschaulich (für Kinder gibt es eigene Audio Guides) und erwecken auch viele historische Persönlichkeiten zu neuem „Leben".
Öffnungszeiten: Mai – Anfang Oktober Di–So 10.0–18.00 Uhr (Juli/August täglich geöffnet)
Kosten: Schloss Rosegg: Kinder (6–15 Jahre) 4 Euro, Erwachsene 6 Euro

▸ SPORT

NOCKY FLITZER
BERGBAHNEN TURRACHER HÖHE GMBH

8864 Turracher Höhe 178, Tel.: 0 42 75/82 52
berbahnen@turracherhoehe.at
www.nockyflitzer.at

Planetarium Schwaz

Swarovski Kristallwelten

Der Nocky Flitzer ist eine hochmoderne Ganzjahres- und Allwetter-Rodelbahn. Auf der insgesamt 1,6 Kilometer langen Strecke geht's über schnittige Kurven, Kreisel, Wellenbahnen und Sprünge talwärts. Dabei machen die moderne Technik und die volle Fahrtauglichkeit die Rodelbahn auch im Winter benutzbar. Herrlicher Ausblick zum Turracher See!
Öffnungszeiten: ganzjähriger Betrieb
Preise: (Bergfahrt mit der Panoramabahn, Talfahrt mit der Rodelbahn) Kinder 5,50 Euro, Erwachsene 8 Euro

SOMMERRODELBAHN MOOSBURG
9062 Moosburg, Kreggab 1
Tel.: 0 42 72/831 39, sommerrodeln@utanet.at
www.sommerrodeln.at
Die Sommerrodelbahn Moosburg ist besonders für Kinder empfehlenswert, da sie mit zehn Prozent ein geringeres Gefälle hat als die meisten anderen Rodelbahnen ihrer Art. Da die Moosburger Schlitten im Unterschied zu den anderen, die Räder und Kufen haben, auf vier Rädern fahren, sind sie trotzdem flott unterwegs.
Öffnungszeiten: Ende April bis Ende Oktober
Preise: Kinder bis 15 Jahre 1,90 Euro, Erwachsene 2,20 Euro

TIROL

FAMILIENPASS TIROL
AMT DER TIROLER LANDESREGIERUNG
6020 Innsbruck, Michael-Gaismair-Straße 1
Tel.: 0 51 2/508 35 73 (JUFF – Familienreferat)
www.familienpass-tirol.at
Mit dem Familienpass der Tiroler Landesregierung erhält man Ermäßigungen von bis zu 50 Prozent bei Vorteilsgebern in ganz Tirol: Freizeiteinrichtungen (von Freibädern bis zu Skiliften), Gasthäuser, Geschäfte aller Branchen usw.

▸ NATUR

PLANETARIUM SCHWAZ
6130 Schwaz, Alte Landstraße 1
Tel.: 0 52 42/721 29, info@planetarium.at
www.planetarium.at
Aufregende Multimedia-Shows erlauben Erwachsenen und Kids ab faszinierende Blicke ins Weltall. Wechselnde Spielpläne, eine Platzreservierung ist empfehlenswert!
Termine: erfragen
Preise: Kinder: 7,50 Euro, Erwachsene 9 Euro

SWAROVSKI KRISTALLWELTEN
6112 Wattens, Kristallweltenstraße 1
Tel.: 0 52 2/45 10 80
swarovski.kristallwelten@swarovski.com
www.swarovski-kristallwelt.com
Nachdem man den Riesen beim Eingang der Swarovski Kristallwelten passiert hat, warten die funkelnden Schätze aus Kristall in der Erlebnisausstellung darauf, entdeckt zu werden. Die Fantasie der Kinder und Eltern wird von Videoprojektionen, einem Kristallkaleidoskop, einem Kristalltheater und vielen glitzernden Figuren beflügelt, und man kann sogar die Harmonie, die von diesen Kristallen ausgeht, spüren. Viele Wunderkammern zum Entdecken und Staunen sind in den unterirdischen Kristallwelten verborgen. Auch Workshops für Kids ab 4 werden angeboten.
Öffnungszeiten: täglich 9.00–18.30 Uhr
Preise: Kinder bis 12 Jahre frei, Erwachsene 9,50 Euro

Schloss Ambras

Familienland Pillerseetal

▸ KULTUR

ÖTZI DORF

6441 Umhausen, Tel.: 0 52 55/500 22
office@oetzi-dorf.com
www.oetzidorf.at
Das archäologische Freilichtmuseum „Ötzidorf" zeigt das Wohnen und Wirtschaften der Menschen aus der Jungsteinzeit. Aus dieser Zeit stammt auch der „Mann im Eis", Ötzi, ein weltberühmter Fund. Damit auch wirklich alle damit verbundenen Informationen und geschichtlichen Hintergründe mitgenommen werden, sollten sich Kinder und Eltern unbedingt durch das Freilichtmuseum Ötzidorf Umhausen führen lassen – entweder von einer fachkundigen FührerIn oder mittels Audio-Guide.
Öffnungszeiten: Anfang Mai – Ende Oktober 9.30–17.30 Uhr
Preise: Kinder (6–15 Jahre) 2,80 Euro, Erwachsene 5,90 Euro, Familie 14,80 Euro

SCHLOSS AMBRAS

6020 Innsbruck, Schlossstraße 20
Tel.: 01/525 24-48 02
katharina.seidl@khm.at
www.khm.at/ambras
Mädchen und Buben ab etwa 5 Jahren erleben bei den speziellen Führungen auf Schloss Ambras auf spannende Art und Weise Kunst und Geschichte des Schlosses. Die Themen variieren je nach Sonderausstellung. Auch der herrliche Schlosspark lohnt einen Besuch!
Öffnungszeiten: täglich 10–17 Uhr, im November geschlossen, Kinderführungen samstags um 14.30 Uhr
Preise: Kinder ab 6 Jahre 3 Euro, Erwachsene 8 Euro, Familienkarte 16 Euro

TIROLER LANDESMUSEUM FERDINANDEUM

6020 Innsbruck, Museumsstraße 15
Tel.: 0 51 2/594 89-111 (Mag. Katharina Walter)
k.walter@tiroler-landesmuseum.at
www.tiroler-landesmuseum.at
Im offenen Atelier können Kinder und Erwachsene im Tiroler Landesmuseum Ferdinandeum am jeweils ersten Sonntag eines Monats nach Herzenlust mit verschiedenen Mal- und Zeichenmaterialien experimentieren, bildnerisch arbeiten und kreativ schaffen. Zudem werden das Ferdinandeum und das Museum im Zeughaus abwechselnd einmal im Monat, immer samstags, zur Werkstatt. Ausgehend von den ausgestellten Objekten und einem Thema können die jungen BesucherInnen gestalterisch experimentieren.
Preise: Kinder (ab 6 Jahre) Eintritt 4 Euro, Material 3 Euro, Erwachsene Eintritt 8 Euro, Material 3 Euro, Familienentritt 16 Euro, Material 3 Euro/Person

▸ FUN-PARK

FAMILIENLAND PILLERSEETAL

6391 St. Jakob in Haus, Mühlau 221
Tel.: 0 53 54/883 33
info@familienland.net
www.familienland.net
Über 40 Attraktionen wie ein Piratenschiff, Wild Raft, Wellenrutsche u.v.m. werden dem Bewegungsdrang von Kindern gerecht. Auch der große Streichelzoo begeistert die Parkbesucher.
Öffnungszeiten: in der Saison täglich 9.00–19.00 Uhr
Preise: Kinder ab 3 Jahre bis 1,30 cm 9 Euro, Kinder ab 1,30 cm und Erwachsene 10 Euro

Abenteuerpark Schröcken

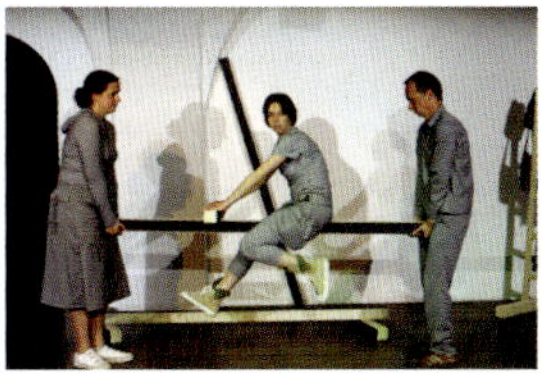
Theater minimus maximus

VORARLBERG

VORARLBERGER FAMILIENPASS

6901 Landhaus, Tel.: 0 55 74/511-241 05
(Jugend- und Familienreferat)
familie@vorarlberg.at
www.vorarlberg.at/familie
Der Vorarlberger Familienpass bietet interessante und vielfältige Möglichkeiten der gemeinsamen Freizeitgestaltung mit der gesamten Familie. Das abwechslungsreiche Programm erstreckt sich von Sportaktivitäten bis hin zu einem Museumsbesuch oder einem Familienausflug mit der Bahn, dem Bus oder aber mit der Seilbahn. Weiters erhalten Sie mit dem Familienpass zu den verschiedensten Vorarlberger Kultur-, Sport- und Freizeiteinrichtungen einen familienfreundlichen und preisgünstigen Zugang.

▸ NATUR

ABENTEUERPARK SCHRÖCKEN

6888 Schröcken, Heimboden 104
Tel.: 0 55 19/271
info@abenteuerpark.net
www.abenteuerpark.net
Im Abenteuerpark Schröcken bezwingen Kinder ab 6 Jahren und ihre Eltern eine Hürde nach der anderen und brauchen dazu höchste Konzentration und jede Menge Geschicklichkeit. Die notwendige Ausrüstung wie zum Beispiel Helm oder Klettergurt wird selbstverständlich zur Verfügung gestellt.
Öffnungszeiten: Mai bis Oktober
Preise: Erwachsene 22 Euro, für Familien gibt es Ermäßigungen

MUSEUM RHEIN-SCHAUEN

6890 Lustenau, Höchsterstr. 4
Tel.: 0 55 77/205 39, verein@rheinschauen.at
www.rheinschauen.at
Der Rhein steht im Mittelpunkt dieses Museums für die ganze Familie. Dabei verschmelzen Natur, Technik (die kann man hier übrigens auch „anfassen") und Geschichte zu einem interessanten Panoptikum. Interessante Sonderausstellungen sowie die spannende Kombination von Dienstbahn, Werkhof und Ausstellung runden das Angebot ab.
Preise: Schüler 2 Euro, Erwachsene 3 Euro

▸ KULTUR

REMISE BLUDENZ KULTURVEREIN

6700 Bludenz, Am Raiffeisenplatz 1
Tel.: 0 55 52/334 07, remise@bludenz.at
www.remise-bludenz.at
Die Familienkonzerte stehen unter dem Motto „Musik hören und Musik erleben". So soll früh das Interesse des Nachwuchses an Musik quer durch die Epochen und Stilrichtungen geweckt werden, aber auch Eltern sollen Freude an den musikalischen Erlebnissen haben. Bewusstes Musikhören steht hier im Vordergrund. Für Kinder ab 4 Jahren geeignet.

THEATER MINIMUS MAXIMUS

6710 Nenzing, Gamperdonaweg 2
Tel.: 0 55 25/625 75, office@theater-der-figur.at
www.theater-der-figur.at
In der Nenzinger Provinzwerkstatt wird Kindertheater für Kids aller Altersgruppen angeboten. Dabei stehen der künstlerische Anspruch im Vordergrund, sodass auch Erwachsene am Kindertheater der besonderen Art ihre Freude haben. Auf dem Spielplan stehen:

K1 Kletterhalle

Val Blu

Literatur- und Märchenbearbeitungen, AutorInnenstücke und Ensembleproduktionen, Schauspiel, Figurenspiel, Schattenspiel, Musiktheater, Erzähltheater und Bildertheater, Letzteres ohne Sprache, sodass die Fantasie der Kinder angeregt wird.

▸ SPORT

AKTIV-ZENTRUM BREGENZERWALD

6874 Bizau, Tel.: 0 55 14/31 48
info@aktiv-zentrum.at
www.aktiv-zentrum.at
Familien mit größeren Kindern (frühestens ab 8 Jahre) erleben hier eine spannende und aufregende Höhlentour unter professioneller Führung. Aber Achtung: Fitness und Trittsicherheit sind Voraussetzung für die Tour. Man geht, klettert und kriecht durch Gänge, Hallen und schmale Nebengänge, bis man am anderen Ende einen Wasserfall und viele Tropfsteine entdecken kann. Auch für den Hochseilgarten sind Fitness und ein Mindestalter (10 Jahre) erforderlich.
Öffnungszeiten: auch bei Schlechtwetter, auf Anfrage
Preise: Kinder 33 Euro, Erwachsene 48 Euro, Familienkarte (2 Erwachsene, 2 Kinder) 145 Euro, für die Höhlentour ist die komplette erforderliche Sicherheitsausrüstung wie Höhlenoverall, Helm und Stirnlampe inbegriffen

K1 KLETTERHALLE

6850 Dornbirn, Bildgasse 10
Tel.: 0 55 72/39 48 10, info@k1-dornbirn.at
www.k1-dornbirn.at
Kinder ab 4 Jahren, aber auch Erwachsene können sich in der K1 Kletterhalle auf insgesamt 2000 Quadratmetern Kletterfläche so richtig austoben.
Öffnungszeiten: Mo, Mi 10.00–22.00 Uhr, Di, Do, Fr 12.00–22.00 Uhr, Sa, So und Feiertag 10.00–18.00 Uhr
Preise: Einzelkarten Kinder bis 12 Jahre 5 Euro, Erwachsene 11,50 Euro

VAL BLU – ERLEBNISFREIBAD UND WOHLFÜHLWELT

6700 Bludenz, Haldenweg 2a
Tel.: 0 55 52/631 06, valblu@bludenz.at
www.valblu.at
Das Val Blu in Bludenz bietet Familien abwechslungsreiche Freizeitmöglichkeiten. Das Erlebnisbad besteht aus Wasserwelten, in denen Kinder und Eltern bei jedem Wetter planschen, baden und entspannen können; am Babybeach ist das Wasser nur 20 Zentimeter tief. Highlight: die 84 Meter lange Röhrenrutsche. Wenn Eltern in Ruhe trainieren, klettern oder Soccer spielen wollen, ist auch vorgesorgt: In der Kids-World werden Kinder zu Kernzeiten betreut.
Öffnungszeiten: Wasserwelt: Mo 11.00–21.00 Uhr, Di 13.00–21.00 Uhr, Mi–So 9.00–21.00 Uhr, ab Mai bis Anfang September nur bei schlechter Witterung geöffnet
Preise: Wasserwelt: Kinder (6–14 Jahre) 4,70 Euro, Erwachsene 9,50 Euro

Cineplexx Salzburg City

McDonald's

ÖSTERREICHWEIT

CINEPLEXX

Adressen unter www.cineplexx.at

Kino-Fans haben ihre helle Freude: Professionelle Animateure betreuen das Geburtstagskind und seine Gäste, außer dem Besuch der Vorführung des Geburtstagsfilms – inklusive Juniorbox mit Popcorn und Getränk – gibt es eine Führung durch das Kino, bei der man hinter die Kulissen blicken darf. Im Partycorner wird nach Herzenslust gespielt, außerdem sind Geburtstagstorte, Erinnerungsfoto und Einladungskarten inklusive. Details sind im jeweiligen Cineplexx-Kino zu vereinbaren. Kosten: Family-Filmclub-Preis für bis zu 7 Kinder: 105 Euro (Geburtstagskind gratis), jedes weitere Kind 15 Euro.

KIKA

Österreichweit in allen Filialen außer im Donauzentrum und in Wolfsberg

www.kika.at

Kinderfest im kika-Restaurant: Kinder von 4 bis 12 Jahren feiern bei Basteln, Malen, Spielen ihre große Party. Dabei dürfen Überraschungsgeschenke, kikolina Torte (Aufpreis 10 Euro), kleine Speisen und ein Erinnerungsfoto nicht fehlen. Betreuung Mo bis Do 15 bis 17 Uhr inklusive. Bei kika in Ansfelden unterscheidet sich das Partyangebot, denn da gibt es eine große Spielwiese, Kinderschminken etc. Kosten: für Mitglieder im Klub kikolina & friends 6,50 Euro (Ansfelden 9,90 Euro) pro Kind, mindestens 8 Kinder.

KINDERFESTE & PARTIES

Im Raum Wien, Graz, Linz, Salzburg und Innsbruck werden Kinderfeste unter verschiedenen Rahmenthemen wie Dschungel, Prinzessinnen etc. angeboten. Zum Teil ist die Wahl einer bestimmten Location wie Salzburger Freilichtmuseum, Wiener oder Salzburger Flughafen möglich, die Party wird aber auch beim Geburtstagskind zu Hause „geschmissen" oder auf einem Ausflug in die Natur. Unter dem Motto „Alles ist möglich" werden individuelle Wünsche berücksichtigt. Angehende und bereits ausgebildete KindergartenpädagogInnen stellen die professionelle Betreuung sicher, Preise und Dauer variieren je nach Programm.

MCDONALD'S

Anmeldeformular in der gewünschten Filiale abgeben, www.mcdonalds.at

„Meine Party" ist das Motto des Kindergeburtstagsklassikers: Bei McDonald's feiern Kinder von 3 bis 10 Jahren. Kinderanimation durch geschulte BetreuerInnen sorgt für Partylaune im ausgewählten McDonald's-Restaurant. Dabei heißt es bei lustigen Spielen, Partysongs, Basteleien etc: Das Geburtstagskind lebe hoch. Dauer: eineinhalb Stunden. Kosten: Partybasiskosten von 15 Euro, Essen und Getränke je nach Konsum, Torte gegen Aufpreis.

WIEN

ALBERTINA

1010 Wien, Albertinaplatz 1

Tel.: 01/534 83-540, 541 oder 545

besucher@albertina.at

www.albertina.at

Geburtstag im Museum: Zunächst geht es im Rahmen einer interaktiven Mitmachführung durch die aktuelle Ausstellung bzw. durch die Prunkräume, anschließend wird im

Bogi Park

„Format“ Werk-Atelier mit Geburtstagsjause (Schokotorte und Saft) und Geschenken gefeiert nach Herzenslust. Anschließend wird die Geburtstagsrunde bei den Workshops Actionpainting, Impressionismus, Druck, Fotografie oder Vergolden selbst aktiv.
Ein tolles Programm für eine tolle Geburtstagsfeier für Kinder von 8 bis 12 Jahren, bei dem die Kids von zwei Kunstvermittlerinnen der Albertina betreut werden. Dauer: 3 Stunden, maximale Teilnehmerzahl: 15 Kinder, Kosten: 230 Euro, inklusive Saft und Schokotorte 260 Euro.

TOP BOGI PARK
1230 Wien, Gutheil-Schoder-Gasse 17
Tel.: 01/230 00 00, info@bogipark.at
www.bogipark.at
Am 3500 Quadratmeter großen Indoor-Spielplatz in Wien steht die Geburtstagsparty

Botanischer Garten der Uni Wien

wahlweise unter dem Motto Piratenschiff, Unterwasserwelt, Weltall, Märchenschloss oder Zauberhöhlen. In jedem Fall geht es abenteuerlich zu: Eine Stunde lang wird mit der Bogi-Park-Schokotorte, Eskimo-Überraschungstüten, einem Geschenk für das Geburtstagskind etc. im Partyraum nach Herzenslust gefeiert. Wer will, lässt sich von einem professionellen Partyanimateur unterhalten, der garantiert für Stimmung sorgt und ein genau auf die jeweilige Altersgruppe abgestimmtes Programm anbietet. Anschließend ist Spaß auf dem Riesentrampolin, der Kletterwand, der Riesenrutsche und den anderen Kinder faszinierenden Attraktionen des Bogi Parks angesagt. Und die gelungene, für die Eltern stressfreie Kinderparty findet eine ebenso spannende Fortsetzung im großzügigen Areal des Indoor-Spielplatzes. Eine lustige Party in mitreißender Atmosphäre – aber „Achtung“: Wer einmal hier gefeiert hat, will bestimmt wiederkommen!
Dauer: 1 Stunde im Partyraum, Kosten: ab 80 Euro für das Basis-Package (5 Kinder und das Geburtstagskind), jedes weitere Kind 10 Euro, eine Stunde Animation im Partyraum 30 Euro. Das Basis-Package ist durch weitere Module erweiter- und auf die individuellen Wünsche abstimmbar.

TOP BOTANISCHER GARTEN DER UNIVERSITÄT WIEN / GRÜNE SCHULE

1030 Wien, Rennweg 14
Anmeldung: Birgit Schlag-Edler
Tel.: 0676/442 31 82, birgit.schlag@chello.at
http://info.botanischer-garten.at
Im Botanischen Garten erwartet das Geburtstagskind und seine Gäste von März bis Oktober ein spannendes Programm rund um die Natur. Die Themen variieren je nach Alter der Kinder, wobei die sich die Kids als Pflanzenforscher oder Märchenfee verkleiden können. Bei der Variante „Märchenforscher“ (für Kinder von 5 bis 8 Jahren) gilt es die Spuren der Feen und Zauberer aus dem Märchen im Botanischen Garten zu entdecken. Dabei kommen alle Sinne zum Einsatz. Zum Abschluss werden märchenhafte Düfte für zu Hause „eingefangen“. Kinder von 6 bis 11 versuchen sich als „Pflanzenjäger“ und reisen als Forscherteam in ferne Kontinente und durch die Zeiten. Außerdem werden je nach Thema Duftkissen oder Seerosen gebastelt, das Geburtstagskind bekommt als Andenken eine Pflanze im Tontopf, den die Gäste nach Herzenslust verzieren.
Dauer: 3 Stunden; bei Schlechtwetter oder Sturm muss abgesagt werden, weil der Botanische Garten geschlossen wird. Kosten: 110 Euro (10 Kinder inkl. eine Begleitperson), Teller, Servietten, Becher und Getränke sind inkludiert, Kuchen, Muffins etc. oder spezielle Getränke können mitgebracht werden.

BRUNSWICK BOWLING

1020 Wien, BRC Wien-Prater,
Prater Hauptallee 124, Tel.: 01/728 07 09
1170 Wien, BRC Wien-Hernals,
Schumanngasse 107, Tel.: 01/486 43 61
www.us-play.com
Genau das Richtige für die sportlichen unter den Geburtstagskindern: 3 verschiedene Partypakete für das Kinderfest sorgen für Stimmung. Im Prater kann man zwischen Kiddy Party (1 Bowlingspiel, Leihschuhe, 1 Softdrink, Frankfurter oder Chickensticks mit Pommes und Ketchup, Geburtstagstisch mit Deko zu 9,90 Euro pro Person, buchbar täglich 10.00–16.00 Uhr), American Party (2 Bowlingspiele zu 12,20 Euro pro Person, ansonsten wie Kiddy

Brunswick Bowling

Party, täglich außer Samstag 10.00–16.00 Uhr) und Cosmic Party (2 Cosmic-Bowlingspiele, 13,30 Euro pro Person, Samstag 13.00–16.00 Uhr). Die Mindestteilnehmerzahl ist bei der Kiddy Party 4, ansonsten 6 Personen. Im BRC Wien-Hernals stehen ähnliche Packages zu 10, 13 und 15,50 Euro pro Kind zur Wahl. Action ist angesagt! Und damit das Bowling sicher Spaß macht, werden die Banden hochgeklappt, sodass die Kids leichter treffen.

CHILDREN'S FUN IM CHILDREN'S LAND
1090 Wien, Klammergasse 3
Marion Rapf, Tel.: 0664/920 08 45
marion@childrensfun.at
Sabina Wannenmacher, Tel.: 0676/626 65 06
sabina@childrensfun.at
www.childrensfun.at
Auf 70 Quadratmetern darf ausgelassen gefeiert werden. Dabei gibt es 2 Varianten: die Birthday-Party mit Überraschungsprogramm oder die Star-Party, bei der das Geburtstagskind sein Motto wählen darf. Dieses zieht sich dann von der Deko bis zu den Spielen durch den individuell auf das Geburtstagskind abgestimmten Nachmittag. Preise ab 146 Euro für bis zu 10 Kinder ohne Jause, weitere Packages je nach Kinderzahl und Dauer.

DDSG BLUE DANUBE SCHIFFFAHRT GMBH
1020 Wien, Handelskai 265, Tel.: 01/588 80
info@ddsg-blue-danube.at (Anmeldung!)
www.ddsg-blue-danube.at
Kleine „Donaupiraten“ ab 4 feiern auf dem Wasser, genauer gesagt an Bord der Schiffe der Linienfahrten Wien. Auf der Fahrt sorgt Kinderanimation dafür, dass Stimmung aufkommt – während der Party wird sogar dem Kapitän ein Besuch auf der Kommandobrücke abgestattet. Dauer: 2 Stunden. Kosten: für maximal 10 Kinder und einen Erwachsenen 229 Euro (jedes weitere Kind 19 Euro, jeder weitere Erwachsene 12 Euro), wobei das Package Kinderbetreuung, Geburtstags-Schokotorte, Pommes Frites und ein Getränk pro Kind, vorgedruckte Einladungen für 10 Kinder und ein Geburtstagsgeschenk für das Geburtstagskind beinhaltet.

DIVE COMPANY PARTY IM WIENER STADTHALLENBAD
1150 Wien, Vogelweidplatz 15
Dive Company: 1200 Wien, Jägerstraße 23
Tel. & Fax.: 01/330 93 35
kids@divecompany.com
www.divecompany.com
Abtauchen ist für Kinder ab 8 angesagt: Für das Geburtstagskind und 7 FreundInnen ist im Partypaket „Bubblemaker“ enthalten: Schnorchel und Tauchspaß mit richtiger Tauchausrüstung, Kuchen, Getränke und Knabbergebäck, Urkunden für alle Beteiligten, ein Überraschungspaket für alle Gäste, Geschenke für das Geburtstagskind, eine Foto-CD für das Geburtstagskind mit Unterwasserfotos. Da heißt es nur noch: Viel Spaß bei den Tauchversuchen! Preis: 219 Euro (für jedes weitere Kind 24 Euro). Termin: jeden Samstag in der Zeit von 16.30 bis 20.30 Uhr nach Voranmeldung (in den Ferien auch Montag), Reservierung 6 bis 8 Wochen vor dem Wunschtermin. Ort: Wiener Stadthallenbad.

DYNAMICA
Tel.: 0699/102 50 755, 0699/104 85 159
art@dynamica.at
www.dynamica.at
Die Bewegungskünstler Daniel Torrón Mack und Annette Grömminger stehen hinter Dynamica: So führt Fufo allerlei Kunststücke

Fun4Kids

Hofmobiliendepot

aus dem Zirkusleben auf und animiert mit lustigen Clownnummern, gewagter Akrobatik, spannenden Zaubertricks und erstaunlicher Jonglierkunst zum Mitmachen – was Kids dann nach der Show beim Mitspielzirkus tun können. Die liebe Hexe Lillith wiederum landet vom Blitz getroffen mitten im Publikum, mit dem sie für die Hexenprüfung übt. Programmdauer beider Aufführungen jeweils: 30 Minuten.

ELTERN-KIND-FORUM SANI
1030 Wien, Landstraßer Hauptstr. 148 / Stg. 5
Tel.: 0664/314 94 17 (Sabine Niederhuber)
sani@sani.at
www.sani.at
Helle, freundliche Räume als Ausweichmöglichkeit zur Feier zu Hause. Für 25 Euro pro Stunde bzw. für 85 Euro für den Nachmittag (13.00–19.00 Uhr) können die Räumlichkeiten gemietet werden, Kids zwischen 3 und 6 werden für zusätzliche 30 Euro pro Stunde betreut. Die Jause und kleine Geschenke werden mitgebracht.

FAMILY FUN
1220 Wien, Breitenleer Straße 77
Tel.: 01/236 70 70, office@familyfun.at
www.familyfun.at
Unter dem Motto „Happy Birthday to you" darf es bei der Party im Indoor- und Outdoor-Park Family Fun auch ausgelassen zugehen, ohne dass die Eltern des Geburtstagskindes in Stress geraten. Gewählt wird zwischen den Packages „Der Tortenspaß", „Das fantastische Fest", „Die Big Party". In jedem Fall inkludiert: Eintritt, Getränk, Torte, Partyzubehör, Geburtstagsüberraschung; ab 7 Kindern aller Altersstufen. Dauer: ein bis zwei Stunden im Partyraum, Kosten: ab 12,99 Euro pro Kind.

FUN4KIDS
1100 Wien, Himberger Str. 2, Tel.: 0664/500 73 33
www.fun4kids.at
Am Indoor-Spielplatz ist was los: Im eigenen Geburtstagsbereich können Kinder so richtig toben. Eintritt, Geburtstagsmenü und ein Himbeersaft sind inkludiert; Miete des VIP-Raums (inklusive Geburtstagstorte und 2 Flaschen Kindersekt): pauschal 40 Euro. Die Kinder müssen von mindestens einer erwachsenen Aufsichtsperson begleitet werden. Dauer: maximal 3 Stunden, Kosten pro Kind: 11,50 Euro.

HOFBURG
1010 Wien, Hofburg Innerer Burghof
Info & Reservierung: Kindermuseum (Mo–Fr 13.00–15.00 Uhr), Tel.: 01/811 13-344
kinder@schoenbrunn.at oder direkt in der Hofburg: Tel.: 533 75 70-15 oder DW 28
info@hofburg-wien.at
www.hofburg-wien.at
Feiern wie anno dazumal: Das Geburtstagskind lädt zum Fest bei Sisi und Franz Joseph. Dabei wird die Festgesellschaft verkleidet und geschminkt, dann gilt es die Hofburg zu entdecken und im Café Hofburg zu jausnen. Für Kinder von 7 bis 11, Dauer etwa zweieinhalb Stunden. Preis für bis zu 12 Kinder: 79 Euro, jedes weitere Kind: 7,50 Euro (maximal 15 Kinder) zuzüglich Jause (je nach Package).

HOFMOBILIENDEPOT
1070 Wien, Andreasgasse 7, Tel.: 01/524 33 57
info@hofmobiliendepot.at od.
Tel.: 01/811 13-344 (Mo–Fr 13.00–15.00 Uhr)
kinder@schoenbrunn.at
www.hofmobiliendepot.at
Wenn das Kaiserpaar auf Reisen geht: Das als KaiserIn verkleidete Geburtstagskind (9 bis 11

Kiddyclub

Kinderfreunde

Jahre) sucht mit dem Hofmobilieninspektor und den Transporteuren Möbel für die kaiserliche Geburtstagsreise aus. Anschließend gibt es im Café-Restaurant „Zum kaiserlichen Thron" eine chinesische Geburtstagsjause. Fixpreis: 75 Euro für bis 12 Personen, jede weitere Person 7 Euro, maximale Gruppengröße: 15 Personen, die Jause wird extra verrechnet.

KARIN DUITS PUPPENBÜHNEN/ DER BOGEN

1090 Wien, Bergg. 29, Tel.: 0664/864 83 08 oder 0 22 42/331 90, office@derbogen.at
www.derbogen.at
Entzückendes Puppentheater schon für die Kleinsten. Karin Duit pflegt mit ihren Vorführungen zum einen alte Erzähltraditionen, zum anderen bezieht sie die Kinder gekonnt ein, sodass niemals Unbehagen aufkommt. Mit „Stoffels Wunderkistchen" und „Der Märchenzwerg" ist die Puppenspielerin mobil, denn die Bühne lässt sich selbst auf engstem Raum aufbauen. Dauer: maximal 45 Minuten, einige Märchen werden auch in englischer Sprache erzählt. Kosten für maximal 25 Personen: 170 Euro, zuzüglich Fahrtkosten ab Klosterneuburg 0,50 Euro/km.

KIDDYCLUB

1190 Wien, Neustift am Walde 77
Tel.: 0664/224 38 77 oder 0699/126 06 606
marlies.krenn@aon.at, sascha.krenn@aon.at
www.kiddyclub.at
Der Kiddyclub bietet einen gemütlichen 90 Quadratmeter großen Partyraum für Kindergeburtstage oder Faschingspartys im ehemaligen Presshaus zur Miete an. Kuschelecke, Essbereich, Diskothek und reichlich Platz zum Spielen und Toben sind vorhanden, Essen kann auf Wunsch bei einem der nahen Heurigen bestellt oder in der kleinen Küche selbst zubereitet werden. Die Miete beträgt von Montag bis Donnerstag 95 Euro pro Nachmittag und 115 Euro von Freitag bis Sonntag und an Feiertagen (Reinigung inkludiert; 100 Euro Kaution).

KIND & KEGEL

1020 Wien, Praterstraße 14/8
Tel.: 01/503 71 88, info@kind-und-kegel.at
www.kind-und-kegel.at
Die Räumlichkeiten von Kind & Kegel, in denen verschiedenste Spielgruppen stattfinden, können ab 70 Euro (60 Euro für Mitglieder) pro Tag auch für Kinderpartys und andere Feste gemietet werden. Zur Auswahl stehen 3 einzeln begehbare, helle und freundlich ausgestattete Räume in einer Altbauwohnung in Zentrumsnähe.

KINDER CIRCUS WELT WIEN UND UMGEBUNG

2241 Schönkirchen, Reyersdorf
Schönkirchnerstraße 76a
Tel.: 0676/306 95 61, info@mamizi.at
www.mamizi.at
Die aufblasbare Manege bringt Zirkusluft in die Wohnung (Achtung: Platzbedarf von ca. 5 Metern Breite und 8 Metern Tiefe!), den Partyraum oder in den Garten. Kinder ab 4 Jahren werden in das Geschehen eingebunden und finden so noch mehr Gefallen am etwa zweistündigen lustigen Treiben von Clown Pedro. Kosten: ab 130 Euro.

KINDERFREUNDE

1080 Wien, Albertgasse 23,
Spielanimation für zu Hause:
Tel.: 01/492 60 28, seversaal@aon.at

Kolariks Freizeitbetriebe

Landgut Wien Cobenzl

1160 Wien, Indoorspielplatz am Schuhmeierpl. 17–18, Tel.: 01/492 60 28, serversaal@aon.at
1190 Wien, Robinson-Spielplatz,
Greinergasse 7, Tel.: 01/401 25-37
events@wien.kinderfreunde.at
www.wien.kinderfreunde.at
Ob am Indoorspielplatz im Seversaal im 16. Bezirk (ab 2 Jahren, Dauer: 4 Stunden, Kosten: 65 Euro Miete Partyraum, zzgl. 2,50 Euro Eintritt in den Indoorspielplatz pro Kind, optional AnimateurIn 90 Euro bis 14 Kids, darüber 170 Euro) oder am Abenteuerspielplatz Robinson Insel (ab 5 Jahren, Dauer: 4 Stunden, Kosten: Platzmiete 60 Euro, Paket mit Animationsprogramm bis 12 Kids 140 Euro, 13–25 Kids 190 Euro): Kinder können sich hier nach Herzenslust bewegen, auf Wunsch gibt es Spielanimation. Indoors machen Kleinkinderbereich, Kletterwand und Riesenluftrutsche Geburtstagspartys in der kalten Jahreszeit zum Highlight, auf dem 7000 Quadratmeter großen naturbelassenen Grünareal des Robinson-Spielplatzes locken Schnitzeljagd, Piratenschatzjagd u.v.m. Die SpielanimateurInnen gestalten aber auch zu Hause je nach Wunsch des Geburtstagskindes ein auf das Alter abgestimmtes Programm. Kosten: 97 Euro für eine(n) BetreuerIn (bis 10 Kinder), 147 Euro für zwei BetreuerInnen (11 bis max. 25 Kinder) – bei Kindergartenkindern werden schon ab 9 Kindern zwei BetreuerInnen empfohlen.

KINDERMUSEUM SCHLOSS SCHÖNBRUNN
1130 Wien, Schloss Schönbrunn
Tel.: 01/811 13-239
reservierung@schoenbrunn.at
www.schoenbrunn.at/kinder
Wenn die Party im Schloss steigt, geht es stilecht zu: Das Geburtstagskind wird als Maria Theresia oder Franz Stephan verkleidet, die anderen Kinder als Besucher – dann geht es auf Entdeckungsreise ins Kindermuseum, um das Alltagsleben anno dazumal kennen zu lernen. Bis zu 12 Personen 95 Euro (die Jause wird mitgebracht oder extra verrechnet), Dauer 2,5 Stunden, 6 bis 11 Jahre.

KOLARIKS FREIZEITBETRIEBE
1020 Wien, Waldsteingartenstraße, Prater 128
Tel.: 01/729 49 99, office@kolarik.at
www.kolarik.at
Highlight auf jeder Kinderparty: Die Riesenluftburg kann problemlos ausgeliehen und aufgepumpt werden. Keine Sorge, im unaufgeblasenen Zustand ist die Luftburg absolut handlich. Weiteres Programm braucht man sich für eine Party dann gar nicht überlegen, denn das Hüpfen ist Attraktion genug!

KUNSTHAUSWIEN
1030 Wien, Untere Weißgerberstraße 13
Tel.: 01/712 04 95-12 (Katharina Böhm)
katharina.boehm@kunsthauswien.com
www.kunsthauswien.com
Kleine Spione schleichen durch die Hundertwasser-Ausstellung – anschließend werden die Kids selbst zu Künstlern ... Das Geburtstagskind bekommt eine Überraschung. Dauer: 2 Stunden. Für Kinder ab dem Vorschulalter. Die Jause kann mitgebracht werden. Preis für 10 Kinder: 120 Euro, jedes weitere Kind je 10 Euro. Eltern erhalten ermäßigten Eintritt, Gastgebereltern gratis. Anmeldungen: 2 Wochen vor dem Termin.

TOP LANDGUT WIEN COBENZL
1190 Wien, Am Cobenzl 96a
Tel.: 01/328 94 04-20, (Info, Buchung von Mo–Fr 8.30–12.30 Uhr), office@landgutcobenzl.at
www.landgutcobenzl.at

Märchenbühne der Apfelbaum

Minopolis

Der Bauernhof am Stadtrand besticht nicht nur durch artgerechte Tierhaltung, sondern auch durch ein kinderfreundliches Umfeld. Hier macht Feiern richtig Spaß: Kids ab 5 backen ihre eigenen Weckerln und besuchen und füttern die Bauernhoftiere oder machen bei der Stallführung mit und backen Pizza. In jedem Fall gibt es Torte und Jause. Gefeiert wird 3 Stunden lang mit 5 bis 15 Kindern, Pauschalpreis 220 Euro, Betreuung durch geschulte Landgut-Mitarbeiter. Von April bis Oktober feiern Kids ab 5 hier auch kreativ Geburtstag (2 Stunden, 180 Euro), Kids ab 7 den Ponygeburtstag (200 Euro).

MADEBYYOU
1040 Wien, Schleifmühlg. 9 / Operngasse
Tel.: 01/585 47 90, malen@madebyyou.at
1090 Wien, Nussdorfer Straße 18,
Tel.: 01/319 52 79, miriam@madebyyou.at
www.madebyyou.at
Kinder ab 6 bemalen die verschiedensten Gegenstände aus Keramik – Teetassen, Teller, Schalen, Blumentöpfe etc. Zwischen 6 und 10 Kinder können an der „Künstlerparty" teilnehmen, bezahlt wird nur die bemalte Keramik. Dauer: 1 bis 2 Stunden.

TOP MÄRCHENBÜHNE DER APFELBAUM
1070 Wien, Kircheng. 41, Tel.: 01/523 17 29-20
apfelbaum@maerchenbuehne.at
www.maerchenbuehne.at
Märchenhaft feiern im Theater: Die erste Reihe des Zuschauerraums wird bei der Wochenend-Aufführung für das Geburtstagskind und seine Gäste reserviert, nach dem gemeinsamen Theatererlebnis gibt es Torte und Saft im Café. Anschließend wird getanzt. Höchstteilnehmerzahl 15 Personen, davon mindestens ein Erwachsener. Preis: bis zu 7 Kinder pauschal 170 Euro (1 Erwachsener ist gratis, jede weitere Person 10 Euro).

TOP MINOPOLIS
1220 Wien, Cineplexx Reichsbrücke
Wagramer Straße 2, Tel.: 0810/970 270
party@minopolis.at
www.minopolis.at
3 1/2 Stunden Spaß – das ist Kindergeburtstag in der „Stadt der Kinder". Zwei Varianten mit und ohne Betreuung durch Kindercoaches stehen zur Auswahl, Eintritt, Startguthaben, Deko, Jause und Geburtstagsgeschenk sind inkludiert. Kosten ohne Betreuung: 160 Euro für bis zu 10 Kinder ab 4 Jahre, das Gastgeberkind ist gratis, jedes weitere Kind 16 Euro, 2 erwachsene Begleitpersonen sind gratis. Dauer: 2 Stunden im Partyraum, Kosten mit Betreuung: 230 Euro bis zu 10 Kindern, jedes weitere Kind 23 Euro, Dauer: 3 Stunden. Angeboten werden auch die Themenpartys „Popstar" und „Action" sowie die „Hexen"- und „Piraten-Party" (letztere kosten 200 Euro für 10 Kids, jedes weitere 20 Euro). Buchung: 4 Wochen im voraus.

NATURHISTORISCHES MUSEUM
1010 Wien, Burgring 7, Tel.: 01/521 77-335
www.nhm-wien.ac.at
Bei der einstündigen Geburtstagsführung mit anschließender Jause oder beim dreistündigen Geburtstagsprogramm mit Rundgang, Jause und anschließendem Spielen, Basteln und Forschen wird tüchtig gefeiert. Besonders Interessierte wählen ein Thema wie Ammonit und Mammutzahn (ab 9), Dinosaurier und ihre Zeitgenossen (ab 5), Leben am Tümpel (ab 8) etc. Die einstündige Führung kostet 80 Euro, das dreistündige Programm 220 Euro für maximal 15 Kinder und 2

Schloss Schönbrunn

Tiergarten Schönbrunn

Begleitpersonen, der Eintritt ist inkludiert. Bestellung: 8 Wochen im Voraus.

ORF-BACKSTAGE
1140 Wien, Würzburgg. 30, Tel.: 01/877 99 99
http://backstage.orf.at
Die Welt des Fernsehens entdecken Kids ab 4 Jahren bei einer Geburtstagsfeier der besonderen Art: Dabei steht eine einstündige Führung auf dem Programm, bei der die Kinder Einblicke ins Fernsehen bekommen, danach gibt es eine Jause (Torte und ein Getränk pro Kind inklusive). Dauer: ungefähr 2 Stunden, Kosten: 200 Euro für maximal 20 Personen.

SMALLTALK KIDSCAFÉ
1060 Wien, Mariahilfer Straße 47
Tel.: 0664/382 12 58, info@kidscafe.at
www.kidscafe.at
Öffnungszeiten: Mo–Sa 9.00–19.00 Uhr
Kinder bis 6 werden im Partyraum bei Spiel, Gesang etc. betreut. Zwei Varianten sind möglich: die zweistündige (140 Euro für maximal 10 Kids) und die dreistündige Party (190 Euro). Inkludiert sind: Eintritt, Torte, Getränke, Betreuung und Partyprogramm sowie Deko.

TOP TECHNISCHES MUSEUM WIEN
1140 Wien, Mariahilfer Straße 212
Reservierung für die Kindergeburtstagsangebote unter Tel.: 01/899 98-30 01 von 9.00–13.00 Uhr, museumsbox@tmw.at
www.technischesmuseum.at
Kindergeburtstag auf hohem Niveau! Zur Wahl stehen 3 Möglichkeiten zu feiern: Kinder von 3 bis 8 Jahren tauchen bei Variante „Blubber di Blubb" in die bunte Welt der Seifenblasen ein und machen sogar selbst spannende Seifenblasenexperimente. Bei der „Kindergeburtstagsmuseumserfindershow" erfinden Kinder von 7–12 eine „Geburtstagserfindungsmaschine",oder aber sie begeben sich auf abenteuerliche Reisen durch die Abteilungen des Technischen Museums. Die perfekte Party mit intellektuellem Anspruch und großem Spaß! Angehende PilotInnen feiern in der „Pilotenschule Nils Holgersson" und erfahren viel Interessantes zum Thema Flugzeuge und machen gleich auch eigene Experimente. Preis für maximal zehn Kinder: 152 Euro, 15 Kinder: 220 Euro. Inbegriffen: Raum von 14.00–18.00 Uhr, nach eigenen Wünschen dekoriert, Eintritt für die Kinder und 2 Erwachsene, zweistündiges Aktionsprogramm mit Kulturvermittlerinnen, Sachertorte, kleines Geschenk exklusive.

TOP TIERGARTEN SCHÖNBRUNN
1130 Wien, Maxingstraße 13b
Tel.: 01/877 92 94-500
reservierung@zoovienna.at
www.zoovienna.at
Zuerst zu den Gehegen, dann zur Jause ins Gasthaus Tirolergarten. Geburtstag im Zoo macht Spaß und entführt für einen Nachmittag in die Welt der Tiere. Kinder von 3 bis 6 machen eine „Märchenhafte Reise", für Kinder von 5 bis 12 bietet sich das Programm „Tierbeobachtung" mit anschließendem Modellieren des jeweiligen Zootieres (Robben, Pinguine, Bären, Großkatzen, Schildkröten, Krokodile) aus Ton an, Kids ab 7 sind „Als Naturforscher unterwegs", Kinder ab 10 erfahren: „Wie funktioniert der Zoo?", und „Auf den Spuren des Zauberlehrlings" begeben sich das Geburtstagskind und seine Gäste zu den mythischen Tieren aus dem Zauberreich. Kosten: ab 14 Euro pro Kind je nach Jausenvariante (mindestens 5 Kinder und 1 Erwachsener), 2 bis 3 Stunden inklusive Jause.

Zauberclown Poppo

Zoom Kindermuseum

TOY & JOY
1080 Wien, Josefstädter Straße 81–83 / 2. Innenhof / II, Tel.: 0699/195 07 128 (Barbara Petter), office@toyundjoy.at
www.toyundjoy.at
Kinder bis ins Volksschulalter feiern in den 80 Quadratmeter großen Räumen von Toy & Joy mit den Eltern oder professionellen BetreuerInnen. Zur Wahl stehen Ritter-, Indianer-, Kuschelbärfeste und viele andere Mottos oder einfach Geburtstags- oder Faschingsfeste. Mit Programm kostet das Fest 210 Euro für maximal 10 Kinder zwischen 3 und 6 (inklusive Material, Deko, Geschenke, aber ohne Jause), Dauer: 2,5 Stunden. Weitere Varianten möglich.

ZAUBERCLOWN POPPO
Ganz Wien, Tel.: 0676/700 82 06
office@poppo.at
www.poppo.at
Zauberclown Poppo führt seine Kunststücke für Kids von 3 bis 10 Jahren vor – entweder zu Hause oder an einem anderen Veranstaltungsort. Kinder werden aktiv in die Show einbezogen. Platzbedarf: etwa 2,5 bis 3 Meter Breite und 2 Meter Tiefe; Kosten auf Anfrage; Dauer etwa 1 Stunde.

ZOOM KINDERMUSEUM MUSEUMSQUARTIER WIEN
1070 Wien, Museumspl. 1, Tel.: 01/522 67 48-18 16
geburtstag@kindermuseum.at
www.kindermuseum.at
2 Stunden lang werken, basteln und spielen Kinder ab 3 Jahren beim Zoom-Geburtstagsfest im Atelier, Kinder ab 8 feiern im ZoomLab. Für das Geburtstagskind gibt es eine kleine Überraschung. Dienstag, Mittwoch, Donnerstag 15.00 bis 17.00 Uhr im Zoom Forum. Bis 12 Kinder 250 Euro, 13 bis 15 Kinder 290 Euro, jedes weitere Kind bis maximal 20 Kinder jeweils 11 Euro.

NIEDERÖSTERREICH

ARCHÄOLOGISCHER PARK CARNUNTUM
2404 Petronell-Carnuntum
Hauptstraße 296, Tel.: 0 21 63/33 77-0
info@carnuntum.co.at
www.carnuntum.co.at
Beim Geschicklichkeitsspielen, einer Erlebnisführung in Tuniken und einer Römerjause fühlen sich Kids fast wie im Alten Rom. Ab zehn Kinder feiern im Freilichtmuseum Petronell oder auch im Museum Carnuntinum in Bad Deutsch-Altenburg. Dauer: ca. 2,5 Stunden, Kosten pro Kind 13,00 Euro, eine Begleitperson ist frei.

BIO ERLEBNIS NORBERTINUM
3013 Tullnerbach, Nobertinumstraße 9
Tel.: 022 33/545 61, office@bioerlebnis.at
www.bioerlebnis.at
Lernen und Erfahren mit allen Sinnen ist in der Erlebnis- und Bildungswerkstatt die Devise. So steht auch bei der Geburtstagsparty mit einer Erkundung des Bauernhofs das Entdecken im Vordergrund. Die Rätselrallye am Bauernhof und eine Bio-Jause (Grillwürstel mit Gebäck oder selbst belegte Pizza, Getränke) runden das Angebot für Kids ab vier Jahren ab, auf Wunsch finden auch Programme im Schaugarten oder im Abenteuer-Wald z.B. mit einer Jause beim Lagerfeuer statt. Dauer: 3 Stunden, Kosten: 159 Euro bis zu 7 Kindern, 9 Euro für jedes weitere Kind (max. 12 Kinder gesamt), Bio-Geburtstagstorte (auf Bestellung): 25 Euro.

Eisenbahnmuseum Schwechat

Farbie Kinderspielwelt

EISENBAHNMUSEUM SCHWECHAT
2320 Schwechat, Hintere Bahngasse 2B
Tel.: 01/368 15 10-3 oder 0676/475 75 97
info@eisenbahnmuseum.at
www.eisenbahnmuseum.at
Das Programm umfasst je nach Alter der Kids: eine Führung durch das Museum, Modellbahn mit Schokozug, Fahrten mit der Feldbahn und eventuell eine Rätselrallye. Dabei ist es möglich, vor der Party selbst zu dekorieren und eine Jause mitzubringen oder zu bestellen. Kosten: 60 Euro plus Getränke nach Verbrauch für zirka 10 Kinder und eine Begleitperson. Größere Gruppen mit Tischen in der Halle: 80 Euro plus Getränke nach Verbrauch. Dauer: etwa 3 Stunden.

FARBIE KINDERSPIELWELT
2334 Vösendorf, SCS Nordring 2
Tel.: 01/699 27 25, spiel@farbie.at
www.farbie.at
Toben ist hier erwünscht! Während sich die Kids (2–10 Jahre) in der Geburtstagskoje vergnügen (keine Animation), trinken die Eltern davor Kaffee oder nutzen Internet oder TV. Zumindest eine erwachsene Begleitperson muss mit von der Partie sein. Eintrittspreise für Erwachsene werden übrigens auf die Getränkekonsumation im Café angerechnet. Eine Torte, Jause und Deko sowie ein kleines Geburtstagsgeschenk sind inkludiert, dabei kann die Würstel-, Pizza- oder Chicken-Nuggets-Party gewählt werden. Dauer: 3 Stunden (Partyzeiten: 11.00–14.00 oder 15.00–18.00 Uhr), Kosten: ab 87 Euro für 6 Kinder, jedes weitere Kind ab 10 Euro.

TOP MADEBYYOU
2500 Baden, Antonsg. 14, Tel.: 0 22 52/25 21 86
www.madebyyou.at
Inhaberin Leila und ihre Mitarbeiterin sorgen persönlich dafür, dass das Geburtstagsfest wirklich zum schönsten Tag im Jahr des Kindes wird. Jedes Kind, das bei der Feier dabei ist, sucht sich sein Keramikstück aus, das es selbst bemalt. Gebrannt ist es dann eine schöne Erinnerung. Und selbstverständlich gibt es im gemütlichen Geschäft auch die Möglichkeit, eine mitgebrachte Jause zu genießen. Kosten: die bemalte Keramik. Modelle, aus denen die Kinder wählen können, können vorgegeben werden.

MÖDLINGER PUPPENTHEATER
2340 Mödling, Pfarrgasse 2
Tel.: 0 22 36/86 54 55 oder 0664/513 93 66
www.puppentheater.co.at
Zunächst gibt es im gemütlichen Raum des Mödlinger Puppentheaters die (öffentliche) Vorstellung, dann das Fest für das Geburtstagskind und seine Gäste. Dabei sind verschiedene Packages möglich: ab 10 Euro pro Kind (inkludiert: Vorstellung, Geschenk für das Geburtstagskind, Theaterführung, ein Getränk, ein Gewinnspiel – jedes Kind gewinnt) für etwa eine Stunde nach der Vorstellung; ab 6 Kindern, bis zum Themenfest zu 19 Euro pro Kind (ab 10 Kindern) mit Verkleiden, Schminken, großer Jause etc. Dauer: 2 Stunden. Eine Extra-Vorstellung kostet 165 Euro.

MUSEUM FÜR URGESCHICHTE
2151 Asparn/Zaya, Franz-Hampl-Platz 1
Tel.: 0 25 77/841 80, info@urgeschichte.com
www.urgeschichte.com
Reise in die Urgeschichte: Bevor sich die Kinder in verschiedenen Workshops urgeschichtliches Handwerk kennen lernen und z. B. Schwirrholz herstellen oder Brot backen, gibt es eine kurze Einführung in das Thema Urge-

Museum für Urgeschichte

Sammlung Essl – Kunsthaus

schichte im Rahmen einer kleinen Aktionsführung, die auch Speerwerfen beinhaltet. Anschließend werden mit dem Feuerstein Funken geschlagen, um mithilfe des Zunderschwamms Lagerfeuer zu machen. Da wird dann mit Holunderblütensaft aus dem Kegelhalsgefäß, dem Gefäß der frühen Keltenzeit, tüchtig gefeiert. Die Workshops (Brot backen, Schwirrholz herstellen, Töpfern u. v. m.) werden gezielt dem Alter der Kinder angepasst. Dauer: ca. 2 Stunden, Kosten: 10 Euro pro Kind.

NATURPARK SPARBACH
2393 Sparbach 1, Tel.: 0 22 31/627 46 oder 0676/648 05 52, naturpark@sfl.at
www.naturpark-sparbach.at
Abenteuer pur im Naturpark: Mindestens fünf, maximal 25 Kinder werden eine Stunde lang durch Mitarbeiter des Naturparkteams und einen Elternteil betreut, anschließend geht es zur Jause ins Besucherzentrum (die Torte ist mitzubringen) und auf den Abenteuerspielplatz. Kosten: bis zu 10 Kinder 115 Euro, 10 Euro für jedes weitere Kind.

TOP SAMMLUNG ESSL – KUNSTHAUS
3400 Klosterneuburg, An der Donau-Au 1
Tel.: 0 22 43/370 50-150
office@sammlung-essl.at
anmeldung@sammlung-essl.at
www.sammlung-essl.at
Das Abenteuer Kunst erleben Kinder in eineinhalbstündigen Workshops: Z. B. bei „Für dich solls bunte Bilder regnen" wird nach der Kinderführung im Atelier gemalt. Bei „Von Rennautos bis Prinzessinnen" wiederum suchen die Kinder ein Bild, das dem Geburtstagskind gefallen würde und malen anschließend eigene Kunstwerke. Preis: bis 12 Kinder 130 Euro, bis 20 Kinder 240 Euro.

SCHLOSS GREILLENSTEIN
3592 Schloss Greillenstein
Tel.: 029 89/80 80-0, schloss@greillenstein.at
www.greillenstein.at
Ob Schnitzeljagd im Schlosspark oder Kinderführung und Rätselspiel oder beides – in jedem Fall ist Feiern im Schloss ein Abenteuer. Und die ganz Mutigen buchen sogar das Package mit abschließender Geistertour. Bei jedem Programm ist auch eine Geburtstagsjause mit Torte oder Grillen am Grillplatz vorgesehen (wird extra abgerechnet). Dauer: ab 5 Stunden, Gruppen mit bis zu 15 Kindern ab 180 Euro, darüber 12 Euro pro Kind.

BURGENLAND

TOP BURG FORCHTENSTEIN
7212 Forchtenstein, Melinda-Esterházy-Platz 1
Tel.: 0 26 26/812 12
burg-forchtenstein@esterhazy.at
www.esterhazy.at/de/burg-forchtenstein
Ein Streifzug durch die Burg, alte Spiele, ein selbst gebasteltes Wappen oder ein Fürstinnenspiegel – hier wird nicht nur der Kindergeburtstag gefeiert, sondern auch gleich das Leben in alten Zeiten kennen gelernt. Für das Geburtstagskind gibt es ein kleines Geschenk. Dauer: 2,5 Stunden; mindestens 8 Kinder von 6–12 Jahren; Preis: 9 Euro pro Kind.

SCHIFFFAHRT GMEINER
Zentralbüro: 7083 Purbach, Türkenstraße 13
Tel.: 0 26 83/55 38, office@gmeiner.co.at
www.gmeiner.co.at
Feiern wie die echten Seebären: Per Schiff geht es von Rust nach Mörbisch zur Seebühne. Um das Vergnügen perfekt zu machen, gibt es als Auftakt der Kapitän-Seebär-Party

Schloss Esterházy

Märchenpark Neusiedlersee

gleich einmal ein Begrüßungseis mit Kindersekt, auf der Rückfahrt wird dann die Geburtstagstorte mit Getränken serviert und dem glücklichen Geburtstagskind ein Geschenk überreicht. Fahrtdauer: ungefähr 2,5 Stunden, Preis: 12,90 Euro pro Kind/Person bei einer Gruppe ab 20 Personen.

TOP SCHLOSS ESTERHÁZY
7000 Eisenstadt, Tel.: 0 26 82/719-32 24
fritz.fuerstlich@schloss-esterhazy.at
www.schloss-esterhazy.at
Hier wird mit „Fritz Fürstlich" ein fürstliches Fest mit Spiel, Spaß und köstlicher Geburtstagsjause gefeiert. Dabei kann aus verschiedenen Programmen gewählt werden, etwa „Das Abenteuer mit dem Zauberhut" (ein zauberhaftes Fest in der bunten Kreativwerkstätte mit Geschichten zum Mitmachen und einem Workshop voller Überraschungen zum Selbermachen für Kinder ab 5 Jahren), „Das Fest mit Guglhupf und Regenwürm" (ein köstliches Fest in prunkvollen Räumen mit Küchengeheimnissen und der Kunst des spanischen Hofzeremoniells für Kinder ab 6 Jahren) etc. Das liebevoll gemachte Kinderprogramm und die mit viel Herz gestalteten Partyräumlichkeiten machen diese Location besonders empfehlenswert! 7 bis 20 Kinder, Dauer: zirka 2 Stunden, Preis: Kinder + Erwachsene 10 Euro (inkl. Spezialführung, Begrüßungscocktail, Geburtstagsjause mit Torte und Getränken, Geburtstagsgeschenk), „5-Sterne-Geburtstagsfest" mit Kreativ-Workshop: zuzüglich 100 Euro Pauschale.

MÄRCHENPARK NEUSIEDLERSEE
7062 St. Margarethen im Burgenland
Märchenparkweg 1A, Tel.: 0 26 85/607 07
maerchenpark-neusiedlersee@aon.at
www.maerchenpark-neusiedlersee.at
Mit Märchenfiguren und allerlei Attraktionen vom Ballonkarussell bis zum Götterblitz und Römerturm begeistert der Märchenpark die Geburtstagsrunde (mindestens 5 Kinder). Im Geburtstags-Package sind ein Kindermenü, ein Eis, ein Getränk und ein Tierfuttersackerl inkludiert (Preis pro Kind: 20 Euro, für das Geburtstagskind 8 Euro). Das Geburtstagskind darf sich ein Stofftier selbst stopfen. Termine auf Anfrage je nach Saison. Die Party mit Betreuung umfasst die Leistungen wie oben, zusätzlich Kinderbetreuung durch geschulte Mitarbeiter. Kosten: 160 Euro für maximal 6 Kinder, Dauer: 3 Stunden.

OBERÖSTERREICH

BAUMKRONENWEG
4794 Kopfing im Innkreis, Knechtelsdorf 1
Tel.: 0664/405 55 78, 0 77 63/22 89 20
office@baumkronenweg.at
www.baumkronenweg.at
Die Erkundungstour auf dem mit dem oberösterreichischen Agrarmarketingpreis ausgezeichneten Themenpfad „Baumkronenweg" startet über den Wipfeln des Sauwaldes. Wie die alten Indianer-Scouts finden die Kids in der Natur Hinweise und Spuren, wohin der Weg sie führen könnte. Nachdem sie etliche Abenteuer bestanden haben, finden sie mitten im Wald an einem für die „Weißen" verborgenen Platz ein Indianer-Tipi. Dort grillen sie am Lagerfeuer „Knacker" oder Stockbrot, hören Indianergeschichten und machen Feuer ohne Streichhölzer. Nach 2,5 Stunden geht es zurück zum Gasthaus „Oachkatzl". Kosten: 10 Euro pro Kind (inklusive Knacker, Brot und Getränke, kleines Geschenk für das Geburts-

Baumkronenweg

Zoo Schmiding

tagskind und Erinnerungsfoto, exklusive Eintritt) für 5 bis maximal 15 Kinder.

MÄRCHENERZÄHLERIN CLAUDIA EDERMAYER
Tel.: 0650/387 20 15
claudia.edermayer@maerchenzauber.com
www.maerchenzauber.com
Die Linzer Märchenerzählerin führt ihre ZuhörerInnen auf eine Reise durch die Welt der Märchen und Sagen und sorgt so für ein schönes Geburtstagspartyprogramm. Sei es mit „Tiermärchen aus aller Welt", „Feenreigen" oder „Blutsauger und Knochenmann", Alter: ab 5 Jahren, für die Gruselmärchen (Blutsauger und Knochenmann) ab 8 Jahren, Honorar: auf Anfrage. „Standort" ist Linz, erzählt wird aber in allen Bundesländern und sogar im Ausland.

TOP NATURPARK MÜHLVIERTEL
4324 Rechberg 9, Tel.: 0 72 64/46 55-18
info@naturpark-muehlviertel.at
www.naturpark-mühlviertel.at
Feiern „Im Reich der Steinriesen" ist für die kleinen Teilnehmer und Teilnehmerinnen Abenteuer pur. Ein geschulter Naturparkführer macht mit der Gruppe von mindestens fünf Kindern ab 7 Jahren eine „Abenteuerreise" durch den Naturpark. Es wird mit Steinriesen gespielt, die Kinder verstecken sich hinter knorrigen Bäumen, ruhen sich auf einem Moosteppich aus – ganz nach dem Motto „Natur erleben – Natur begreifen". Ziel ist der Großdöllnerhof, wo eine feine Geburtstagsjause auf die hungrigen Wanderer wartet. Nach der Stärkung bastelt dann jedes Kind sein „Naturpark-Zwergerl". Auf Wunsch geht es mit dem Bummelzug zurück nach Rechberg.
Dauer der Party: 3 bis 4 Stunden; Treffpunkt: Dorfplatz; Kosten: 15 Euro pro Kind (inklusive Erlebniswanderung, Jause und Bastel-Workshop), Kosten für Bummelzug: 25 Euro (1 Stunde / 12 Personen).

ZOO SCHMIDING
4631 Krenglbach, Schmidingerstraße 5A
Tel.: 0 72 49/462 72, office@zooschmiding.at
www.zooschmiding.at
Im Zoo Schmiding in Krenglbach gibt es verschiedene – auf das Alter der Kinder abgestimmte – Geburtstagspakete. Kinder von 6 bis 10 Jahren werden durch den Tierpark geführt und danach als Tiere geschminkt, 8- bis 12-Jährige feiern bei einer Spezialführung durch den Zoo mit Rätselrallye. In jedem Fall sind Eintritt, Torte und Getränke sowie ein kleines Geschenk im Preis von 12 Euro pro Kind enthalten.
Dauer des Festes: 2 bis 2,5 Stunden, Mindestteilnehmerzahl: 7 Kinder, eine erwachsene Begleitperson gratis, jede weitere zahlt einen ermäßigten Eintrittspreis (9,50 Euro).

STEIERMARK

ELFENBERG MAUTERN
8774 Mautern, Alpsteig 1
Tel.: 0 38 45/22 68, office@elfenberg.at
www.elfenberg.at
Im Erholungs- und Freizeitparadies auf über 1000 Meter Seehöhe locken Natur- und Landschaftserlebnisse der besonderen Art. Mit dem Sessellift geht es in die Welt der Elfen und Kobolde. Über 200 Wildtiere, darunter Braunbären in einer 10.000 Quadratmeter großen Freianlage und Greifvögel in der Naturarena, das Panorama und ein Erlebnispark

Elfenberg Mautern

Märchenpark Steiermark

mit Sommerrodelbahn, Nautic Jet etc. sind der perfekte Rahmen für Feste – wenn auch keine Betreuung für den Kindergeburtstag angeboten wird.

FRIDA & FRED KINDERMUSEUM
8010 Graz, Friedrichg. 34, Tel.: 0 31 6/872 77 00
fridaundfred@stadt.graz.at
www.fridaundfred.at
In der „begreifbaren" Welt des Kindermuseums FRida & FreD wird drinnen und draußen, in der Ausstellung und im festlichen Geburtstagsraum laut und leise, bewegt und ruhig gefeiert. Dabei stimmen 2 FRida & FreD MitarbeiterInnen das Programm auf die Kids ab. 3 Stunden inklusive Ausstellungseintritt, Material, Torte, Jause und Geburtstagsgeschenk, Termin nach Vereinbarung, Preis: 210 Euro für bis zu 10 Kinder, 12 Euro für jedes weitere Kind bis maximal 20 Kinder.

JULIAS KINDEREVENTS
8010 Graz, Petersgasse 86
Tel.: 0676/420 12 80, julia@kinderevents.at
www.kinderevents.at
Mit Clownin Popolina oder Pippi Ringelstrumpf macht die Party Spaß: Lustige Spiele und flotte Tänze stehen auf dem Programm, und jedes Kind darf sich sein Lieblingstier in Ballonform als Geschenk wünschen. Und auf der Torte gibt es sogar ein Mini-Feuerwerk. Gefeiert wird zu Hause – ob in Kärnten, der Steiermark oder Niederösterreich, in Graz auch in der Kinderbetreuungsstelle Snoozle.

LANDESMUSEUM JOANNEUM
8010 Graz, Rauberg. 10, Tel.: 0 31 6/80 17-97 16
vermittlung@museum-joanneum.at
www.museum-joanneum.steiermark.at

KUNSTHAUS GRAZ
8020 Graz, Lendkai 1, Tel.: 0 31 6/80 17-92 00
kunstvermittlung@kunsthausgraz.at
www.kunsthausgraz.at
Im Landesmuseum heißt es auf zur Fotoschnitzeljagd durch die Raubergasse 10 mit Rätselfragen, Suchspiel, Arbeitsaufträgen und anschließender Jause mit einer kleinen Überraschung. Im Kunsthaus Graz ist die Frage: „Was ist im Inneren der großen blauen Blase?" Kinder lernen den sesshaft gewordenen freundlichen Außerirdischen näher kennen und erforschen seine verborgenen Räume, erkunden spielerisch spannende Ausstellungen. Außerdem gibt es eine Torte und ein kleines Geschenk. Dauer: jeweils 3 Stunden inklusive Kinderführung, Workshop, Geburtstagstorte, Getränk, kleiner Jause und kleiner Überraschung für das Geburtstagskind. Kosten: 190 Euro für 10 Kinder, 10 Euro Aufzahlung für jedes weitere Kind (max. 15 Kinder).

MÄRCHENPARK STEIERMARK
8756 St. Georgen ob Judenburg
Tel.: 0 35 83/21 16, info@maerchenwald.at
www.maerchenwald.at
Im großzügigen Gelände des Märchenparks mit seinen liebevoll gestalteten Stationen wird Kids bestimmt nicht so schnell langweilig, allerdings sollten die Eltern mit dabei sein. Die Geburtstagsjause wird dann im angeschlossenen Gasthaus, dem Sonnenhof, serviert. Preis auf Anfrage.

TOP WASSERSPIELPARK EISENWURZEN
8933 St. Gallen, Markt 35
Tel.: 0 36 32/77 14-0, 0664/520 44 26
naturpark@eisenwurzen.com
www.wasserspielpark.at

Festung Hohensalzburg

Mit Einrichtungen von der Archimedischen Spirale bis zur Wasserbaustelle steht das Wasser hier im Mittelpunkt des Geburtstagsfestes, zu dem „Eisenwurzel" lädt. Zu dem Fest der besonderen Art gehören die Eisenwurzeltorte und ein kleines Überraschungsgeschenk für das Geburtstagskind ebenso wie die zweistündige Betreuung durch einen Eisenwurzel-Mitarbeiter. Kosten: 11 Euro pro Kind (weiters inkludiert: Tageskarte Wasserspielpark, Mittagessen) für 5 bis 12 Kinder. Anmeldung auch kurzfristig möglich: bis 3 Tage vorher!

SALZBURG

FESTUNG HOHENSALZBURG

5020 Salzburg, Mönchsberg 34
Tel.: 0 66 2/84 24 30-11
festung@salzburg.gv.at
Kindergeburtstag: Dr. Siegrid Schmidt
Tel.: 0 66 2/83 16 45
siegrid.schmidt@sbg.ac.at
www.salzburg-burgen.at/de/hohensalzburg
Schon der Spaziergang auf den Festungsberg steht ganz im Zeichen vergangener Zeiten: Gegenstände wie z. B. die Hufeisen beim Schmied, die die Kinder in alten Zeiten zum Spielen benutzten, werden neu entdeckt. Im Inneren der Festung angekommen, gibt es frisch gebackenes Brot aus der alten Bäckerei, anschließend stehen alte Spiele wie Ritterturnier, Geschicklichkeitsspiele etc. auf dem Programm. Das Geburtstagsfest kann aber auch unter dem „Sagen" oder „Schatzsuche" stehen, ganz nach Wunsch. Zum Schluss wird mit mitgebrachten Kuchen und Getränken gefeiert. Dauer ca. 2 Stunden, Treffpunkt: Talstation Festungsbahn. Kosten: 9 Euro pro Kind, mindestens 90 Euro, Zielgruppe: zwischen 6 und 12 Jahren.

HAUS DER NATUR

5020 Salzburg, Museumsplatz 5
Tel.: 0 66 2/84 26 53-0
office@hausdernatur.at
www.hausdernatur.at
Maximal 10 Kinder zwischen 5 und 12 begeben sich auf die Spuren der Dinosaurier, erforschen den Weltraum, Tiere aus dem Meer etc. Außerdem wird gespielt und gebastelt. Kosten: 43 Euro, mit Zusatzprogramm im Reptilienzoo 50 Euro, plus 3 Euro Eintritt pro Kind; Anmeldung: 1 Monat vorher.

NATIONALPARK HOHE TAUERN

5730 Mittersill, Gerlosstraße 18
Tel.: 0 65 62/408 49-0
Anmeldung zum Kindergeburtstag:
Mo–Fr 8.00–12.00 Uhr, Maria Kalcher
Tel.: 0 65 62/408 49-33
nationalpark@salzburg.at
www.hohetauern.at
Das Kinderprogramm des Nationalparkzentrums „ScienceCenter" in Mittersill umfasst eine Abenteuerwanderung durch die Nationalparkwelten, auf der Murmeltier und Co. ein Besuch abgestattet wird, die Lebensräume Wald, Alm und Bergbach erkundet werden etc. Als Nationalparkdetektive werden die Kids selbst aktiv und erforschen Tiere und Pflanzen im Hochgebirge, die Entstehung der Gesteine, unsere Berg- und Talformen, komponieren aus 50 Tierstimmen und Geräuschen eine Geschichte oder widmen sich dem aktuellen Thema des Klimawandels. Das Programm unter Betreuung von Nationalparkrangers wird durch einen ei-

Zoo Salzburg

Landwirtschaftsmuseum Schloss Ehrental

gens erarbeiteten Geburtstagswetterbericht aus der Wetterstation vor dem Nationalparkzentrum abgerundet. Abschließend stärken sich die Kids im Almaa, dem Nationalparkrestaurant, bei einer Geburtstagsjause.
Dauer: Nachmittag, 6 bis 15 Kinder, Kosten: 9 Euro pro Kind.

TOP SALZBURGER BAROCKMUSEUM ORANGERIE DES MIRABELLGARTENS

5020 Salzburg, Mirabellplatz 3
Mag. Markus Schwellensattl,
Tel.: 0 66 2/87 74 32-12
markus.schwellensattl@barockmuseum.at
www.barockmuseum.at
Die Kinderprogramme des Museums können auch als spezielle Kindergeburtstagsfeiern gebucht werden. Da heißt es dann auf zur speziellen Führung, die durch ein Zeichen- oder Bastelprogramm abgerundet wird. Nach dem 90-minütigen Programm wird gemeinsam gejausnet (Jause mitbringen). Kosten: pauschal 32 Euro; ab 5 Jahren.

ZOO SALZBURG

5081 Anif, Anifer Landesstraße 1
Tel.: 0 66 2/82 01 76-0, office@salzburg-zoo.at
www.salzburg-zoo.at
Endeckungsreise ins Reich der Tiere: Auf dieser Zootour erfahren die Kids viel Interessantes über die Zoobewohner sowie Wissenswertes über Tier- und Artenschutzprojekte. Außerdem wird erklärt, welche Bemühungen notwendig sind, damit sich die Tiere im Zoo wohl fühlen. Dauer: etwa 90 Minuten, Preis: für bis zu 15 Kinder 35 Euro zuzüglich Eintritt pro Kind. Im Restaurant können sich die Kids nach der erlebnisreichen Zooführung stärken.

KÄRNTEN

KINDERFREUNDE KÄRNTEN

9020 Klagenfurt, St.-Peter-Straße 5/1
Tel.: 0 46 3/578 48, 0650/578 48 03
kind-und-co@ktn.kinderfreunde.at
http://ktn.kinderfreunde.at
Ein abwechslungsreiches Programm mit Spielen, Toben, kreativem Gestalten, Musik etc. bieten die geschulten Mitarbeiter der Kinderfreunde, die zum Geburtstagskind nach Hause kommen. Dabei ist es ihnen auch ein Anliegen, dem Fest mit einer Begrüßung, dem Hochleben-Lassen des Geburtstagskindes etc. einen feierlichen Rahmen zu geben. Auch Motto-Feste wie zum Beispiel Hexen-, Indianer-, Luftballon- oder Funkelfeste oder Partys zu eigenen Themen sind möglich. Die Kinder werden auch passend dazu geschminkt. Ideal für Kids zwischen 4 und 10 Jahren.

TOP LANDWIRTSCHAFTSMUSEUM SCHLOSS EHRENTAL

9020 Klagenfurt, Ehrentaler Straße 119
Tel.: 0 46 3/435 40, Tel.: 0664/310 81 51
(Dipl.-Ing. Petra Rohner)
office@landw-museum.ksn.at
www.landwirtschaftsmuseum.at
Walderkundungen, kreative Waldspiele, Beobachten, Hören, Riechen, Fühlen, Würstchen grillen am Lagerfeuer – das Programm für den Kindergeburtstag im Landwirtschaftsmuseum Schloss Ehrental ist naturverbunden und spannend. Festes Schuhwerk und einen Regenschutz sollten die Gäste (ab 7 Kinder + Begleitperson) dabei haben. Dauer: zirka 3 Stunden, Kosten: 10 Euro pro Kind (ab 5 Jahren).

Familienland Pillerseetal

Schloss Tratzberg

MADEBYYOU
9020 Klagenfurt, Chr.-M.-Wielandstraße 7H
Tel.: 0 46 3/51 18 61, 0664/260 36 85
ada.kalt@madebyyou.at
www.madebyyou.at
Ein kreatives Fest für kleine Künstler: Beim gemeinsamen Bemalen von Keramik haben Kinder ab 6 Jahren ganz sicher großen Spaß. Getränke sind inklusive, die Jause wird mitgebracht. Zu bezahlen sind nur die bemalten Gegenstände. Eine wirklich schöne Erinnerung!

TIROL

ALPENZOO INNSBRUCK
6020 Innsbruck, Weiherburggasse 37
Tel.: 0 51 2/29 23 23, alpenzoo@tirol.com
www.alpenzoo.at
Erlebnis Tierwelt – zunächst gibt es eine zirka 75-minütige Führung durch den Zoo, anschließend wird tüchtig gejausnet. Für Kids ab 5 von Montag bis Samstag nachmittags, eine Begleitperson sollte anwesend sein. Das Geburtstagskind bekommt ein kleines Geschenk, die anderen Süßigkeiten. Preis: 29 Euro; zusätzlich pro Kind: 9 Euro; die Begleitperson hat freien Eintritt.

AQUA DOME / TIROL THERME LÄNGENFELD
6444 Längenfeld, Oberlängenfeld 140
Tel.: 0 52 53/64 00-771, office@aqua-dome.at
www.aqua-dome.at
Die „Alpen Arche Noah" bietet alles, was zu einer tollen Geburtstagsfeier dazugehört. Das Kinderanimationsteam bietet ein abwechslungsreiches Programm. Kosten: 79 Euro (Thermeneintritt für 5 Kinder und 1 Begleitperson, Kinderanimation mit Spielprogramm, Jause, Geburtstagstorte und Überraschungsgeschenk).

FAMILIENLAND PILLERSEETAL
6391 St. Jakob i. H., Mühlau 221
Tel.: 0 53 54/883 33, info@familienland.net
www.familienland.net
Über 40 Attraktionen wie eine 50 Meter lange Kneipp-Straße, der Space Tube oder der Streichelzoo inmitten der Natur des Pillerseetals machen das Familienland zum Anziehungspunkt für Kids. Der ideale Rahmen für ein Geburtstagsfest – Spaß ist bei den zahlreichen Spielgeräten garantiert (allerdings ohne Animation). Preise: Kinder bis 1,30 cm Körpergröße: 9 Euro; Kinder ab 1,30 cm: 10 Euro (ab 10 Personen je 9 Euro), Geburtstagskind ab fünf Personen und mit Ausweis gratis.

SCHLOSS TRATZBERG
6200 Jenbach, Tel.: 0 52 42/635 66-20
info@schloss-tratzberg.com
www.schloss-tratzberg.com
Edle Fräulein und Ritter machen sich auf, um das Schloss zu erkunden – standesgemäß gekleidet. Eine spannende Märchenführung rundet den Schlossbesuch ab. Anschließend wird gespielt und gebastelt, zur Erinnerung wird das Geburtstagskind im Kreis seiner Gästeschar fotografiert. Für Kinder von 6 bis 10 Jahren (für mindestens 6 Kinder), Dauer: 3 Stunden, täglich außer an Sonn- und Feiertagen, Preis pro Kind: 16 Euro (mit T-Shirt-Bemalen plus 1,50 Euro).

SWAROVSKI KRISTALLWELTEN
6112 Wattens, Kristallweltenstraße 1
Tel.: 0 52 2/45 10 80
swarovski.kristallwelten@swarovski.com
www.swarovski.com/kristallwelten

inatura

Strike-Center

Das Geburtstagskind und seine Gäste (mind. 10 Kinder) begeben sich auf eine abenteuerliche Reise in das Innere des „Riesen". Dort gilt es funkelnde Schätze zu entdecken, aber auch lustige Spiele stehen auf dem Programm. Höhepunkt ist die Riesengeburtstagstorte. Als Überraschung warten glitzernde Geschenke auf die Kinder. „Minikonfettifete" und „Des Riesen neue Kleider": Dauer: 2 Stunden, Preis: 15 Euro pro Kind, „Riesengeburtstagsparty": Dauer: 3 Stunden, Preis: 25 Euro pro Kind.

TIROLER LANDESMUSEUM / ZEUGHAUS / FERDINANDEUM
6020 Innsbruck, Zeughausgasse
6020 Innsbruck, Museumsstraße 15
(Ferdinandeum) Tel.: 0 51 2/594 89-111
Besucherkommunikation@tiroler-landesmuseen.at
www.tiroler-landesmuseum.at
Auf einen Ausflug in die Vergangenheit lädt das Geburtstagskind seine Freunde ins Tiroler Landesmuseum im Zeughaus ein. Dabei wird maximal 10 Kindern ab 5 Jahren ein spielerischer Zugang zur Archäologie eröffnet. So kommen Kids rätselhaften Versteinerungen auf die Spur, versuchen sich in mittelalterlichen Tänzen oder graben wie die Archäologen. Dauer: 2 Stunden, Kosten: Pauschale von 85 Euro, für die Jause 35 Euro.

VORARLBERG

INATURA
ERLEBNIS NATURSCHAU DORNBIRN
6850 Dornbirn, Jahngasse 9
Tel.: 0 55 72/232 35, inatura@dornbirn.at
Reservierung unter der Museums-pädagogik–Hotline 0676/833 06 47-44
www.inatura.at
Aufregendes Spiel im Freien: Piraten begeben sich auf Schatzsuche rund um das Erlebnismuseum und im Park und müssen dabei Rätsel lösen oder kleine Versuche durchführen. Es folgen ein geführter Rundgang durch die inatura mit ihren Bewohnern wie Schlangen, Zwergmäusen oder Kakerlaken sowie interaktive Spiele, 3D-Filme und Computerprogramme. Die Jause wird im Restaurant serviert, kann aber auch mitgebracht werden. Dauer: 2–2,5 Stunden, Preis: 9 Euro pro Kind.

STRIKE-CENTER / TREND BOWLING-BAHNENBETRIEBS GMBH & CO KG
6923 Lauterach, Scheibenstraße 25
Tel.: 0 55 74/650 66
reservierung@strike-center.at
www.strike-center.at
Täglich bis 19 Uhr kann im coolen Rahmen des Bowlingcenters Geburtstag gefeiert werden – inkludiert sind zwei Bumper-Bowlingspiele, Leihschuhe, eine Kindermahlzeit (Pizza Pluto mit Würstchenrädern oder Würstchen mit Pommes oder Spaghetti Bolognese) und ein Getränk pro Kind sowie die Partytischdekoration. Für alle Teilnehmer gibt es eine Urkunde als Erinnerung. Dauer: 1 1/2 Stunden bei sechs Kids ab sechs Jahren, Mindestteilnehmer: vier Kinder, Preis pro Kind: 12,90 Euro.

MEDIEN

Moderne Welt

Mediennutzung durch Kids: wie sie Sinn macht.

„Mama, ich google das mal“, sagen Kinder heute schon im Volksschulalter, wenn sie etwas wissen wollen und die Eltern die Antwort nicht parat haben. Wie die Erwachsenen suchen Kinder Facts zu Themen, Informationen oder einfach das aktuelle Kinoprogramm im Internet. Nur dass sie sich wesentlich unbefangener im World Wide Web bewegen als wir. Schließlich wachsen sie, im Unterschied zu uns, damit auf.

Dementsprechend wichtig ist es auch, Kindern den Zugang zu Computern zu ermöglichen. Sei es, dass sie zu selbst gestellten Themen oder für die Schule Informationen zusammentragen wollen oder mit CD-Roms arbeiten. Wichtig ist, dass die Nutzung des Computers nicht unkontrolliert und unbeschränkt erfolgt. Das betrifft zunächst einmal das zeitliche Ausmaß. Wird regelmäßig und vielleicht sogar stundenlang gespielt, bleibt zu wenig Zeit für aktive Interessen, Bewegung, Spiele und für die Hausaufgaben. Zudem ist das Sitzen am Computer meist nicht ergonomisch und daher der Haltung der Kinder nicht zuträglich. Ob Internetnutzung süchtig machen kann oder nicht, ist wissenschaftlich zwar umstritten – aber selbst einem möglichen Suchtverhalten ist unbedingt vorzubeugen!

Mit Maß und Ziel lautet die Devise bei der Nutzung elektronischer Medien. Sie überzubewerten ist in diesem Sinne genauso falsch, wie sie aus dem Leben der Kinder auszuklammern. Unsere Welt hat sich verändert und unser Informationsverhalten mit ihr. Viele Programme und Homepages sind auf Kinder verschiedener Altersgruppen zugeschnitten. Mit Bedacht ausgewählt, können Kinder durch ihre Nutzung lernen. Und sind ganz spielerisch für die Arbeit an weiterführenden Schulen bzw. das Berufsleben gerüstet.

Auch beim TV gilt: Ein Plan muss her! So wird unkontrolliertes Fernsehen vermieden.

COMPUTER VERSUS TV

Der Computer gewinnt bei den Kids auf Kosten des Fernsehens an Bedeutung. So hielten laut KIM-Studie des deutschen Medienpädagogischen Forschungsverbunds Südwest im Jahr 2000 12 Prozent der befragten Kids den Computer für unverzichtbar, 2003 waren es 13 Prozent, 2006 schon 16 Prozent. Vor allem ältere Kids schätzen den Computer als relativ wichtig ein. Sollten sie sich für TV oder Computer entscheiden, würden sieben Prozent der Sechs- bis Siebenjährigen, 12 Prozent der Acht- bis Neunjährigen und 18 Prozent der Zehn- bis Elfjährigen den Computer wählen. Unter den 12- bis 13-Jährigen gibt bereits ein Viertel dem Computer den höchsten Stellenwert.

Fernsehen liegt aber insgesamt gesehen immer noch am höchsten im Rennen: Laut KIM-Studie steht in jedem zweiten Kinderzimmer ein Fernseher, vier Fünftel der Befragten sehen täglich oder fast täglich fern. Viele Kinder verbringen Stunde um Stunde vor dem TV und starren in die „Glotze" – in diesen Fällen ist Vorsicht geboten. Ab und zu gezielt eine Sendung zu sehen ist hingegen kein Problem. Viele Kinderprogramme wie zum Beispiel der „Forscherexpress", „Dora", „Caillou" oder auch „Tigerentenclub" sind lehrreich und daher für Kinder absolut geeignet. Auf den Homepages der TV-Sender findet man detaillierte Infos über die Programme sowie Sendezeiten.

Einen „Fernsehplan" mit den Kids zu erstellen, lohnt sich. So kann festgelegt werden, wie viel und wann geschaut wird, wobei Lieblingsprogramme berücksichtigt werden und unkontrolliertes Fernsehen vermieden wird. Wie beim Essverhalten spielt auch hier das Vorbild der Eltern eine große Rolle. Beobachten Sie sich selbst: Läuft in Ihrem Haushalt der Fernseher, auch wenn gar niemand zusieht? Sehen Sie während des Abendessens fern? Oder schalten Sie das TV nur ab und zu ein, um gezielt eine Sendung zu sehen? Die Vorbildwirkung der Erwachsenen ist groß, das sollten Sie auf alle Fälle bedenken.

Ob Kinder gern und viel lesen, hängt vom Leseverhalten der Eltern ab.

BÜCHER SIND FREUNDE

Als Vorbilder wirken Erwachsene auch, was das Lesen betrifft. Ist der Haushalt bücherlos oder gilt bei Ihnen der gute alte Spruch „Bücher sind Freunde"? Dementsprechend werden Ihre Kinder Bücher lieben oder gleichgültig behandeln. Auch die Einführung von Ritualen beeinflusst das Leseverhalten der Kids. Stehen abends Gute-Nacht-Geschichten auf dem Programm, wird das Lesen im Bett zur Selbstverständlichkeit. Und den Kindern werden viele schöne Stunden geschenkt. Wer gern liest, holt sich die weite Welt, Geschichten und Fantasie ins Haus und lernt ganz nebenbei Rechtschreibung und Grammatik.

Bücher für Kinder gibt es wie Sand am Meer, daher: Schon Bilderbücher auf die Interessen und Vorlieben des Kindes abstimmen. Es gibt viele hervorragende Bücher mit anspruchsvollen Illustrationen und fantasievollen Geschichten, aber auch tolle Sachbücher zu unterschiedlichen Themen. Mit durchsichtigen Folien, Klappen, Schiebern etc. sind Kinder zu begeistern. Auch an Mitspiel- oder Lernbüchern gibt es eine immer breitere Palette mit unterschiedlichen Effekten und Möglichkeiten, selbst aktiv zu werden.

Geht es dann ans Selberlesen, sind Erstlesebücher mit großer Schrift empfehlenswert. Kleine Texthäppchen und kurze Geschichten erleichtern das Lesen und Erfassen des Zusammenhangs und machen den Leseeinstieg zum Vergnügen. Ist dieser geschafft, „klettern" Kinder auf der Leseleiter der Kinderbuchverlage weiter hinauf. Wichtig ist, die

Nicht ohne meinen MP3-Player: Ein Drittel aller 6- bis 13-Jährigen besitzt so ein Gerät.

leselustigen Kids weder zu über- noch zu unterfordern und bei der Buchauswahl auf ihre Interessen Rücksicht zu nehmen. Manche Klassiker wie Lindgren-Bücher, Nöstlinger oder Enid Blyton sind Dauerbrenner bei kleinen Lesern, andere bevorzugen die Bücher von Thomas Brezina oder Linda Chapmans romantische Pony-Geschichten. Bieten Sie Kindern eine breite Palette an, aber lassen Sie sie selbst entscheiden, was sie am liebsten lesen wollen.

Ein Besuch in der Bücherei kann dabei helfen, vieles kennenzulernen und den eigenen Geschmack zu bilden. Auch in Buchgeschäften mit Kinderbuchabteilung kann man nach Herzenslust stöbern und in Bücher hineinlesen. Oft sind dafür bequeme Sitzgelegenheiten oder Kinderleseecken vorhanden, die eine Wohnzimmeratmosphäre schaffen. Apropos Wohnzimmer: Immer mehr Buchhandlungen bieten eine Bestellmöglichkeit über das Internet an, sodass der Bücherkauf tatsächlich in den eigenen vier Wänden möglich wird. Eine praktische Variante, die aber das Flair im Buchgeschäft und das tatsächliche Blättern in Büchern nicht ganz ersetzen kann – finden wir.

Für den Leseeinstieg gibt es übrigens auch Magazine wie Bussi Bär oder Leserabe, die Tafelklasslern einfache Texte, Rätsel und allerlei Unterhaltsames bieten. Manche Zeitschriften wie zum Beispiel Philipp beinhalten viel Bastel- und Vorschulmaterial, andere bauen Welten rund um Marken wie Barbie oder My Little Pony auf. Der Lerneffekt ist bei Letzteren weniger ausgeprägt, dafür bieten sie Lesestoff bzw. Bilder rund um die beliebten Figuren.

MP3-PLAYER UND HANDY

Aber auch Musikfreunde unter den Kids kommen voll auf ihre Rechnung. Während in unserer Jugend der Walkman der „letzte Schrei“ war, um mobil Musik zu genießen, ist heute der MP3-Player angesagt. Laut KIM-Studie, die unter anderem den Gerätebesitz 6- bis 13-Jähriger abfragt, haben schon etwa ein Drittel der befragten Buben und Mädchen ihren eigenen MP3-Player. Mehr als die Hälfte besitzen CD-Player und Kassettenrekorder, knapp die Hälfte ein Radio. Ein Fünftel der befragten Kids machen aber auch selbst Musik!

Stark im Zunehmen sind auch Mobiltelefone. 44 Prozent der Befragten haben bereits ein eigenes Handy: Etwa ein Sechstel der Sechs- bis Siebenjährigen und drei Viertel der 12- bis 13-Jährigen. Für Notfälle, um Eltern Wichtiges durchzusagen oder für Mama und Papa erreichbar zu sein, ist das Handy ideal. Telefonieren ist für 86 Prozent der befragten Kids die wichtigste Funktion. SMS werden durchschnittlich 13,2 pro Woche empfangen und 12,5 verschickt. Knapp über die Hälfte der Handybesitzer spielt allerdings auch regelmäßig „Handy-Games“. Problematisch ist die Verbreitung von Gewaltbildern und -videos auf Mobiltelefonen, aber auch hinsichtlich der Handystrahlung ist Vorsicht geboten. So sollten Kids möglichst wenig, im Auto gar nicht telefonieren. Mit einem Wort: Der Umgang mit dem Handy sollte gezielt erfolgen. Wie die Mediennutzung insgesamt ...

Das Handy nimmt im Leben unserer Kinder einen hohen Stellenwert ein. Vor allem SMS sind beliebt ...

FAMILY-TIPPS

Der bewusste Umgang mit Medien

> Kindergartenkinder sollten den Computer keinesfalls mehr als 20 Minuten täglich nutzen. Bei Älteren gewinnt der Computer zunehmend an Bedeutung, die Nutzung sollte aber dennoch unter (zeitlicher) Kontrolle durch die Eltern erfolgen. Kinder nicht einfach surfen

Durch das gemeinsame Musizieren wird das Interesse an Musik geweckt.

lassen – es gibt im Internet viele Seiten, die nicht für sie geeignet sind, und Filter funktionieren nicht immer 100-prozentig.

> Halten Sie den TV-Konsum überschaubar. Gängige Empfehlungen raten für Vorschulkinder 30 Minuten, Kinder von 6 bis 8 Jahre: weniger als 1 Stunde täglich, Kinder von 9 bis 10: weniger als 1,5 Stunden täglich. Die Kinder nie unkontrolliert beliebige Sendungen sehen lassen, sondern sorgfältig auswählen, was angeschaut wird. Nützliche Detailinfos findet man auf den Homepages der TV-Kanäle. Speziell bei kleineren Kindern ist es sinnvoll, mit ihnen gemeinsam fernzusehen.
> Kinder können nie zu viele Bücher haben! Durch die Einführung von Ritualen wie der Gute-Nacht-Geschichte führt man Kinder ans Lesen heran. Bilderbücher nach Interessen und Vorlieben auswählen; Erstlesebücher sollten eine große Schrift, kleine Texthäppchen und viele bunte Bilder aufweisen. Die Kinder nie mit Büchern, die für Ältere bestimmt sind, überfordern!
> Gemeinsames Musizieren, aber auch das Hören von Musik weckt das kindliche Interesse daran. Die Palette an für die verschiedenen Altersgruppen geeigneten CDs ist breit. Bieten Sie den Kids möglichst unterschiedliche Musikrichtungen an.
> Erziehen Sie Ihre Kinder zur kritischen Nutzung der Medien. Ein Abschirmen ist heute nicht möglich und auch nicht realistisch, daher fordern Sie Ihr Kind auf, dargebotene Inhalte zu hinterfragen und abzuwägen. Je früher ein Kind lernt, sich kritisch mit seiner Umwelt auseinanderzusetzen, umso besser! In diesem Sinne sollte es lernen, Artikel, Sendungen oder Beiträge sinnvoll auszuwählen und die Beeinflussung der Zuseher durch die Medien zu erkennen.

Vorteilskarten gibt es viele. Aber der NÖ Familienpass ist mehr.

Über 140.000 Familien in Niederösterreich nutzen schon jetzt die Vorteile des NÖ Familienpasses. Und der Familienpass wird immer attraktiver – mit Versicherungspaket ab 8,72 Euro pro Jahr.

ÖBB VORTEILScard Familie inklusive

45 % Ermäßigung für Erwachsene und Kinder ab 15 Jahre. Kinder unter 15 Jahren in Begleitung eines Elternteils gratis. Alles, ohne dass Sie einen Euro dafür bezahlen.

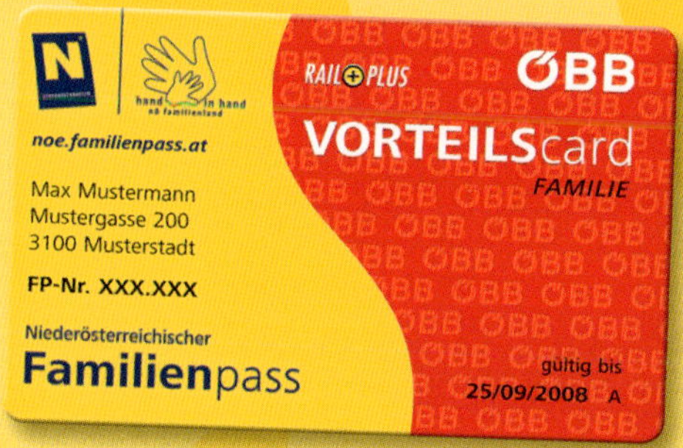

Ermäßigungen und Vorteile

Bis zu 50 % Ermäßigung bei über 1.500 Partnerbetrieben in allen Bezirken des Landes. Vom Freibad bis zum Schilift, vom Restaurant bis zur Boutique.

Gratis-Abonnement „meine family“

Das NÖ Familienjournal mit vielen interessanten Infos und Tipps kommt sechsmal im Jahr gratis zu Ihnen nach Hause.

Günstiger Versicherungsschutz

Spitaltagegeld und maßgeschneiderte Unfallversicherung für Familien mit Kindern. Jetzt wahlweise als Versicherungspaket STANDARD (Kostenbeitrag 8,72 Euro im Jahr) oder als Versicherungspaket PLUS (Kostenbeitrag 16,60 Euro pro Jahr).

Fordern Sie jetzt Ihren Familienpass an

Ihr Antragsformular für den NÖ Familienpass erhalten Sie online unter **noe.familienpass.at** oder unter **02742/9005-1-9005**.

NIEDERÖSTERREICH

Flimmo

Kinder und Medien

ÖSTERREICHWEIT

▸ INFOSTELLEN

ELTERNBILDUNG
www.eltern-bildung.at
Bundesministerium für Gesundheit, Familie und Jugend (BMGFJ), Abteilung II/2
1010 Wien, Franz-Josefs-Kai 51
Tel.: 01/711 00-32 25
Verschiedenste Beiträge zum Thema „Medienpädagogik" einfach in die Suchfunktion eingeben. und schon scheint reichlich Material zum Ein- und Weiterlesen auf. Eine umfangreiche Informationsquelle für Eltern, die Fragen zur Medienerziehung haben. Aber auch Veranstaltungen und ein Elternforum werden angeboten.

FEIBEL
www.feibel.de
Thomas Feibel gehört zu den führenden Journalisten in Sachen „Kinder und Computer" im deutschen Sprachraum. Auf seiner Website finden Kinder und ihre Eltern interessante und wissenswerte Informationen zu Internet, Computerspielen, Kinder- und Lernsoftware. Viele detaillierte Beschreibungen von Computerspielen machen unter Umständen eine Kaufentscheidung leichter, allerdings ist ein Großteil der besprochenen Spiele nicht brandneu. www.feibel.de

FLIMMO
www.flimmo.de
Diese Homepage bietet Tipps und Informationen zur Fernseherziehung. Unter Zuhilfenahme medienpädagogischer Forschung werden Orientierungshilfen für Eltern angeboten und das Fernsehen aus der Sicht von Kindern dargestellt. Konkrete Programmempfehlungen (mit Alterstipps und einer Rubrizierung von „Prima" bis „Schwer verdaulich") erleichtern die Auswahl aus dem TV-Angebot.

INTERNET-ABC
www.internet-abc.de
Der Einstieg ins Internet wird Kids und ihren Eltern leicht gemacht. Auf der Plattform finden sie viele Tipps für die sichere Nutzung des Internet. Wer ganz auf Nummer sicher gehen will, legt gleich einmal mit Jumpy, Flizzy, Eddie und Percy den Surfschein ab – und erlernt dabei die Regeln, die fürs Internet gelten.

KINDER UND MEDIEN
www.kinderundmedien.at
Medienpädagogische Beratungsstelle an der NÖ Landesakademie
2500 Baden, Marchetstraße 6/1/4
Tel.: 0 22 52/25 40 52
medienpaedagogik@kabsi.at
Viele interessante Links und Infos zu verschiedenen Bereichen der heutigen Medien vom Handy über Computer/Internet bis zu Fernsehen: Diverse Veranstaltungen und Folder zum Downloaden (empfehlenswerte Videos, TV-Empfehlungslisten und Ähnliches) machen das Angebot zu einem wichtigen Ratgeber für Eltern. Aber auch viele Links zu pädagogisch wertvollen Seiten für Kinder sind eine nützliche Hilfestellung.

KLICKSAFE
www.klicksafe.de
Klicksafe informiert umfassend über Sicherheitsthemen im Internet, um die Medien-

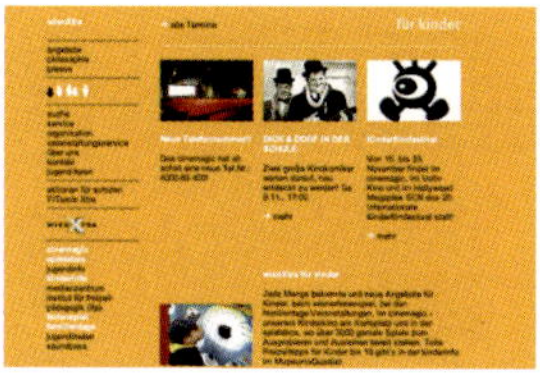

Cinemagic

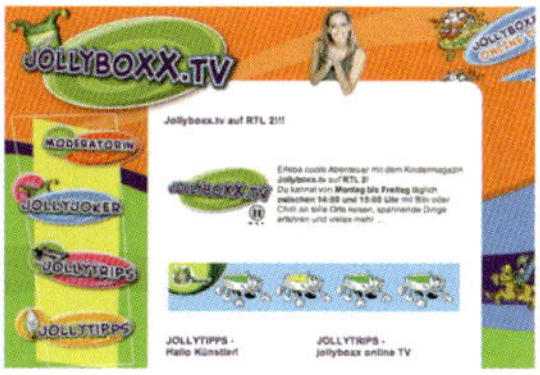

Jollyboxx.tv

kompetenz zu fördern. Die Zielgruppen dieser Kampagne sind Kinder und Jugendliche, Eltern, Pädagogen, Multiplikatoren sowie Anbieter von Internetseiten, aber auch die breite Öffentlichkeit.

MEDIENPÄDAGOGISCHE BERATUNGS-STELLE AN DER NÖ LANDESAKADEMIE
2500 Baden, Marchetstraße 6
Tel.: 0 22 52/25 40 52
medienpaedagogik@kabsi.at und/oder
Office.mp@kabsi.at
www.medienpaed.at
Seit Oktober 1998 gibt es die Medienpädagogische Beratungs- und Kooperationstelle an der NÖ Landesakademie, eine Forschungs-, Schulungs- und Beratungseinrichtung für medienpädagogisch relevante Themenbereiche, die vor allem audiovisuelle und interaktive Medien umfassen. Das Büro ist am Dienstag, Mittwoch und Donnerstag von 9.00 bis 12.00 Uhr besetzt. Darüber hinaus sind aber auch Termine nach Vereinbarung möglich. Die Medienpädagogische Beratungsstelle bietet zusätzlich interessante Workshops und andere Events an.

▸ KINO UND TV

CINEMAGIC
1010 Wien, Friedrichstraße 4, Tel.: 01/586 43 03
(Kartenreservierung und Programminfo)
cinemagic@wienXtra.at
www.cinemagic.at
Kinospaß speziell für Kids: Das WienXtra Cinemagic Kinder- und Jugendkino bietet Kindervorstellungen am Wochenende, in den Ferien und an Feiertagen sowie Filmvorstellungen für Jugendliche, Schulen und Kindertagesheime während der Woche. Gezeigt werden wertvolle Filme vom turbulenten Zeichentrickspaß bis zu preisgekrönten Kinder- und Jugendfilmproduktionen, Literaturverfilmungen u. v. m.

DAS ERSTE
D-80335 München, Arnulfstraße 42
Tel.: +49/89/59 00-33 44, info@daserste.de
www.daserste.de
Im Rahmen von check eins, dem Kinderprogramm des Ersten, sind der Tigerentenclub, Die Sendung mit der Maus, Willi wills wissen und viele andere lehrreiche und unterhaltsame Sendungen jeden Samstag und Sonntag Vormittag zu sehen.

JOLLYBOXX.TV
CROSSKRON MEDIA
1030 Wien, Maria-Jacobi-Gasse 2
Tel.: 01/515 00-201, redaktion@jollyboxx.tv
www.jollyboxx.tv
Diese Sendung läuft im Österreichfenster auf RTL 2. Von Montag bis Freitag zwischen 14.00 und 15.00 Uhr bringt dieses Magazin nicht nur mit Gewinnspielen und Malwettbewerben eine ganze jede Menge Fernsehspaß.

KABEL 1
SEVENONE INTERMEDIA GMBH
D-85774 Unterföhring, Medienallee 6
Tel.: +49/89/95 07-10
info@sevenoneintermedia.de
www.kabeleins.de
Jeden Samstag und Sonntag kommen hier Zeichentrick-Fans auf ihre Kosten. Da manche der gezeigten Comics eher für ältere Kinder geeignet sind, sollten Erwachsene die Programmauswahl treffen.

Kindernetz

Okidoki / ORF

KIKA
D-99081 Erfurt, Tel.: +49/180/215 15 14
kika@kika.de
www.kika.de
KIKA ist der Kinderkanal schlechthin. Übrigens bietet der ARD- und ZDF-Kinderkanal mit den bekannten Figuren aus dem Kinderprogramm auch online Spiel und Spaß. Außerdem gibt es dazu eine Programmzeitschrift zum Gratis-Download und aktuelle Programmtipps, die für Eltern nützliche Detailinfos bieten. So lässt sich ganz einfach auswählen, was auf dem individuellen TV-Programm der Kids stehen soll und was nicht!

KINDERNETZ
SWR KINDER- UND FAMILIENPROGRAMM
www.kindernetz.de
Das kindgerechte Internetangebot des SWR (Südwestrundfunk) bietet interessante Hintergrundinformationen zu Medienberufen, Fernsehsendungen sowie eine Programmvorschau der Kinderprogramme von SWR, KIKA, Bayrisches FS, hr fernsehen, NDR, RBB, SR Fernsehen und BR Alpha sowie Detailinformationen zu den einzelnen Sendungen.

NICK
ZUSCHAUER-REDAKTION
D-10245 Berlin, Stralauer Allee 7
Tel.: +49/180/22 92 44
www.nick.de
Nick bietet rund um die Uhr lustige Zeichentricksendungen ohne Ende. Online gibt es neben Programmbeschreibung und -übersicht sowie Detailinfo über alle angebotenen Sendungen auch Spiele, Downloads und Wissenswertes.

OKIDOKI DES ORF
1136 Wien, Würzburggasse 30
Tel.: 01/888 40 00, okidoki@orf.at
okidoki.orf.at
Das Kinderprogramm auf ORF 1 sendet täglich ab etwa 6.00 Uhr lustigen Zeichentrick sowie interessante und lehrreiche Sendungen wie den „Forscherexpress" und auch Nachrichten für Kinder.

PREMIERE
PREMIERE FERNSEHEN GMBH
1160 Wien, Kreitnergasse 5
Tel.: 01/491 66-200, service@premiere.at
www.premiere.at
Der bekannteste Home-Entertainment-Anbieter Premiere unterhält mit den drei verschiedenen Kinderkanälen des Pakets Premiere Kinder. Dieses besondere Pay-TV-Angebot ist über Sat und Kabel gegen eine geringe monatliche Gebühr empfangbar. In den meisten Fällen wird ein Receiver benötigt.

Disney Channel
Die neuesten Disney-Produktionen wie „Ratatouille" oder der Jugendhit „Camp Rock" werden hier erstmals ausgestrahlt und in vielen Fällen von einer exklusiven Eventprogrammierung begleitet. Zusammen mit dem gewaltfreien, lehrreichen und kindgerechten Vorschulprogramm bietet der Disney Channel Fernsehunterhaltung auf höchstem Niveau für Kinder und die ganze Familie.

Jetix
Täglich von 6.00 bis 19.45 Uhr gibt es neben zahlreichen Erstausstrahlungen und exklusiven Programminhalten auch Serienhighlights wie Shaman King, W.I.T.C.H., Get Ed, Yu-Gi-Oh!, Power Rangers, Typisch Andy!, PUCCA, Spiderman und Jackie Chan.

ZDF Tivi

Junior
Die besten Kinderklassiker wie Biene Maja, Wickie oder Pippi Langstrumpf, Garfield und seine Freunde und weitere lustige Cartoons für die ganze Familie.
Premiere Star bietet 18 Lieblingssender für alle Interessen – darunter auch Disney Playhouse, der Sender für die Kleinsten, Toon Disney, Boomerang mit Tom & Jerry, Popeye und Bugs Bunny und Cartoon Network.
Neben den ausgewiesenen Kinderprogrammen senden aber auch der Discovery Channel und Animal Planet familiengerechte Dokumentationen zu den Themen Wissenschaft und Technik, Geschichte, Tier und Mensch.

RTL II
D-82031 Grünwald, Lil-Dagover-Ring 1
Tel.: +49/89/641 85-0
zuschauerredaktion@rtl2.de
www.rtl2.de
Von Montag bis Freitag widmet RTL II seine Sendezeit (12.35 bis 15.40 Uhr) den japanischen Zeichentrickserien. Neben den niedlichen Pokémons, dem Ninja Naruto und Yu-Gi-Oh! wird auch Pokito TV täglich ausgestrahlt.

SUPER RTL
D-50781 Köln, Postfach 30 11 11
Tel.: +49/180/508 88 50
www.superrtl.de
Der Kinder-Lieblingssender mit Schwerpunkt auf Zeichentricksendungen bietet online wertvolle Informationen für Eltern und Pädagogen sowie ein ausführliches TV-Programm.

ZDF TIVI
D-55100 Mainz, ZDF-Straße 1
Tel.: +49/61 31/70-1, tivi@zdf.de info@zdf.de
www.tivi.de
Eine bunte Homepage zum Kinderprogramm des ZDF. Auf dieser findet man interessante Informationen und Sendezeiten zu kindgerechten Sendungen wie zum Beispiel Pippi Langstrumpf, Biene Maja, Wickie, 1, 2 oder 3 und vielen mehr. Auch lustige Spiele und mediale Infos und Tipps sind Teil des Repertoires.

▸ HOCHWERTIGE KINDER MAGAZINE

Alle Magazine sind im gut sortierten Zeitschriftenhandel erhältlich

ART ATTACK
EGMONT EHAPA VERLAG GMBH
www.ehapa.at
Das Magazin zur TV-Serie liefert viele gute Ideen rund ums Basteln. Mit Bastel-Extra als Geschenk!

BUSSI BÄR MAGAZIN
PABEL-MOEWIG VERLAG KG
www.vpm.de
Der absolute Klassiker unter den Kinderzeitschriften: Der bunt illustrierte, monatlich erscheinende Bussi Bär beinhaltet heute wie damals kunterbunte Bastelanleitungen, Malbilder, kleine Geschichten, Rezepte und Gewinnspiele.

DISNEY WINNIE PUUH MAGAZIN
EGMONT EHAPA VERLAG GMBH
www.ehapa.at
Viele Geschichten von Winnie Puuh und seinen Freunden, lustige Rätsel, schöne Ausmalseiten und tolle Poster fürs Kinderzimmer. Zudem gibt es in jeder Ausgabe ein bäriges Winnie-Puuh-Extra!

Kino für Groß
und Klein.
PREMIERE
Hier sind Sie immer im richtigen Film!
Sehen Sie exklusiv alle großen Kinohighlights, die noch nie zuvor im deutschs
Natürlich ohne Werbeunterbrechungen und in bester digitaler Bild- und Tonqualit
exklusiv auf FOX als österreichische TV-Premiere, dazu internationale Kultserie
Familienserien.
Jetzt einsteigen unter www.premiere.at oder unter 0810 810 140

achigen Fernsehen gelaufen sind. Neueste amerikanische Top-Serien sowie beliebte deutschsprachigen

Premiere. Alles außer alltäglich.

angelinaballerina.com

FRAG DOCH MAL DIE MAUS
BLUE OCEAN ENTERTAINMENT AG
www.blue-ocean-ag.de
Die bekannte Maus stillt den Wissensdurst der 6- bis 9-Jährigen mit Experimenten, Rätseln, etc.

GEOLINO
VERLAGSHAUS GRUNER + JAHR AG & CO. KG
www.geo.de
Geolino heißt die Kinderausgabe von „GEO" mit kurzen Geschichten zum Staunen, comicartigen Bildabfolgen, emotionalen Aufladungen.

LESERABE. SO MACHT LESEN LERNEN SPASS
BLUE OCEAN ENTERTAINMENT AG
www.blue-ocean-ag.de
Erstlesern ist er schon bekannt: Der Leserabe aus dem Ravensburger Verlag begleitet sie durch ihre Leseabenteuer. Nun bietet er auch in Zeitschriftenform mit Leserätseln, ABC-Lexika, Buchstaben-Kochrezepten einen tollen Zugang zur Welt der Buchstaben. Empfehlenswert für 5- bis 8-Jährige bzw. SchülerInnen der ersten beiden Klassen.

LÖWENZAHN-MAGAZIN
EGMONT EHAPA VERLAG GMBH
www.ehapa.at
Das Magazin basiert auf der gleichnamigen ZDF-Sendung und beinhaltet Geschichten aus Natur, Umwelt und Technik.

PHILIPP MAGAZIN
VERLAG HERDER GMBH
www.herder.de
Philipp erscheint alle zwei Monate und steckt voller Anregungen zu kreativen Beschäftigungen, Geschichten und Gedichten rund um Philipp, die Maus, und seinen Freund Tiger. Für Kinder von 4 bis 8 Jahren.

PRINZESSIN LILLIFEE / PRINZESSIN LILLIFEE UND DAS EINHORN / PRINZESSIN LILLIFEE BASTELZAUBER
BLUE OCEAN ENTERTAINMENT AG
www.blue-ocean-ag.de
Monat für Monat tauchen kleine Mädchen in die zauberhafte Welt der aus den Coppenrath-Bilderbüchern bekannten Prinzessin Lillifee ein. Mit hübschen Zeichnungen und inspirierenden Bastel- und Rezeptvorschlägen, Rätseln und Ausmalbildern sowie romantischen Kleinigkeiten als Beipack der Renner bei Mädchen.

UNIVERSUM KIDS
LW WERBE- UND VERLAGSGESELLSCHAFT
www.lwmedia.at
Ein schlaues Magazin, das auf interessante Art und Weise viel Information aus den unterschiedlichsten Sachbereichen bietet. Für Kinder ab dem Volksschulalter.

▸ INTERNETADRESSEN FÜR KINDER

ANGELINABALLERINA.COM
Angebot: Die kleine Ballettmaus begleitet die Kinder bei den ersten Schritten am Computer – von Spielen, bei denen Angelinas Aufführung selbst gestaltet wird, über eine Galerie der Personen aus der Erfolgs-Bilderbuchserie bis zu Ausmalbildern.

BARBIE.COM
Angebot: Eintauchen in die rosafarbene Lifestyle-Welt von Barbie – vom Glitzerpferd bis zum selbst kreierten Outfit für die modebe-

Die-maus.de

Kidsnet.at

wusste Puppe setzen Mädchen hier ihre Fashion-Ideen um.

BLINDE-KUH.DE
Angebot: Eine Suchmaschine für Kinder ab 8 Jahren. Wie soll man sich denn sonst im Internet zurechtfinden?

BOBTHEBUILDER.COM
Angebot: Für Kinder ab 4 Jahren hält Bob der Baumeister hier einige lustige und lehrreiche Spiele bereit.

BUSSIBAER.DE
Angebot: Der Bär mit dem goldenen Herz ist natürlich auch im Internet vertreten. Eine entzückend gestaltete Page mit Informationen zum neuesten Heft und anderen Besonderheiten.

COLORIEZ.COM
Angebot: Malvorlagen ohne Ende – ob Spiderman-, Winx-Club-, Disney-Figuren etc. – hier findet jeder, was er am liebsten malt. Vorlagen ausdrucken und los!

DIE-MAUS.DE
Angebot: Ganz in der Maus-Tradition sind hier viele spannende Infos zu verschiedenen Wissensgebieten abrufbar. Aber auch lustige Spiele und ein MausPodcast werden geboten.

DIDDL.DE
Angebot: Vom Druckstudio mit Visitenkarten, Briefpapier und Ähnlichem zum Ausdrucken über die Galerie der „Diddl" und ihrer Freunde für Sammler bis zu virtuellen Städtereisen bietet die Seite Fun ab dem Volksschulalter.

DISNEY.DE
Lädt zu Ausflügen in die Welt der Disney-Filme. Ob man nun die Trailer der neuesten Filme sehen, Basteleien ausdrucken oder lustige Spiele spielen möchte, hier ist man an der richtigen Adresse. Ein nettes Stelldichein mit den bekannten Charakteren.

GEOLINO.DE
Auf der Website finden Kinder interessante Materialien und Aktionen sowie lehrreiche Artikel zu Themen wie Natur, Mensch, Technik und vieles mehr.

HELLES-KOEPFCHEN.AT
Angebot: Noch eine Suchmaschine speziell für (ältere) Kids! Die Schlagzeilen aus aller Welt, aber auch Hintergrundinformationen und Interessantes aus verschiedenen Kulturen und Wissensgebieten werden hier für Kinder aufbereitet.

HYADEN.DE
Angebot: Raumfahrt und Astronomie für Kinder. Eine wirklich spannende Seite über das Weltall.

KIDSNET.AT
Angebot: Informationen und Übungsmaterial passend zu österreichischen Lehrplänen und Lehrinhalten: Kinder von 6 bis 14 Jahren holen sich damit die virtuelle Welt ins Klassenzimmer (oder nach Hause). Eine gute Quelle auch für Eltern, die mit den Kindern über die Schule hinaus üben wollen.

KIDSWEB.AT
Angebot: Schüler von 6 bis 12 Jahren sind hier richtig aufgehoben. Wissenswertes von A–Z, eine Lesecke, Referate, wichtige

Labbe.de/zzzebra

Lillifee.de

und interessante Daten und Fakten zum Land Österreich, ein Diskussionsforum und vieles mehr gibt es in diesem Portal für Kinder zu entdecken.

KIKU.AT

Angebot: Der Kinderkurier hat immer wieder Wichtiges zu berichten. Eine Seite, die weiß, was für Kinder gerade interessant ist! Von 6 bis 12 Jahren!

KINDERGESUNDHEITSQUIZ.DE

Angebot: Auf der Seite der Ärztekammer Nordrhein puzzeln Kinder den menschlichen Körper oder ordnen Geräte des Arztes ihrem Verwendungszweck zu. Ein spielerischer Zugang zum Arztbesuch.

LABBE.DE/ZZZEBRA

Angebot: Eine hervorragend gemachte Seite, um Kinder zum Lernen, Denken, zum Ihre-Umwelt-kritisch-Wahrnehmen zu motivieren. Auch wer auf der Suche nach einfach nachzumachenden Experimenten ist, wird hier fündig. Ein Ideenpool, in den nicht nur Kids, sondern alle, die sie fördern wollen oder sollen, eintauchen können!

LILLIFEE.DE

Angebot: Freundinnen der kleinen Prinzessin, aus der erfolgreichen Buchserie des Coppenrath Verlags bekannt, finden hier Briefbogen, Malvorlagen, Computerspiele etc. zum Herunterladen.

MATHE-IM-NETZ.DE

Angebot: Spannende Denkaufgaben, Rechenuhren, Memo-Spiele und andere interessante Aufgabenstellungen für Mathe-Fans und -Muffel.

NATURDETEKTIVE.DE

Angebot: Anliegen der Naturdetektive ist es, das „Internationale Übereinkommen der Vereinten Nationen über die Biologische Vielfalt" in der Öffentlichkeit bekannt zu machen. Kids kommen hier mit der Natur ganz spielerisch in Berührung.

PHYSIKFUERKIDS.DE

Wie funktioniert eine Toilette, ein Grammophon, was ist Schall und viele andere Fragen aus der Welt der Physik werden hier in Wort und Bild beantwortet.

SAFERINTERNET.AT

Angebot: Safer Internet ist eine österreichweite Initiative und bietet interessante Informationen zur sicheren Internetnutzung. Hier findet man umfangreiche Unterstützung für Eltern und wertvolle Tipps für Kinder.

SANDMAENNCHEN.DE

Angebot: Für kleine Fans ab 6 Jahren, die die Zeit bis zur Fernsehsendung nicht ohne unser Sandmännchen sein können, ist diese Internetseite genau das Richtige. Man kann sich die Geschichten online vorlesen lassen, außerdem gibt es noch einige lustige Spiele.

TOGGO.DE

Angebot: Deutschlands größte Kinderseite mit vielen Spielen, Informationen und Neuigkeiten.

TOGGOLINO.DE

Angebot: Die Lernplattform für Vorschulkinder von 3 bis 7 Jahren. Ausgezeichnet mit dem Edut@in Award 2004. Für 30 Tage kann der Club um einen Euro genutzt werden, dann kostet die Jahresmitgliedschaft 69 Euro.

http://kids.virtuelleschule.at/

wdr.de/tv/blaubaer/

HTTP://KIDS.VIRTUELLESCHULE.AT/

Angebot: Die virtuelle Reise/Schule für Kinder – gefördert vom Bundesministerium für Bildung, Wissenschaft und Kultur – bietet viele Links, die unsere Kinder in Themenbereiche von Kultur bis Entwicklungspolitik etc. einführt.

WASISTWAS.DE

Angebot: wasistwas.de ist ein recht umfangreiches Leseparadies mit Online-Texten aus „Was ist Was"-Büchern. Außerdem werden auch Fragen online beantwortet. Die Seite ist geeignet für Kinder ab 9 Jahren.

WDR.DE/TV/BLAUBAER/

Angebot: Auf dieser Seite kann man Käptn Blaubär und seine Freunde besuchen, und viel spannendes Seema nnsgarn, Spiele etc. gibt's noch dazu.

HTTP://WEBS4KIDS.AT/

Angebot: 8 bis 14-Jährige Kids finden auf der österreichischen Edutainment-Site Ausgewähltes aus den Bereichen Wissen und Freizeit. Ein alphabetisches Lexikon zu unterschiedlichen Begriffen erleichtert die Suche nach Informationen auch für die Schule.

Online-Fotoalbum
Community
News für Familien
Userforum
Expertenforum
Gewinnspiele
www.fratz.at
Family
Vital
On Tour
Trend
Expertenforum
Community
Das österreichische Familien-Portal
Informationen
ABO
VORTEILSZONE
NEWSLETTER
SUCHE
KONTAKT
ÜBER UNS
SITEMAP
IMPRESSUM
Das aktuelle fratz&co
...und jede Menge tolle Preise
jetzt anmelden und gewinnen
www.fratz.at
www.fratz.at – Die Online Familienwelt

SPORT

Bewegung gefragt

Körperliche Betätigung macht Kinder fit und sicher.

„Fall nicht runter!" „Tu dir nicht weh!" „Lauf nicht so schnell!" Gut gemeinte Tipps besorgter Eltern können sehr schnell dazu führen, dass sich Kinder erst recht verletzen. Dazu trägt die menschliche Kommunikation ihren Teil bei, welche die Verneinung im Satz einfach ausblendet und aus einem „Nicht" eine Aufforderung macht. Zum anderen tun sich Kinder, die in ihrem natürlichen Bewegungsdrang eingeschränkt werden, tatsächlich leichter weh. Wer sich nicht genug bewegt, ist nicht so geschickt wie seine bewegungshungrigen Spielgefährten. Denn bei mangelnder Körperbeherrschung können die Bewegungen nicht optimal koordiniert werden, auch die Reaktionszeit ist höher. Die Folge: Das Unfallrisiko ist größer. Außerdem lernen Kids erst durch die Erfahrung, Risiken richtig einzuschätzen.

Das soll freilich nicht heißen, dass man nicht die Sensibilität der Kinder für Gefahren wecken und sie auf mögliche Risiken hinweisen sollte. Aber gewisse Freiheiten sind notwendig für die gesunde Entwicklung der Kleinen. Kleine Abschürfungen oder Kratzer sind dabei unvermeidlich und auch kein Problem. Schlimme Unfälle passieren hingegen meist aufgrund echter Gefahrenquellen. Immerhin hatten in Österreich laut Freizeitunfallstatistik des Kuratoriums für Verkehrssicherheit 2006 rund 170.200 Kinder unter 15 Jahren Unfälle. Davon passierten 87.300 zu Hause bzw. in der Freizeit, 38.300 beim Sport, 41.016 in der Schule und 3591 im Straßenverkehr. Dabei sind Kinder insbesondere Unfällen mit und im Wasser, Stürzen und Verbrennungen ausgesetzt.

AUF NUMMER SICHER

Neben der entsprechenden Absicherung der Wohnung und des Gartens durch Kindersicherheitsvorkehrungen, Zäune etc sollte besonderes Augenmerk auf körperliche

Kein Kind, das nicht gern schaukelt. Praktisch ist, dass man auch – etwa im Winter – zu Hause schaukeln kann.

Betätigung gelegt werden. Wer Kindern Möglichkeiten zur Bewegung gibt, weckt ganz spielerisch die Freude daran und stärkt die Kids. In der Wohnung bieten sich Reckstangen, die zwischen den Türen befestigt werden, Schaukeln, Sprossenwände und ganze Klettertürme mit Ringen, Strickleiter, Tauen etc. (werden zwischen Boden und Decke geklemmt) an. Trampoline sind die Alternative zum Springen auf Ehebetten oder Sofas und damit absolut nervenschonend für die Eltern. Weitere positive Effekte des Trampolinhüpfens: Kräftigung der Muskeln, Förderung von Ausdauer und Belastbarkeit von Herz und Lunge, Training der Koordination und des Gleichgewichtssinns sowie der Sprungkraft, Energieabbau. Allerdings ist Vorsicht geboten, denn wer unaufgewärmt oder müde hüpft, kann sich verletzen. Auch sollten nicht zu viele Kinder auf einmal auf dem Trampolin springen.

Verletzungsrisiken beim Turnen und Toben werden auch durch gute Matten, die abfedernd wirken, reduziert. Dann ist Bewegung auch in den vier Wänden kein Problem. Rollbretter, Boxsäcke, Elemente für den Hindernislauf und ähnliche Spielgeräte sind im Indoor-Bereich platzsparende Bewegungsangebote, die Kindern Spaß machen.

BEWEGUNG IM FREIEN

Für draußen ist die Angebotspalette freilich noch viel breiter. Mit Stelzen, Laufdollis oder Balanciertöpfen und -schnecken üben die Kids, das Gleichgewicht zu halten. Im Trend liegen auch sogenannte Slacklines, Bänder, die zwischen Bäumen, Zäunen etc. aufgespannt werden und das Überwinden imaginärer Hindernisse noch spannender machen. Auch Hangelleitern, horizontale Strickleitern, die im Garten gespannt werden, machen Kids Spaß. Beim Entlanghangeln trainieren sie die Geschicklichkeit und kräftigen dabei die Muskulatur in Armen, Schultern und im Rücken. Die Trampoline für den Garten fallen gleich viel größer aus (auch mit Netzen als Absicherung zu haben) als jene für die Wohnung. Wer einen großen Garten hat, stellt vielleicht auch Schaukel, Klettergerüste (Achtung: Diese müssen gut gewartet und abgesichert werden!) und Fußballtore auf. Basketballkörbe brauchen weniger Platz, dafür einen harten Boden, auf dem man gut „aufpeppeln" kann. Ballspiele sind generell ebenso Dauerrenner wie Hüpfbälle, Federball, Diabolo, Springschnur, Gummitwist, Sackhüpfen und Eierlauf.

Gerade Letztere bieten sich für Teamspiele an. Treten Kinder und Eltern mit- und gegeneinander zur „Familienolympiade" an, machen die Spiele gleich noch mehr Spaß. Übrigens spielt hier wie in allen anderen Bereichen auch die Vorbildwirkung der Eltern eine große Rolle. Die Kids von Couch-Potatoes aalen sich ebenso am liebsten vor dem TV, wie Mama und Papa, weil sie es ja nicht anders sehen. Wer aber schon früh in die Natur hinauskommt oder den Eltern beim Tennis-Match die Daumen drückt, für den ist Bewegung selbstverständlich.

Viele Sportarten lassen sich als Familie bestens ausüben. So ziehen Eltern und Kinder auf dem Eislaufplatz gemeinsam ihre Runden oder flitzen über die Skipisten. Auch Inlineskaten oder Radfahren bieten sich als Familiensportarten an. Wichtig ist die richtige Ausrüstung. So sollen beim Inlineskaten Helm sowie Knie- und Ellbogenschützer getragen werden – immerhin haben sich allein im Jahr 2006 rund 4200 Menschen in Österreich (davon waren 25 Prozent unter 14 Jahren) so schwer verletzt, dass sie sich einer Behandlung im Spital unterziehen mussten. Vor allem die Hände sind bei diesem Sport gefährdet, da beim Verlieren

Schwimmen ist besonders gesund. Kleine Wasserratten trainieren so ihren ganzen Körper.

Sicherheit geht vor: Radfahren sollten Kinder nur mit der richtigen Ausrüstung.

des Gleichgewichts versucht wird, sich mit den Armen abzufangen. Anfänger lernen in Kursen das richtige Fallen – das zahlt sich aus.

Auch beim Skifahren ist es wesentlich, den Kopf mit einem Helm zu schützen – das gilt für Erwachsene ebenso wie für Kinder. In vielen Skigebieten kann man bereits beobachten, dass vor allem einheimische erwachsene Skifahrer sich der Gefahren beim Skifahren bewusst sind und einen Helm tragen. Aber nicht nur der Helm, auch die übrige Ausrüstung ist wichtig. Vor allem bei Kindern passen Ski und Schuhe nicht immer optimal, wenn sie von einem Größeren „ererbt" sind. Besser man leiht das Sportgerät aus, als man schickt das Kind mit zu großen Schuhen oder Skiern mit stumpfen Kanten auf die Piste. Als sehr gefährliche Wintersportgeräte gelten übrigens aufblasbare Rodeln, Tellerrodeln oder Plastikbobs mit glatter Auflagefläche. Diese tauchen nicht tief in den Schnee ein, sodass sie sehr schnell und unmöglich zu steuern sind.

Auch geradelt werden sollte mit dem richtigen Equipment. Das betrifft zum einen das Rad selbst, dessen Sattel und Lenker in der Höhe richtig eingestellt sein sollten, aber auch das Tragen eines Helms – dieses sollte für Kinder selbstverständlich sein. Immerhin haben rund 6600 Kinder unter 14 jährlich Unfälle mit dem Rad, die eine Behandlung im Spital erforderlich machen. Gründe sind Unsicherheit auf dem Rad, Schwierigkeiten mit dem Gleichgewichtssinn und Übermut. Wichtig: Kinder immer vor den Erwachsenen fahren lassen bzw. kleine Kinder auf dem Gehsteig. Erst ab 10 Jahren dürfen Kinder, die den Fahrradführerschein gemacht haben, allein auf der Straße unterwegs sein. Alle anderen ab 12! Denn wer weiß wie, bewegt sich auch, ohne Schaden zu nehmen.

ASKÖ Jugendreferat

▸ DACHVERBÄNDE UND ANLAUFSTELLEN

ASKÖ: ARBEITSGEMEINSCHAFT FÜR SPORT UND KÖRPERKULTUR IN ÖSTERREICH

1230 Wien, Steinergasse 12
Tel.: 01/869 32 45-0, askoe@askoe.or.at
www.askoe.or.at
Die ASKÖ besteht seit 1892, ist der größte Dachverband Österreichs und umfasst zurzeit etwa 4200 Vereine mit rund 1,2 Millionen Mitgliedern. Für diese erbringt die ASKÖ eine Reihe ideeller und materieller Dienstleistungen, insbesondere bei der Errichtung, Erhaltung, Verwaltung und beim Betrieb von Sportanlagen. Zudem werden über 110 verschiedene Sportarten betreut. Gemäß dem Motto: „Sport für alle!", „Jedem sein Sport!" sollen innerhalb der ASKÖ möglichst viele Menschen die unterschiedlichsten Sportarten ausüben können. Auch die Homepage bietet umfangreiche Informationen zu nahezu allen bekannten Sportarten und eine Suchmaschine, über die Landesverbände und aktuelle Neuigkeiten bundesländerweise abgefragt werden kann.

ASKÖ-JUGENDREFERAT

1230 Wien, Steinergasse 12
Tel.: 01/869 32 45-20, jugend@askoe.at
www.jugendsport.at
Um Jugendliche in der Gruppe der AktivsportlerInnen zu halten und Inaktive zum Sporttreiben zu motivieren, bietet die ASKÖ im Bereich Jugendarbeit vielfältige Sportangebote, die von den traditionellen bis hin zu Trend- und Funsportarten reichen.

ASVÖ: ALLGEMEINER SPORTVERBAND ÖSTERREICHS

1130 Wien, Dommayergasse 8
Tel.: 01/877 38 20-0, office@asvoe.at
www.asvoe.at
Der ASVÖ ist ein hoch qualifizierter und unabhängiger Ansprechpartner für alle. Der Verband unterstützt nicht nur Mitglieder, sondern bietet allen Sporttreibenden und Sportinteressierten in ganz Österreich Leistungen und Services an. Angeboten werden die verschiedensten Sportmöglichkeiten, auch Trendsportarten, für Kinder und Familien.

BSFZ: BUNDESSPORT- UND FREIZEITZENTREN ÖSTERREICH

1120 Wien, Schönbrunner Allee 53
Tel.: 01/803 01 61-0, austria@bsfz.at
www.bsfz.at
Geboten werden hochmoderne Sportanlagen samt Nächtigung und Verpflegung zu erschwinglichen Preisen (z. B. bestimmte Jugendtarife), wobei vor allem Gruppen angesprochen werden. Das Sportprogramm wird von diesen direkt organisiert.

BSO: ÖSTERREICHISCHE BUNDESSPORTORGANISATION

1040 Wien, Prinz-Eugen-Straße 12
Tel.: 01/504 44 55, office@bso.or.at
www.bso.or.at
Die Österreichische Bundessportorganisation ist eine gemeinnützige Institution mit der Ausrichtung, die Interessen des Sports in Österreich und in internationalen Organisationen zu vertreten. Die BSO ist damit die zentrale Koordinations- und Beratungsplattform innerhalb des österreichischen Sportsystems. Hier bekommt man umfangreiche Informationen zu Sportdach- und Sportfachverbänden der unterschiedlichsten Sportarten.

American Football

IMSB: INSTITUT FÜR MEDIZINISCHE UND SPORTWISSENSCHAFTLICHE BERATUNG
1020 Wien, Meiereistraße 7
Ernst-Happel-Stadion, Sektion D
Tel.: 01/720 43 64, office-wien@imsb.at
2344 Maria Enzersdorf, Johann-Steinböck-Str. 5
Tel.: 0 22 36/229 28, office@imsb.at
www.imsb.at
Das Institut für medizinische und sportwissenschaftliche Beratung (IMSB) bietet seit 1982 praxisbezogene, komplexe medizinische und sportwissenschaftliche Beratung und Betreuung. Auch Nachwuchssport ist seit Jahren Thema des IMSB. Gemeinsam mit Verbänden, Vereinen und Institutionen wurden erfolgreiche Nachwuchskonzepte und alters- bzw. entwicklungsspezifische Bewegungsprogramme entwickelt, zudem werden auch spezielle Sportmotoriktests für Kinder angeboten.

SPORTUNION
1010 Wien, Falkestraße 1, Tel.: 01/513 77 14
office@sportunion.at
www.sportunion.at
Die Sportunion, 1945 gegründet, ist ein Mitglied der Österreichischen Bundes-Sportorganisation und betreut derzeit zirka 4238 Vereine und 1.103.526 Mitglieder. Sie bietet Informationen zu Sport, Fitness und Gesundheit und ist zudem ein Sportverband, wo man Leistungssport, Fitness und Wellness mit Spaß, Freude, mit bestausgebildeten TrainerInnen und in einem Verein in der Nähe ausüben kann. Auskünfte über die Landesverbände, auch online.

▸ SPORTARTEN VON A–Z

▸ Aerobic/Turnen
Aerobic kombiniert Gruppengymnastik und Tanz und stellt ein ganzkörperliches Training dar. Rhythmusgefühl und Koordination werden gefördert, Kondition und Fitness aufgebaut, die muskuläre Ausdauer sowie Herz und Kreislauf werden gestärkt. Kurz: eine Mischung aus Laufen, Hüpfen, Kräftigungs- und Stretchübungen zu fetziger Musik.

ÖSTERREICHISCHE TURN- UND SPORTUNION
1010 Wien, Falkestraße 1, Tel.: 01/513 77 14
office@sportunion.at
www.sportunion.at

▸ Aikido
Aikido ist eine japanische Kampfkunst ohne Gewalt, bei der Gleichgewicht und Harmonie im Vordergrund stehen: Ai- steht für Harmonie und Einheit, -ki für Lebensenergie und Kraft und -do für den Weg. Eine Besonderheit des Aikido ist, dass es relativ wenige Angriffstechniken besitzt und mehr Gewicht auf den defensiven Part legt. Genauigkeit, Konzentration und Fokus werden geschult. Ab 6 Jahre.

ÖSTERREICHISCHER AIKIDOVERBAND AIKIDO & IAIDO – RYU SHIN KAN
Tel.: 0699/125 51 061, office@aikido.at
www.aikido.at
Hier erhält man Infos zu Aikido-Schulen österreichweit.

▸ American Football
American Football ist ein Kampfspiel zwischen zwei Mannschaften mit jeweils 11 Spielern. Ziel des Spiels: die Raumgewinnung. Football ist vor allem von taktischen und physischen Elementen geprägt. Jeder Spieler hat eine bestimmte Position und eine ganz bestimmte Aufgabe.

Ballett

Basketball

AMERICAN FOOTBALL BUND ÖSTERREICH
3400 Klosterneuburg, Inkustraße 1–7/8
Tel.: 0 22 43/250 66, office@afboe.at
www.afboe.at

▸ Badminton

Badminton wird mit einem Federball auf einem genormten Spielfeld, das durch ein Netz geteilt wird, gespielt. Es wird in der Halle ausgetragen und erfordert aufgrund der Schnelligkeit und der großen Laufintensität eine hohe körperliche Fitness. Das temporeiche Spiel ist aufgrund der einfachen Regeln schnell erlernbar und für alle Altersgruppen geeignet.

ÖSTERREICHISCHER BADMINTON VERBAND
4655 Vorchdorf, Neue Landstraße 4
Tel.: 0 76 14/213 49, sport@badminton.at
www.badminton.at
Umfassende Informationen zu Vereinen, Training usw.

▸ Ballett/Tanz

Im klassischen Ballett wird mit den Mitteln von Musik, Tanz, Körpersprache, Mimik, Kostümen und Bühnenbild eine Geschichte erzählt. Tanz wirkt sich allgemein positiv auf körperliche Fitness, Körperhaltung und Beweglichkeit aus.

AUSTRIAN DANCE SERVER
http://tanz.or.at/fshowsch.shtml
Eine Auflistung von Ballettschulen österreichweit.

KREADANCE KINDERTANZZENTRUM
Tel.: 0664/441 99 99
www.kreadance.com

Mit über 350 SchülerInnen an fünf Standorten hat sich Kreadance als eine der größten Kinderballettschulen Österreichs etabliert. Kreadance vermittelt den SchülerInnen ein breites Spektrum an Tanzstilen und fördert die Kreativität und Flexibilität der Kinder. Highlight des Jahres sind die Dance Designs, die große Aufführung auf der „richtigen Bühne“, bei der die Kinder ihr Können Eltern und anderen Interessierten vorführen.

▸ Baseball

Baseball, die Nationalsportart der USA, ist ein Schlagballspiel für zwei Mannschaften mit jeweils neun Spielern. Der Teamgeist steht im Vordergrund.

ÖSTERREICHISCHER BASEBALL UND SOFTBALL VERBAND
1210 Wien, Jedleseer Straße 3 / Top 4
1020 Wien, Sportzentrum Spenadlwiese
Tel.: 01/774 41 14
office@baseballaustria.com
www.baseballaustria.com

▸ Basketball

Basketball ist ein technisch und taktisch anspruchsvolles Ballspiel. Dabei werden Schnelligkeit und Konzentration trainiert und als Teamsportart die soziale Kompetenz des Kindes gefördert. Basketball gehört zu den „Trendsportarten“. Geeignet für Kinder ab 6 Jahren.

ÖSTERREICHISCHER BASKETBALLVERBAND
1040 Wien, Favoritenstraße 22/11
Tel.: 01/505 96 49-11
office@basketballaustria.at
www.basketballaustria.at

Eiskunstlauf

Fußball

▸ Eishockey
Kraft und Geschicklichkeit auf dem Eis können rund ums Jahr trainiert werden: In Sommerschulen im Juli und August heißt die Devise: Eishockey-Intensiv-Training (Infos unter www.eishockey.at). Vereine empfehlen das schnelle Mannschaftsspiel für Kids ab 5. Das Spiel ist im Allgemeinen sehr körperbetont, und man sollte trotz professioneller Ausrüstung mit gelegentlichen Verletzungen rechnen.

ÖSTERREICHISCHER EISHOCKEYVERBAND
1220 Wien, Attemsgasse 7/D, 1. OG
Tel.: 01/202 00 20-0, info@eishockey.at
www.eishockey.at
Links zu Mannschaften österreichweit.

OEHV NACHWUCHS
Tel.: 0676/524 00 29
w2ebner@edu.uni-klu.ac.at
http://members.eunet.at/hockeynw/
Umfangreiche Trainings-Infos österreichweit.

▸ Eislaufen/Eiskunstlauf
Eiskunstlaufen und Eisschnelllaufen werden im sportlichen Eislaufen unterschieden. Ersteres steht im Zeichen der künstlerischen Darbietung, bei zweiterem zählt die Schnelligkeit. Kinder üben auf dem Eis Balance und Körperbeherrschung.

ÖSTERREICHISCHER EISLAUFVERBAND
1040 Wien, Prinz-Eugen-Straße 12
Tel.: 01/505 75 35
www.oeekv.at

▸ Faustball
Faustball ist ein Rückschlagspiel, bei dem sich zwei Mannschaften auf zwei Halbfeldern gegenüberstehen, und erinnert dadurch an Volleyball. Speziell für Kids in der Schule wurden zwei Faustballspiele entwickelt (zum Downloaden unter www.oefbb.at).

ÖSTERREICHISCHER FAUSTBALLBUND
5020 Salzburg, Münchner Bundesstraße 9
Tel.: 0 66 2/42 31 98-0, office@oefbb.at
www.oefbb.at

▸ Fechten
Fechten ist ein Sport, der die Eigentätigkeit und das kreative Verhalten herausfordert, Spielraum für individuelle Lösungen lässt, für das Denken und Verhalten seines Gegenübers sensibilisiert und auch bewegungsschwächeren Kindern Erfolgschancen bietet. Für Kinder ab 8 Jahren.

ÖSTERREICHISCHER FECHTVERBAND
2346 Südstadt, Liese-Prokop-Platz 1
Tel.: 0 22 36/86 42 68
www.oefv.com

▸ Fußball
Fußball wirkt sich positiv auf Ausdauer, Schnelligkeit, Koordination und Teamgeist aus. Und: Nicht nur Buben spielen Fußball – auch Mädchen dürfen ans Leder. Ab 4 Jahren.

ÖFB ÖSTERREICHISCHER FUSSBALLBUND
1020 Wien, Meiereistraße 7
Ernst-Happel-Stadion, Sektor A/F
Tel.: 01/727 18-0, office@oefb.at
www.oefb.at

▸ Golf
Golf ist nicht mehr nur ein Sport für Ältere. Auch immer mehr junge Menschen haben Spaß daran, an der frischen Luft den Golfball

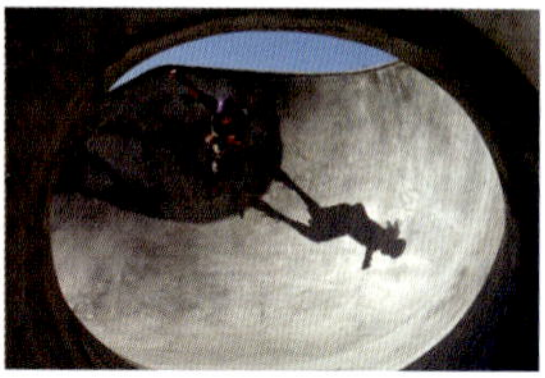
Skateboarding

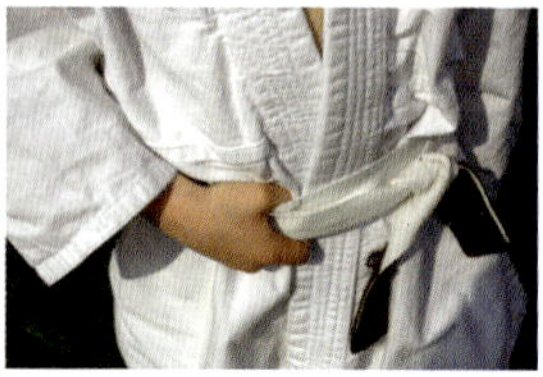
Judo

mit möglichst wenig Schlägen einzulochen. Ein gutes Augenmaß und Konzentration sind Voraussetzung fürs Golfspielen. Vor dem Volksschulalter sollte man aber mit dem Golfen nicht beginnen, da es kein rückenfreundlicher Sport ist. In etlichen Golfclubs in ganz Österreich gibt es spezielle Kindertrainings, auch wochenweise in den Ferienzeiten.

ÖSTERREICHISCHER GOLF-VERBAND
1030 Wien, Marxerg. 25, Tel.: 01/505 32 45-16
www.golf.at
Zentrale Anlaufstelle für alle Fragen zum Golfsport. Hier laufen auch die Fäden für die Förderung von Kinder- und Jugendgolf in Österreich zusammen.

▸ Handball
Handball ist eine sehr schnelle Teamsportart, die fast ausschließlich in der Halle und im Verein gespielt wird. Zwei Mannschaften mit je sechs Feldspielern und einem Torwart kämpfen darum, den Ball in das gegnerische Tor zu werfen. Hier ist voller Körpereinsatz gefordert. Übrigens ist Handball nach Fußball die zweitbeliebteste Ballsportart.

ÖSTERREICHISCHER HANDBALLBUND
1050 Wien, Hauslaubgasse 24a
Tel.: 01/544 43 79, oehb@oehb.at
www.oehb.at

▸ Inlineskating & Skateboarding
Bei Kindern und Jugendlichen besonders beliebt, aber nicht ganz ungefährlich. Wichtig: Man sollte immer Helm und Knie- bzw. Ellbogenschutz tragen und idealerweise einen Bremskurs machen. Dieser Sport ist ab 6 Jahren zu empfehlen.

ÖSTERREICHISCHER ROLLSPORT- UND INLINESKATING-VERBAND
1150 Wien, Stutterheimstraße 2
Tel.: 01/714 02 03
www.oersv.or.at

▸ Jiu-Jitsu
Jiu-Jitsu ist ein umfassendes aus Japan stammendes Kampfsystem, bei dem Wurf-, Griff- und Schlagtechniken eingesetzt werden können.

JIU-JITSU-VERBAND ÖSTERREICH FACHVERBAND FÜR SELBSTVERTEIDIGUNG
1030 Wien, Am Heumarkt 29/18
Tel.: 0 66 0/760 46 20
Postanschrift des Sekretariats: Doris Fuchs
2523 Tattendorf, Feldgasse 2, Tel.: 0 22 53/817 13
www.jjvoe.at
Jiu-Jitsu-Kampfsport und verwandte Kampfsportarten.

ÖSTERREICHISCHER JIU JITSU BUND
www.oejjb.or.at
Wichtige Infos über Vereine und verschiedene Trainingsorte.

▸ Judo
Gelenkigkeit, Schnelligkeit, mehr Selbstvertrauen und eine bessere Körperhaltung: Die positiven Auswirkungen von Judo sind unbestritten. Obwohl es anders aussieht, ist das Verletzungsrisiko sehr gering. Denn das Fallen wird geübt, und außerdem trainiert man auf Matten.

ÖSTERREICHISCHER JUDOVERBAND
1100 Wien, Gutheil-Schoder-Gasse 7b
Tel.: 01/661 06-16 14, office@oejv.com
www.oejv.com

Radfahren

Reiten

▸ Karate

Die defensive Kampfkunst ist gerade für Kinder mit wenig ausgeprägtem Selbstbewusstsein oder mangelnder Bewegungserfahrung ideal. Das Training wird speziell auf Kids zugeschnitten. Gut aufbereitete Infos unter www.sportunion.at.

ÖSTERREICHISCHER KARATEBUND
3100 St. Pölten, Dr.-Adolf-Schärf-Straße 25
Tel.: 0 27 42/25 87 94
www.karate-austria.at

▸ Klettern

Eine Kletterwand trainiert Geschicklichkeit, Ausdauer und Stärke, das Vertrauen in den eigenen Körper sowie das Selbstwertgefühl des Kindes wird gestärkt, denn wer wollte nicht schon immer mal ein Gipfelstürmer sein.

KLETTERHALLE WIEN
1220 Wien, Erzherzog-Karl-Straße 108
Tel.: 01/890 46 66-0
www.kletterhallewien.at
Hier werden verschiedene Kinderkletterkurse in unterschiedlichen Leistungs- und Alterklassen angeboten.

▸ Leichtathletik

Beim Laufen, Springen und Werfen wird Disziplin geübt, aber auch der Spaß im Wettbewerb kommt nicht zu kurz. Für Kinder ab 5 Jahren.

ÖSTERREICHISCHER LEICHTATHLETIKVERBAND
1040 Wien, Prinz-Eugen-Str. 12, Tel.: 01/505 73 50 office@oelv.at
www.oelv.at

▸ Minigolf (Bahnengolf)

Minigolf ist eine Sportart, die eine kleinere Variante des Golfs und eine der genormten Varianten des Pisten- oder Bahnengolfs darstellt. Idealer Freizeitsport für die ganze Familie.

ÖSTERREICHISCHER BAHNENGOLFVERBAND
1050 Wien, Kleine Neugasse 15–19/1/11
Tel.: 01/581 81 81, oebgv@oebgv.at
www.oebgv.at

▸ Radfahren/BMX/Mountainbike

Das Fahrrad ist nicht nur ein Fortbewegungsmittel im Straßenverkehr, sondern auch ein optimales Sportgerät. Es eignet sich hervorragend, um gelenkschonend die Grundlagenausdauer zu verbessern. Zudem wird das Selbstvertrauen der Kinder beim Radfahren gestärkt. Wichtig: Immer mit Helm fahren! Das BMX hat spezielle Räder, um die Bodenhaftung zu verbessern.

ÖSTERREICHISCHER RADSPORTVERBAND
1110 Wien, Hasenleiteng. 73, Tel.: 01/768 16 91
office@radsportverband.at
www.radsportverband.at

▸ Reitsport

Der Reitsport bietet beim freizeitorientierten Ausreiten den direkten Kontakt mit Tieren und der freien Natur. Als Wettkampfsportart kann man zwischen Dressur, Springen, Military, Voltigieren, Polo, Galopp- und Trabrennsport wählen. Ungezwungener ist das immer beliebter werdende Westernreiten, das sich aus dem Reitstil der Cowboys entwickelt hat. Außerdem wird Reiten als therapeutische Sportart eingesetzt. Tipps zur Auswahl

Schwimmen

Segeln

des Reitstalls geben die jeweiligen Landesfachverbände für Reiten und Fahren.

BUNDESFACHVERBAND FÜR REITEN UND FAHREN IN ÖSTERREICH
1110 Wien, Geiselbergstraße 26–32/5/12
Tel.: 01/749 92 61, office@fena.at
www.fena.at

▸ Rudern, Kanufahren, Paddeln

Rudern ist eine vielseitige Wassersportart und bietet einen idealen Mix aus Ausdauer-, Kraft- und Koordinationstraining. Kann sowohl als Individual- als auch als Mannschaftssport betrieben werden. Beim Kanusport besteht im Gesensatz zum Rudern keine feste Verbindung des Paddels zum Boot.

ÖSTERREICHISCHER RUDERVERBAND
1030 Wien, Blattgasse 6, Tel.: 01/712 08 78
office@rudern.at
www.rudern.at

ÖSTERREICHISCHER KANUVERBAND
5280 Braunau am Inn, Gießereistraße 8
Tel.: 0 77 22/816 00
office@kanuverband.at
www.kanuverband.at

▸ Rugby

Ihren Namen hat die Sportart den englischen Ursprüngen in der Stadt Rugby zu verdanken. Das Mannschaftsspiel wird mit einem eiförmigen Lederball gespielt.

ÖSTERREICHISCHER RUGBY VERBAND
1130 Wien, Schönbrunner Schlossstraße 52
Tel.: 0664/735 58 864
www.rugby-austria.at

▸ Schwimmen

Schwimmen kann lebenslang betrieben werden. Das Medium Wasser bietet optimale Trainingsmöglichkeiten: Die gesamte Körpermuskulatur wird beansprucht, die Ausdauer wird verbessert. Damit Schwimmen diese positiven Auswirkungen hat, ist das Erlernen der richtigen Schwimmtechniken (Kraulschwimmen, Rückenschwimmen, Brustschwimmen) notwendig.

ÖSTERREICHISCHER SCHWIMMVERBAND
1110 Wien, Braunhubergasse 21/G6/2
Tel.: 01/749 81 94-14, thomas.gangel@osv.or.at
www.voes.or.at

▸ Segeln

Ab etwa 7 Jahren können Kinder Segeln lernen und das Element Wasser auf eine neue und spannende Weise erleben.

ÖSTERREICHISCHER SEGEL-VERBAND
7100 Neusiedl am See, Seestraße 17b
Tel.: 0 21 6/402 43-0, office@sailing.or.at
www.segelverband.at

▸ Skifahren

„Pflichtsport" in Österreich! Kinder können meist ab 4 Jahren in Skischulen erste Rutschversuche wagen und sind zumeist begeistert von der weißen Pracht.

ÖSTERREICHISCHER SKIVERBAND
6010 Innsbruck, Olympiastraße 10
Tel.: 0 51 2/33 50 10
www.oesv.at

SKIREGIONEN IN ÖSTERREICH: WEBHOTELS PÜHRINGER & SIMEANER
1130 Wien, Dommayergasse 7/12

Tennis

Tischtennis

Tel.: 01/877 60 12-0, office@webhotels.at
www.schiregionen.at
Auf der Homepage findet man Informationen zu den schönsten Skiregionen Österreichs. Auch spezielle Hotels und Unterkünfte für Familien sind umfangreich beschrieben.

▸ Squash

Squash ist das schnellste Rückschlagspiel. Zwei Spieler stehen auf einem Feld und spielen den Ball mit Schlägern gegen die Wände, sodass der Gegner den Ball möglichst nicht mehr erreichen kann. Fördert Taktik, körperliche Fitness und Hand-Augen-Koordination. Squash ist nur in speziellen Hallen möglich und wird für Kinder ab 8 Jahren empfohlen.

SQUASH-RACKETS VERBAND
1030 Wien, c/o Danube Freizeitanlagen GmbH, Franzosengraben 2
Tel.: 0660/481 59 48 oder 0699/105 57 162
www.squash.or.at

▸ Softball (– siehe Baseball)

Die Variante des Baseball, ursprünglich aus Amerika, wird auch bei uns immer beliebter.

ÖSTERREICHISCHER BASEBALL-SOFTBALL VERBAND
1210 Wien, Jedleseer Straße 3 / Top 4
Tel.: 01/774 41 14, office@baseballaustria.com
www.baseballaustria.com

▸ Tennis

Tennis trainiert Koordination, Gelenkigkeit und Kondition. Wichtig: Das Training sollte für Kinder spielerisch sein, denn Überbelastung kann zu irreparablen Schäden führen. Für Kinder ab 5 Jahren in Vereinen möglich.

ÖSTERREICHISCHER TENNISVERBAND
2334 Vösendorf, Eisgrubengasse 2–6/2
Tel.: 01/865 45 06-0
www.oetv.at

▸ Tischtennis

Tischtennis wird oft als die „schnellste Ballsportart der Welt" bezeichnet. Für die Ausübung benötigt man neben einem Tischtennistisch samt Netz einen Tischtennisball und pro Spieler einen Schläger. Das Ziel des Spiels besteht darin, möglichst viele Punkte zu erzielen, indem man den Ball auf dem Tisch über das Netz hin- und herspielt, dabei möglichst eigene Fehler vermeidet und durch geschickte Spielweise Fehler des Gegners herbeiführt.

ÖSTERREICHISCHER TISCHTENNISVERBAND
Tel.: 01/505 28 05, tt@oettv.org
www.oettv.org/de

▸ Turnen, Gymnastik, Sportakrobatik & Trampolinspringen

Die verschiedenen Geräte bieten jede Menge Abwechslung. Turnen fördert die Konzentrationsfähigkeit und das Körpergefühl. Für Kinder ab 4 Jahren. Akrobatik für Mädchen und Buben ab 6 Jahren.

ÖSTERREICHISCHER FACHVERBAND FÜR TURNEN
1040 Wien, Schwarzenbergplatz 10
Tel.: 01/505 51 79-0, office@oeft.at
www.oeft.at

▸ Volleyball & Beachvolleyball

Volleyball ist ein Ballspiel, das sowohl zu den Mannschafts- als auch zu den Rückschlagsportarten gehört. Zwei Teams mit je

Volleyball

sechs Spielern baggern, pritschen oder schmettern den Ball „volley" über ein Netz in der Spielfeldmitte. Ziel ist es, den Ball im gegnerischen Spielfeld auf den Boden zu befördern und so zu punkten. Die Teamsportart trainiert die Aufmerksamkeit und Geschicklichkeit und fördert die soziale Kompetenz. Für Kinder ab 5 Jahren empfehlenswert.

ÖSTERREICHISCHER VOLLEYBALLVERBAND
1040 Wien, Prinz-Eugen-Straße 12
Tel.: 01/505 74 42, oevv@aon.at
www.volleynet.at

▸ Yoga

Entspannungs-, Atem- und Gleichgewichtsübungen verbessern wie bei Erwachsenen auch schon bei Kindern Konzentration, Körperkoordination und Körperhaltungen. Yoga für Kids ist spielerisch, die Positionen werden auf die Kinder abgestimmt. Da sind schon die Namen der Positionen wie z. B. Kamel, Hund, Kobra etc. unterhaltsam. Für Kids ab 3 Jahren.

YOGA AUSTRIA – BYO
1070 Wien, Neustiftgasse 14 / Stiege 2 / II
Tel.: 01/505 36 95, office@yoga.at
www.yoga.at
Berufsverband der Yogalehrenden in Österreich.

YOGA GUIDE / M&B ZEITSCHRIFTENPRODUKTION
1130 Wien, Hietzinger Hauptstraße 50/6
Tel.: 01/917 51 18-0, office@yogaguide.at
www.yogaundmehr.at
www.yogaguide.at
Wegweiser durch die österreichischen Yogaangebote, um eine Yogalehrerin / einen Yogalehrer in der Nähe zu finden.

REISE

Reisefreuden

Gut vorbereitet ins Urlaubsvergnügen.

Die Kinder toben sich im Kinderclub aus, während die Eltern ruhen, Sport betreiben oder sich in der Wellnessoase verwöhnen lassen. Urlaub mit Animation liegt im Trend und findet gerade bei Familien großen Anklang. Fast jedes Hotel geht auf die Wünsche der Familien ein, und so wird selbst in Luxushäusern, die früher als Edelherbergen kleinen Gästen wenig bis keine Aufmerksamkeit widmeten, mittlerweile Kinderbetreuung angeboten.

Den Bedürfnissen von Familien mit Kindern wird heute in allen Hotelkategorien Rechnung getragen. Sei es auf ganz individuelle Art, indem die Hausherrin Bilderbücher und Malsachen im Restaurant auf die Plätze der Kinder legt und einzelne Aktivitäten für die Kids angeboten werden oder mit Rundumbetreuung an allen Tagen der Woche von den Morgenstunden (damit sich die Eltern einmal ausschlafen können) bis nach dem Abendessen.

Urlaubsfreude kommt in jedem Fall auf, da sich Familien willkommen und gut betreut fühlen. Viele schätzen es auch, Häuser mit verschiedenen Konzepten kennenzulernen und zu mischen: Einmal Ferien im All-inclusive-Family-Club, das nächste Mal Kurzaufenthalt im Wellnesshotel und dann wieder Urlaub im Kinderhotel. Denn während in Letzterem mit Hüpfburgen und Rund-um-die-Uhr-Kinderprogramm den ganzen Tag Partystimmung herrscht und Familien das auch genießen, suchen sie ein anderes Mal vielleicht mehr Ruhe im gediegenen Hotel. Hauptsache, die Kids finden auch in diesen Häusern Unterhaltung.

PROGRAMM FÜR FAMILIEN

Interessante Programme findet man österreichweit in so gut wie allen Regionen. Und so kann man auch außerhalb des jeweiligen Hotels viel unternehmen. Von Mu-

Auch wenn am Urlaubsort Kinderbetreuung angeboten wird, heißt das nicht, dass das gemeinsame Erlebnis in den Hintergrund tritt.

seen bis zu Hochseilparcours, die wie die Schwammerln aus der Erde schießen, speziellen Wanderwegen mit kindgerechten Elementen wie Märchenfiguren oder Quizfragen bis zu Führungen in Schaubergwerken und Ähnlichem werden verschiedene Attraktionen für Familien angeboten. In den Hotels (aber auch in diesem Guide im Kapitel „Familienerlebnisse") bekommt man Tipps, was es in der jeweiligen Gegend zu erforschen gilt.

Den „Familienurlaub" heißt ja nicht, dass Kids in einem Kinderclub abgegeben und der Kinderbetreuung überlassen werden, sondern dass die Familie gemeinsam etwas unternimmt. Sei es, dass Vater, Mutter, Kinder oder Großeltern, Mutter, Kinder oder Familienmitglieder in anderen Konstellationen verreisen. Stets im Vordergrund sollte das gemeinsame Erleben stehen. Und wenn die Kids zwischendurch gern im Kinderclub mit Gleichaltrigen spielen, umso besser – dann haben sie ihr Vergnügen und die Eltern ihre Ruhe. Weniger gut ist es aber, wenn Eltern ihre Kinder ohne Rücksicht auf Verluste abgeben. Das Kind schreit sich die Seele aus dem Leib und die Eltern sind nicht erreichbar – der Albtraum der Kinderbetreuerinnen wird leider immer wieder Realität. Ein schöner Urlaub ist das für das Kind ganz bestimmt nicht, und das hat sich auch kein Kind verdient. Eltern, die egoistisch nur dem eigenen Freizeitvergnügen frönen, fügen ihren Kindern nicht wieder gutzumachenden Schaden zu. Zusammenleben heißt Kompromisse finden, auch im Urlaub. Denn von der Gewöhnungsphase im Kinderclub, während der die Eltern in der Nähe bleiben, bis zum kurzen „Abgeben" oder dem Abwechseln der Eltern, wenn das Kind so gar nicht allein im Kinderclub bleiben möchte, sind viele Möglichkeiten gegeben. Und manche Kinder bleiben nach einigen Tagen im Hotel und wenn sie Freunde gefunden haben, ganz von selbst und gern im Club.

KULTURTRIP ODER BADEURLAUB

Schon bei der Wahl der Urlaubsform sollte man auf die Bedürfnisse der Kinder Rücksicht nehmen. Verreist man nicht allein, sondern mit Kind, so trägt schon die passende Destination zu einem gelungenen Urlaub bei. Kinder, die Museen, Einkaufstempel und Sehenswürdigkeiten hassen, wird man mit einem Städtetrip wenig Freude machen. Und dementsprechend wenig Spaß werden auch die Eltern haben. Ein störrisches, desinteressiertes Kind durch eine Großstadt zu schleppen, ist wirklich kein Vergnügen. Hingegen gibt es auch für Kulturmuffel geeignete Städte, die mit viel Grün wie Kopenhagen, mit viel Wasser wie Amsterdam oder mit vielen Kinderangeboten wie Berlin verlocken. Auch der Badeurlaub will gut geplant sein, denn an der Steilküste werden Familien weniger Spaß haben als am Sandstrand. Wer Ferien in der Natur machen möchte, ist zum Beispiel am Bauernhof oder in kleinen, persönlich geführten Pensionen gut aufgehoben.

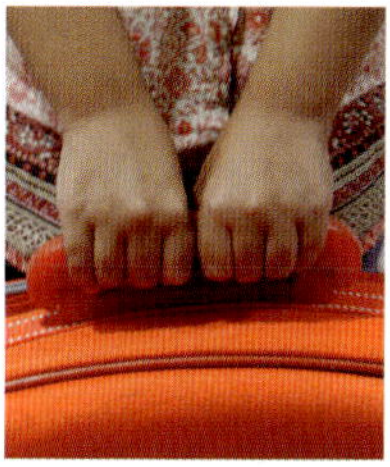

Städtereise oder Badeurlaub? Bei der Planung der Ferien muss auf die Bedürfnisse der Kleinsten Rücksicht genommen werden.

QUAL DER WAHL

Der große Vorteil bei der Wahl eines nahe gelegenen Urlaubsziels ist, dass die Anreise kurz und unkompliziert ist. Stundenlange Autofahrten mit Kindern sind für keinen der Beteiligten ein Vergnügen. Daher sollte man viele Pausen einlegen und Beschäftigungsmaterial für unterwegs einpacken. CDs mit Kinderliedern und -geschichten, magnetische Spiele, Magazine und Bücher können die Langeweile zumindest für kurze Zeit vertreiben. Oft ist die Bahnfahrt eine gute Alternative zur Autofahrt. Insbesondere wenn man ein Abteil reserviert, ist für die Kinder größere Bewegungsfreiheit gegeben. Die Flugreise ist ebenfalls recht komfortabel,

Kinder wollen im Flugzeug beschäftigt sein: Die meisten Fluglinien bieten dem Nachwuchs Unterhaltung.

allerdings kann den Kids bis zum Alter von zehn Jahren der Druckausgleich zu schaffen machen. Wichtig ist, vor dem Starten und Landen viel zu trinken bzw. kleinen Kindern und bei Verkühlungen die Nase einzutropfen.

Im Handgepäck sollte man übrigens immer das Nötigste, das man am Urlaubsort braucht, bei sich haben. Kleider zum Wechseln, Pyjama, Badesachen, eventuell Schnuller und Windeln, Medikamente, Sonnenschutzmittel, Kosmetika (Achtung: Erkundigen Sie sich vor dem Flug nach den aktuellen Bestimmungen, Auskunft gibt z. B. das Call Center der AUA unter Tel.: 05/17 89), für den Flug selbst kleines Spielzeug und das Lieblingskuscheltier, Snacks und Getränke (auch abklären, ob erlaubt), Socken (es zieht oft aus der Klimaanlage), Kaugummi oder Gummibären für Start und Landung.

Auf Reisen nie vergessen sollte man übrigens auf die Reiseapotheke mit den wichtigsten Medikamenten: Desinfektionsmittel, Heil- und Wundsalben je nach Reiseziel auch für Sonnenbrand, -allergie, Pflaster und Verbandsmaterial, Sicherheitsnadel, Pinzette und Schere, Medikamente gegen Schmerz und Fieber (entsprechende Kindersäfte oder -zäpfchen in verschiedenen Stärken), Übelkeit und Durchfall, Insektenstiche und Allergien, Reisekrankheit, Kreislaufbeschwerden sowie Augen-, Ohren und Nasentropfen, Fieberthermometer. Gut vorbereitet wird der Familienurlaub zum pannenfreien Ferienvergnügen!

FAMILY TIPPS

Urlaubsformen im Vergleich

- **Familienhotel:** Das gesamte Programm und Angebot ist auf (Groß-)Eltern und Kinder ausgerichtet. Vom Babyphone über das Töpfchen bis zum Kinderwagen steht hier alles zur Verfügung, sodass man nicht die komplette Ausstattung mitbringen muss. Der Lärmpegel beim Essen stellt sicher: Kleine und große Ausrutscher, Trotz- und Wutanfälle etc. seitens der Kinder fallen hier nicht unangenehm auf. Wer ohne Kids essen möchte, meldet seinen Nachwuchs zum Kindertisch an, meist gibt es danach noch Programmpunkte wie Kinderdisco, Kino und Ähnliches. Animation ist auch tagsüber durchwegs gegeben, wobei die Anzahl der Tage mit Kinderprogramm von Hotel zu Hotel variiert. Großer Vorteil: Kinder finden leicht Freunde zum Spielen und werden sinnvoll beschäftigt.

> **Kinderfreundliches Hotel:** Familien stehen hier nicht im Mittelpunkt, sind aber willkommen. Ruhe ist hier kein Fremdwort, daher fällt der eigene Nachwuchs unter Umständen auf, wenn er eine weniger gute Stunde hat. Oft gibt es Kindermenüs, -sitze, Gitterbetten und Kinderbetreuung. Vorteil: geringerer Lärmpegel durch andere Hotelgäste mit vielen Kindern.

> **Urlaub im Privatquartier:** Individuelle Betreuung meist durch die Hauseigentümer, durch die private Atmosphäre finden die Kids leicht Anschluss zu anderen Kindern. Liegt das Haus in der Natur, ist oft ein Spielplatz oder eine Wiese zum Spielen vorhanden. Vorteil: Kinder lernen, sich auch ohne große Animation selbst zu beschäftigen.

> **Urlaub am Bauernhof:** Stadtkinder (und -erwachsene) bekommen aus nächster Nähe Einblick ins Landleben. Wer hat zu Hause schon Gelegenheit, Bauernhoftiere zu beobachten? Mit dem Bauern auf dem Traktor mitzufahren oder der Bäuerin beim Melken der Kühe zu helfen, sind ganz besondere Kindheitserlebnisse. Vorteil: Natur pur bei bequemer Ausstattung der Häuser.

Fun am Bauernhof: Der unmittelbare Kontakt zu Natur und Tieren ist für Kinder ein nachhaltiges Erlebnis.

Familien, die Urlaub am Meer machen wollen, hilft ein All-inclusive-Paket, die Kosten vorher abzuschätzen.

- **Urlaub am Meer:** All-inclusive-Urlaub ist eine gute Variante für Familien, um relativ kostengünstig Ferien zu machen. Wer von vornherein weiß, was der Urlaub kosten wird, tut sich mit der Urlaubsplanung leichter. Aber auch Apartments sind oft eine kostengünstige Alternative zum Hotel. Vorteil: Wer langfristig bucht, kommt in den Genuss besonderer Packages, die besonders für den Urlaub mit Kindern Zuckerln sind. Die andere Variante ist Last-Minute-Buchung.
- **Städtereise:** Achtung, wer kleine Kulturmuffel zu Hause hat, sollte sich eine Reise in die Großstadt besser nicht antun. Aber wenn man eine kleinere Stadt mit Möglichkeiten für ein abwechslungsreiches, nicht nur auf Sightseeing ausgerichtetes Programm wählt, kann man kleinen Kids auch diese Urlaubsform schmackhaft machen. Starke Nerven sollte man aber auf alle Fälle haben! Vorteil: Kinder werden mit Kultur und dem Leben in anderen Ländern vertraut gemacht.
- **Fernreise:** Kinder unter acht Jahren sind in den Tropen nicht gut aufgehoben, denn ihr Immunsystem ist noch nicht voll ausgebildet, wodurch sie anfälliger für Erkältungs- und Infektionskrankheiten sind. Auch die langen Flugzeiten sind für Kinder eine Belastung.

Austria.at Tourismusplattform

Canvas Holidays

▸ INFOSTELLEN UND ANBIETER

AUSTRIA.AT TOURISMUSPLATTFORM
5020 Salzburg, Technologiezentrum Salzburg, Jakob-Haringer-Straße 8
Tel.: 0 66 2/45 50 55-0, office@austria.at
www.austria.at/familie.php
Zahlreiche attraktive Familiendestinationen in ganz Österreich zum Durchklicken: Da die meisten Links zu Tourismusregionen oder Verbänden führen, hat man viele Angebote auf einen Blick. Und kann sich so wirklich umfangreich informieren. Die einfach zu nutzende Homepage macht so richtig Lust auf Familienurlaub. Anfragen können per Internetformular an Austria.at gerichtet werden.

BERLITZ
1010 Wien, Graben 13
Infonummer: 0820/820 082, club@berlitz.at
www.berlitz.at
Berlitz Summer Kids Camps sind die ideale Kombination aus Lernen und Spaß für alle Kids von 8 bis 14 Jahren. Eine ganze Woche lang Abenteuer, Sport, viele neue Freunde und Englisch an sechs Standorten in Österreich.

BOOTSURLAUB-ONLINE.DE_ CITY REISEBÜRO – UDO HELL GMBH
D-66914 Waldmohr, Rathausstraße 24
Tel.: +49/63 73/81 17-25
info@bootsurlaub-online.de
Ob Holland, Irland, Frankreich, Spanien etc. – vom Hausboot aus lässt sich das Urlaubsland aus einer ganz neuen Perspektive erleben. Eine Bootstour auf einem Fluss, einem Kanal oder einem See ermöglicht Reisen in einem ganz anderen Tempo als auf dem Land. Hobbykapitäne, keine Sorge: Die Bedienung des Bootes wird bei der Übergabe genau erklärt.

CANVAS HOLIDAYS
D-41564 Kaarst, Daimlerstraße 11
Tel.: +49/21 31/406 79-20
info@canvasholidays.de
www.canvasholidays.de
Ein Canvas-Urlaub ist ein Campingurlaub der besonderen Art. Man hat die Wahl zwischen erstklassigen Zelten oder luxuriösen Mobilheimen in Österreich, Deutschland, Frankreich, Spanien, Italien, Luxemburg, Holland, Kroatien und der Schweiz, ist flexibel in der Wahl des Reisedatums, der Reisedauer und der Anreisemöglichkeiten. Alle Campingplätze sind kinderfreundlich, bieten Freizeitmöglichkeiten und Service vor Ort. So werden von Canvas Holidays über 90 Kinderclubs für unterschiedliche Altersgruppen betrieben.

DIE YACHTSCHULE
1230 Wien, Haymogasse 77, Tel.: 01/886 32 96
office@die-yachtschule.at
www.die-yachtschule.at
Das erste Mal Seeluft schnuppern und die Kinder mit einem Abenteuerurlaub überraschen. Gesegelt wird in der Region Nordadria-Dalmatien, Basis ist Koper/Slowenien, das sich hervorragend als Ausgangspunkt für erholsame, abwechslungsreiche Urlaubstörns eignet und leicht erreichbar ist. Am Abend dockt man in einem anderen Hafen oder in einer idyllischen Bucht an. Segelerfahrung ist bei diesen Törns nicht erforderlich, wird jedoch auf Wunsch gern vermittelt.

FALKENSTEINER HOTELS
1100 Wien, Columbusplatz 7–8
(Information und Reservierungszentrale)

Family Austria

Familotel / Hotel Sonngastein

Tel.: 01/605 40-20, info@falkensteiner.com
www.falkensteiner.com
Ob gemeinsame Urlaubserlebisse oder Entspannung für die Eltern – in den Häusern der Gruppe Falkensteiner Hotels & Resorts ist beides möglich. Angeboten wird professionelle Kinderbetreuung, aber auch ein umfangreiches Programm für Groß und Klein. Die Familienfreundlichkeit der Betriebe ist dabei ebenso ein guter Grund, sich in den bestens geführten Häusern verwöhnen zu lassen, wie die interessanten Kinderermäßigungen. Ob im Stammhaus Falkensteiner Hotel Lido Ehrenburgerhof in Südtirol, im Falkensteiner Hotel Cristallo oder Club Funimation am Katschberg, im Hotel Urbani am Ossiacher See oder im Hotel Park Punat und Club Funimation Borik in Kroatien – Urlaub zeigt sich von seiner schönsten Seite.

FAMILY AUSTRIA – HOTELS & APPARTEMENTS
9523 Landskron/Villach
Ossiacher-See-Süduferstaße 59–61
Tel.: 0 42 42/442 00-60, info@familyaustria.at
www.familyaustria.at
Informationen und Auskünfte zu zahlreichen familienfreundlichen Hotels österreichweit, die sich zum Ziel setzen, kleine und große Gäste einen unvergesslichen Urlaub verleben zu lassen. Die Angebotsgruppe der Österreich Werbung bietet familienfreundliche Programme, die vor allem das gemeinsame Erleben in den Vordergrund stellen, aber auch „Auszeiten" der Eltern von den Kids und umgekehrt beinhalten. Eine der Zielsetzungen von Family Austria ist es, im Urlaub das Bewusstsein für die Bedeutung von Bewegung und Gesundheit zu wecken. Orientierung bieten drei bis fünf Freddys, wobei die Kategorien der Mitgliedsbetriebe vom Selbstversorgerappartement über das komfortable Familienappartement bis zum Viersternehotel reichen. Wichtig ist in jedem Fall das gute Preis-Leistungs-Verhältnis.

FAMILIEN OASEN, FAMILIENURLAUB IN NIEDERÖSTERREICH
ALPENGASTHOF ENZIAN
2872 Mönichkirchen, Schwaig 148
Tel.: 0 26 49/80 08, urlaub@enzianwirt.at
www.familienoasen.at
„Traumferien" in Niederösterreich – unter diesem Motto haben sich einige kinderfreundliche Betriebe zusammengeschlossen. Die Familienoasen bieten Familien mit Kindern einen erlebnisreichen Urlaub in Hotels der Wiener Alpen, des Most- und Waldviertels.

FAMILIENBETRIEBE IN OSTTIROL FAMOS
9900 Lienz, Albin-Egger-Straße 17
Tel.: 0 48 52/653 33, info@happy-famos.at
www.famos.at
Familienhotels in Osttirol haben sich in „famoser" Form zusammengeschlossen. Auf der Homepage findet man nicht nur die einzelnen Betriebe, sondern auch eine tabellarische Auflistung, welche Freizeitaktivitäten im Sommer und im Winter in welcher Region angeboten werden.

FAMILOTEL
D-83123 Amerang, Wasserburger Straße 5
Tel.: +49/80 75/91 49-0
www.familotel.at
Ausgesuchte kindgerechte Hotels in Westösterreich und Deutschland, in Südtirol, in der Schweiz und in Ungarn sorgen für unvergessliche Urlaube mit der ganzen Familie. Dabei schafft die Unterteilung in „Kinder-

Family Adventure Flachau

Familyselect

köche im Hotel", „Golf", „Wellness", „Reiterferien", „Kinderhotels" etc. (im Internet) eine klare Übersicht über das Angebot. Dieses ist auf die Kinder abgestimmt, aber auch auf die Eltern, denen mindestens 35 Stunden pro Woche „Zeit für sich", sprich Kinderbetreuung, geboten wird. „Kronen" geben auf den ersten Blick Auskunft über das Ausmaß der Kinderbetreuung im jeweiligen Hotel sowie über das Hotelniveau.

FAMILY ADVENTURE FLACHAU
5542 Flachau, Flachau Touristik Aktiv
Postfach 2, Tel.: 0 64 57/30 73-30
0664/442 18 84 (Jakob Kaml), info@faf.info
www.adventure.info
Alpincenter: 5550 Radstadt, Pfandling 7
Tel.: 0 64 52/41 02
www.alpincenter.at
Im Family-Adventure-Flachau-Urlaub ist nicht nur die Unterkunft, sondern auch ein abwechlungsreiches Aktivprogramm inklusive. Von Reiten bis Rafting, von Wellness bis Hochseilgarten – Ferien in den Bergen bieten heute das volle Programm. Partnerbetriebe sind Viersternehotels bis zu Pensionen – womit dem Urlaubsvergnügen in den unterschiedlichsten Unterkünften nichts im Wege steht. Abenteuer, Sport und Erholung in freier Natur können auch außerhalb des Gesamt-Packages individuell genossen werden: Hochseilgarten, Canyoning, Klettersteigprogramm im Abenteuerpark, Höhlentour, Kajakfahrt – Unternehmungslustige schöpfen hier aus dem Vollen. Das Programm kann kombiniert werden, denn die meisten Angebote sind auf die Dauer eines halben Tages ausgerichtet. Kinder von 4 bis 9, die nicht am Aktivprogramm teilnehmen, können im Gästekindergarten betreut werden. Das Programm ist übrigens nach Alterstufen in Minis (6–9 Jahre), Maxis (10–13 Jahre), Jugend und Erwachsene eingeteilt.

FAMILYSELECT
9580 Villach/Drobollach, Seeblickstraße 49a
Tel.: 0 42 54/44 11-112
info@familyselecthotels.com
www.familyselect.cc
Ausgewählte Familienferien in Österreich, Deutschland und Südtirol – über die drei, vier oder fünf Wiesel Auskunft geben. Von der kindersicheren Lage des Hotels über kindgerechte Ausstattung, Spielzimmer, Babysitterdienst bis zur Indoor-Softanlage und einer Familien-Wellnessanlage gehen die Kriterien, nach denen die Häuser klassifiziert werden. Der Gast weiß jedenfalls, welches Ausstattungsniveau ihn erwartet. Hilfreich für die Urlaubsentscheidung!

FAMILY TIROL
6010 Innsbruck, Maria-Theresien-Straße 55
Kataloge bei Tirol Info, Tel.: 0 51 2/900 86 35
family@tirolmarketing.at
www.family.tirol.at
Zehn Family-Tirol-Dörfer (Serfaus, Fiss, Tiroler Zugspitz Arena, Stubaital, Zillertal mit Gerlos, Mayrhofen und Zell, Alpbachtal & Tiroler Seenland, Ferienregion Hohe Salve, Hochpustertal/Osttirol) und 21 Family-Tirol-Hotels haben sich auf den Familienurlaub in den Bergen spezialisiert. Bei der Wahl des Hotels schaffen sogenannte „Kinder-Kronen" (Qualitätssiegel mit drei, vier oder fünf Kronen) Orientierung. Geboten werden in jedem Fall Kinderbetreuung bzw. interessante Freizeitaktivitäten von Sommerrodelbahnen und Freizeitparks über Erlebnisbäder und Schau-

Holidaycheck

Kinderhotels

bergwerke bis zur Erlebnissennerei und dem Hochseilgarten für die ganze Familie.

FUNQUADRAT
1060 Wien, Mariahilfer Straße 103, Stg. 2
Tel.: 01/812 45 45, 0664/845 89 32
k.leidinger@lernquadrat.at
www.funquadrat.at
All-inclusive-Sport- und Lerncamps im Salzburgerland. Anmeldung und Information in jedem LernQuadrat und learnUp-Standort in ganz Österreich.

HAPAG-LLOYD KREUZFAHRTEN GMBH
D-0095 Hamburg, Ballindamm 25
Tel.: +49/40/30 01-46 00
www.hlkf.de
Kinderprogramm am Luxusschiff: Mit interessanten Bordprogrammen werden die Kids auf der MS Europa oder auf der MS Columbus bei Laune gehalten. Ideenreichen Betreuerinnen fällt immer wieder Neues ein, um das Leben am Schiff zu einem großen Abenteuer werden zu lassen. Auch Kinderclubräume stehen zur Verfügung. Aber auch die Landausflüge sind auf Familien abgestimmt. Bei bestimmten Packages bekommen Kinder bis 15 in der Kabine der (Groß-)Eltern eine Freipassage.

HOLIDAYCHECK AG
CH-8280 Kreuzlingen, Romanshornerstr. 115
Tel.: +41/71/686 90 00, info@holidaycheck.ch
www.holidaycheck.at
Das Urlaubsportal Holiday Check gibt Auskunft über die Familien- und Kinderfreundlichkeit von Hotels, wenn man die entsprechenden Buttons anklickt und die Suche startet. Auf der Internetplattform findet man sowohl Angebote aus Österreich als auch aus aller Welt. Die Bewertungen erfolgen aufgrund von Empfehlungen von Familien für Familien.

KINDERHOTELS
9580 Villach/Drobollach, Postfach 10
Tel.: 0 42 54/44 11
office@diekinderhotels.com
www.kinderhotels.com
Die Betriebe der Kinderhotels unterliegen strengen Qualitätskriterien. Drei bis fünf Smileys geben dem Gast Auskunft darüber, was das jeweilige Hotel bietet. Dabei spielen nicht nur Ausstattung und Service eine große Rolle, sondern auch Angebot und Ausmaß der Kinderbetreuung. In jedem Fall sollen im Kinderhotel Klein und Groß einen angenehmen, erholsamen, abwechslungsreichen (und für die Eltern stressfreien) Urlaub verleben. Im Kinderhotel ist im Rahmen des Rundum-Packages für (fast) alles gesorgt, was Familien im Urlaub brauchen. Wellness für die Eltern (und in vielen Hotels auch schon für die Kinder), Golf-Packages und andere In- und Outdoor-Programme für den Nachwuchs, aber auch für die Eltern lassen bestimmt keine Langeweile aufkommen. Die Partnerhotels werden regelmäßigen Kontrollen und anonymen Tests unterzogen, um die Familienfreundlichkeit zu gewährleisten und den hohen Standard zu erhalten. Hotels gibt es außerhalb von Österreich in Italien, Deutschland, der Schweiz und in Liechtenstein.

NOVASOL ÖSTERREICH
6020 Innsbruck, Grabenweg 71
Tel.: 0800/31 25 25
Katalog unter Tel.: 0 51 2/34 44 70
novasol@novasol.at
www.novasol.at

STA Travel

Ob Häuser in Skandinavien, Mittel- und Südeuropa, für Familien, für den Urlaub mit Hund, am Meer oder in der Stadt – die Möglichkeiten, über Novasol ein privates Ferienhaus zu finden, sind vielfältig. Auch Last-Minute-Angebote sind im Programm zu finden.

SFA – SPRACHREISEN
1040 Wien, Schmöllerlgasse 5
Tel.: 01/505 73 41
infowien@sfa-sprachreisen.at
www.sfa-sprachreisen.at
Bietet Sprachferien im Ausland sowie Sprach- und Lernferien in Österreich für Kinder ab 7 Jahren an.

STA TRAVEL (VORMALS ÖKISTA)
1040 Wien, Rilkeplatz 2, Tel.: 01/502 43 30
active@statravel.at
www.statravel.at
Sprachferien in Österreich und Tagescamps in Wien für Schüler ab 10 Jahren sowie ein vielfältiges Angebot an Sprachferien für Kinder und Jugendliche ab acht Jahren: Ob Reiten in Irland oder Urlauben in Cambridge oder eine Ferienwoche in Lignano, die Fremdsprache lernt man im jeweiligen Land fast von selbst. Und bekommt dabei einen so intensiven Eindruck von Land und Leuten wie bei keiner anderen Urlaubsform. Die gute Organisation von STA Travel stellt sicher, dass „alles" klappt.

STODERTALER ZWERGE
info@stodertal.at
www.stodertal.at/zwergerl/
Die Zwergerl-Garantie steht für faire Angebote, geringe Nebenkosten und tolle Kinderermäßigungen. Als „Stodertaler Zwerge" bieten sich Bauernhöfe ebenso an wie Dreisternehäuser, Hauptsache, das Angebot für Familien stimmt. Dabei lautet die Devise: „Bei uns dürfen Kinder noch Kinder sein." Wozu die landschaftliche Schönheit des Stodertals ihren Teil beiträgt. Der Oberzwerg „Stoderix" wacht übrigens streng über die Qualität der Betriebe.

URLAUB AM BAUERNHOF IN ÖSTERREICH
5020 Salzburg, Gabelsbergerstraße 19
Tel.: 0 66 2/88 02 02
office@farmholidays.com
www.urlaubambauernhof.at bzw.
www.farmholidays.com
Innerhalb der Gruppierung „Urlaub am Bauernhof in Österreich" bieten sich insbesondere die Spezialisten für den „Urlaub am Baby- & Kinderbauernhof" für Familien an. Hier kann getobt werden – und das immer inmitten der Natur. Beim Streicheln und Beobachten der Tiere lernt so manches Stadtkind die Welt von einer ganz neuen Seite kennen. Die nach strengen Kriterien geprüften Bauernhöfe bieten von der verkehrssicheren Lage bis zur kindgerechten Ausstattung alles, was man für einen schönen Familienurlaub braucht. Und damit die Erholung der Eltern nicht zu kurz kommt, werden auch Kinderprogramme bzw Babysitting angeboten.

WWW.URLAUB-ANBIETER.COM
8043 Graz, Dr.-Eckener-Straße 46
office@urlaub-anbieter.com
www.urlaub-anbieter.com
Wer eine Ferienwohnung, Pension oder eine andere Art von Unterkunft im In- oder Ausland für den Familien-, Abenteuer-, Camping- oder Jugendurlaub sucht, wird hier mit etwas

Zimmer-frei.at

Apartment Hotel**** Semi

Geduld fündig. Die Angebote sind nach verschiedenen Kriterien und von den Anbietern selbst eingetragen. Eine riesige Plattform, durch die es sich durchzuklicken gilt.

WEBHOTELS
1130 Wien, Dommayergasse 7/8
Tel.: 01/877 60 12-0, office@webhotels.at
www.familien-kinderhotels.at
Alle empfohlenen Hotels sind familien- und kinderfreundliche Betriebe, die nicht nur mit kindgerechter Einrichtung, sondern auch mit Kinderbetreuung aufwarten können. Das Niveau der Häuser variiert dabei. Angeboten werden bis auf vereinzelte Ausnahmen Hotels in Westösterreich.

ZIMMER-FREI.AT URLAUBSPLATTFORM
www.zimmer-frei.at
Ganzjähriger Familienurlaub in einzelnen Regionen Österreichs, Südtirols und Italiens. Die Betriebe laufen unter „Familien-Urlaub" und weisen unterschiedliches Niveau auf. Eine Kontrolle bzw. Klassifizierung mit Symbolen gibt es nicht.

NIEDERÖSTERREICH

▸ ABENTEUERURLAUB

DAS HÜTTENERLEBNIS
3295 Lackenhof, Am Ötscher 1
Tel.: 074 80/52 49 (während Betriebszeiten)
oetscherhaus@lackenhof.at
www.oetscherhaus.at
Im Familiengästehaus „Ötscher Schutzhaus" verleben Familien einen Berg-, Wander-, Ski- oder Schneeschuhwanderurlaub der besonderen Art. Von über 1400 Metern Seehöhe bietet sich ein wunderbarer Ausblick, das per Sessellift erreichbare Haus ist aber auch der perfekte Ausgangspunkt für Naturerlebnisse. Beim Grillen oder Musizieren erlebt man die Hüttenstimmung!

▸ BAUERNHOF

KINDERBAUERNHOF BODENHOF
3223 Wienerbruck, Langseitenrotte 24
Tel.: 0 27 28/277
bodenhof@aon.at
www.tiscover.at/bodenhof
Auf den sechs Haflingern des Hofes erkundet man hoch zu Ross die Gegend. Kinder sind auf dem großen Spielplatz oder im Streichelzoo bestens aufgehoben und können zudem selbst erste Erfahrungen hoch zu Ross sammeln. Zur Verfügung stehen drei große und drei kleine Appartements sowie zwei Familienzimmer.

BURGENLAND

APARTMENT HOTEL SEMI
7361 Lutzmannsburg ,Thermenplatz 3
Tel.: 0 26 15/813 00, kontakt@semi.at
www.semi.at
Genau richtig für den Familienurlaub in nächster Nähe der Therme: das Kinderhotel mit vier Smileys und vier Sternen. Das geräumige Hotel mit seinen Apartments und Zimmern bietet durch ein „Farbleitsystem" – jedes Stockwerk hat eine eigene Farbe – rasche Orientierung, Ausstattung für Kids ist vorhanden, die Betreuung in Semis Zwergenreich ist liebevoll. Großes Plus: Das „Zwergenreich" ist ebenerdig und mit Fenstern ausgestattet und bietet eine Grund-

Reiter's Avance Hotel

Vila Vita Hotel und Feriendorf Pannonia

ausstattung, in der vergnügliche Stunden keine Frage sind. Kinder werden übrigens auch massiert und in der Beauty-Abteilung verwöhnt.

REITER'S AVANCE HOTEL
REITER'S BURGENLAND RESORT
7431 Bad Tatzmannsdorf, Am Golfplatz 1–4
Tel.: 0 33 53/884 16 07
info@burgenlandresort.at
www.reitersburgenlandresort.at
Der Wohlfühlurlaub für die Eltern bietet die volle Palette an Wellnesseinrichtungen, für die Kinder Spaß und Action beim Spielen, Reiten, Schwimmen. Ob sich die Kinder mit Gleichaltrigen in Kasimir's Kids World vergnügen oder mit den Eltern oder Großeltern gemeinsam Programm machen – eine gute Autostunde von Wien ist alles möglich. In Reiter's Burgenland Resort ist man für alle Eventualitäten gerüstet. Für Begeisterung beim Nachwuchs sorgen auf alle Fälle die Wasserwelt mit ihrer Kinder-Poollandschaft und dem Kinderspa, das Kinder-Restaurant mit seiner Schauküche, der Naschgarten, in dem nach Herzenslust Obst und Gemüse gekostet werden dürfen – wem dann noch langweilig ist, dem wird beim 12-stündigen Kinderprogramm bestimmt Abwechslung geboten. Auch in Sachen Sport ist die Palette breit: Reiten, Tennis, Golf finden hier ihre kleinen und großen Fans. Und anschließend dürfen sich auch die Kids in der Wellnessabteilung mit Massagen und Gesichtsmassagen erholen. Dass da auch die Erwachsenen ihr Urlaubsvergnügen haben, versteht sich in dem Haus, das alle Stückeln spielt, von selbst: Ein quälendes „Mir ist so fad" bekommen Eltern oder Großeltern hier nie zu hören.

VILA VITA
HOTEL UND FERIENDORF PANNONIA
7152 Pamhagen, Storchengasse 1
Tel.: 0 21 75/218 00
info@vilavitapannonia.at
www.tiscover.at/vilavita-hotel
www.vilavitahotels.com
Perfekt für den entspannenden Familienurlaub: Mit 200 Hektar Fläche bietet die Hotelanlage am Rande des Nationalparks Neusiedler See jegliche Bewegungsfreiheit. Mit einem Erlebnisobstgarten, Weindegustationen, einem Heurigenlokal, der Restaurant-Erlebniswelt etc. ist auch für kulinarische Vielfalt gesorgt. Ein angenehmes Ambiente für den Urlaub mit Kind. Für Kids ab 4 geht es in der Villa Kunterbunt rund, Thementage wie Ritter, Indianer, Natur sorgen für Abwechslung.

▸ BAUERNHÖFE

BABY- UND KINDERBAUERNHOF „HOF STADTSCHUSTER" (FAMILIE HOLZMANN)
8384 Minihof-Liebau, Tauka 70
Tel.: 0 33 29/28 67, stadtschuster@aon.at
www.tiscover.at/ferienwohnung.holzmann
Hier gibt es eine große Auswahl an Erlebnisangeboten wie viele verschiedene Themenwanderwege im Naturpark Raab. Zahlreiche Koch- und Backkurse für bäuerliche Spezialitäten runden das breite Erholungsangebot gekonnt ab. Zimmer und Betten: 5 Betten, 1 Einzelzimmer, 2 Doppelzimmer, 1 Ferienwohnung, 1 Ferienhaus.

PFERDEHOF PFAFFENRIEGEL
8385 Neuhaus am Klausenbach
Panoramastraße 33, Tel.: 0 33 29/22 78
fewo.ludwig@aon.at
www.tiscover.at/ludwig

Kinderhotel Appelhof

Seehotel Jägerwirt

Im Pferdehof Pfaffenriegel werden Behaglichkeit, Wohlbefinden und Gastlichkeit großgeschrieben. Ob man die Natur vom Sattel aus genießt oder einen Tag in einem der drei umliegenden Thermalbäder verbringt, Entspannung ist auf jeden Fall gesichert.
Zimmer und Betten: 7 Betten, 2 Ferienwohnungen.

STEIERMARK

KINDERHOTEL APPELHOF

8693 Mürzsteg 4, Tel.: 0 38 59/23 22
reception@appelhof.at
www.appelhof.at
Spielen macht auf dem Appelhof so richtig Spaß: Auf einem über acht Hektar großen Gelände erstreckt sich der Holzspielplatz mit Riesenpiratenschiff, Seiltanz-, Wasserspielgeräten etc. Aber auch für Schlechtwetter oder die kalte Jahreszeit ist mit dem Indoor-Spielplatz mit seiner zweigeschoßigen Softplay-Anlage, dem „Spacezimmer" mit Sternenhimmel, dem Modellauto-Racing-Center in der Pyramide und vor allem mit dem 145 Quadratmeter großen „Kinderclub Appelwurm" vorgesorgt. Das Kinderhotel mit den vier Smileys lockt übrigens kleine Skifahrer auf die „Piste": Auf dem Gelände des alten Bauernhofs geht es mit dem 50 Meter langen Zauberteppich ab ins Skivergnügen, aber auch Skigebiete sind gut zu erreichen – in Ferienzeiten auch mit dem Appelhof-Bus. Die Zimmer sind mit ihrer verspielten Gestaltung „märchenhaft".

SCHLOSSHOTEL THANNEGG-MOOSHEIM

8962 Gröbming, Schlossweg 1
Tel.: 0 36 85/232 10-0
info@schloss-thannegg.at
www.schloss-moosheim.at
Urlaub im Schloss: Schloss Thannegg-Moosheim bietet Romantik pur (wer wollte nicht schon einmal in einer Kemenate schlafen), zeigt sich dabei aber absolut familienfreundlich. Wo einst Ritterrüstungen klirrten, hallt heute Kinderlachen. Ponyreiten, Ausflüge zum Ziegenbauernhof, Pferdekutschenfahrt, Klettern an der Schlossmauer, Angeln mit dem Hotelbesitzer, ein Gespensterkostüm für die Dauer des Aufenthalts etc. geben auch jeden Grund zur Fröhlichkeit. Kinderbetreuungsprogramme werden abwechselnd im Schloss selbst und in anderen Betrieben angeboten. Das einst verschlafene Schloss in der Dachstein-Sportregion wurde nicht umsonst in jahrelanger Kleinarbeit in ein Urlaubsdomizil verwandelt, in dem sich Gäste heute völlig ungezwungen bewegen und die ausgesprochen familäre Atmosphäre genießen. Wir meinen: Auch die Sage von einem Schlossgespenst, über das mit einem Zwinkern berichtet wird, kann uns nicht davon abhalten, wiederzukommen. Kinder bis vier Jahre wohnen im Zimmer der Eltern übrigens kostenlos; wer mit dem eigenen Mobilheim anreist, findet am Schlossparkplatz gegen eine geringe Gebühr einen Stellplatz mit allen Anschlüssen und hat die Möglichkeit, im Schloss zu essen.

SEEHOTEL JÄGERWIRT

8864 Turracherhöhe Nr. 63, Tel.: 0 42 75/825 70
urlaub@seehotel-jaegerwirt.at
www.seehotel-jaegerwirt.at
Im gepflegten Ambiente des Kinderhotels Seehotel Jägerwirt mit seinen vier Smileys erholen sich die Großen (im Aquarena Spa, beim Jagen, Fischen, Golfen etc.), während die Kids in der Ottifanten-Kinderwelt mit

Gästehaus Lackner / Planneralm

Hüpfburg, Seilgarten, Märchenhöhle, Ballpool, Werkstatt, Kino mit Dolby Suround und Theater und Riesenrutsche über zwei Etagen oder in der Ottifanten-Kinderskiwelt oder in der Ottifanten-Windelskischule Spaß haben. Wellness gibt es auf der Turracher Höhe übrigens für Erwachsene und Kinder.

▸ ABENTEUERURLAUB

ENZIANHOF

8563 Ligist, Oberwald 49, Tel.: 0 31 43/21 06
info@enzianhof.at
www.enzianhof.at
Das Programm zwischen High-Rope-Elementen sowie Flying Fox im Hochseilparcours des Enzianhofs und romantischen Baumwipfeln im ersten Baumhaus Österreichs verheißt Spannung pur in schwindelnden Höhen. Sei es der „Seiltanz" mit einem geprüften Trainer am hoteleigenen Hochseilparcours, die Wanderung zum Baumhaus, Lagerfeuer mit gemeinsamem Zubereiten des Abendessens, Naturkegeln, Geschichtenerzählen, Rätsel raten, den Wald in der Nacht entdecken – ein außergewöhnliches Ferienerlebnis ist den Teilnehmern gewiss. Im Naturhotel Enzianhof selbst gehören aber auch genussvolles Essen sowie Entspannung in der Wellnessabteilung zum Urlaubsvergnügen. Golf- und Tennisfans frönen ihrer jeweiligen Sportart – die Möglichkeiten dafür sind jedenfalls gegeben.

GÄSTEHAUS LACKNER AUF DER PLANNERALM

8953 Donnersbach, Planneralm 26
Jugend- und Familiengästehaus Lackner mit Ewis-Hütte, Tel.: 0 36 83/81 75
lackner@planneralm.at
www.bogenschiessen.at
Für unternehmungslustige Familien werden im „Robin-Hood-Land" mit seinen 30 Zielen im 3-D-Parcours unterschiedliche Packages je nach Dauer des Aufenthalts (ab zwei Tagen) angeboten, die neben der Einführung ins traditionelle Bogenschießen Programmpunkte wie Wandern zur Alm und am Kräuterlehrpfad, eine Kanufahrt, einen halben Tag am Bogenparcours, Abenteuer im Spielpark „Robin-Hood-Land", Granatwaschen etc. beinhalten. Gewohnt wird auf der Planneralm, dem höchstgelegenen Bergdorf der Steiermark, im Gästehaus Lackner, das elf Mehrbettzimmer (für maximal acht Personen), fünf Zweibettzimmer sowie ein Appartement anbietet.

▸ BAUERNHOF

BIOBAUERNHOF STOCKREITER-GRILLSCHMIED

8850 Murau, Probst 20, Tel.: 0 35 32/20 94
kathi.stockreiter@gmx.at
www.grillschmied.at
Der familienfreundliche Bio- und Märchenbauernhof hält viele hoftypische Besonderheiten sowie einen großen Spielplatz und ein Spielhaus bereit. Die Streicheltiere sind bei Kindern besonders beliebt. Perfekt für einen naturverbundenen Ferienaufenthalt. Betten und Zimmer: 20 Betten, 1 Doppelzimmer, 1 Mehrbettzimmer, 4 Ferienwohnungen.

DER SIMONBAUER / FAM. GERHARTER

8972 Ramsau am Dachstein 32
Tel.: 0 36 87/817 43, gerharter@simonbauer.at
www.simonbauer.at

Genießerhotel Mühltalhof

Erlebnisweg Baumkronenweg

Beim Simonbauer ist was los für Groß und Klein. Mit dem Outdoor-Swimmingpool und dem riesigen Garten mit seinen Spielgeräten ist für Spaß im Grünen gesorgt. Und im Winter ist es nicht weit zu den Liften und dem Skiverbund Amadé. Die schöne Lage des Bauernhofs (der Kids auch mit seinen Tieren begeistert) ist ebenso ein guter Grund, dem Simonbauern einen Besuch abzustatten wie die Freundlichkeit der Bauersleut'.
Betten und Zimmer: 22 Betten, 3 Mehrbettzimmer, 6 Ferienwohnungen, 1 Ferienhaus.

OBERÖSTERREICH

GENIESSERHOTEL MÜHLTALHOF

4120 Neufelden, Unternberg 6
Tel.: 0 72 82/62 58
reception@muehltalhof.at
www.muehltalhof.at
Genuss ist im Mühltalhof kein leeres Wort – und zugleich ganz unkompliziert. Das macht das Viersternehotel an der Großen Mühl zu einem absoluten Geheimtipp für den kultivierten Familienurlaub. Während die Eltern der mehrfach ausgezeichneten Haubenküche frönen (für die ausgefallenen Kreationen wird stark auf regionale Produkte zurückgegriffen), wird auch den Kindern jeder Wunsch von den Augen abgelesen. Das Programm heißt hier an der Mühl Natur pur – beim Rudern, Schwimmen, Eislaufen oder Wandern entlang des Märchenwegs erleben Familien das Ursprüngliche der Mühlviertler Landschaft. Bei der Gestaltung des Mühltalhofes wurde übrigens behutsam an die lange Tradition des Hauses angeknüpft, sodass es nichts von seiner Authentizität verloren hat.

▸ ABENTEUERURLAUB

ABENTEUER-ERLEBNISWEG BAUMKRONENWEG IM SAUWALD

4794 Kopfing im Innkreis, Knechtelsdorf 1
Tel.: 0 77 63/22 89, office@baumkronenweg.at
www.baumkronenweg.at
Dem Erlebnisweg, der den Wald aus einer anderen Perspektive, nämlich von oben zeigt, sind sechs komfortable Baumhäuser in sagenhaften zehn Metern Höhe angeschlossen. Gipfelstürmer verbringen in den geräumigen Holzhäusern eine Nacht, die wohl unvergesslich sein wird. Verschiedene Räumlichkeiten – je nach Platzbedarf. Beeindruckend.

JAGDMÄRCHENPARK HIRSCHALM & HÜTTENURLAUB

4273 Unterweißenbach, Hinterberg 20
Tel.: 0 79 56/69 00, info@hirschalm.at
www.hirschalm.at
Attraktion des Jagdmärchenparks sind nicht nur der Naturspielplatz mit über 40 Märchen- und Spielstationen, die Sommerrodelbahn und die Familienachterbahn, sondern auch ungewöhnliche Feriendomizile im Wald. Auf einer Höhe von 900 Metern gelegen, warten liebevoll eingerichtete Hütten auf Naturverbundene für den Urlaub der besonderen Art. Ob im Zauberkräutergarten oder am Naturspielplatz, auf der Sommerrodel- oder der Familienachterbahn, Groß und Klein haben hier Spaß.

▸ BAUERNHÖFE

BABY- UND KINDERBAUERNHOF SALMANNER

4594 Steinbach/Steyr, Gsöllhofstraße 3
Tel.: 0 72 57/76 65, gsoellhofer@aon.at

Kinderbauernhof Christa

Alpinresort Übergossene Alm

www.oberoesterreich.at/salmanner
Hier kann man sich rundum wohl fühlen, einfach Mensch sein und den Alltag hinter sich lassen. Kinder dürfen am lehrreichen Bauernhofnachmittag selbst Brot backen, versuchen, eine Kuh zu melken und nestwarme Eier aus dem Hühnerstall holen. Im hauseigenen Pool kann man sich erfrischen oder auf der Ponystute Sindy einige Runden durch den Hof drehen. Tipp: Für Großfamilien gibt es attraktive Sparangebote! Betten und Zimmer: 10 Betten, 3 Ferienwohnungen.

FERIENHOF RINNERGUT
(Johann und Martina Prieler)
4573 Hinterstoder, Hinterberg 10
Tel.: 0 75 64/53 44
ferienhof-rinnergut@utanet.at
www.oberoesterreich.at/rinnergut
Der am Naturschutzgebiet Posterlucke gelegene Hof ist ein idealer Ausgangspunkt für Wanderungen. Bei Schlechtwetter kann man sich von bäuerlichen Spezialitäten verwöhnen lassen oder auch einen „Melkkurs" im Stall belegen. Für die Kinder gibt es einen großen Spielplatz sowie zahlreiche Tiere zum Streicheln und Liebhaben. Betten und Zimmer: 10 Betten, 3 Doppelzimmer, 2 Mehrbettzimmer.

KINDERBAUERNHOF CHRISTA
4575 Roßleithen, Schweizersberg 29
Tel.: 0 75 62/87 33
ferienhof.christa@utanet.at
www.oberoesterreich.at/ferienhof.christa
Beim Wandern oder in der Kräutersauna entspannen und die Seele baumeln lassen und am Abend Würstchen am Lagerfeuer grillen. Kinder toben sich auf dem Spielplatz oder im Zwergerlwald aus und kümmern sich um die zahlreichen Tiere. Aber schon der herrliche Ausblick auf das Windischgarstnertal und die Bergwelt sind einen Besuch wert. Für kinderreiche Familien gibt es übrigens interessante Pauschalangebote. Betten und Zimmer: 10 Betten, 3 Doppelzimmer, 2 Ferienwohnungen.

PONYHOF ÖCKL
4682 Geboltskirchen, Bergham 4
Tel.: 0 77 32/32 13, ponyhof.oeckl@vitalwelt.at
www.oberoesterreich.at/oeckl
Bio-Produkte aus der eigenen Landwirtschaft, geführte Wanderungen sowie Grillmöglichkeiten machen den Urlaub zu einem unvergesslichen Abenteuer. Die kleinen Gäste lernen ganz spielerisch das Leben am Bauernhof kennen. Betten und Zimmer: 14 Betten, 3 Ferienwohnungen.

SALZBURG

ALPINRESORT & SPA „ÜBERGOSSENE ALM"
5652 Dienten am Hochkönig, Sonnberg 54
Tel.: 0 64 61/23 00
info@uebergossenealm.at
www.UebergosseneAlm.at
Schöner können Ferien auf der Alm nicht sein. Das Wellnesshotel mit seinem umfangreichen Behandlungsangebot, unter anderem mit der natürlichen Tiroler Spa-Linie Alpienne, und seinem liebevoll gestalteten Ambiente bietet den Eltern jegliche Möglichkeit zur Entspannung. Die Kleinen genießen den schönen Kinderclub, die Betreuung durch eine geduldige Kindertante, Spielhaus und -platz. Mindestens ebenso für Begeisterung sorgen die ganz besondere Gartenanlage mit ihren Schwimmbiotopen sowie

Forsthofgut

Gartenhotel Theresia

die Natur der umliegenden Bergwelt des Hochkönigs, die auf vielen (auf Wunsch auch geführten) Wanderungen erforscht werden will. Mit einem Wort: Der perfekte Familienurlaub, einmal nicht im Kinder-, sondern im Wellnesshotel. Das gilt auch für die Winterferien: Die Skischule und der Anfänger-/Wiedereinsteiger-Skihang mit Zauberteppich befinden sich direkt beim Haus, der Skiverleih im Haus und der Lift zum Einstieg in den Skiverbund Amadé gleich gegenüber vom Hotel. Interessante Kinderpauschalen!

BERGHOTEL RUDOLFSHÜTTE
5723 Uttendorf/Weißsee, Stubach 82
Tel.: 0 65 63/82 21-0, info@rudolfshuette.at
www.rudolfshuette.at
Schon die „Anfahrt" ist etwas Besonderes: Auf die Rudolfshütte schwebt man in 6er-Gondeln hinauf. Was schon vermuten lässt, dass man kaum näher an den Skipisten sein kann als in dem Dreisternehotel. Die Hüttenatmosphäre blieb trotz Umbauarbeiten, mit denen der Komfort auf dem Berg Einzug hielt, erhalten. Außergewöhnlich: die Indoor-Kletterwand, die über mehrere Etagen reicht. Kinder bis 12 Jahre (im Frühling und Herbst bis 15 Jahre) wohnen hier mit den Eltern nicht nur gratis, sondern können auch kostenlos die Skilifte benutzen. Aber nicht nur im Winter ist die Rudolfshütte ein Familienparadies: Im Sommer lockt hier die einzigartige Bergwelt.

FORSTHOFGUT
5771 Leogang, Hütten 2, Tel.: 0 65 83/85 61
info@forsthofgut.at
www.forsthofgut.at
Vom Forsthofgut in Leogang geht es direkt auf die Skipiste, in den Mountainbike-Park oder zum hoteleigenen Badeteich. Kids haben überdies ihren Spaß am Spielplatz oder beim Ponyreiten auf dem überaus großzügigen Hotelgelände sowie im Kinderland. Die Kinderbetreuung ist hier übrigens besonders liebevoll und geduldig, sodass sich Kids wirklich wohl fühlen beim Spielen mit den anderen Kindern. Auch in der kleinen, feinen Wellnessabteilung sind Kids willkommen. Bei kindgerechten Massagen wie zum Beispiel mit Bachblüten, die aufgrund von Pflanzenbildern ausgesucht und ins Massageöl gegeben werden, entspannen Buben und Mädchen gleichermaßen. Apropos Entspannen: Dies können Eltern auch abends im großzügigen Hotelhallenbereich. Nicht zuletzt tragen die liebevolle Dekoration, in der warmen Jahreszeit der üppige Blumenschmuck des Hotelareals sowie das gute Essen ihren Teil zur Wohlfühlatmosphäre bei.

GARTENHOTEL THERESIA
5754 Saalbach-Hinterglemm
Tel.: 0 65 41/74 14-0, info@hotel-theresia.co.at
www.hotel-theresia.co.at
Ein Kinderhotel, das weder bunt noch überladen ist, aber dennoch überaus familienfreundlich: Im Gartenhotel Theresia fühlen sich Gäste aller Altersstufen wie zu Hause. Wozu das unkomplizierte und doch gestylte Ambiente des Kunst- und Designhotels inmitten der Salzburger Bergwelt ebenso beiträgt wie die für Familien perfekte Ausstattung. Besondere Highlights: das hübsche und bestens mit Spiel- und Bastelsachen bestückte Kinderspielzimmer sowie die liebevolle Kinderbetreuung. Für Golfer ist das Hotel ebenso ein angenehmer Ausgangspunkt wie für Skifahrer – und Genießer kommen im Restaurant

Grand Hotel Zell am See

Hotel Gasthof Gmachl

voll auf ihre Rechnung. Kurzum: ein gemütliches Haus, das genau der richtige Rahmen für den Familienurlaub auf hohem Niveau ist.

GRAND HOTEL ZELL AM SEE
5700 Zell am See, Esplanade 4–6
Tel.: 0 65 42/788-0
info@grandhotel-zellamsee.at
www.grandhotel.cc
Ferien wie anno dazumal an den Ufern des Zeller Sees: Ob beim Jausnen auf der Hotelterrasse oder beim Schlittschuhlaufen auf dem zugefrorenen See – hier haben Ferien ein unvergessliches Flair. Wobei kleine und große Gäste rundum verwöhnt werden. Ihr Geschick, historischen Mauern zeitgemäßen Komfort zu verleihen, hat die Hoteliersfamilie Holleis hier jedenfalls unter Beweis gestellt: Die Familienappartements bieten nicht nur die übliche Kochnische, sondern gleich eine eigene Sauna. Auch das Spielzimmer beeindruckt mit Geräumigkeit. Familienpauschalen mit bis zu 100 % Ermäßigung für Kids!

HAGLEITNER FAMILY BALANCE HOTEL
5700 Zell am See, Karl-Flieher-Straße 1–3
Tel.: 0 65 42/571 87
info@hotelhagleitner.at
www.hotelhagleitner.at
Fünf Smileys sprechen für sich: Im Kinderhotel Hagleitner werden Kids über 66 Stunden pro Woche mit einem abwechslungsreichen Programm bei bester Laune gehalten. Aber nicht nur die Kinder werden hier verwöhnt, sondern auch die Eltern. Im großzügigen Mavida Spa mit seinem Floating Pool, Balancezentrum, Private Spa Suite etc. können sich Mama und Papa so richtig regenerieren. Denn gemäß der Philosophie des Hauses sollen Eltern und Kinder zu neuer Harmonie finden. Wir sagen: Wenn das hier nicht gelingt, wo dann?Hier gibt es übrigens auch eine hauseigene Skischule und einen Skikindergarten.

HOTEL GASTHOF GMACHL
5101 Bergheim, Dorfstraße 35
Tel.: 0 66 2/45 21 24-0, info@gmachl.at
www.gmachl.at
Auszeit für die Eltern und Verwöhntage für die Kids: Auch wenn „der Gmachl" kein Kinderhotel ist, werden die Kleinen mehr als ernst genommen und mit Aufmerksamkeit bedacht. Eine Spielecke in der Bibliothek gehört ebenso zum individuellen Angebot wie das Bilderbuch, Spiele oder Stifte zum Malen auf dem Platz am Tisch. Und in den Ferienzeiten wie zum Beispiel zu Weihnachten wird auch Kinderbetreuung bzw. -programm angeboten. Weil die Familie Gmachl mit drei eigenen Kids weiß, was Familien wollen. Und alles dazu tut, dass auch diese in ihrem Wohlfühlparadies vor den Toren Salzburgs richtig relaxen. Dazu trägt die besonders geschmackvolle Ausstattung der Zimmer (neue Suiten mit Panoramablick wurden kürzlich fertiggestellt), der Halle und des Restaurants ebenso bei wie die riesige Gartenanlage mit dem Schwimmteich. Übrigens: Das Essen im Gmachl ist ein Genuss für sich, die Wellnessabteilung mit ihrem unter anderem von Methoden ferner Länder inspirierten Angebot ist ein weiteres Highlight. Das perfekte Hotel für den Urlaub auf hohem Niveau.

HOTEL KRALLERHOF
5771 Leogang, Rain 6, Tel.: 0 65 83/82 46-0
office@krallerhof.com
www.krallerhof.at

Hotel Krallerhof

Hotel Sonngastein

Urlaub am Krallerhof ist Urlaub auf höchstem Niveau. Und das gilt nicht nur für die einzigartigen Farbsuiten, die auf unterschiedliche Farb- und Materialkonzepte setzen, das hervorragende Essen, die anspruchsvolle Gestaltung und Dekoration des Hauses, die ganz besondere Wellnessabteilung und die Lage mit Anschluss ans Skigebiet Leogang-Saalbach-Hinterglemm bzw. im Sommer inmitten der wanderbaren Bergwelt. Auch für Familien wird mit Kinderbetreuung für ab Dreijährige an sieben (!) Tagen der Woche, einem großzügigen Spielbereich, Kinderskischule ab vier Jahren neben dem Hotel, Kinderbetreuung in der „Villa Kunterbunt" gleich bei der Talstation (extra abzugelten) viel geboten. Weil Urlaub puren Genuss bieten und trotzdem kinderfreundlich sein kann. Die Familie Altenberger beweist es auf besonders schöne Art.

HOTEL SONNGASTEIN
5640 Bad Gastein, Sonnleitenstraße 6
Tel.: 0 64 34/33 26-0
info@hotel-sonngastein.com
www.hotel-sonngastein.com
Das Familotel Sonngastein bietet Sport (fast) ohne Ende: Golffans schwingen den Schläger auf einem 18-Loch-Platz direkt beim Hotel, aber auch Reiter, Tennisspieler, Mountainbiker, Wanderer haben alle Möglichkeiten – außerdem locken drei Thermenanlagen im Tal. Auch für Kids geht es sportlich zu: Kinderfahrräder gibt es für jedes Alter, Go-Karts, eine Trampolinanlage, Hockey, Fuß- und Basketball etc. Und spielt das Wetter einmal nicht mit, toben Kids in der 1600 Quadratmeter großen Kindererlebnishalle des Hotels. Im Winter kommt der Skisport nicht zu kurz – das Hotel ist an den Skiverbund Amadé angeschlossen.

KINDERHOTEL HABACHKLAUSE
5733 Bramberg am Wildkogel, Habach 17
Tel.: 0 65 66/73 90-0
office@habachklause.com
www.habachklause.com
Ein geschmackvolles Haus, das durch seine vielen liebevollen Details ebenso überzeugt wie durch die familiäre Atmosphäre. Hier fühlen sich Groß und Klein richtig wohl. Die Kinder werden im freundlich-hellen Kinderzimmer (auch samstags und sonntags nachmittags!!) betreut – Basteln und Spielen stehen ebenso auf dem Programm wie Ponyreiten etc. Die ausgezeichnete Küche setzt auf Produkte, die unmittelbar von den Erzeugern bzw. aus der eigenen Landwirtschaft und Metzgerei kommen, und somit auf Qualität und Frische. Die Habachklause wurde übrigens mit dem Österreichischen Umweltzeichen für Tourismus ausgezeichnet. Das perfekte Umfeld für einen Urlaub wie bei Heidi auf der Alm – ein unvergessliches Erlebnis.

▸ BAUERNHÖFE

FAMILIENPARADIES EDERBAUER
5542 Flachau, Feuersangweg 33
Tel.: 0 64 57/25 18, ederbauer@aon.at
www.kinderbauernhofurlaub.at
Das Familienparadies Ederbauer punktet mit absoluter Ruhe und wunderschöner Aussicht. Aber auch Erlebnisse wie Wandern, Ponyreiten, Traktorfahren und Radeln sind für Kinder und Eltern unvergesslich. Zur Verfügung stehen Zimmer und Ferienwohnungen. Betten und Zimmer: 10 Betten, 1 Doppelzimmer, 2 Ferienwohnungen.

Brennseehof

KÄRNTEN

BRENNSEEHOF

9544 Feld am See, Seestraße 19
Tel.: 0 42 46/24 95
info@kinderbauernhofurlaub.at
www.brennseehof.com

Sport wird am Brennseehof groß geschrieben. Von Tennis, Biken, Wandern, Golfen bis Surfen und Segeln reicht der Bogen an sportlichen Aktivitäten – dass der Wassersport nicht zu kurz kommt, versteht sich von selbst. Schließlich liegt das Kinderhotel direkt am Brennsee. Die ganze Familie kann – auch gemeinsam zum Sonderpreis – surfen oder segeln lernen. Aber auch Fortgeschrittene haben hier alle Möglichkeiten. Die Sportschule ist übrigens direkt beim Hotel. Und nach dem Sport? Hier stehen unter anderem Kinder-Wellness mit Yin-Yang-Massagen, Fußreflexzonenmassagen oder Nagellackierung „Bunter Schmetterling" auf dem Programm. Und die Eltern? Können einmal so richtig entspannen.

FAMILIENFERIENDORF AM PRESSEGGERSEE

9620 Hermagor, Presseggersee 7
Tel.: 0 42 82/446 09
office@familienferiendorf.at
www.familienferiendorf.at

Persönlicher kann Familienurlaub nicht sein: Im FamilienFerienDorf treffen Gemütlichkeit und guter Service aufeinander – das Resultat ist Urlaubsvergnügen pur. Das Programm für Kinder ist abwechslungsreich und wird teilweise durch die Lage des Dorfes direkt am Presseggersee bestimmt. So ist im Sommer unter anderem Schwimmen und im Winter Eislaufen angesagt – und die Eltern relaxen im schwimmenden Saunahaus mit dem tollen Blick über den See. Wer gern seine Bewegungsfreiheit hat, fühlt sich in einem der etwa 60 Quadratmeter großen, zweistöckigen Holzhäuschen in finnischem Stil wohl, es sind aber auch Appartements im Haupthaus verfügbar. Highlight des FamilienFerienDorfes ist das Restaurant, das als Glaswintergarten stilsicher ausgebaut wurde – die Buchung eines Appartements beinhaltet übrigens auch Halbpension für die Eltern und Vollpension für die Kinder. Mit einem Wort: Am Presseggersee werden Gäste rundum verwöhnt. Wozu nicht zuletzt die kinderfreundliche Haushündin Lola ihren Teil beiträgt.

FAMILIENGUT-HOTEL BURGSTALLER

9873 Döbriach am Millstätter See
Seestraße 6, Tel.: 0 42 46/71 26
info@familiengut.at
www.familiengut.at

Mit der Kuh auf Du und Du: Ferientage im gemütlichen Familiengut-Hotel Burgstaller sind für Kids ein echtes Erlebnis. Dazu trägt nicht nur das riesige Areal des Hotels bei, auf dem man laufen, Fußball und Tennis spielen, Ponyreiten, schwimmen kann. Tierfreunde (auf die artgerechte Haltung der Tiere wird hier übrigens besonderer Wert gelegt) fühlen sich im Stall bei den Hasen oder Bubi, Schneewittchen und den anderen Ponys besonders wohl, auf Ausflügen in die Umgebung (zum Beispiel per Traktor mit dem liebenswürdigen Hotelchef Adi Burgstaller, den Kinder sofort ins Herz schließen) werden Kinder zu kleinen Abenteurern, und von der Kindergruppe mit der lieben Betreuerin können sie sich kaum losreißen. Ponyreiten ist übrigens im Hotelpreis inklusive. Dies

Ginas Baby- und Kinderhotel

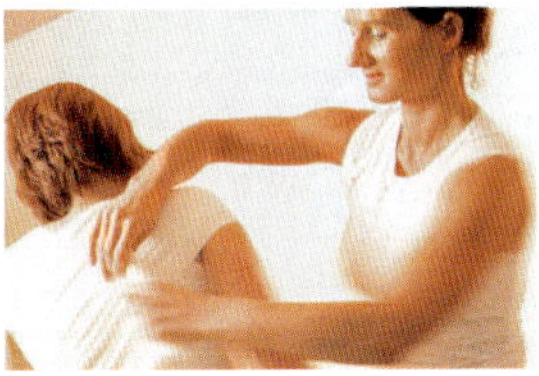

Hotel Eschenhof

entweder mit der Kinderbetreuerin, die mit den Kids Rundgänge mit den Ponys macht, aber auch Mamas, Papas, Großeltern führen die gutmütigen Ponys ohne Probleme. Und die Eltern? Genießen die ungezwungene Atmosphäre und Freundlichkeit der Familie Burgstaller. Auf der Terrasse des Kinderhotels bei Kaffee und Kuchen in der Sonne zu sitzen und die Kinder auf dem riesigen Spielplatz im Blickfeld zu haben, ist ein Genuss für sich. Apropos Genuss: Die in der Küche verwendeten Zutaten kommen vorrangig aus der Gegend oder aus der eigenen Produktion – wovon man sich auf der Alm der Burgstallers oder im Kräutergarten selbst überzeugen kann. Highlights sind auch die neuen Familienzimmer, in einem perfekt ins Gebäude integrierten eigenen Trakt. Geschmackvoll eingerichtet, machen sie den Aufenthalt im Familiengut zu einem noch größeren Vergnügen. Absolut empfehlenswert!

GINAS BABY- UND KINDERHOTEL
9580 Drobollach/Faaker See, Fasanenweg 10–14
Tel.: 0 42 54/23 34, info@gina.at
www.gina.at
Inmitten von Wiesen und Wäldern, Tennisplätzen und Erlebnispools, Weiden mit Tieren, Naturbiotopen und gesicherten Fisch- und Krebsteichen lässt es sich bestens urlauben. In Ginas Baby- und Kinderhotel kommt bestimmt keine Langeweile auf: Tennisspieler freuen sich über den hauseigenen Platz, „große Golfer" locken zahlreiche Golfclubs in der Umgebung, die „Kleinen" beginnen gleich einmal auf der Driving Range des Hotels mit den ersten Trainingsstunden. So werden Kinderferien gleich einmal zu einem Golfurlaub. Und im Winter sorgen eine beschneite Rodelbahn mit Flutlichtanlage und Einrichtungen wie ein Anfänger-Karussell und Zauberteppiche gleich beim Hotel für Spaß im Schnee. Aber auch die Wasserwelt, die Wellnessabteilung und die anderen zahlreichen Aktivitäten versprechen einen Familienurlaub vom Feinsten.

HOTEL DIE POST
9546 Bad Kleinkirchheim, Dorfstraße 64
Tel.: 0 42 40/212, ronacher@diepost.com
www.diepost.com
Der KinderSpa ist mit Sicherheit die Attraktion im Hotel Die Post. Vermittelt werden sollen Spaß an der Bewegung und die wohltuende Wirkung von Körperpflege, abgerundet durch gute und gesunde Ernährung. Dabei stehen Bodycheck und Fitnesstraining für die Boys sowie Fun Dance für die Girls ebenso auf dem Programm wie das Lackieren der Zehennägel mit Strass-Steinchen oder die Kurzbehandlung fürs Gesicht. Auf gemeinsames Erleben setzen der Mutter-Tochter- bzw. Vater-Sohn-Tag sowie die Mutter-Kind-Massage. Aber auch außerhalb des Spa-Bereichs bietet das Hotel eine angenehme Atmosphäre für erholsame Urlaubstage. Nicht zu kurz kommen freilich die Möglichkeiten für sportliche Aktivitäten wie Skifahren, Golfen, Baden. Für tennisbegeisterte Kids stehen sieben hauseigene Tennisplätze kostenlos zur Verfügung.

HOTEL ESCHENHOF
9546 Bad Kleinkirchheim, Wasserfallweg 12
Tel.: 0 42 40/82 62, hotel@eschenhof.at
www.eschenhof.at
Der Name des Hotels ist Programm: Mit seiner leichten, hellen Holzarchitektur wirkt es natürlich und freundlich. Und so ist auch die

Sporthotel Achensee

Alpenresort Schwarz

Atmosphäre in dem Viersternehaus. Die Verwöhnoase mit Shiatsu-Massage, Heubad, Hot-Stone-Behandlungen, Sonnen-Atrium, Indoor-Sonnenhimmel etc. bietet Eltern ein breites Angebot, die Kinder fühlen sich in Tom und Tinas Kinderpavillon wohl. Und damit der Urlaub wirklich erholsam wird, sorgt das Eschenhof Family-Plus-Programm dafür, dass Eltern neue Kraft tanken können und Kids dabei nicht langweilig wird: Der Eschenhof Langschläferservice und das Eschenhof Aktiv-Plus-Programm lassen die ganze Familie neue Kraft und Energie tanken. Und in der Eschenhof Urlaubsideen-Kiste finden sich 101 spannende und lustige Freizeittipps.

▸ **BAUERNHOF**

„DER NEUSACHER-MOSER" FERIENHOF
9762 Weissensee, Neusach 9
Tel.: 0 47 13/23 22
winkler@neusacher-moser.at
www.neusacher-moser.at
Der am See und im Skigebiet gelegene Biobauernhof sorgt sommers wie winters für paradiesische Erholung, nicht nur für Kinder. In der Dusche fließt bergfrisches Quellwasser, garantiert hochwertige Milchprodukte aus eigener Erzeugung machen das Frühstücksbuffet zum kulinarischen Erlebnis. Betten und Zimmer: 45 Betten, 2 Doppelzimmer, 3 Mehrbettzimmer, 12 Ferienwohnungen.

TIROL

SPORTHOTEL ACHENSEE
6215 Achenkirch 114, Tel.: 0 52 46/65 61
info@sporthotel-achensee.com
www.sporthotel-achensee.com
Hier findet jeder das Sportangebot, das ihn interessiert: Ein Golf-Pro zeigt Kids (und Erwachsenen) auf dem nahen 9- oder 18-Loch-Platz die ersten Schwünge, in der Reitschule liegt das Glück der kleinen Urlauber auf dem Rücken der Pferde, beim Biken und Radeln lässt sich die Umgebung erkunden, und im Winter geht es mit der Kinderskischule ab ins Skigebiet mit seinem abgegrenzten Kinderbereich oder auf den Winterspielplatz, die Langlaufloipen oder die Sonnenterrasse. Nach dem Sport heißt es in der Wellnessabteilung Relaxen pur. Übrigens ist im 5-Smiley-Kinderhotel Kinderwellness inklusive. Interessierte Kids ab sieben melden sich einfach per Eintrag in eine Liste zum Programm an, wobei pro Einheit maximal acht Kinder teilnehmen können. Von Bewegung in der Natur über Ernährung und Massage bis zur Schönheitsbehandlung lernen Kinder die Basics, um auch zu Hause bewusster zu leben. Eine interessante Erweiterung der üblichen Hotelangebote, die bei Jungs und Mädels gut ankommt.

ALPENRESORT SCHWARZ
6414 Mieming, Obermieming 141
Tel.: 0 52 64/52 12-0
hotel@schwarz.at
www.schwarz.at
Im Alpenresort Schwarz fühlen sich kleine und große Gäste bestens aufgehoben. Erstere werden im Kinderclub betreut, der sich durch ein besonders schönes Kinderzimmer auszeichnet. Nicht immer hat ein Kinderclub Fenster und gute Luft – dieser schon. Ebenso durchdacht ist der Spa-Bereich, in dem die Eltern mit Alpienne, Kosmetikprodukten aus der Bergwelt, verwöhnt werden. Das Ange-

Theresa Wellness- & Spa-Hotel

bot umfasst aber auch Sportmedizin, Orthopädie und ästhetische Chirurgie.

ALPENROSE
6631 Lermoos, Tel.: 0 56 73/24 24
reception@hotelalpenrose.at
www.hotelalpenrose.at
Im 5-Smiley-Kinderhotel (4 Sterne superior) vergessen Kids ganz von selbst auf ihr übliches „Mir ist fad". Kein Wunder, das Kinderhotel Alpenrose mit seiner hellen, freundlichen Ausstattung und der Ausrichtung auf einen erstklassigen Familienurlaub ist kein Ort, an dem einem langweilig wird. Dafür ist in den nach Alter gestaffelten Kinderclubs mit ihrem umfangreichen Programm vom Isländer- und Haflingerreiten über Playbackshow und Schminkfest bis zum Besuch beim Ziegenpeter allemal gesorgt. Und die Eltern entspannen in der schönen Wellnessanlage (z. B. Ayurveda, Maria Galland, Aloe Vera usw.). Aber auch die Lage des Hotels auf 1000 Meter Seehöhe verspricht Erholung pur.

HOTEL LAMARK
6263 Hochfügen Nr. 5, Zillertal
Tel.: 0 52 80/225, info@lamark.at
www.lamark.at
Die schönen Familienzimmer sprechen ebenso für den Urlaub im Hotel Lamark wie die familienfreundlichen Möglichkeiten, die schönste Zeit im Jahr so richtig zu genießen. Ob man nun im Sommer mit dem Gourmet-Picknick im Rucksack loszieht oder im Winter die umliegenden Pisten unsicher macht, die Berge zeigen sich hier immer von ihrer besten Seite. Abgerundet werden die Naturerlebnisse durch die feine Drei-Hauben-Küche des Kochs des Jahres 2005, Alexander Fankhauser.

LÖWE & BÄR
6534 Serfaus, Untere Dorfstraße 5
Tel.: 0 54 76/60 58, info@loewebaer.com
www.loewebaer.com
Von der Softplay-Spielanlage „Löwenparadies" über die „Löwen-Wasserwelt" bis zum „Löwentheater" für Shows, Clownauftritte, Kino und Zauberschule bietet das 5-Smiley-Kinderhotel Löwe alles, was Kinder bei guter Laune hält. Und die Eltern relaxen bei guter Küche und in einem Wellnessclub, der alle Stückeln spielt. Das Hotel Bär wiederum punktet mit großzügigen Familiensuiten „Balu", dem Bären-Badeparadies, der 100 Meter langen Wasser-Erlebnis-Rutsche, dem Freibad mit Liege- und Panoramaterrasse, dem Kindertheater und dem großen Spielplatz.

THERESA – WELLNESS- & SPA-HOTEL
6280 Zell im Zillertal, Bahnhofstraße 15
Tel.: 0 52 82/22 86-0, info@theresa.at
www.theresa.at
Mit seiner 1500 Quadratmeter großen Vitalwelt ist das Viersterne-Genießerhotel Theresa ein Paradies für Erholung suchende Eltern, aber auch Kinder: Diese relaxen bei Kinderaerobic, Aquagym und Juniormassagen; Kinder-Tuina-Massagen bringen bei Schnupfen, Haut- und Verdauungsproblemen sowie bei Asthma und Allergien Wohlbefinden. Und damit die Annehmlichkeiten auch außerhalb der Wellnessabteilung ihre Fortsetzung finden, stehen Kindern der Kinderclub, ein Spielraum, ein Spielplatz sowie in der Nähe der 45.000 Quadratmeter große Zeller „Fun Park" offen. Kinderfreundlich auch die Arrangements: Kids bis sechs sind im Elternzimmer frei, bis elf Jahre sind die Preise um 50 und bis 18 Jahre um 30 Prozent ermäßigt.

Vitalhof Tunelhof

Ierzerhof

▸ ABENTEUERURLAUB

FEELFREE NATURE RESORT

6433 Oetz, Piburger Straße 6
Tel.: 0 52 52/603 50 oder 202 48
office@feelfree.at
www.nature-resort.at
Das Viersterne-Nature-Resort mit Feriendorf und Camp bietet einen Urlaub nach dem Motto „Natur pur". Dafür steht nicht nur das Design des Resorts, sondern vor allem die Umgebung mit ihren zahlreichen Sportmöglichkeiten wie Tagestouren auf dem Mountainbike oder reißenden Rafting-Erlebnissen.

▸ BAUERNHÖFE

VITALHOF TUNELHOF

6133 Weerberg, Ausserberg 31
Tel.: 0 52 24/683 53, vitalhof@tunelhof.at
www.tunelhof.at
Lebenskraft, Energie und Vitalität zu tanken ist beim zertifizierten Gesundheitsangebot des Tunelhofes kein Problem. Am geprüften Gesundheits- und Kinderbauernhof ist immer etwas los. Ob beim Traktorfahren, Versorgen der Tiere oder Spielen im Baumhaus, für jeden Geschmack ist gesorgt. Ein besonderes Erlebnis ist eine Nacht in der Heusuite, wo man auf Bergwiesenkräuter gebettet die Eindrücke des Tages träumend nochmals durchleben kann. Zimmer und Betten: 10 Betten, 3 Ferienwohnungen.

FAMILIENHOTEL L(M)ÄRCHENWALD

6471 Arzl, Wald 70, Postfach 6471
Tel.: 0 54 12/641 31, lama@tirol.com
www.laerchenwald.at
Das Freizeitangebot für Kinder ist überwältigend und reicht von Schwimm- über Skikurse und Erlebnistage am geprüften Kinderbauernhof bis zum Reiten. Da können Eltern ohne schlechtes Gewissen die gemeinsame Zeit genießen – schließlich wissen sie ihre Kinder bestens betreut und aufgehoben. Betten und Zimmer: 70 Betten, 1 Einzelzimmer, 2 Doppelzimmer, 12 Mehrbettzimmer, 2 Suiten, 2 Ferienwohnungen, 1 Ferienhaus.

BABY- UND KINDERBAUERNHOF IERZERHOF

6471 Arzl im Pitztal, Wald Hnr. 41
Tel.: 0 54 12/612 59, urlaub@ierzerhof.at
www.ierzerhof.at
Hier ist ein erholsamer und erlebnisreicher Urlaub im Sommer wie im Winter garantiert! Je nach Jahreszeit gibt es verschiedene Aktivitäten wie geführte Wanderungen, Schneeschuhwandern etc. Die kindgerechte und komfortable Ausstattung des Hofes mit Spielecke, vielen Spielsachen, Sandkiste etc., aber auch Wellnesseinrichtungen wie Kräuterbadl oder Infrarotkabine machen den Familienurlaub zur Auszeit für die Eltern. Betten und Zimmer: 10 Betten, 2 Ferienwohnungen.

VORARLBERG

SPORTHOTEL BECK

6708 Brand 175, Tel.: 0 55 59/306
info@sporthotel-beck.at
www.sporthotel-beck.at
Reiten, Golfen, Bogenschießen, Skikinderland und Lift ins Skigebiet sowie Biotop-Badesee beim Hotel – im Sporthotel Beck ist Abwechslung an der Tagesordnung. Und das in einem Ambiente, das keinen Zweifel aufkommen lässt: Hier ist man in den Bergen. Gemütlichkeit steht in diesem Sinne an erster Stelle.

Sporthotel Beck

Hapag-Lloyd Kreuzfahrten

Aber auch das Kinderprogramm steht unter einem unmissverständlichen Motto: „Kleine Bergbauern“. Kinder helfen hier mit, pflegen Haflinger oder erleben die Geburt eines Kälbchens. Das „Natur-Erlebnis-Camp“ bietet Kindern ab 6 Abenteuer pur mit bewusster Bewegung in und Kennenlernen der Natur mit einem Outdoor-Trainer.

ALPHOTEL
6992 Hirschegg, Schlössleweg 6
Tel.: 0 55 17/54 49
www.alphotel.at
Das Kinderhotel in den Bergen ist in jeder Hinsicht familientauglich. Kinder werden nicht nur indoors betreut, sondern finden auch ein umfangreiches Programm im Freien vor. Erfreulich! Mit Oldtimertraktorfahrten, Nachtwanderungen, Streichelzoo, Erlebnistheater, Skifahren etc. lockt man Kids vom TV- und anderen Bildschirmen weg und hinaus in die Natur. Aber auch wer in den Ferien büffeln muss, findet hier das passende Angebot: Lernförderung im Urlaub hilft so manchem auf die Sprünge. Die Eltern tanken in der Wellnessabteilung oder beim Sport (Tennis, Reiten, Wandern, Golf, Skifahren etc.) neue Kraft. Übrigens sind hier auch Individualisten an der richtigen Adresse: Sechs Kilometer vom Hotel und gleich unterhalb der Gipfel werden romantische Holzhütten als Urlaubsdomizile angeboten.

INTERNATIONALE REISE-HIGHLIGHTS

HAPAG-LLOYD KREUZFAHRTEN GMBH
D-20095 Hamburg, Ballindamm 25
Tel.: +49/40/30 01-46 00
www.hlkf.de
Kinderprogramm am Luxusschiff: Ab einer Gruppengröße von sieben Kids werden diese an Bord der Columbus bei Laune gehalten. Ideenreichen Betreuerinnen fällt immer wieder Neues ein, um das Leben am Schiff zu einem großen Abenteuer werden zu lassen. Bei bestimmten Packages bekommen Kinder bis 15 in der Kabine der (Groß-)Eltern eine Freipassage. Zum Beispiel: Reise zu den Großen Seen Nordamerikas mit Besuch der Insel des Großen Manitou und einem traditionellen indianischen Fest.

FERIENANLAGE PETALON
HR-Petalon 52450 Vrsar
Tel.: +385/52/44 11 98
petalon-portosole@maistra.hr
www.maistra.com
Die Familienferienanlage Petalon mit Zimmern, Apartments, Bungalows und angeschlossenem Campingplatz ist vollkommen neu renoviert und sehr gepflegt, die Unterkünfte bieten 4-Sterne-Komfort. Leider keinerlei Schatten am langen Felsstrand mit gepflasterten Liegeflächen und kein Liegen- und Sonnenschirmverleih, außer am Pool (kostenpflichtig). Angeboten werden Miniclub, Spielplatz und Animation von Aquagymnastik über Volleyball, Basketball, Bastelaktivitäten usw. für Kids und Eltern. Die unmittelbar angrenzende Sportanlage bietet Tennisplätze, Boccia-Bahn, Minigolf, Tischtennis im Freien, und am Strand gibt es eine deutschsprachig geführte Tauchschule.
Die Poolanlage mit Süßwasserbecken steht den Gästen der Bungalows und Apartments ebenso zur Verfügung wie den Campingplatzbesuchern. Ab 18 Uhr werden dort täglich Abendprogramme wie Kinderdisco, Tanzveranstaltungen, Bingo usw. angeboten.

Hotel Milenji

Hotel Miramar

Mehrere Restaurants und Bars sowie ein Minimarkt runden das Angebot ab.

HOTEL MILENIJ
HR-51410 Opatija/Abbazia
Marsala Tita 109, Tel.: +385/51/20 20 00
info@ugohoteli.hr
www.ugohoteli.hr
Die zentrale Lage im Herzen Opatijas sowie an der Strandpromenade macht das „Millennium" zum perfekten Ausgangsort, um am regen Leben des ehemaligen Kurortes der Monarchie teilzunehmen. Ein kleiner, aber feiner Pool und eine Terrasse mit einzigartiger Aussicht aufs Meer (und angeschlossener Konditorei samt Eisgeschäft) lassen Familien den Aufenthalt im 5-Sterne-Haus Hotel Milenij genießen. Der Trakt des Jahrhundertwendehauses wurde übrigens in modernem Stil gekonnt erweitert. Im unweit gelegenen Grandhotel geht es etwas legerer zu, der Blick aufs Meer ist ebenfalls großartig. Auch die Wellnessabteilung bietet mit ihrer passionierten Mannschaft sämtliche trendigen Anwendungen von der Schoko-Therapie bis zu Chi Yang mit 24 Karat Gold. Im Frühjahr und Herbst steht Kids der Mini Club mit seinem abwechslungsreichen Programm offen. Service und Freundlichkeit der Mitarbeiter sind übrigens außergewöhnlich! Und wer damit noch nicht rundum glücklich ist, genehmigt sich einige der hervorragenden Pralinen, die von Schweizer Schokolademachern handgefertigt werden. Das Milenij Grand Hotel 4 opatijska cvijeta liegt direkt in Opatija, was ideal für Stadtrundgänge oder Besichtigungstouren ist. Eigenen Strand gibt es keinen, dafür einen angenehm angelegten Pool. Perfekt, um auch im Frühjahr und Herbst das milde Klima der Region zu genießen.

HOTEL MIRAMAR
HR-51410 Opatija/Abbazia, Ive Kaline 11
Tel.: +385/51/28 00 00
info@hotel-miramar.info
www.hotel-miramar.info
Die besondere Freundlichkeit der Mitarbeiter wie auch die schöne Anlage des Hotels machen das Adria-Relax-Resort Miramar an der 12 Kilometer langen Strandpromenade Opatijas zu einem Urlaubsparadies auch für Familien. Zwar bietet das Hotel keinerlei Kinderanimation, keinen Spielplatz und kein Spielzimmer, aber die Atmosphäre ist für Erholung Suchende dennoch ideal. Spielplätze und sanfte Buchten mit Steinstränden gibt es in der Nähe des Hotels, auf individuelle Wünsche wird ohne Zögern eingegangen. Kindermenü und perfekter Service im Restaurant tragen dazu bei, dass sich Kinder und Eltern hier wohl fühlen. Übrigens bleibt dem Reisenden schon das Essen auf den Terrassen des alten Traktes, der ursprünglichen Villa Neptun, für immer in Erinnerung: wegen der ausgezeichneten Küche, aber auch wegen des einmaligen Blicks auf die gegenüberliegende Bucht mit ihren bunten Booten. Abends erklingen dann Operetten- und andere Klänge, die das Urlaubsflair erst perfekt machen. Auch in der exzellenten Wellnessabteilung (nicht umsonst ist das Miramar Schwesterhotel des österreichischen Salzburger Hofs) wird man so richtig verwöhnt. Bei der Walzer-Massage im Dreivierteltakt genießt man die Entspannung ebenso wie bei Ayurveda und anderen Anwendungen. Da wünscht man sich, der Urlaub nähme nie ein Ende. Weiteres Plus: Die Anreise mit dem Auto ist bequem, das Klima rund ums Jahr wohltuend. Mit einem Wort: Das perfekte Reiseziel!

Le Meridien Limassol Spa & Resort

IRLANDSPROFIS
HOLIDAYNET24 / ANDREE'S ANGELREISEN
D-65527 Niedernhausen, Schöne Aussicht 21
Tel.: +49/61 27/99 30 28, info@irlandprofis.de
www.holidaynet24.com
Durch die Natur der grünen Insel gleiten – und dabei Wasser unter sich haben: Hausbootfahrten haben für Kinder und Erwachsene den Reiz des großen Abenteuers. Irlandprofis vermitteln ausgewählte Hausboote verschiedener Anbieter, aber auch Ferienhäuser und Ferienwohnungen direkt am Meer oder im Landesinneren. Wer sich auf die Reise vorbereiten und über Land und Leute sowie den Urlaub auf einem Hausboot informieren möchte, hat auf der Homepage reichlich Gelegenheit dazu.

LE MERIDIEN LIMASSOL SPA & RESORT
CY-3308 Limassol, Old Limassol –
Nicosia Road, P.O. Box 56560
Tel.: +357/25/86 20 00
enquiries.limassol@lemeridien.com
http://cyprus.lemeridien.com
Ein Kinderclub, wie er seinesgleichen sucht: Im Penguin Club stehen den Kids ein riesiger Garten mit eigenem Pool, ein Spielplatz und ein Haus zur Verfügung. Das Betreuungspersonal ist ebenso ausgesucht wie die Gestaltung des Kinderbereichs gelungen. Letzteres gilt für die gesamte Hotelanlage, die das Feinste vom Feinen bietet. Ein tropischer Garten, Mini-Spas in den Suiten, ein Luxus-Spa mit sämtlichen Anwendungen aus der Welt des Meeres, zahlreiche Restaurants – da braucht die Insel Zypern gar nicht mehr mit relativ kurzen Flugzeiten und überdurchschnittlich vielen Sonnenstunden locken. Perfekt für den familienfreundlichen Winterurlaub in der Wärme.

LOVRANSKE VILE
HOTEL VILLA ASTRA / VILLA SAN GIOVANNI / VILLA ADELA
HR-51415 Lovran, Viktora Cara Emina 11
Tel.: +385/51/29 46 04
sales@lovranske-vile.com
www.lovranske-vile.com
Hier hat der Reisende das Gefühl, einfach anzukommen. Das Leben hält inne, macht für ein paar Tage Pause, die Zeit steht still. Das gelingt sogar mit Kindern, insbesondere wenn man in einer der äußerst geschmackvollen Wohnungen in der Villa San Giovanni oder Villa Adela Quartier nimmt. Ein Abend auf einer der Terrassen lässt das abgedroschene Sprüchlein vom „Mit-der-Seele-Baumeln" wahr werden. Vom Meer ist man nur durch den Garten und den Spazierweg Lungomare getrennt, von den privaten Villen zu den Kiesstränden dauert es mit dem Auto etwa eine Viertelstunde. Weitere Pluspunkte: Die Aparments sind auch mit Küchenutensilien bestens ausgestattet, und man findet sogar ein Basis-Package mit Milch, Obst und Getränken vor. Außerdem werden die Wohnungen täglich gereinigt. Wer noch mehr verwöhnt werden will, ist im Hotel Villa Astra, einer aufwändig renovierten Villa mit großem Charme, an der richtigen Adresse.

SOMMERRESSORT BELVEDERE/VRSAR
HR-52450 Vrsar Belvedere, Tel.: +385/52/689 100
belvedere@maistra.hr
www.maistra.com
Sehr charmant ist das Dörfchen Vrsar nördlich von Rovinj. Die Ferienanlage Belvedere mit einem ganz modern designten Hotel (mit Hallenbad) und neu renovierten Apartments mit 4-Sterne-Komfort liegt fünf Gehminuten vom kleinen Hafen entfernt, an

Spa & Sport Resort Adler

dem entlang man in den Ort schlendert. Die Besitzer der Ausflugsboote bieten ihre Touren in den nahen Nationalpark Limfjord oder zu den Brijuni-Inseln an, überall gibt es nette Restaurants und Eisbars.
Grünanlage und Felsstrand des Resorts sind sehr gepflegt und werden rund um die Uhr von Security-Personal bewacht. Entlang der gesamten Anlage führt eine Fußgängerpromenade, an die der Felsstrand mit reichlich Schatten, Liegenverleih (sehr günstig), Umkleidekabinen und Beach-Scouts angrenzt. Eine kleine Kiesbucht unmittelbar vor dem Haupthaus führt flach in einen geschützten Badebereich, an dessen anderen Ende eine schwimmend gut erreichbare vorgelagerte Insel zum Schnorcheln einlädt.
Die herrliche Süßwasserpoolanlage ist umrahmt von Rasenterrassen, Liegen und Schirme sind ausreichend vorhanden und kostenlos, das sehr freundliche Personal achtet darauf, dass All-day-Liegenreservierer keine Chance haben. Die Animation ist nett und unaufdringlich – Klassiker wie Tennis, Tischtennis, Minigolf und Schnuppertauchen (deutschsprachige Tauchschule in Gehdistanz) sowie Mini-Disco und Aqua-Gym für größere Kinder und Eltern werden ebenso angeboten wie ein hübscher, liebevoll betreuter Miniclub für die Kleinsten. Wem All inclusive und laute Mega-Animation ein Greuel sind, dem ist diese Anlage sehr zu empfehlen.

QUELLENHOF SPORT & WELLNESS RESORT
I-39010 St. Martin bei Meran, Südtirol
Tel.: +39/0473/64 54 74, info@quellenhof.it
www.quellenhof.it
Das Passeiertal mit seinen Naturschönheiten ist der perfekte Rahmen für einen entspannenden, unterhaltsamen, abwechslungsreichen Familienurlaub. Das Kinderprogramm sorgt für Abenteuer pur für die Kids: Vom hauseigenen Streichelzoo bis zum Spieleparadies „Villa Kunterbunt" bietet das Resort spannende Unterhaltungsmöglichkeiten. Aber auch der Sport kommt mit Kindertennis-, Reit- und Golfkursen nicht zu kurz. Bewegungsfreiheit ist auf dem weitläufigen Hotelareal jedenfalls gegeben. Und die „Großen"? Die entspannen in der dreistöckigen Wellnessanlage in der Parkresidenz Quellenhof oder auf der „Beauty-Wellness-Alm" in der Sonnenalm. Die familiäre Atmosphäre im gesamten Resort trägt ihren Teil dazu bei, dass sich Großeltern, Eltern und Kinder hier rundum wohl fühlen.

ADLER DOLOMITI SPA & SPORT RESORT
I-39046 St. Ulrich, Tel.: +39/0471/77 50 00
dolomites@adler-resorts.com
www.hotel-adler.com
Der kleine Adler Aki steht für Urlaubsvergnügen: ob beim Spielen im Adler Park mit Cowboyhütte, Streichelzoo, Spielpark, Sportfeld und Trampolin, im Kids Club für Kinder ab vier oder auf der Adler Alm, wo Abenteuerspiele, Erkundungstouren und Grillfeste nach Herzenslust stattfinden. Auch an Abenteuern kann man im Adler einiges erleben: vom Forellenfischen im Bergsee bis zum Kletterkurs für Adler Kids mit den Grödner Elite-Bergführern Catores. Und wer dann ausspannen will, stellt klar: Wellness ist heute auch etwas für Kinder. Im Adler jedenfalls sind Kinder-Yoga, Koordinationsgymnastik, Wettschwimmen, leckere Fitmenüs und Schönheit auf der Beautyfarm im Kinderclub angesagt (bis auf einzelne Unkostenbeiträge inklusive!). Das exquisite Ambiente des Fünfsternehauses, aber auch die Lage in den Dolomiten machen den

Ville Bianchi

Zigeunerwagen-Ferien

Adler zum perfekten Haus für den Wohlfühlurlaub – und zwar für Kinder und Eltern.

VILLE BIANCHI
I-34073 Grado (GO), Viale Dante Alighieri 50
Tel.: +39/0431/801 69, office@villebianchi.it
www.villebianchi.it
Die Sonneninsel Grado bietet ein wesentliches Plus für alle, die auch ins Ausland gern mit dem Auto reisen: Sie ist von Österreich aus in wenigen Stunden erreichbar. Weiteres Plus: Der traditionsreiche Urlaubsort hat heute wie damals ein Flair, das für Österreicher besonders anziehend ist. So warten die Ville Bianchi als revitalisierte Hotelkomplexe nahe dem Meer mit Geschichtsträchtigkeit in moderner Umsetzung auf. Für Familien ideal: die Apartments in den beiden strandseitig gelegenen Villen Marina und Spiaggia, die auf vier bis acht Personen ausgerichtet sind. Oder man nimmt in einem der geschmackvollen Zimmer Quartier. Die typisch italienische Küche ist übrigens hervorragend.

ZIGEUNERWAGEN-FERIEN
CZ-37826 Lodherov, Lodherov 212
Tel.: +420/728 31 06 15, ziwag@email.cz
www.zigeunerwagenferien.com
Mit Pferd und Wildwest-Planwagen durch Südböhmen: Der Abenteuerurlaub für die Familie startet mit einer genauen Einweisung durch geschultes Personal. Dabei wird der Umgang mit Pferd und Wagen erlernt und die Route besprochen. Dann geht's los: Täglich werden 12 bis 16 Kilometer zurückgelegt, bis die Wagen wieder am Ziel eintreffen. Der Urlaub kann mit einer Nacht im Tipi auf dem Reiterhof kombiniert werden – dieses Programm kann aber auch extra für eine Woche „Indianer-Feeling" gebucht werden.

▸ REISEVERSICHERUNGEN

ALLIANZ
1130 Wien, Hietzinger Kai 101–105
Tel.: 01/878 07-0, office@allianz.at
www.allianz.at
Die Reise-Assistance hilft 24 Stunden pro Tag, 365 Tage im Jahr, weltweit, wobei der Versicherungsschutz auf den Lebenspartner, dessen oder gemeinsame Kinder, Enkel etc. ausgedehnt werden kann. Im Fall des Falles wird prompt geholfen unter anderem durch Reisegepäckersatz bei Diebstahl oder Beschädigung, Sperre von Kreditkarten und Handys bei Verlust oder Diebstahl und auch bei der Beschaffung von Ersatzdokumenten bei Verlust von persönlichen Papieren.

MONDIAL ASSISTANCE
1070 Wien, Mariahilfer Str. 20, Tel.: 01/525 03-0
service.at@mondial-assistance.at
www.mondial-assistance.at
Die Mondial Reiseversicherungen bieten verschiedene Reiseschutz-Packages, aus denen man sich je nach den persönlichen Bedürfnissen und den jeweiligen Reisegewohnheiten das passende Produkt aussuchen kann. Ebenfalls zur Wahl steht, ob man eine Einzelperson oder die ganze Familie versichern möchte. Geholfen wird in weltweit über 37 24-Stunden-Notrufzentralen auf allen Kontinenten.

EUROPÄISCHE REISEVERSICHERUNG
1090 Wien, Augasse 5–7
Tel.: 01/317 25 00, info@europaeische.at
www.europaeische.at
Verschiedene Packages von der Versicherung für Urlaub in Österreich über den Storno-Schutz bis zur Ganzjahresversicherung; je nach Bedarf für Einzelpersonen oder auch

Besser reisen mit Versicherung

ARBÖ

für die ganze Familie buchbar. Übersichtliche Aufgliederungen der inkludierten Leistungen sind auf der Homepage zu finden.

UNIQA
1029 Wien, Untere Donaustraße 21
Tel.: 01/211 75-0, info@uniqa.at
www.uniqa.at
Mit der „Urlaub & Entspannen"-Auslandsreiseversicherung genießt man umfassenden Schutz bei Auslandsreisen, wobei der Basisschutz Leistungen von der Auslandsreise-Krankenversicherung über Extra-Rückreisekostenversicherung bis zur Versicherung für zusätzliche Anreisekosten umfasst. Der Vollschutz beinhaltet zusätzlich eine Reiserücktrittskostenversicherung. Man kann zwischen Einzel- und Familienschutz sowie Schutz innerhalb Europas und weltweiter Deckung wählen.

WIENER STÄDTISCHE
1010 Wien, Schottenring 30
Tel.: 050/350-200 00
kundenservice@staedtische.co.at
www.staedtische.at
Von der Auslandsreise-Krankenversicherung über die Reisekasko zur Absicherung des Fahrzeugs bis zur Visa-Reiseschutz-Versicherung gehen die Produktangebote bei der Wiener Städtischen. Damit es in der schönsten Zeit des Jahres kein böses Erwachen gibt.

▸ KREDITKARTEN MIT REISESCHUTZ

AMERICAN EXPRESS
1010 Wien, Kärntner Straße 21–23
Tel.: 01/515 11-0
www.americanexpress.com/austria/homepage.shtml
Inhaber der Gold Card sind in Sachen Reiseschutz rundum abgesichert. Der Versicherungsschutz erstreckt sich auch auf Ehepartner, Lebensgefährten und Kinder unter 18 Jahren. Die Reise muss allerdings mit der American Express Gold Card bezahlt worden sein.

VISA
1030 Wien, Invalidenstraße 2
Tel.: 01/711 11-0, office@cardcomplete.com
www.cardcomplete.com/karteninhaber
Mit der Visa Classic Card mit Versicherungsschutz ist man weltweit reiseversichert. Bedingung: regelmäßige Verwendung der Visa-Karte (zumindest einmal innerhalb von zwei Monaten vor Schadenseintritt). Der Versicherungsschutz umfasst unter anderem von der Reiseunfall-Versicherung bis zur weltweite Flugambulanz sämtliche Eventualitäten. Die Versicherung für Angehörige kann man zusätzlich abschließen. Neu 2008: die Reisestorno-Versicherung.

▸ AUTOMOBILCLUBS

ARBÖ – AUTO-, MOTOR- UND RADFAHRERBUND
1150 Wien, Mariahilfer Straße 180
Tel.: 01/891 21-0, info@arboe.at
www.arboe.at
ARBÖ-Auslandsreise-Krankenversicherung: Weltweit unbegrenzter Schutz für die ersten 62 Tage einer Urlaubs- oder Dienstreise, wobei ärztlich notwendige Behandlungskosten sowie ein allfälliger Heimtransport per Ambulanz-Jet voll ersetzt werden, auch für die versicherten Familienmitglieder; ARBÖ-Reise-Kasko-Versicherung: Der maßgeschneiderte Versicherungsschutz bei Unfällen,

ÖAMTC

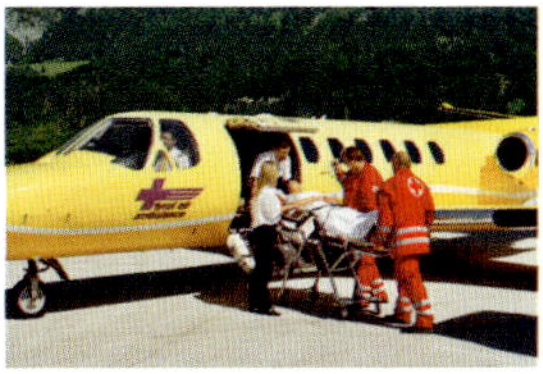

Tyrol Air Ambulance

Parkschäden, Diebstahl etc. Der Versicherungsschutz gilt europaweit sowie auf Wunsch auch in bestimmten Staaten darüber hinaus.

ÖAMTC
1010 Wien, Schubertring 1–3
Tel.: 01/711 99-0
www.oeamtc.at
Schutzbrief-Nothilfe:
Österreich: 01/251 20 00
Ausland: Landeskennzahl /1/251 20 00
Für medizinische Notfälle:
Österreich: 01/251 20 20
Ausland: Landeskennzahl /1/251 20 20
Der Schutzbrief für Clubmitglieder deckt um knapp über 33 Euro alles von der Fahrzeugrückholung bis zum Krankenrücktransport mit Ambulanz-Jet, wobei auch der Partner und die Kinder des Schutzbrief-Inhabers versichert sind, egal mit welchem Verkehrsmittel man unterwegs ist. Darüber hinaus bietet der ÖAMTC eine Vielzahl spezieller Packages von der Reise-Vollkaskoversicherung über Gepäck- und Stornoschutz bis zum Weltreise-Krankenschutz und zum Weltschutz.

▸ RÜCKHOLUNG

TYROL AIR AMBULANCE
6026 Innsbruck – Airport, Fürstenweg 180
Tel.: 0 51 2/224 22, taa@taa.at
www.taa.at
Die Flotte von Ambulanzflugzeugen ist permanent im Einsatz. Die Maschinen sind medizinisch bestens ausgerüstet.

KINDERMODE

Hauptsache bequem

Shopping mit Kids: praktische Looks für kleine Leute.

Wir alle erinnern uns an die Mode unserer Kindheit: Kratzende Materialien, zwickende Bündchen, enge Teile ohne Bewegungsfreiheit. Seit damals hat sich glücklicherweise viel getan in Sachen Kindermode. Denn an oberster Stelle steht heute die Bequemlichkeit. In diesem Sinne sind die Teile aus angenehmen Materialien, vorzugsweise Baumwolle, gearbeitet. Von Kratzen kann da keine Rede sein. Im Sommer kühl, im Winter warm – so tragen die Stoffe zum kindlichen Wohlbefinden bei. Und Eltern freuen sich darüber, dass sie obendrein gut zu pflegen sind. Mindestens mit 40 Grad, vielfach sogar mit 60 Grad waschbar, erfüllen die Teile alle Anforderungen an die Hygiene. Nicht zuletzt deshalb ein wichtiges Detail, weil Kinder bekanntlich große Patzer sind. Früchte, Schokolade, Eis, Kakao – die Fleckenparade auf den Kleidern ist meist ebenso umfangreich wie die Speisekarte. Und so mancher Fleck lässt sich selbst mit Fleckensalz und viel Geduld nicht mehr entfernen. Die Pflegefreundlichkeit der Stoffe ist da eine Grundvoraussetzung, um die Kleidung einigermaßen in Ordnung zu halten.

Aber auch die Verarbeitung trägt ihren Teil zur Tragbarkeit der Kindermode bei. Gute Schnitte sind die Voraussetzung dafür, dass die Stücke bequem und angenehm sind. Beim Spielen und Toben sollte nichts einengen oder -schnüren. Davon, dass die Teile reißen könnten, einmal ganz abgesehen. Wir wissen aus eigener Erfahrung, wie unbequeme Kleidung das Wohlbefinden beeinträchtigen kann. Daher: Dem Kind zuhören und es gelten lassen, wenn es Teile ablehnt, weil sie nicht gut passen.

Generell sollte man dem Kind eine gewisse Mitsprache in Sachen Mode zugestehen. Das beginnt schon beim Einkauf: Nehmen Sie das Kind mit ins Geschäft und lassen sie es gustieren. Wem das zu stressig ist, der kauft

Auch in Sachen Mode selbstbewusst: Kinder wissen heute meist, was sie anziehen wollen.

eine Grundauswahl an Stücken ein, die zu Hause anprobiert werden. In vielen Kleiderketten gibt es heute die Geld-zurück-Garantie, bei der innerhalb von vier Wochen Umtauschfrist Geldbeträge refundiert werden. Eine sehr angenehme Alternative zum stressigen Einkaufsbummel mit Familie! Vorsicht ist aber geboten, wenn die Kinder älter werden – dann nämlich sind die Geschmäcker so ausgeprägt, dass die Einkäufe und Umtäusche zu einer nicht enden wollenden Serie werden, die letztlich auch viel Zeit kostet.

FRÜHE GESCHMACKSBILDUNG

Kids von heute wissen, was sie wollen. Das nicht nur bei der Freizeitgestaltung, sondern auch in Sachen Mode. Der eine liebt Grün, der nächste Blau, kleine Mädchen meistens Rosa, ältere dann coole Stylings. Die Geschmäcker wechseln natürlich mit dem Alter. Während es Mädchen zunächst verspielt mögen und meistens auf Prinzessinnen, Rüschen und Bonbonfarben stehen, sind später betont schlichte oder auch modisch-peppige Looks gefragt. Knallige Aufschriften bis fetzige Jeans liegen schon bei Sieben-, Achtjährigen im Trend. Buben ist es in jungen Jahren meist gleichgültiger als den Mädels, was sie tragen, aber auch das ist individuell und zeitlich begrenzt. Vom Collegestil mit Hemd und Pulli bis zum Military-Look mit Cargohose und lässigem Shirt ist die Palette an tragbaren Outfits auch für Buben breit.

Wichtig ist, Kinder ihren eigenen Stil finden und sie ein Wörtchen mitreden zu lassen. Wer sich so geben kann, wie er sich fühlt, wird selbstbewusster. In einem Outfit, das man mag, fühlt man sich einfach wohler. Und das geht Kindern nicht viel anders uns Erwachsenen. Vor allem Kleinen kann man Teile zur Wahl stellen, die für die jeweilige Witterung passen. Größere können selbst aus dem Kasten nehmen, was sie tragen wollen. Dabei ist es wichtig, dass der Kasten so niedrig ist oder tiefer gelegene Fächer und Laden bietet, dass das Kind Kleidungsstücke selbst ein- und ausräumen kann. Das fördert die Selbstständigkeit und ganz nebenbei auch den Ordnungssinn.

Farbenfroh: Beim Einkauf sollte man darauf achten, dass die komplette Garderobe farblich zusammenpasst.

MARKENBEWUSSTSEIN

Wenngleich man die Kleiderfrage nicht zum „Kult" ausarten lassen sollte. In Markenwelten tauchen Kinder früh genug ein. Dies nicht von klein auf zu kultivieren spart Geld und Nerven. Spätestens im Schulalter beginnen dann ohnehin Marken den Wunsch-Kleiderkasten der Kids zu bestimmen. Augenmerk darauf zu legen, wie die Kinder gekleidet sind, lohnt sich aber allemal. Auch ohne bestimmte sündteure Marken zu kaufen, kann man Kids heute zu moderaten Preisen gut kleiden. Oft bieten Hersteller Basics an, die mit anderen Teilen aus der jeweiligen Kollektion gut zu kombinieren sind. Darauf zu achten, wie sich neu erstandene Stücke (auch mit vorhandenen) tragen lassen, macht sich bezahlt. Denn die morgendliche Frage, welche Teile zueinander passen, erübrigt sich damit ganz von selbst.

Meist stehen einige Farben dem Kind besonders gut. An diese sollte man sich im Idealfall halten. Probieren Sie einfach durch, dann bemerkt man recht rasch, welche Nuancen die Haut zum Strahlen bringen und welche nicht. Sinnvoll ist es auch, die Farben nicht kunterbunt zu mischen, wie es bei der Kinderbekleidung oft gehandhabt wird. Bunt ist zwar erlaubt, und mittlerweile sind auch

Wie die Großen: Die Kindermode orientiert sich an den Trends der Erwachsenen.

mutige Farbkombinationen erlaubt und sogar erwünscht, aber stimmig sollte der Mix auf alle Fälle sein.

Generell orientiert sich die Kindermode an den Trends der Erwachsenen. Das gilt für die Farben wie auch für die Stilrichtungen. Wobei der Army-Stil ein Dauerbrenner für die Buben ist, mit dem sie unkompliziert gut angezogen sind. Bei den Mädchen ist Romantik immer wieder in, denn insbesondere Kleine bevorzugen für gewöhnlich weit schwingende Röcke und Kleider.

ABWECHSLUNG GEFRAGT

Die Qual der Wahl haben Kinder und Eltern oft nicht nur zu Hause, sondern schon im Geschäft. Die Kindermode ist heute vielfältig und abwechslungsreich sowie in allen Preislagen von günstig bis sehr teuer zu haben. Dabei kommen in den Kollektionen modische Kriterien und Trends wie in der Erwachsenenmode zum Tragen. Dennoch sollte man nicht auf einige Basics verzichten, wenn man die Kindergarderobe für den Alltag sinnvoll zusammenstellen möchte.

Zwei, drei (oder mehr) Paar Jeans bilden eine gute Basis für Bub und Mädchen. Für Mädchen sind Jeansröcke tolle Alternativen zur Hose. Weiters praktisch sind T-Shirts und Sweatshirts, die Bewegungsfreiheit ermöglichen und angenehm zu tragen sind, im Winter setzt man auf warme Hosen und kuschelige Fleece-Tops. In der Übergangszeit sind abgesteppte leichte Jacken Dauerbrenner, Daunenjacken bzw. -mäntel sind im Winter unschlagbar.

Absolutes Muss sind Kopfbedeckungen, die im Winter vor der Kälte, im Sommer vor der Sonne schützen. Ideal sind Kappen mit breitem Schirm oder Sonnenhüte, die es zum Teil auch schon mit Sonnenschutz gibt. Für kleine

Kinder sind Mützen mit Ohrenschutz ideal, um auch bei windigem Wetter den Aufenthalt im Freien gut gerüstet anzutreten.

Kids sind im „Zwiebellook" stets gut unterwegs. Ausziehen ist im Fall des Falles kein Problem. So ist ein kurz- oder langärmliges T-Shirt (auch übereinander getragen) unter dem Sweater oder der Weste perfekt, um eine Schicht abzulegen. Darüber sind Gilets bzw. Jacken praktisch, die es auch schon mit abzippbaren Ärmeln gibt. Manche Modelle sind gar für mehrere Jahreszeiten tauglich, indem man das Innenfutter einknöpft oder herausnimmt. Gut, dass das sogenannte „Layering" immer wieder im Trend liegt.

Auch für festliche Anlässe wie Theater oder Familienfeier gibt es wunderschöne Stücke, mit denen Kids früh lernen, dass Kleider Leute machen. Bei diesen Gelegenheiten zeigen sich Buben in Stoffhosen und Hemden und Mädchen in Kleidern von ihrer eleganten Seite. Die aktuelle Kindermode jedenfalls hält alle Möglichkeiten offen, sich ganz nach Geschmack und Anlass einzukleiden und sich dabei rundum wohl zu fühlen.

Fein gemacht: Auch für den festlichen Anlass wird eine große Auswahl geboten.

FAMILY-TIPPS ...

... für den Schuhkauf

> Jedes Kind sollte seine eigenen neuen Schuhe haben, da sich das Fußbett durch das Tragen verformt und im Lauf der Zeit dem jeweiligen Fuß anpasst.

> Schuhe dürfen nicht zu klein und nicht zu groß sein. Daher sollte man die Füße alle drei Monate im Schuhgeschäft nachmessen lassen. Ein Kinderfuß wächst im Lauf eines Jahres um zwei bis drei Größen, wobei eine Schuhgröße 6,6 Millimeter beträgt. Achtung: Das kind-

Der Schuhkauf ist eine wichtige Sache: Um die Füße gesund zu erhalten, sollten einige Regeln beachtet werden.

liche Nervensystem ist noch nicht so ausgeprägt, dass das Kind spüren kann, ob ein Schuh wirklich passt.

> Beim Schuhkauf stets beide Füße messen lassen, da diese unterschiedlich sein können.
> Auf Qualität der Kinderschuhe achten: Natürliche, schadstoffgeprüfte und atmungsaktive Materialien wie Leder, Textilien, Kokos, fußunterstützendes Fußbett, sicherer Halt, rutschfeste, flexible und stoßdämpfende Sohlen, die das Abrollen ermöglichen, eine zum Trocknen herausnehmbare Innensohle sind die wichtigsten Kriterien, die es zu bedenken gilt.
> Die Verstärkung der Vorderkappe schützt die Zehen vor Gefahren beim Toben, Ballspielen, Rutschautofahren etc.
> Für den Winter 100-prozentig wasserdichte Modelle wählen. Für Mädchen ist ein höherer Schaft ideal, wenn sie gern auch im Winter Kleider tragen.
> Die Klettverschlüsse sind heute sehr gut gearbeitet, halten gut und sind für die Kinder vor allem im Kindergarten weitaus einfacher zu handhaben. Allein die Schuhe anziehen zu können fördert die Selbstständigkeit!
> Die Schuhe sollten einfach zu reinigen sein, am besten mit Wasser abwaschbar.

Benetton Goldschmiedgasse

Crocs

ÖSTERREICHWEIT

BENETTON

Alle Filialen unter www.benetton.at

Shop & Angebot: Flotte Kindermode aus Italien – frische Farben, komfortable Schnitte, sehr gute Qualität. Da stimmt das Preis-Leistungs-Verhältnis, und Kinder/Eltern finden tolle Basics sowie ganze Produktlinien von der Hose bis zu Hemd und Pulli. Die Farbkonzepte überzeugen ebenso wie das modische und doch klassische Design. Hits: die Steppjacken und Wintermäntel bzw. -jacken in peppigen und traditionellen Farben sowie die klassischen und doch immer aufs Neue aktuellen Sweatshirts. Beliebt bei Girls ist die zuckersüße Barbie Collection: eine Mischung aus Hip-Hop und Sportlichkeit.

Service: Kompetenz nicht nur bei der Kollektion, sondern auch in der Beratung. Das Bestellen in anderen Filialen ist zum Teil möglich. Aufgepasst beim Umtausch – da es sich um eine Franchisekette handelt, kann man Unpassendes nur in der jeweiligen Filiale umtauschen, in der die Ware gekauft wurde.

C&A

Alle Filialen unter www.cunda.at

Shop & Angebot: Bei C&A stehen Qualität und Kundenfreundlichkeit an erster Stelle. „Fashion for Living" ist das Motto für vielseitige Mode für Jungen und Mädchen. Die Teile sind praktisch und zeitgemäß in Design und Verarbeitung und gefallen Eltern und Kindern. Zudem ist bei C&A eine große Auswahl an Schuhen und Accessoires im Sortiment. Auch die „Bio Cotton Serie" ist für Kids zu haben.

Service: Mit der Geld-zurück-Garantie macht Einkaufen so richtig Spaß – und ist auch dann risikolos, wenn die Kids mal nicht dabei sind. Beachtlich auch die tollen Schnäppchen!

CHARLES VÖGELE

Alle Filialen unter www.charles-voegele.at

Shop & Angebot: Die Kindermode bei Charles Vögele ist pfiffig und deckt von romantisch-verspielt bis zu trendy und cool verschiedene Stilrichtungen ab. Die Linie für die Kleineren geht bis Größe 122, von 128 bis 176 orientiert sich das Design an den Größeren. Die Preise sind relativ niedrig, das Preis-Leistungs-Verhältnis ist sehr gut.

CROCS

1150 Wien, Mariahilfer Straße 142
Tel.: 01/941 22 01, crocs_wien@chello.at
2334 Vösendorf-Süd, SCS Eingang 9
Top 254, Galerie 347
Tel.: 01/89 04 418, scs@crocs.co.at
8020 Graz, Annenstraße 17
Tel.: 0 31 6/95 00 43, crocs_graz@chello.at
9020 Klagenfurt, Waaggasse 4 / Heuplatz
Tel.: 0 46 3/26 41 41, crocs_shop@chello.at
www.the-original.at

Shop & Angebot: Die Crocs im italienischen Design sind nicht nur topmodisch, sondern auch gesund für Kinderfüße. Die Schuhe sind ultraleicht und sorgen durch Luftöffnungen für ein angenehmes Fußklima, zudem ist das PCCR-Material antibakteriell und passt sich ergonomisch dem Fuß an, wenn es sich erwärmt. In den modernen Shops gibt es eine große Auswahl an unterschiedlichsten Farben und Formen des funktionalen Schuhwerks. Ein Hit bei Kids sind auch die lustigen Stecker, mit denen die Schuhe geschmückt

Geox Linz

H&M

werden können. Praktisch sind auch die wetterfesten Stiefel aus dem Hause Crocs.
Service: Bequeme Bestellung im Online-Shop!

DELKA
Alle Filialen unter www.delka.at
Shop & Angebot: Delka steht traditionell für gute Qualität zum vernünftigen Preis. In der Kinderschuhabteilung sind die gängigen Marken wie Richter, Superfit, Geox etc. vertreten.
Service: Der Kinderfuß-Pass stellt sicher, dass die Kinderfüße regelmäßig und fachmännisch vermessen werden. Beim Kauf von drei Paar Kinderschuhen winkt ein Rabatt von drei Prozent!

ESPRIT
Alle Filialen unter www.esprit.at
Shop & Angebot: Die internationale Marke führt hochqualitative, vielseitige, modische und leistbare Mode für Kinder bis 15 Jahre. Esprit Kids bietet eine riesengroße Auswahl an Oberteilen, Hosen, Röcken, Schuhen und Accessoires.
Service: Kundenfreundlicher Online-Shop unter www.esprit.at. Versandkostenfrei!

GEA KINDERSCHUHE
Alle Filialen unter www.gea.at
Shop & Angebot: Gesunde und schöne Kinderschuhe der Hausmarke „Geh Gu Ti Gut" made in Austria. Angeboten werden die Größen 24–35, wobei auf das aktive Fußbett Wert gelegt wird. Dieses stellt die gesunde Entwicklung des Kinderfußes sicher und fördert so eine positve Körperhaltung. Verwendet wird ausschließlich starkes, wasserabweisendes Oberleder. Die Eltern von Zwillingen oder Drillingen dürfen sich besonders freuen, denn hier zahlen ihre Kids nur jeweils die Hälfte.

GEOX
Alle Filialen unter www.geox.com
Shop & Angebot: Der Schuh mit dem speziellen Atmungssystem ist bei Kindern Kult. Was an der peppigen Farbgebung und dem coolen Design liegt, aber auch an dem trendigen Image, auf das der italienische Schuhanbieter setzt. So sind Schuhe, die bei jedem Schritt blinken, für Kids ein guter Grund, um auf Geox zu stehen. Und als Draufgabe gibt es Gimmicks wie Uhren, Spiele etc.

HENNES & MAURITZ
Alle Filialen unter www.hm.com
Shop & Angebot: Kaum ein Kind, das nicht ein Teil der schwedischen Modekette in seinem Kasten hat: Flotte Mode in guter Qualität und zu moderaten Preisen überzeugt Eltern und Kinder. Dabei punktet H&M mit Details wie verstellbaren Gummibünden in den Hosen, coolen Jeans, modischen T-Shirts, toller Bademode und Accessoires in nahezu jeder Stilrichtung. Modisch durchs Leben zu gehen wird mit H&M zum Kinderspiel.
Service: Teile, die im jeweiligen Geschäft nicht mehr vorhanden sind, werden auf Anfrage besorgt oder weggelegt, falls eine weitere Lieferung erwartet wird. Aber grundsätzlich gilt: schnell zugreifen, denn meist ist nicht mit großen Nachlieferungen zu rechnen. Die Rückgabegarantie (auch bei H&M ist man mittlerweile etwas strenger, also Rechnung mitbringen) macht das Einkaufen problemlos – auch wenn etwas nicht passen oder zu Hause doch nicht gefallen sollte. Ideal für alle, die sich nicht durch Regale

Humanic Graz Herrengasse

Zara

wühlen wollen, ist die Bestellung aus dem toll gemachten Katalog oder via Internet. Mausklick genügt und man ist im Bilde, welche Teile in welchen Größen verfügbar sind. Interessante Schnäppchen!

HUMANIC
Alle Filialen unter www.humanic.at
Shop & Angebot: Internationale Trends und ständig wechselnde Kollektionen. Klassiker, modische Basics und Accessoires runden das Angebot ab. Außer mit Produktqualität punktet Humanic mit fundierter Beratung, bei der die Kinderfüße genau vermessen werden. An Marken sind hier sämtliche bekannte Hersteller wie Superfit, Richter, Geox, Crocs u. v. m. zu finden. Ein Schuh-Eldorado für Kids!

PEEK & CLOPPENBURG
www.peekundcloppenburg.at
Shop & Angebot: Mit Marken wie Burberry, Gant, Esprit, Review, Disney, s.Oliver, Tom Tailor, Tommy Hilfiger, Adidas, Barbour und vielen anderen bietet Peek & Cloppenburg ein schönes und umfangreiches Sortiment für Kinder, bei dem aus einer Vielfalt an Stilrichtungen gewählt werden kann.
Service: Geld-zurück-Garantie und kompetente Beratung machen das Einkaufen im Markentempel zum Vergnügen.

STIEFELKÖNIG
Alle Filialen unter www.stiefelkoenig.at
Shop & Angebot: Unter dem Motto: „Schuh, schön wie du" bietet Stiefelkönig Kinderschuhe in hoher Qualität, für jeden Anlass und jede Geldbörse. Mit Marken wie Naturino, Adidas, Monsta Republic oder Primigi ist die Bandbreite an Möglichkeiten, den passenden Schuh zu finden, groß.

ZARA
Alle Filialen unter www.zara.at
Shop & Angebot: Bei der spanischen Kette werden Trends und modische Aspekte ebenso großgeschrieben wie Tragbarkeit und Preis-Leistungs-Verhältnis. Die Kollektion ist mittlerweile für kleine und große Kids dieselbe, sodass auch Mädchen, die sich ihre romantische Seite bewahren, hier fündig werden. Und auch für Buben gibt es Lässiges ebenso wie Festliches und etwas Eleganteres. Hervorzuheben sind die Basics, die zu tollen Preisen hohe Qualität bieten und bestens mit den verschiedensten Outfits zu kombinieren sind. Die idealen Stücke für die Basisgarderobe.
Service: Die Rückgabe von Produkten mit Geld-zurück-Garantie ist unproblematisch, die Mitarbeiter sind freundlich.

WIEN

ALL NATURE
1010 Wien, Köllnerhofgasse 1, Tel.: 01/513 79 58
office@allnature.info
www.allnature.info
Shop & Angebot: Der kleine Shop führt eine große Auswahl an hochwertiger, natürlicher Kleidung aus hautverträglichen und atmungsaktiven Naturfasern, die den Anforderungen empfindlicher Kinderhaut entgegenkommen. Außerdem findet man ein umfangreiches Angebot an Accessoires wie bunte Mützen und Sonnenhüte sowie Sandalen der Marken id nature und Papoutsi.

BAMBANY
1030 Wien, Reisnerstraße 32
Tel.: 01/890 36 06, info@bambany.at
www.bambany.at

Dohnal

Shop & Angebot: Insbesondere für die Kleinen gibt es hier ausgefallene Mode mit Stil. Im Fokus: herausragende Qualität und hochwertiges Design der Produkte. Wer das Besondere sucht, fühlt sich in dem Shop mit dem besonderen Flair bestens aufgehoben.

BIPS KINDERBOUTIQUE UND KINDERSCHUHE

1090 Wien, Spitalgasse 13 + 15
Tel.: 01/405 83 440
Shop & Angebot: Kunterbunt gestalten sich die Einrichtung sowie das erlesene Angebot an Kindermode internationaler Marken wie z. B. Oilily, Pampolina, Replay, Miniman, Kenzo, Timberland und Riverwoods. Auf gutem Fuß sind Kids hier mit den Socken: Mit den modischen Stücken von Falke zwickt und drückt nichts, obendrein bringen pfiffige Farben und Muster Freude in den Alltag. Weiterer Schwerpunkt bei Bips ist Regenschutz der Marke Kidorable von Stiefeln über Schirme bis zu Mänteln.

CRUMPLER STORE

1010 Wien, Judengasse 4
Tel.: 01/533 26 48
www.slach.at
Shop & Angebot: Funktion und Alltagstauglichkeit sind die obersten Prämissen der vielseitigen Crumpler Bags. So eignen sie sich hervorragend für die Familienwanderung oder den Ausflug, aber auch den Stadtbummel. Denn mit (kleineren) Kindern muss man bekanntlich immer die volle Ausrüstung von der Extra-Weste über das Getränk bis zum Snack zwischendurch dabei haben. Mit den formschönen, designorientierten und dabei praktischen Taschen ist das kein Problem. Und dabei unterstreichen die trendigen Bags stets den individuellen Look. Nicht zu unterschätzendes Detail am Rande: Die Crumplers zeichnen sich durch viele Seitenfächer und Täschchen, um Kleinigkeiten unterzubringen, aus. Dabei sind ihr Material und ihre Verarbeitung nahezu unverwüstlich.
Service: individuell und besonders freundlich.

DOHNAL

1010 Wien, Kärntner Straoe 12, Tel.: 01/512 73 11
1070 Wien, Neubaugasse 8, Tel.: 01/522 65 66
1100 Wien, Favoritenstr. 108, Tel.: 01/604 17 94
1130 Wien, Lainzer Straße 7, Tel.: 01/877 52 76
1200 Wien, Wallensteinstr. 8, Tel.: 01/332 41 24
1220 Wien, Donauzentrum, Top 914,
Tel.: 01/203 05 39
www.dohnal.at
Shop & Angebot: Wo schon unsere Mütter für uns einkauften: Bei Dohnal findet man Nützliches und Hübsches, das man im Lauf eines Kinderlebens braucht. Und in der traditionsreichen Filiale auf der Kärntner Straße gibt es sämtliche Designermarken von Armani, Mona Lisa, Blumarine, Trussardi bis zur österreichischen Marke Taki-to.
Service: Beratung wird hier großgeschrieben, und auch auf individuelle Kundenwünsche gehen die erfahrenen Mitarbeiterinnen ein.

NAME-IT BEI DOHNAL

1010 Wien, Kärntner Straße 19,
Kaufhaus Steffl – Kidsfloor, Tel.: 01/512 26 42
1100 Wien, Favoritenstr. 108, Tel.: 01/604 17 94
www.name-it.com
www.dohnal.at
Shop & Angebot: Vormals unter Exit bekannt, wird seit Sommer 2008 modische und vielseitige Kleidung für Kinder bis 12 Jahren in hochwertiger Qualität und zu moderaten Preisen unter dem Namen Name-it angebo-

Giesswein

Huckleberry

ten. Eltern sind begeistert von der hohen Funktionalität und Kinder von der großen Bewegungsfreiheit, die die Teile von Name-it bieten.

GIESSWEIN CTW CREATIV TEXTIL
1010 Wien, Kärntner Ring 5–7
Ringstrassen-Galerien, Tel.: 01/512 45 97
www.giesswein.com
Shop & Angebot: Hier gibt es trachtige und modische Fashion-Outfits in frischen Farben und hoher Qualität ebenso wie eine große Auswahl an entzückenden Haus- und Hüttenschuhen. Auch gibt es viele Strick- und Walkmodelle, die zumeist aus Naturmaterialien gefertigt sind. So modisch kann Tracht heute sein! Und macht nicht nur Großen, sondern auch Kleinen Spaß.

HERR UND FRAU KLEIN
1070 Wien, Kirchengasse 22
Tel.: 01/990 43 94, mail@herrundfrauklein.co
www.herrundfrauklein.com
Shop & Angebot: Der Schwerpunkt der Kollektion bei „Herr und Frau Klein" liegt auf dem Besonderen – so gibt es hier zum Beispiel Teile des niederländischen Herstellers Imps Elfs, der insbesondere auf Fair Trade setzt. Mit einem Wort: In dem außergewöhnlichen Shop gibt es ausgefallene Kindersachen und Accessoires für anspruchsvolle Kids.
Service: Geschenklisten für Geburtstage und andere Feste sowie hübsche Gutscheine mit Versand-Service!

HUCKLEBERRY
1010 Wien, Kärntner Ring 9–13
Ringstrassen-Galerien, Top 57
Tel.: 01/512 92 54
www.huckleberry.at
Shop & Angebot: Dieser noble und bunt eingerichtete Kindermodenshop führt namhafte Marken wie Dior, Laura Biagiotti, Moncler, D&G, Moschino, Roberto Cavalli, Monnalisa, Escada. Die Kollektionen sind an die neuesten Trends angelehnt und für Kinder und Jugendliche bis 16 Jahre erhältlich. Ebenso erlesen sind die Auswahl an Schuhmodellen in den Größen 17–40 sowie die modisch-bequeme Kollektion von Falke.

JACADI
1010 Wien, Trattnerhof 1, Tel.: 01/535 88 66
1130 Wien, Hietzinger Hauptstraße 22
Tel.: 01/877 61 15
1180 Wien, Währinger Straße 117/119
Tel.: 01/405 24 40
www.jacadi.at
Shop & Angebot: Klassische Kindermode auf gehobenem Preisniveau. Bei Jacadi stehen Karo und Blümchen für Mädchen und traditionelle Farbkombinationen von Blau bis Beige für Buben im Vordergrund. Dabei können Teile aus einer Serie bestens kombiniert werden. Sucht man das perfekte Outfit für Hochzeiten und andere Feierlichkeiten, ist man beim französischen Hersteller von Kindermode, -möbeln und -accessoires bestens aufgehoben. Aber auch an Alltagskleidung werden hier viele elegante bis sportliche Modelle geboten. Mit einem Wort: Bei Jacadi regiert französischer Chic.
Service: Freundliches, kompetentes Verkaufspersonal, angenehme Einkaufsatmosphäre.

JENNINGS KID'S
1010 Wien, Kärntner Straße 19
Kaufhaus Steffl, 4. OG, Tel.: 01/512 99 32
steffl@jennings-kids.at
www.jennings-kids.at

Le petit chou Kühfußgasse

Mimi

Shop & Angebot: Auf ca. 1000 Quadratmetern wartet hier eine riesige Auswahl an Designermode für Kids. Die Markencorner – neu ist der Dolce & Gabbana Corner – ermöglichen eine gute Übersicht aller Kollektionen von Polo Ralph Lauren über Simonetta bis DKNY und Missoni. Neben Basics findet man hier sportliche und elegante Highlights für Kleinkinder bis zu 16-jährigen Teenagern. Für Unterhaltung zwischendurch sorgt eine Spielecke, die sogar mit zwei Videospielkonsolen ausgestattet ist.
Service: Erstklassig, freundliche und kompetente Verkaufsberater helfen bei der Auswahl und verstehen es, hübsche Outfits zusammenzustellen.

LE PETIT CHOU
1010 Wien, Kühfußgasse 2
Tel.: 01/535 89 39, info@lepetitchou.at
1010 Wien, Kärntner Straße 19, Kaufhaus Steffl – 4. OG, Tel.: 0699/184 46 611
www.lepetitchou.at
Shop & Angebot: Seit 1972 eine wahre Institution in Wien. Nicht nur renommierte Marken wie Tod's, Bikkemberg oder Gallucci, sondern auch gängige Marken wie Naturino, Geox und Mod8 bieten für jeden Anlass geschmackvoll ausgesuchte Modelle. Man betritt eine Kinderschuh-Wunderwelt und lässt sich von dem erlesenen Angebot gern bezaubern. Zusätzlich findet man hier auch eine eigene Kaschmirkollektion und wunderschöne Accessoires. Alle Artikel sind auch auf der Webseite im Online-Shop erhältlich.

LODEN-PLANKL
1010 Wien, Michaelerplatz 6, Tel.: 01/533 80 32
office@loden-plankl.at
www.loden-plankl.at
Im Geschäft aus dem Jahr 1830 sind etwa 30 Quadratmeter den Kindern gewidmet. Das Sortiment ist dabei sehr komplett – von der Strickweste bis zu Lederhose und Kinderschuhen. Auch die Markenvielfalt ist überzeugend: Isabella G., die traditionelle Tracht modern interpretiert und die Stücke durch liebevolle Details zu kleinen Kunstwerken macht, Gießwein, Scheiber, Stapf, Lusana Strickwesten, Kinderdirndl von Frau Wulz und Bambina, Lederhosen von Klüber.
Service: Die Mitarbeiter sind besonders freundlich, persönliche Beratung wird kultiviert. Die Ware wird beim Kauf kostenlos geändert und auch ins Ausland verschickt.

MERCER LINE
1010 Wien, Brandstätte 10, Tel.: 01/535 23 87
www.mercerline.at
Shop & Angebot: Der schicke Shop führt die richtige Ausstattung für luxuriöse Kids. Ob festliche Kleidung oder sportliche Mode, hier trägt jedes Kleidungsstück einen besonderen Namen wie z. B. Dior, Ralph Lauren, Armani, Burberry und Co.

MIMI BABY & JUNIOR
1010 Wien, Krugerstraße 10
Tel.: 01/512 43 18, office@mimi-shop.at
www.mimi-shop.at
Shop & Angebot: Das italienische Label führt klassische, sportliche und auch trendige Kindermode bis zum 14. Lebensjahr. Die Teile der Linien Mimi for Boys und Mimi for Girls sind perfekt aufeinander abgestimmt und kombinierbar. Farblich passend: die Kinderschuhe der Marke Missouri in den Größen 21–38. Die großzügige, mit Spielsachen und Bilderbüchern gestaltete Spielecke sorgt zwischendurch für Erholung vom Shoppingstress.

Neck & Neck

MONSOON/ACCESSORIZE
1010 Wien, Graben 15, Tel.: 01/890 61 12
www.monsoon.co.uk
Shop & Angebot: Die englische Kette bietet in ihrer Filiale am Wiener Graben im Untergeschoß eine geräumige Kinderabteilung, an der besonders Romantiker ihre helle Freude haben. Mädchen aller Altersstufen werden hier mit Rüschen, Blumen, Pantoffeln (im Sommer Flip-Flops in allen Variationen) etc. zu wahren Prinzessinnen. Für Buben gibt es ein kleineres, aber hübsches Sortiment. Die Preise sind gegenüber anderen Ketten etwas gehobener, aber dafür sind die Stücke ausgefallen. Ebenfalls zu haben: Hübsche Accessoires, sowohl in der Kinderabteilung als auch bei Accessorize im Erdgeschoß.

NECK & NECK
1010, Wien, Tegetthoffstraße 1 /
Ecke Neuer Markt 8, Tel.: 01/ 513 75 12
www.neckandneck.com
Shop & Angebot: Klassik mit modischem Touch: Die spanische Modekette bietet Kindermode mit hohem Qualitäts- und Designanspruch, was sich im Preis widerspiegelt. Dafür finden sich bei Neck & Neck sowohl für Buben als auch für Mädchen Outfits, die sich sehen lassen können. Favoriten sind die Kleider mit Stickereien, Karo, Plissée und die Cordhosen und Hemden ganz im Stil der Großen. Einkaufen macht umso mehr Spaß, als das Ambiente im Geschäft überaus gepflegt ist.
Service: Individuelle und geduldige Beratung!

PETIT BATEAU
1010 Wien, Kärntner Straße 19
Kaufhaus Steffl, 4. OG, Tel.: 01/513 78 11
www.petit-bateau.com
Shop & Angebot: Kennzeichnend für die Kollektionen der französischen Kultmarke sind ihre besonders kuscheligen Materialien sowie die große Bewegungsfreiheit, die extreme Belastbarkeit und das liebevolle Design. Die Outfits überdauern ohne größere Qualitätsverluste mehrere Kindergenerationen. Deshalb lohnt es sich, für die Teile etwas mehr zu bezahlen. Neben der legendären Unter- und Nachtwäsche und T-Shirts führt der Shop auch komplette Modekollektionen für Kinder bis 10 Jahren. Außerdem im Programm: Accessoires, Handtücher und Schlafsäcke.

PFIFF KINDERMODE
1230 Wien, Maurer Lange Gasse 64
Tel.: 01/888 63 60
www.pfiff-kindermode.at
Shop & Angebot: Neben trendigen Modellen gibt es hier auch schadstofffreie Produkte wie zum Beispiel nickelfreie Jeans. Marken wie s.Oliver, Mexx, Sanetta, Lemmi, EX10, Tom Tailor, Ewers und Ergee werden zu fairen Preisen angeboten. Das Sortiment wird stets nach besten Herstellern, tollsten Marken und neuesten Innovationen zusammengestellt.

PUPPI-DU
1060 Wien, Millergasse 35
Tel.: 01/89 01 273, info@puppi-du.at
www.puppi-du.at
Shop & Angebot: Hier gibt es funktionelle, bequeme, innovative, qualitativ hochwertige Kindermode der Marken Sanetta, Morgenstern, Hess, Ocean, Mills etc. zu erstehen. Auch die Schuhe von Naturino und Bobux überzeugen mit einem guten Preis-Leistungs-Verhältnis.

Taki-to

Timberland

REPLAY STORE
1010 Wien, Brandstätte 6
Tel.: 01/533 89 11, www.replay.it
Shop & Angebot: Kinder geben sich mit den Jeans im typischen Replay-Stil besonders cool – ganz im Stil der Großen.

SCHUHHAUS ZUR OPER
1010 Wien, Tegetthoffstr. 5, Tel.: 01/513 50 50
office@schuhhaus-zur-oper.at
www.schuhhaus-zur-oper.at
Shop & Angebot: Experten in Sachen Kinderschuhe findet man gleich hinter der Wiener Oper: Im Schuhhaus mit dem Richter Concept Store wird Beratung ebenso großgeschrieben wie Produktvielfalt. Von Richter über die poppige italienische Marke Lelli Kelly, die „flexiblen" Naturino-Schuhe, Superfit bis zu Geox und Timberland gibt es hier alles, was kleinen Schuhfreaks Freude macht. Und was Kinderfüßen gut tut. Das sympathische Ambiente des Geschäfts macht Shopping selbst an hektischen Einkaufstagen noch zum Vergnügen.
Service: Bestmögliche Beratung rund um den Kinderschuh. Hier nehmen sich die Verkäuferinnen Zeit für das genaue Vermessen des Kinderfußes und sind auch noch freundlich, wenn sich Kind/Mutter/Vater nicht und nicht entscheiden können.

TAKI-TO
1010 Wien, Petersplatz 8, Tel.: 01/535 18 23
www.taki-to.com
Shop & Angebot: Hier werden aus kleinen Mädchen wahre Prinzessinnen. Die Mode gibt sich in dem österreichischen Designershop durchwegs romantisch-verspielt: Feen, Blumen, Königinnen bevölkern die Welt von Taki-to und bezaubern kleine und große BesucherInnen. Passende Söckchen, Schuhe, Hüte etc. runden die märchenhaften Outfits ab. Alles andere als preisgünstig, aber dafür einzigartig! Der kleine, aber feine Shop rundet das Einkaufserlebnis ab.
Service: Wenn Modemärchen wahr werden, fühlen sich Kids und Eltern entsprechend umsorgt. Individueller Service für Designfreunde.

TIMBERLAND STORE
1010 Wien, Trattnerhof 2, Tel.: 01/535 22 19-0
www.timberland.com
Shop & Angebot: Robuste Boots für lässig-sportliche Kids.

TOM & JERRY KINDERMODEN
1010 Wien, Habsburgergasse 6–8
Tel.: 01/533 50 59
1180 Wien, Gersthofer Straße 26
Tel.: 01/470 93 70
Shop & Angebot: Das Angebot reicht von Kinderkollektionen der Labels Burberry, Kenzo, DKNY, Elle, Oilily, Timberland und Moncler über ein vielfältiges Strumpfhosenangebot von Falke und MP bis zu bequemen Pyjamas und Unterwäsche von Petit Bateau. Genau das richtige Geschäft, um sein Kind von Kopf bis Fuß ganz individuell einzukleiden. Im persönlichen Stil.

TRACHTENMODE LANZ
1010 Wien, Kärntner Straße 10
Tel.: 01/51 22 456, office@lanztrachten.at
www.lanztrachten.at
Shop & Angebot: Trachtenmode für Klein und Groß wird in dem traditionsreichen Geschäft auf der Kärntner Straße präsentiert. Das Angebot ist umfangreich und top. Dass Trachten im Trend liegen, beweist unter an-

Baby-Treff Kindermoden

Jacadi

derem die romantisch-modische Kinderkollektion von Isabella G. Strick- und Walkdesign.

ZIRKUS

1010 Wien, Herrengasse 15, Tel.: 01/535 48 85
www.zirkus.co.at

Shop & Angebot: Auf 200 Quadratmetern bietet der edle, gestylte Luxus-Store alles, womit man Kids für jeglichen Anlass topmodisch ausstaffiert. Von Little Marc Jacobs, Alberta Ferretti, Armani Junior bis Stone Island Junior geht die Palette an edlen Marken. Stets im Vordergrund: die neuesten Modetrends. Während die Eltern gustieren, toben sich die Kids in der Spielzone aus oder erholen sich beim Lego- oder Playstation-Spielen bzw in der Malecke.

NIEDERÖSTERREICH

BABY-TREFF KINDERMODEN

2120 Wolkersdorf im Weinviertel
Hofgartenpassage, Tel.: 0699/153 43 043
kindermoden@baby-treff.at
www.baby-treff.at

Shop & Angebot: Außergewöhnliche, ausgesuchte Markenartikel von Kanz, H & S, V-Baby, Mills, Sonni usw. Hier ist für jeden noch so kritischen Geschmack etwas dabei. Egal ob Kindergarten- oder Schulkind, ob 3-, 6- oder 10-jährig, bei Baby-Treff in Wolkersdorf findet man das passende Stück.

DOHNAL

2334 Vösendorf, SCS, Top 58, Tel.: 01/699 13 75
www.dohnal.at

Shop & Angebot: Wo schon unsere Mütter für uns einkauften: Bei Dohnal findet man Nützliches und Hübsches, das man im Lauf eines Kinderlebens braucht. An Marken sind in der Filiale in der SCS unter anderem Esprit, Name-it, PJE, Tutti Paletti, Pampolina, Levi's, Geox, Whoopi etc. zu finden.

Service: Beratung wird hier großgeschrieben, und auch auf individuelle Kundenwünsche gehen die erfahrenen, freundlichen Mitarbeiterinnen ein.

HUCKLEBERRY

2500 Baden, Breyerstraße 2
Tel.: 0 22 52/242 00

Shop & Angebot: Im familiären, gemütlichen Geschäft ist Mode für Kids bis 16 Jahre zu haben. Dabei stehen Marken wie Tom Tailor, Die Spiegelburg / Coppenrath mit Figuren wie Lillifee, Tutti, Ellsy auf dem Programm.

JACADI

3500 Krems, Kircheng. 1, Tel.: 0 27 32/866 51
2700 Wiener Neustadt, Allerheiligenplatz 1
Tel.: 0 26 22/696 40
www.jacadi.at

Shop & Angebot: Klassische Kindermode auf gehobenem Preisniveau: Bei Jacadi stehen Karo und Blümchen für Mädchen und traditionelle Farbkombinationen von Blau bis Beige für Buben im Vordergrund. Dabei können Teile aus einer Serie bestens kombiniert werden. Sucht man das perfekte Outfit für Hochzeiten und andere Feierlichkeiten, ist man beim französischen Hersteller von Kindermode, -möbeln und -accessoires bestens aufgehoben. Aber auch an Alltagskleidung werden hier viele elegante bis sportliche Modelle geboten. Mit einem Wort: Bei Jacadi regiert französischer Chic.

Service: Individuelle Beratung und Freundlichkeit sind bei Jacadi die Devise.

Kinderparadies

McArthurGlen Designer Outlet

KINDERPARADIES
2230 Gänserndorf, Kirchenplatz 3
Tel.: 0 22 82/57 73
www.kinderparadies.co.at
Shop & Angebot: Alles für Mutti und Kind wird im Kinderparadies angeboten. Kinder- und Teenagermode bis 16 Jahre, Festtagskleidung und Kinderschuhe der Marken Richter, Naturino, Geox, Bobux, Puma und Rhode stehen zur Auswahl.

BURGENLAND

CSAPO-KINDERMODEN
7100 Neusiedl am See, Obere Hauptstraße 14
Tel.: 0 21 67/81 91
www.csapo-mode.com
Shop & Angebot: Auf 200 Quadratmetern wird Markenmode zum Beispiel von s.Oliver und Esprit angeboten. Das moderne Ambiente macht Shopping zum Vergnügen.
Service: Kompetente, persönliche Beratung.

KINDERBOUTIQUE RAINBOW
7132 Frauenkirchen, Franziskanerstraße 2
Tel.: 0 21 72/224 11
kindermoden-rainbow.at
Shop & Angebot: Kindermoden für jeden Anlass sowie Festtagskleidung für Erstkommunion, Hochzeit etc. bis zum Alter von 16 Jahren. Auf 120 Quadratmetern findet Mode einen hübschen Rahmen. s.Oliver, Name-it, Garcia und Tom Tailor sind Marken, die hier entsprechend präsentiert werden.

MCARTHURGLEN DESIGNER OUTLET PARNDORF
7111 Parndorf, Designer-Outlet-Straße 1
Tel.: 0 21 66/36 14-0
office.parndorf@mcarthurglen.com
www.mcarthurglen.at
Shop & Angebot: Markenmode zum Schnäppchenpreis. Im Designer Outlet findet man hübsche Dinge zu guten Preisen. Vertreten sind Top-Marken wie United Colors of Benetton, Polo Ralph Lauren, Regatta, s.Oliver, Sanetta (mit Sanetta und Marc O'Polo), K.I.D.S mit Marken wie Burberry, DKNY, Elle, Timberland, Escada, Chloé. Mit einem Wort: gute Chancen, fündig zu werden.

OBERÖSTERREICH

JACADI
4020 Linz, Bischofstr. 3, Tel.: 0 73 2/77 98 06
4600 Wels, Pfarrgasse 21,
Tel.: 0 72 42/444 76
www.jacadi.at
Shop & Angebot: Klassische Kindermode auf gehobenem Preisniveau. Bei Jacadi stehen Karo und Blümchen für Mädchen und traditionelle Farbkombinationen von Blau bis Beige für Buben im Vordergrund. Dabei können Teile aus einer Serie bestens kombiniert werden. Sucht man das perfekte Outfit für Hochzeiten und andere Feierlichkeiten, ist man beim französischen Hersteller von Kindermode, -möbeln und -accessoires bestens aufgehoben. Aber auch an Alltagskleidung werden hier viele elegante bis sportliche Modelle geboten. Mit einem Wort: Bei Jacadi regiert französischer Chic.

KASTNER & ÖHLER
4910 Ried Innkreis, Dr.-Franz-Berger-Straße 1
Tel.: 0 77 52/858 91
www.kastner-oehler.at
Shop & Angebot: Spaß am Shopping im

Landa

Gerstner Kindermoden

Kaufhaus: Hier findet man eine Vielfalt an Produkten in einer hübsch gestalteten Kindermodeabteilung. An Marken gibt es bei Kastner & Öhler in Ried im Innkreis unter vielen anderen Ralph Lauren Kids, Hilfiger Kids, Puma , Robeez, Name it, Esprit Kids Adidas, s.Oliver, Pampolina.

LANDA
4020 Linz, Landstraße 40
Tel.: 0 73 2/77 24 82-55, kontakt@landa.at
www.landa.at
Shop & Angebot: Hier sind zahlreiche Marken wie PJE, Diesel, Burberry, Petit Bateau, Miniman, DKNY und Mexx im Programm. Und damit das Einkaufen auch wirklich Spaß macht, gibt es eine Spielecke samt Rutsche.
Service: Die Mitarbeiter beraten freundlich und kompetent. Autofahrer bekommen ihre Parkgebühren vergütet.

NAME-IT
4600 Wels, Stadtplatz 45
www.name-it.com
Shop & Angebot: Modische und vielseitige Kleidung für Kinder von 2 bis 10 Jahren in hochwertiger Qualität und zu moderaten Preisen. Eltern sind begeistert von der hohen Funktionalität und Kinder von der großen Bewegungsfreiheit, die sie mit Stücken von Name-it haben.

PICCOLO CASA
4600 Wels, Salzburger Straße 223,
Shopping City Wels, Tel.: 0 72 42/93 96 57-00
4910 Ried im Innkreis, Rossmarkt 33,
Tel.: 0 77 52/813 62,
4810 Gmunden, Einkaufszentrum
Tel.: 076 12/659 37
krennmayr.hermine@aon.at
Shop & Angebot: Italienische Kindermode von Dodipetto, Body Bimbi oder auch Pampolina. Weiters wird Mode des spanischen Paradeunternehmens Mayoral sowie von MiniBanda, 3 Pommes etc. angeboten. Mit einem Wort: Bei Piccolo Casa werden Kinderkollektionen für jedes Portemonnaie bis Größe 176 angeboten.

STEINER 1914
4020 Linz, Promenade 7–9
Tel.: 0 73 2/77 26 25
Shop & Angebot: Kindermode der Marken Catimini, Tommy Hilfiger und DKNY. Qualität seit 1914.

STEIERMARK

GERSTNER KINDERMODEN
8010 Graz, Franziskanerplatz 15
Tel.: 0 31 6/82 44 40
office@gerstner-kindermoden.at
www.gerstner-kindermoden.at
Shop & Angebot: Das Fachgeschäft für Kinderbekleidung, Taufkleidung, Erstkommunion, Kindertrachten und Übergrößen bei Kinderhosen. Zudem gibt es Mode der Marken Marc O'Polo, Käthe Kruse, Petit Bateau, Kiddy etc.

JACADI
8010 Graz, Schmiedgasse 21
Tel.: 0 31 6/82 51 48
www.jacadi.at
Shop & Angebot: Klassische Kindermode auf gehobenem Preisniveau: Bei Jacadi stehen Karo und Blümchen für Mädchen und traditionelle Farbkombinationen von Blau bis Beige für Buben im Vordergrund. Dabei kön-

Kastner & Öhler Graz

Marc O'Polo bei Ollifant

nen Teile aus einer Serie bestens kombiniert werden. Sucht man das perfekte Outfit für Hochzeiten und andere Feierlichkeiten, ist man beim französischen Hersteller von Kindermode, -möbeln und -accessoires bestens aufgehoben. Aber auch an Alltagskleidung werden hier viele elegante bis sportliche Modelle geboten. Mit einem Wort: Bei Jacadi regiert französischer Chic.

KASTNER & ÖHLER

Filialen unter www.kastner-oehler.at
Shop & Angebot: Spaß am Shopping im Kaufhaus: Hier findet man eine Vielfalt an Produkten und bekannten Marken in hübsch gestalteten Kindermodeabteilungen. Das Markenangebot variiert nach Filiale leicht, ist aber in jedem Fall exklusiv und umfangreich. Hier wird es zum Kinderspiel, trendy und dabei praktisch angezogen zu sein.

NECK & NECK

8010 Graz, Schmiedgasse 32
Tel.: 0 31 6/83 55 23
www.neckandneck.com
Shop & Angebot: Klassik mit modischem Touch: Die spanische Modekette bietet Kindermode mit hohem Qualitäts- und Designanspruch, was sich auch im Preis widerspiegelt. Dafür finden sich bei Neck & Neck sowohl für Buben als auch für Mädchen Outfits, die sich sehen lassen können. Favoriten sind die Kleider mit Stickereien, Karo, Plissée und die Cordhosen und Hemden ganz im Stil der Großen. Einkaufen macht hier umso mehr Spaß, als das Ambiente im Geschäft überaus gepflegt ist.
Service: Individuelle Beratung und Freundlichkeit machen das Einkaufen in diesem Geschäft zum Vergnügen.

OLLIFANT KINDERBOUTIQUE

8280 Fürstenfeld, Hauptstraße 22
Tel.: 0 33 82/519 40, office@ollifant.at
www.ollifant.at
Shop & Angebot: Bei Ollifant wird in erster Linie auf Topqualität und pfiffiges, außergewöhnliches Design Wert gelegt. Internationale Marken wie Oilily, Cakewalk, Marc O'Polo, Pampolina und mim-Pi gibt es bis Größe 164. Ein buntes Angebot an individueller Markenmode von bunt-verspielt bis sportlich-klassisch.

VINCENT SHOE STORE

8055 Graz-Seiersberg, Shopping City Seiersberg 4/2/13, Tel.: 0 31 6/29 32 13
www.vincentshoestore.com
Shop & Angebot: Dieser ursprünglich schwedische Store führt entzückende Schuhe, Boots, Moonboots, Socken, Gummistiefel und Hausschuhe in den Größen 20–35. Alle Modelle sind etwas Besonderes, aber dennoch zu moderaten Preisen zu erwerben. Besonderes Highlight sind die Mädchen-Party-Shoes, zu denen es auch noch eine passende Handtasche gibt.

KÄRNTEN

NAME-IT

9020 Klagenfurt, St. Veiter Ring 20
City Arkaden, Shop 109 – OG
www.name-it.com
Shop & Angebot: Modische und vielseitige Kleidung für Kinder von 2 bis 10 Jahren in hochwertiger Qualität und zu moderaten Preisen. Eltern sind begeistert von der hohen Funktionalität und Kinder von der großen Bewegungsfreiheit.

Momo Kinderboutique

KASTNER & ÖHLER
Filialen unter www.kastner-oehler.at
Shop & Angebot: Spaß am Shopping im Kaufhaus: Hier findet man eine Vielfalt an Produkten und bekannten Marken in hübsch gestalteten Kindermodeabteilungen. Das Markenangebot variiert nach Filiale leicht, ist aber in jedem Fall exklusiv und umfangreich. Hier wird es zum Kinderspiel, trendy und dabei praktisch angezogen zu sein.

MOMO KINDERBOUTIQUE
9020 Klagenfurt, Alter Platz 14
Tel.: 0 46 3/59 86 66
www.kinderinmode.at
Shop & Angebot: Das Geschäft in der Fußgängerzone führt praktische, funktionelle und schicke Kinderkleidung in schönem Rahmen: Angeboten werden Marken wie Timberland, Kenzo und Burberry für Kids bis 15.
Service: Sehr individuelle, fachkundige Betreuung.

RIKKI REINER
9020 Klagenfurt, Alter Platz 1, Tel.: 0 46 3/51 30 39
9300 St. Veit/Glan, Hauptplatz 20,
Tel.: 0 42 12/22 77, office@rikkireiner.at
www.rikkireiner.at
Shop & Angebot: Hier sind Kindermode und Accessoires der Marken, Luisa Cerano, Kejo, Geo Spirit, Polo Ralph Lauren, George Gina & Lucy erhältlich.

SALZBURG

ASMUS
5101 Bergheim, Metzgerstraße 48
Tel.: 0 66 2/45 05 82, office@asmus.at
www.asmus.at
Shop & Angebot: Die Auswahl an Kinderschuhen ist riesig. Ein eigener Geox-Corner erleichtert den Überblick, welche Schuhe der italienische Hersteller in der jeweiligen Saison bietet. Aber auch Richter, Puma, Superfit, Primigi etc. stehen zur Auswahl. Und damit es beim Einkaufen bestimmt nicht langweilig wird, locken in der Kinderabteilung ein Piratenschiff und eine Playstation.

JACADI
5020 Salzburg, Griesgasse 19a
Tel.: 0 66 2/84 41 12
www.jacadi.at
Shop & Angebot: Klassische Kindermode auf gehobenem Preisniveau: Bei Jacadi stehen Karo und Blümchen für Mädchen und traditionelle Farbkombinationen von Blau bis Beige für Buben im Vordergrund. Dabei können Teile aus einer Serie bestens kombiniert werden. Sucht man das perfekte Outfit für Hochzeiten und andere Feierlichkeiten, ist man beim französischen Hersteller von Kindermode, -möbeln und -accessoires bestens aufgehoben. Aber auch an Alltagskleidung werden hier viele elegante bis sportliche Modelle geboten. Mit einem Wort: Bei Jacadi regiert französischer Chic.

MANOLITO KINDERMODEN
5204 Strasswalchen, Mayburgerplatz 6
Tel.: 0 62 15/500 57
manolito-kindermoden@gmx.at
www.manolito-kindermoden.at
Shop & Angebot: Bei Manolito-Kindermoden findet man Trend- und Markenmode für Kinder bis 14 Jahre. Mit den Labels Käthe Kruse, Whoopi, Elle, Timberland und Tommy Hilfiger können hier viele wunderschöne Modelle für den besonderen Anlass erstanden werden.

Trachtenmode Lanz

Haidegger Baby & Junior

MUTTER UND KIND
5020 Salzburg, Franz-Josefs-Kai 1
Tel.: 0 66 2/84 43 17, shop@9mtrend.eu
Shop & Angebot: Im edlen Ambiente des Geschäfts am Rande der Salzburger Altstadt sind Marken wie Ralph Lauren, Papermoon, Timberland, Armani, Petit Bateau oder Burberry bestens aufgehoben. Dabei kommen auch Kleider für Anlässe wie die Erstkommunion nicht zu kurz. Mit einem Wort: Kids bis 14 Jahre werden bei Mutter und Kind perfekt eingekleidet.

STASSNY TRACHTENKINDER
5020 Salzburg, Getreidegasse 30
Tel.: 0 66 2/84 23 57...-0
www.stassny.at
Shop & Angebot: Das einladende Geschäft im Herzen Salzburgs macht aus Kids, wie der Name schon sagt, Trachtenkinder. Dabei überzeugt schon die Gestaltung von Stassny Trachtenkinder: Dirndl, Walkjanker und Co. sind „in".
Service: Angenehme, besonders freundliche Beratung. Weltweiter Paketversand!

TRACHTENMODEN LANZ
5020 Salzburg, Kranzlmarkt 1 / Getreidegasse
Tel.: 0 66 2/84 03 00
5020 Salzburg, Schwarzstraße 4
Tel.: 0 66 2/87 42 72
office@lanztrachten.at
5340 St. Gilgen, Kirchenplatz 1,
Tel.: 0 62 27/24 34
www.lanztrachten.at
Shop & Angebot: Das Geschäft am Kranzlmarkt steht voll und ganz im Zeichen der Kindermode. Diese wird zum Großteil selbst bzw. exklusiv für Lanz gefertigt. Das exklusive Sortiment reicht von Dirndln und Dirndlkleidern über Strickjacken und Kindercapes bis zu Walkjacken und Hubertusmänteln. Kurz: Kindertracht vom Feinsten! Das Geschäft in St. Gilgen ist zwar kein reines Kindergeschäft, bietet aber dennoch alles, was Kinder für den stilvollen Trachten-Look brauchen.

TIROL

HAIDEGGER BABY & JUNIOR
6020 Innsbruck, Wilhelm-Greil-Straße 18
Tel.: 0 51 2/58 14 43-16
www.haidegger.at
Shop & Angebot: In freundlicher Atmosphäre präsentiert sich Tirols traditionsreiches Kinderfachgeschäft Haidegger in Innsbruck. Auf werdende und junge Eltern wartet hier ein modernes Produktangebot mit Marken wie Armani, Burberry, Catimini, Miniman, Diesel, Elsy, AirField, Kamik, Miss Blumarine, Monnalisa, Moncler, Petit Bateau, Napapiijri, Polo Ralph Lauren, Geospirit, Kejo, 7 for all mankind, Red & Blue, Replay &Sons, Riverwoods, Taki-To, Timberland, Tommy Hilfiger. Erstklassige Beratung und freundlicher Service in angenehmer Umgebung.

JACADI
6020 Innsbruck, Marktgraben 27
Tel.: 0 51 2/58 88 48
www.jacadi.at
Shop & Angebot: Klassische Kindermode auf gehobenem Preisniveau: Bei Jacadi stehen Karo und Blümchen für Mädchen und traditionelle Farbkombinationen von Blau bis Beige für Buben im Vordergrund. Dabei können Teile aus einer Serie bestens kombiniert werden. Sucht man das perfekte Outfit für Hochzeiten und andere Feierlichkeiten, ist

Airfield bei Baby Junior

Name-it

man beim französischen Hersteller von Kindermode, -möbeln und -accessoires bestens aufgehoben. Aber auch an Alltagskleidung werden hier viele elegante bis sportliche Modelle geboten. Mit einem Wort: Bei Jacadi regiert französischer Chic.

KINDERWELT GURSCHLER
6380 St. Johann in Tirol, Speckbacherstraße 15
Tel.: 0 53 52/622 20, gurschler.josef@aon.at
Shop & Angebot: Ein Einkaufsparadies für Groß und Klein. In dem Kaufhaus gibt es auf 450 Quadratmetern Kindermode bis 16 Jahre sowie passende Accessoires. Die Palette an Waren mit namhaften Marken wie Puma, Esprit, Aeronautic, Name-it, Mexx, Tom Taylor steht bereit – bei Gurschler findet man alles, was man an Kindermode und Zubehör braucht.
Service: Gute Beratung und individuelle Betreuung.

NAME-IT
6020 Innsbruck, Amraselseestraße 56A
www.name-it.com
Shop & Angebot: Modische und vielseitige Kleidung für Kinder von 2 bis 10 Jahren in hochwertiger Qualität und zu moderaten Preisen. Eltern sind begeistert von der hohen Funktionalität und Kinder von der großen Bewegungsfreiheit, die sie mit Stücken von Name-it haben.

VORARLBERG

BABY-JUNIOR
6800 Feldkirch, Kreuzg. 8, Tel.: 0 55 22/720 35
www.baby-junior.at
Shop & Angebot: Neben trendigen Modemarken wie Air Field, Tom Taylor, Käthe Kruse für Kinder bis 16 Jahre liegt ein weiterer Schwerpunkt auf Festtagsmode (Taufe, Kommunion) und Wäsche.
Service: Persönliche Beratung durch qualifizierte MitarbeiterInnen.

BUNTERKUNT, DER KLEINE MODETEMPEL
6890 Lustenau, Maria-Theresien-Straße 5,
Tel.: 0 55 77/62 070
6850 Dornbirn, Marktstraße 27,
Tel.: 0 55 72/20 02 65
www.bunterkunt.at
Shop & Angebot: Die Modetempel bieten viele lässige oder romantische Kleidungsstücke für kleine Mädchen oder Buben, aber auch das Angebot an Schuhen und Accessoires kann sich sehen lassen. Vertretene Marken sind unter anderem Pampolina, PJE für Mädchen, Check in für Buben, Lillifee, Felix, Giesswein, Camper und viele mehr. Durch die bunte und witzige Ausstattung mit Kronleuchtern, Tischen – alles ganz kunterbunt – wird das Shoppen hier zum Erlebnis.
Service: kompetente Beratung, Einpackservice für Geschenke.

METZLER KINDERMODEN
6850 Dornbirn, Eigenheim 6
Tel.: 0 55 72/238 95-0
www.metzler_kindermoden.at
www.metzler-kindermoden.at
Shop & Angebot: Der Fabrikverkauf von Kleidung aus Mailand besticht mit regelmäßigen Angeboten und Räumungsverkäufen. Kinder bis sechs Jahre kann man hier sehr günstig und von Kopf bis Fuß einkleiden. Außerdem sind hier auch Gutscheine erhältlich.

Jako-o

Kinderbutt

▸ VERSANDHANDEL

BIM-BAM-BINI

6900 Bregenz, Thumbstraße 11
Tel.: 0650/201 79 90, info@bim-bam-bini.at
www.bim-bam-bini.at

Katalog & Angebot: Exklusive Kindermode der Marken Catimini, Cakewalk, mim-Pi, IKKS, Cakewalk, Riverwoods etc. Wer ausgefallene, hochwertige Mode sucht, ist hier an der richtigen (Internet-)Adresse. Versandkosten in Österreich: bis zu einem Warenwert von 49,99 Euro pauschal 3,50 Euro, ab 50 Euro portofrei (!) als versichertes Paket. Abverkaufsware: Portopauschale von 3,50 Euro.

HENNES & MAURITZ

www.hm.com

Wer lieber gemütlich am Computer sitzt und sich durch die aktuelle Kollektion klickt, ist hier bestens aufgehoben. Bestellung, Lieferung und Rückgabe funktionieren für gewöhnlich einwandfrei, die schönen Modefotos und die übersichtliche Gestaltung des Online-Shops machen Lust auf Fashion. Wer immer über günstige Schnäppchen im Bilde sein will, abonniert den Newsletter. Versandkosten: 5,75 Euro.

HOKOHOKO

1070 Wien, Schottenfeldgasse 64/1
Tel.: 01/990 93 60
www.hokohoko.com

Der designorientierte Internet-Shop versteht sich als Plattform für das Angebot von mit Liebe und Sorgfalt hergestellten Produkten. In diesem Sinne möchte Hokohoko Tante-Emma-Laden, Kaufhaus, Wochenmarkt und Luxusboutique in einem sein. Das Sortiment wird unter den Leitsätzen Qualität, Einzigartigkeit, Fairness, Alltagstauglichkeit, Nähe, Vertrauenswürdigkeit und Servicequalität zusammengestellt. Wer ausgefallene und ausgewählte Kleidungsstücke für Kinder sucht, wird hier fündig.

JAKO-O

6960 Wolfurt, Albert-Loacker-Straße 8
Tel.: 00800/22 44 88 00
www.jako-o.at

Katalog & Angebot: Unter dem Motto „Für Eltern gedacht, von Eltern gemacht" wird man beim deutschen Versandhandelsunternehmen Jako-o fündig, wenn man Spezielles wie Badeanzüge mit Sonnenschutzfaktor, Regen- und Schlamm-Outfits oder Ganzjahresjacken, die mit oder ohne Futter getragen werden können und sogar eine Notfall-Signalpfeife in der Geheimtasche verbergen, sucht. Die Basics sind ein- oder mehrfärbige „Lieblingsteile", die superbequem und toll zu kombinieren sind – untereinander oder mit anderen Kleidungsstücken. Tipp: Bei Bestellung über das Internet ist die Zustellpauschale mit 3,90 Euro günstiger als per Telefon oder Bestellschein. Auch die Rubriken Secondhand und Sammelbesteller sind interessant.

KINDERBUTT

4030 Linz, Deggendorfstraße 5
Tel.: 0 73 2/32 03 26, service@kinderbutt.at
www.kinderbutt.at

Katalog & Angebot: Schicke und günstige Kinderkleidung von Kopf bis Fuß für Mädchen und Buben. Zu haben sind hier hübsche und praktische Stücke von s.Oliver, Ding Dong, Esprit, Adidas etc. Versandkostenanteil: 4,95 Euro; ab 150 Euro Bestellwert erfolgt die Lieferung versandkostenfrei.

La Redoute

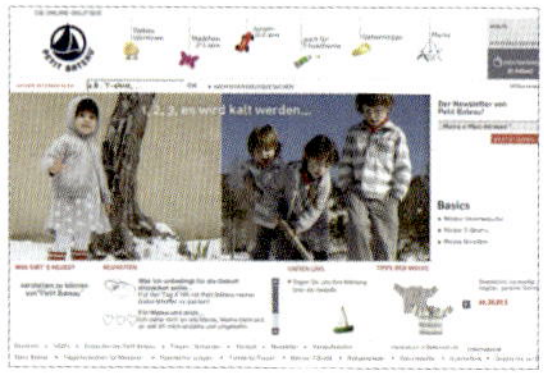

Petit Bateau

LA REDOUTE
5020 Salzburg, Julius-Welser-Straße 15
Tel.: 0 66 2/24 22-24
www.laredoute.at
Katalog & Angebot: Französische Kindermode unter verschiedenen Labels in unterschiedlichen Stilrichtungen: Bei La Redoute findet man eine wohltuende Mischung aus praktischen und modischen Stücken von Marken wie Roxy, Converse, Okaou. Wobei fröhliches, buntes Design im Vordergrund steht. Bitte Größentabelle beachten (Homepage!): Manche Teile sind, typisch französisch, etwas enger geschnitten. Speziell für „Teens" gibt es eine eigene Linie. Ebenfalls umfangreich ist die Rubrik Accessoires mit Taschen, Gürteln, Schuhen etc. Tolle Schnäppchen!

NECKERMANN VERSAND ÖSTERREICH
8012 Graz, Tel.: 0 31 6/246 246
www.neckermann.at
Katalog & Angebot: Der Neckermann Versand, eines der größten Versandhäuser Österreichs, bietet ein riesiges Angebot an Kindermode. „Young Company": alle Modetrends in den Größen 92 bis 188. „Passt": lässige Mode für kräftige junge Damen und Herren ab 120 cm Körpergröße, cool auf XXL und XXXL zugeschnitten. Was man mitunter schwer bekommt, gibt es hier. Darüber kommen coole Basics für kleine und große Mädchen und Buben nicht zu kurz.

PETIT BATEAU KINDERBEKLEIDUNG
D-60329 Frankfurt am Main
Untermainkai 29, Tel.: +49/69 27 22 76-0
www.petit-bateau.com
Die trendige Kindermode aus Frankreich ist auch im Online-Shop zu haben. Preislich im oberen Segment, zeichnen sich die Teile durch hohe Qualität und ansprechendes Design aus.

TOP LIVIPUR KINDER.SPIEL.VERSAND GMBH UND LADEN
D-61348 Bad Homburg, Hessenring 84
Tel.: 0180/500 09 04
www.livipur.de
Katalog & Angebot: Pfiffige Naturmode in bunten Farben und hochwertiger Qualität gibt es bei Livipur zu bestellen, wobei bei allen Kleidungsstücken größter Wert auf die Verwendung von gesunden biologischen Materialien gelegt wird. Von Frühjahr bis Winter bietet der ansprechende Online-Shop sehr vielseitige und dazu robuste Kinderkleidung. Ebenfalls zu haben: die trendig-coole Mode von Jack Wolfskin, wind- und wetterfeste Jacken und Hosen, Gummistiefel, Stiefelsocken, Neurodermitis Unterwäsche.

S.OLIVER ONLINE-SHOP
D-85748 Garching
Robert-Bosch-Straße 21–23
Tel. Österreich: 0820/82 04 60
onlineshop@s.oliver.de
www.s.oliver-shop.de
Shop & Angebot: Der Online-Shop ist übersichtlich und macht Laune auf Shopping . Zum Teil gibt es günstige Ausverkaufsschnäppchen, in jedem Fall aber trendige Kindermode mit anspruchsvollem Design von Größe 92–134. Die Teile liegen preislich im Mittelfeld.

Der Apfel als natürlicher Energiespender

Der Apfel ist die ideale Jause – der ideale Fit- und Schlankmacher bei niedrigem Kaloriengehalt (Nährwert: 52 cal / 100 g) und damit ein perfekter Energiespender. Zudem bereichert er die kreative Küche als äußerst flexibles Produkt, das vom morgendlichen Müsli über raffinierte Rezepte zum Menü bis hin zum herzhaften „Apfel mit Brot" am Abend eine gesunde, genussvolle Ernährung unterstützt.
Viele Gründe also, den täglichen Apfel als wertvolles Grundnahrungsmittel in eine gesunde Ernährung einzubauen.
Als fixer Bestandteil einer gesunden Ernährung ist er unumstritten. Seine primären Inhaltsstoffe – ein Vitamin- und Mineralstoffcocktail erster Güte – machen ihn zu einem der hochwertigsten Nahrungsmittel. Seine gesundheitsfördernde Wirkung wird immer häufiger auch auf die sekundären Inhaltsstoffe zurückgeführt, vor allem auf die Flavonoide. Diese beteiligen sich erfolgreich an der Jagd auf die berüchtigten freien Radikale und tragen auf diese Weise – als Antioxidantien, sagen die Mediziner – dazu bei, vorbeugend gegen Herz-Kreislauf-Erkrankungen, Immunschwäche und Arteriosklerose zu wirken.
„frisch-saftig-steirisch" steht seit über 20 Jahren für Topqualität. Mit einem Marktanteil von 75 Prozent ist der frisch-saftig-steirisch Apfel bereits der bekannteste und beliebteste Apfel in Österreich.

BUCHTIPP
Frisch, saftig und steirisch
Apfelbauern, Köche und Rezepte
Absolut-Genuss-Verlag
ISBN 978-3-9502445-0-2
208 Seiten, Euro 29,90
Erhältlich bei der OPST GmbH,
www.frisch-saftig-steirisch.at

OPST Obst Partner Steiermark GmbH | *8200 Gleisdorf*
Ludwig-Binder-Straße 3, Tel.: 0 31 12/364 14-0, www.opst.at

Da steht ein Junior drauf!
Das Mineralwasser für Kids! Mit Trötverschluss und Sticker.
VÖSLAUER
ohne
junior
NATÜRLICHES MINERALWASSER OHNE KOHLENSÄURE
www.voeslauer.com

ERNÄHRUNG

Gesund und gut

Was Kindern schmeckt – und was ihnen schmecken sollte.

Stellen Sie sich vor: Ihr Kind geht allein in ein Restaurant. Was es wohl bestellen würde? Gemüsesuppe, Brokkoliauflauf und danach einen Fruchtsalat? Dazu ein stilles Mineralwasser? Oder vielleicht doch eher Pommes mit Ketchup, Würstel und Cola? Hier eröffnet sich ein Dilemma: In kaum einem Bereich driften wissenschaftliche Empfehlungen und tatsächliches Verhalten so weit auseinander wie hinsichtlich der Ernährung unserer Kids. Besorgte Eltern wissen einerseits, dass gesunde Ernährung wichtig ist. Andererseits liebt man die Kleinen ja und will doch niemals im Leben ein Eis oder einen fetten Burger verbieten. Es wäre auch ziemlich kontraproduktiv, dem Junior ständig zu suggerieren, dass er sich mehr bewegen muss, die Spaghetti heute zugunsten eines Pangasiusfilets gestrichen und der Schokokonsum sowieso nur bei guten Schulleistungen diskutiert wird. Dadurch geraten Kinder häufig unter Druck, entwickeln Ängste, ständig etwas falsch zu machen, und damit von Anfang an ein völlig falsches Essverhalten.

DIE KIDS ÜBERLISTEN

Ideal für eine gesunde Entwicklung des Kindes ist ausgewogene Mischkost. Im Vergleich zu Erwachsenen fällt auf, dass Sprösslinge nicht nur einen anderen Nährstoffbedarf haben, sondern auch anders essen. Sie brauchen keine besonders große Abwechslung am Speiseplan. Einmal Lieblingsspeise – immer Lieblingsspeise. Und sie essen lieber öfter mal kleine Portionen. Ernährung ist ein wichtiger Punkt, wenn es um das Wachstum und die Entwicklung des Kindes geht. Und da gibt es in jedem Alter einen individuellen Bedarf, der auch den Ernährungsgewohnheiten der Kids angepasst ist. Wenn findige Erwachsene wissen, dass jetzt eine Vitaminzufuhr ange-

Gesunde Mischkost bringt's: Obst und Gemüse sind die Basis gesunder Ernährung.

bracht wäre, müssen sie sich schon etwas Besonderes einfallen lassen, um das dem Junior schmackhaft zu machen. Denn kein Sprössling wird in Jubelgeschrei ausbrechen, wenn Karotten oder Birnen serviert werden, weil sie gar so gesund sind. Gibt's aber zum Beispiel gestifteltes Obst und Gemüse, quasi als „Fingerfood", haben sogar die gesunden Sachen gute Genusschancen.

GEMISCHT UND GESUND

In Sachen „gesunde Mischkost" gibt es eine einfache Faustregel: Kinder sollten reichlich pflanzliche Lebensmittel, mäßig tierische und sparsam fettreiche Nahrungsmittel und Süßigkeiten zu sich nehmen. Etwa 55 Prozent des energetischen Gesamtbedarfs sollte durch kohlenhydratreiche Produkte gedeckt werden. Wenn also Brot, Nudeln, Reis, Kartoffeln, Gemüse und Obst regelmäßig am Speiseplan stehen, ist das schon mal eine gute Basis. Fett sollte zu 30 Prozent Anteil an der täglichen Ernährung haben, ideal ist pflanzliches Fett. Und schließlich stehen Proteine in Form von Milch, Fleisch, Fisch und Eiern, also tierische Proteine zur einen Hälfte am Speiseplan, zur anderen Hälfte bestehend aus Getreideprodukten, Kartoffeln und Hülsenfrüchten.

Ausgewogene Mischkost eignet sich bereits für Kleinkinder, die am Familientisch mitessen. Günstig sind Lebensmittel, die im Verhältnis zu ihrem Energiegehalt auch viele Nährstoffe enthalten. Obst, Gemüse, Kartoffeln, Getreide, Milch und Fleisch sind daher bevorzugte Nahrungsmittel, die zu 90 Prozent am Speiseplan stehen sollten. Die restlichen 10 Prozent dürfen schon mal kleine Naschereien oder weniger hochwertige Produkte sein – wenn die Balance grundsätzlich stimmt.

DAS ESSE ICH NICHT

„Was auf den Tisch kommt, wird gegessen“, mag für unsere Großeltern Teil einer Genussphilosophie gewesen sein – Experten sind heute der Ansicht, dass man Kinder nicht zum Essen zwingen sollte, gewisse Regeln aber einzuhalten sind. Entscheidend dabei ist das elterliche Vorbild: Wenn Mama noch nie im Leben eine Gurke gegessen hat, besteht auch kaum Hoffnung, dass Junior zum Gurkentiger wird. Dass Nahrungsmittel, die Kinder nicht kennen, grundsätzlich mal abgelehnt werden, ist auch völlig normal. Bevor ein neues kulinarisches Highlight erst mal verkostet wird, kann das schon mehrere Anläufe geduldiger Eltern erfordern. Aber irgendwann klappt es und Herr Sohn, Frau Tochter lässt sich sogar herab und verkostet Karfiol. Oder Tintenfisch. Alles eine Frage des richtigen Zeitpunktes also.

Bei Süßigkeiten kommen derartige Anfangsprobleme kaum vor. Die Vorliebe für Süßes ist angeboren – ebenso die Ablehnung von Saurem oder Bitterem. Experten gehen davon aus, dass dies evolutionär bedingt ist: Beeren, die bitter schmecken, könnten eventuell auch giftig sein, während süße, reife Früchte „Bitte essen“ signalisieren. Vorsicht daher auch mit Salz, Zucker und anderen Gewürzen: Während Erwachsene mit ihren 2000 Geschmacksknospen auf der Zunge ein Kartoffelpüree vielleicht als „fad“ empfinden und tüchtig nachsalzen, ist es für Kinder mit ihren 10.000 Geschmacksknospen richtig würzig.

Nicht nur mit Süßigkeiten sollte man sparsam umgehen, sondern auch mit Salz und anderen Gewürzen.

ZU VIEL – ZU WENIG

Manche Kinder futtern ständig. Andere scheinen Nahrung kategorisch zu verweigern. Viele Eltern haben regelrecht Angst, ihr Kind sei unterernährt. Doch keine Panik:

Das Frühstück wird oft vernachlässigt. Doch gerade diese Mahlzeit soll Kraft für den Tag spenden.

In unseren Breiten ist dank des vielfältigen Nahrungsangebotes kein Kind am vollen Tisch verhungert. Kinder brauchen oft weniger, als wir denken. Zwischen ein und drei Jahren reicht ein Esslöffel pro Lebensjahr aus drei bis vier Nahrungsgruppen pro Mahlzeit. Also füttern Sie Ihren Junior zum Beispiel mit einem Esslöffel Kartoffelbrei, Gemüse und Fleisch, zum Nachtisch reicht ein Löffel Pudding oder Apfelbrei. Einem Zweijährigen könnte man ein Menü aus den fünf wichtigsten Nahrungsgruppen (Milch Obst, Gemüse, Eiweiß und Kohlenhydrate) zusammenstellen. Über den Tag verteilt kommt das Kind gut über die Runden mit beispielsweise einer Tasse Milch, einem Stückchen Käse, einer halben Banane, drei Scheiben Apfel, fünf Trauben – weiters zwei Esslöffel Brokkoli, drei Scheiben Gurken, 50 Gramm Fleisch, zwei Esslöffel Bohnen, dazu verteilt eine halbe Scheibe Brot, eine kleine Kartoffel, zwei Esslöffel Nudeln, zwei Kräcker und zwei Esslöffel Cornflakes. „Ausgewogen" heißt, dass das Kind im Allgemeinen in dieser Nährstoffbalance bleibt, nicht aber etwa dreimal täglich Fleisch isst.

WAS, WANN, WIE VIEL?

Für viele Eltern ist es ein großes Fragezeichen: Bis wann muss mein Kind alles essen und wie viel davon? Experten gehen davon aus, dass Kinder mit drei Jahren eine Vielzahl an Lebensmitteln kennen sollten und sich eine Art Freude oder Lust am Essen entwickelt. Kinder funktionieren auch nicht nach bestimmten Normen. So gibt es Kinder der gleichen Altersgruppe, die unterschiedlich große Portionen zu sich nehmen. Hinzu kommt, dass der Junior vielleicht heute kaum Hunger hat, am nächsten Tag wie ein Holzfäller zulangt, weil er mehr Bewegung macht oder temperamentvoller ist. Kinder sind eben individuell – ihre kulinarischen Vorlieben auch.

Calcium für die Knochen: Milch, Joghurt und Käse gehören auf den täglichen Speiseplan.

FAMILY-TIPPS

Gesunde Tricks für eine ausgewogene Ernährung

- **Frühstück:** Wir haben es gehört – Papa/Mama sind das Vorbild Nummer eins, wenn es um die „Sozialisation" beim Essen geht. Wenn also die Eltern ohne Frühstück aus dem Haus hetzen, ist es kein Wunder, wenn der Sprössling ebenfalls ein Frühstücksverweigerer wird. Für ein warmes Getränk wie Tee oder Kakao sollte jedoch Zeit sein.
- **Nicht zu viel aufladen:** Kinder hassen große Portionen, weil sie unbewältigbar erscheinen. Mit diesem Wissen haben Sie Ihrem Zwerglein etwas voraus! Servieren Sie mundgerechte Stücke und kleine Portionen. Wenn's schmeckt, gibt es ohnehin ein Dacapo.
- **Obst-Trick:** Ein Teller mit mundgerecht geschnittenen Obststücken hat hohe Absatzchancen – höhere als beispielsweise ein Obstsalat, denn Kinder lieben es, ihre Nahrung auch anzugreifen. Geben Sie ihnen also die Möglichkeit.
- **Naschen:** Dem Kind Schokolade oder Eis zu verbieten, ist hoffnungslos. Söhnchen oder Töchterchen werden garantiert bei der nächsten Geburtstagsparty Schokotorten, Smarties und Gummibären in sich hineinstopfen – bis ihnen schlecht wird. Besser ist es, jedem Sprössling seine eigene Naschration zuzugestehen. So lernt das Kind mit den „ungesunden" (aber guten) Nahrungsmitteln entsprechend umzugehen – ein erster Schritt zu bewusster Ernährung.
- **Calcium:** Die kindlichen Knochen brauchen Calcium,

Vegetarische Ernährung ist für Kinder nicht geeignet. Fleisch ist für den Aufbau der Muskeln wichtig.

weil sie ständig wachsen. Kinder sollten daher täglich ein Glas Milch, Joghurt und ein, zwei Scheiben Käse zu sich nehmen.

> **Vegetarische Ernährung:** für Kinder ungeeignet. Heranwachsende brauchen Fleisch zum Aufbau der Muskeln, darüber hinaus garantiert ein ausreichender Fleischkonsum auch die nötige Versorgung mit Eisen.

OPTIMIERTE MISCHKOST

Mengen an Lebensmitteln je Alter

Alter (Jahre)	**2–3**	**4–6**	**7–9**	**10–12**
Energie (kcal/Tag)	110	1450	1800	2150
Empfohlene Lebensmittel (≥90% der Gesamtenergie)				
Reichlich				
Getränke (ml/Tag)	700	800	900	1000
Brot/Getreide (g/Tag)	120	170	200	250
Kartoffeln, Nudeln, Reis (g/Tag)	100	130	150	180
Gemüse (g/Tag)	150	200	220	250
Obst (g/Tag)	150	200	220	250
Mäßig				
Milch und Milchprodukte (ml (g)/Tag)	330	350	400	420
Fleisch/Wurst (g/Tag)	35	40	50	60
Eier (Stück/Woche)	1-2	2	2	2–3
Fisch (g/Woche)	70	100	150	180
Sparsam				
Öl, Streichfette (g/Tag)	20	25	30	35
Geduldete Lebensmittel (≤10 % der Gesamtenergie)				
Maximale Energiemenge (kcal/Tag)	110	140	180	210

(Quelle: Forschungsinstitut für Kinderernährung, Dortmund, 2006)

hohes C
reich an natürlichem Vitamin C
Gesunde Vielfalt
für die ganze Familie.
www.hohes-C.de

Ikea Restaurants

Café Restaurant Oktogon

ÖSTERREICHWEIT

HEURIGENKALENDER

www.heurigenkalender.at
Der Großteil der Heurigen ist für den Besuch mit Kids geeignet, weil meist ein Garten vorhanden ist, vielfach mit Spielgeräten wie Schaukeln etc. Wenn nicht, so ist wenigstens eine gewisse Bewegungsfreiheit gegeben. Der Heurigenkalender ist ein Verzeichnis österreichischer Buschenschanken und Heuriger, sortiert nach Weinbaugebiet und Orten. So kann man bequem in verschiedenen Gegenden nach Lokalen suchen.

IKEA RESTAURANTS

www.ikea.at
Öffnungszeiten: Mo–Fr 9.30–19.30, Do–Fr 9.30 – 21.00, Sa 9.00 – 18.00 Uhr
Bei Ikea kann man täglich von 9.00 bis 11.00 Uhr frühstücken, ab 17.00 gibt es ein Abendgericht und für die Kleinen Kindergerichte zu äußerst fairen Preisen.

LANDZEIT AUTOBAHN-RESTAURANTS

Alle Filialen unter www.landzeit.at
Da macht man gern Pause: In den Landzeit Autobahn-Restaurants isst man gut und auch Frisches wie Früchte oder Salat. Der Speiseplan variiert je nach Jahreszeit. Kinder werden mit kleinen Spielsachen, Kronen, Ausmalsets, Spielplätzen sowie -räumen und Kindermenüs bei Laune gehalten.

STARBUCKS

Alle Filialen unter www.starbucks.at
Die bequeme Einrichtung und gemütliche Atmosphäre trägt zu einem angenehmen Aufenthalt mit Kindern bei. Für die Kids gibt es verschiedene Kakaovariationen, und auch die Eltern können ihren Kaffee in rauchfreier Umgebung genießen.

WIEN

BAMKRAXLER

1190 Wien, Kahlenberger Straße 17
Tel.: 01/318 88 00
www.bamkraxler.at
Öffnungszeiten: Di–Sa 16.00–24.00 Uhr, So/Fei 11.00–24.00 Uhr
Ein typisch wienerisches Bierlokal mit typisch österreichischen Gerichten wie steirischem Backhenderl-Salat, gebackenem Sur- und Hühnerschnitzel oder Apfelspalten. Die Kinderspeisekarte sorgt für Begeisterung bei den Kleinen. Zur Unterhaltung stehen Spiele, Bastelsachen, Bücher, jede Menge Malstifte und Rutschautos zu Verfügung. Im Salettl kann auf der Bühne gespielt werden, und bei Schönwetter wird auf dem großzügigen Spielplatz im Gastgarten getobt. Von 16.00 bis 19.00 Uhr steht gratis Kinderanimation zur Verfügung. Regelmäßig kommt auch Kasperl zu Besuch ins Bamkraxler.

CAFE RESTAURANT OKTOGON

Himmelstraße Ecke Höhenstraße, 1190 Wien
Tel.: 01/406 59 38
www.himmel.at
Öffnungszeiten: Mo–Fr 12.00–22.00, Sa, So und Feiertag 11.00–22.00 Uhr
Das in unmittelbarer Nähe zum Lebensbaumkreis liegende Restaurant Oktogon bietet ein Speise- und Getränkeangebot, das mit der Philosophie des Lebensbaumkreises übereinstimmt. Die Speisenangebote richten sich nach den Jahreszeiten, und die Zutaten sind ausschließlich aus biologischem Anbau.

Café Stein

Kolariks Praterfee

Der nahe liegende Waldspielplatz mit pädagogischen Stationen ist ein Erlebnis für Groß und Klein.

CAFÉ STEIN
1090 Wien, Währinger Straße 6–8
Tel.: 01/319 72 41, cafe-stein@cafe-stein.com
www.cafe-stein.com
Öffnungszeiten: Mo–Sa 7.00–1.00 Uhr
So 9.00–1.00 Uhr
Hier werden bei den Eltern Erinnerungen an Studentenzeiten wach, Kinder zwischen zweieinhalb und zehn freuen sich über Spiel und Spaß im Kid's Room. Hier kümmert sich sonntags zwischen 10.00 und 17.00 Uhr eine ausgebildete Kindergärtnerin um den Nachwuchs der Zeitung lesenden, Freunde treffenden oder einfach Kaffee trinkenden Eltern. Anmeldung; Betreuung ist kostenlos.

DSCHUNGEL CAFÉ IM MQ
1070 Wien, Museumspl. 1, Tel.: 01/522 07 20-50
www.mqw.at/fset.html?besucherinfo_7065.html
Öffnungszeiten: täglich 11.00 – 24.00 Uhr
Tagsüber bietet das Dschungel Café eine kinder- und familienfreundliche Atmosphäre. An den Wochenenden finden im Theater Familienvorstellungen und -veranstaltungen statt. Von Schauspiel bis zum Erzähltheater wird hier alles geboten. Die zentrale Lage und die Spielecke im Café überzeugen. Asiatische Spezialitäten sowie europäische Snacks, die Speisekarte bietet hier für jeden etwas.

HAWEI – DAS BIERLOKAL
1140 Wien, Hauptstraße 62, Tel.: 01/979 12 63
www.hawei.at
Öffnungszeiten: Mo–Do 16.00–2.00 Uhr, Fr/Sa 16.00–02.00 Uhr, So 11.00–02.00 Uhr
Ein traditionelles Bierlokal mit traditioneller Speisekarte. Neben warmen Broten, Salaten und Gegrilltem werden auch vegetarische Gerichte gereicht. Für Kinder gibt es eine separate Speisekarte. Um die Kleinen zu beschäftigen, gibt es von Montag bis Samstag von 17.00 bis 21.00 und sonntags von 11.00 bis 21.00 Uhr professionelle Kinderbetreuung. Kinderschminken, Basteln, Malen etc., aber auch Elektro-Go-Karts, Rutsche und Schaukel tragen zur Unterhaltung bei. Der schöne Gastgarten lädt zum Herumtollen ein.

KINDERZEIT
1070 Wien, Hermanngasse 25/2a/3
Tel.: 01/990 30 09
www.kinderzeit-wien.at
Öffnungszeiten: Di–Fr 10.00–14.00 und 15.00–18.00, Sa 10.00–14.00 Uhr
Das Kinderzeit ist ein Ort zum Wohlfühlen für Groß und Klein: ein Kinderkaffeehaus mit viel Platz. Hier können die Kinder spielen, malen und toben. Kaffeehaus- und Spielbereich gehen fließend ineinander über, sodass die Kleinen zum Spielen auch an den Tisch kommen können. Ein Stillbereich sorgt für die nötige Entspannung. Neben stundenweiser Kinderbetreuung (derzeit mit Voranmeldung, bei ausreichender Nachfrage ist auch flexible Betreuung angedacht) bietet das Café, das sich durch seine Wohnzimmeratmosphäre auszeichnet, auch Bekleidung, Accessoires und Geschenke zum Verkauf an.

KOLARIKS PRATERFEE
1020 Wien, Prater 121, Tel.: 01/729 49 99
www.kolarik.at
Öffnungszeiten: Mo–Fr 11.00–22.00 Uhr, Sa/So und Feiertag 10.00–22.00 Uhr
Das traditionsreiche Lokal punktet mit Kin-

Smalltalk Kidscafé

derspielraum und -platz, Trampolin und Luftburg mit einer Ausstattung, wie sie Kinderherzen höher schlagen lässt. Vom Rutschspaß bis zum Springen und Hüpfen ist hier alles möglich, was bewegungslustige Kids zum Jubeln bringt. So kommt bei den Kindern garantiert keine Langeweile auf, während die Eltern im Gastgarten oder im Lokal entspannt essen und plaudern.

NAKED LUNCH

1090 Wien, Währinger Str. 3, Tel.: 01/403 45 17
Öffnungszeiten: Mo–Fr 8.00–16.00 Uhr
Wollen Mama und Papa sich und die Kids schnell, aber gesund ernähren, sind sie in der trendigen Sandwich-Bar Naked Lunch genau richtig. Salate und Obst sind hier ebenso wie die leckeren Sandwiches, Muffins etc. täglich topfrisch. Die Sandwiches sind kalt und warm zu haben und überraschen immer wieder aufs Neue mit ihren leckeren und kreativen Füllungen. Die entzückende Sandwich-Bar mit ihrem international anmutenden Ambiente lädt zum Bleiben ein – aber die essfertig abgepackten Portionen sind auch ideal zum Mitnehmen und Zu-Hause-Genießen. Dabei ist das Preis-Leistungs-Verhältnis mehr als in Ordnung. Mit einem Wort: schnelles Essen vom Feinsten in einem absolut gelungenen Mix aus anglikanischer und italienischer Küche, das auch kleine Feinschmecker lieben!

SMALLTALK KIDSCAFÉ

1060 Wien, Mariahilfer Straße 47
Tel.: 0664/382 12 58
www.kidscafe.at
Öffnungszeiten: Mo–Sa 9.30–18.30 Uhr
Ein trendiges Café, Spaß und Unterhaltung für Groß und Klein. Die Speisekarte begeistert die Kinder mit Waffeln über Milkshakes bis hin zum Chicken Burger. Eltern relaxen und informieren sich beim Lesen von Zeitschriften, Büchern rund um die Themen Kindererziehung, Kinderernährung etc., während die Kleinen bis fünf Jahre in der Kinderspielzone professionell betreut werden. Beliebte Anlaufstelle für Väter mit Kids – während sich Mama zum Beispiel eine Auszeit fürs Shopping auf der Mariahilfer Straße nimmt. Aber auch ein Fitnesscenter befindet sich im Haus – und während Mama trainiert, werden die Kids für 4 Euro pro Stunde im Smalltalk Kidscafé betreut. Veranstaltungen, Kurse und Workshops runden das umfangreiche Angebot des „Spezial-Cafés" ab.

TIROLER ALM

1130 Wien, Auhofstraße 186, Tel.: 01/877 02 75
www.tiroleralm.com
Öffnungszeiten: Mo–Sa 10.00–2.00 Uhr,
So und Feiertag Ruhetag
Das äußerst familienfreundliche Lokal bietet sowohl traditionelle österreichische Küche als auch kleine Snacks für zwischendurch. Kindern werden alle Gerichte auch in kindergerechten Portionen serviert. Um den Kleinen ein bequemes Sitzen zu ermöglichen, gibt es spezielle Sitzpolster – so macht das Essen gleich doppelt Spaß. Um die Wartezeit zu verkürzen, stehen ausreichend Spiel- und Malsachen zur Verfügung. Im Gastgarten wartet ein Spielturm darauf, von den kleinen Gästen erobert zu werden.

NIEDERÖSTERREICH

BITTERMANN VINARIUM GÖTTLESBRUNN

2464 Göttlesbrunn, Abt-Bruno-Heinrich-Pl. 1
Tel.: 0 21 62/811 55

Gasthaus Langthaler

www.bittermann-vinarium.at
Öffnungszeiten: Mi–Mo 10.00–22.00 Uhr
Ein Lokal, das in einer alten Volksschule aus der Zeit Maria Theresias untergebracht ist, muss familienfreundlich sein? Richtig – bei Haubenkoch Adi Bittermann wird man kleinen Gäste nicht nur mit dem Schnitzerl auf der Speisekarte gerecht, sondern bietet ihnen gleich ein eigenes Bastelzimmer samt Betreuerin. Für die Eltern heißt das nicht nur Kulinarik, sondern auch Entspannung pur!

GASTHAUS LANGTHALER
3644 Emmerdorf, Pömling 14
Tel.: 0 27 52/714 27
www.gasthaus-langthaler.at
Öffnungszeiten: April bis Oktober Mi–Fr ab 15.00 Uhr, November bis März Fr ab 15.00 Uhr, immer Sa, So und Feiertag ganztägig
Das Gasthaus Langthaler bietet sowohl gutbäuerliche als auch Heurigenküche mit Produkten aus der eigenen Landwirtschaft, auch eigene Kinderteller dürfen hier nicht fehlen. Für die kleinen Gäste bietet das Gasthaus alles was das Herz begehrt. Ein rund 3000 m^2 großer Spielplatz lässt keine Wünsche offen: Hier gibt es Rutschen, Schaukeln, Reckstangen und Bäume zum Klettern. Im Streichelzoo warten Pferde, Ponys, Ziegen, Hasen, Meerschweinchen und ein Hund darauf, von den Kleinen gefüttert und gestreichelt zu werden. Bei Schlechtwetter, gibt es auch in den Gasträumen Unterhaltungsmöglichkeiten wie Mal-, Zeichen- und Spielsachen. Übrigens gibt es in der Region Wachau ein umfangreiches Freizeitangebot!

HEURIGER H. & M. BÖHM
2801 Katzelsdorf, Hauptstraße 86
Tel.: 0 26 22/780 01
www.heuriger-boehm.at
Öffnungszeiten: siehe Homepage
Beim Heurigen Böhm ist alles aus eigener Hand, nicht nur Getreide und Obst werden selbst angebaut und verarbeitet, auch das Fleisch stammt aus der hauseigenen Aufzucht. Für Kinder von vier bis 12 Jahren gibt es einen eigenen dreistöckigen Spielturm mit langer Rutsche, die in einem Ballbecken endet. Auch Geschicklichkeitsspiele und eine Leseecke sorgen für Abwechslung und Unterhaltung, die Riesenbausteine sind besonders beliebt, und zur Erholung gibt es auch noch eine Kuschelecke. Im Extrazimmer können sich die Kids eine Fußballschlacht auf dem Wuzzler liefern. Außerdem kann man hier auf Vorbestellung auch Kindergeburtstage veranstalten.

WIRTSHAUS ZUR MINIDAMPFBAHN
3910 Zwettl, Teichhäuser 47, Tel.: 0 28 23/223
www.minidampfbahn.at
Öffnungszeiten: Di–So ab 9.00 Uhr
Hier werden vor allem Waldviertler Schmankerl, aber auch vegetarische Köstlichkeiten geboten. Für die kleinen Gäste gibt es natürlich eine Kinderspeisekarte sowie Kinderbesteck. Das Wirtshaus ist ein Erlebnis für die ganze Familie, eine Fahrt auf der Minidampfbahn, dem Schienenfahrrad oder ein Ritt auf einem der Ponys gefällt nicht nur den Kleinsten. Außerdem gibt es noch eine Mini-Go-Kartbahn sowie einen Mini-Hubschrauber. Mit den Renntretfahrzeugen, auf dem Trampolin und dem riesigen Spielplatz kann man sich so richtig austoben. Im Streichelzoo begeistern Minikamele, -kühe, -schweine, -pferde, Kaninchen und ein Zwergesel. Kinderbetreuung im Winter sonn- und feiertags gratis.

Gasthaus Gössler

BURGENLAND

GASTHAUS KURTA

8383 Gritsch, Hauptstraße 16
Tel.: 0 33 29/460 11
www.gasthaus-kurta.at
Öffnungszeiten: Di–So 8.30–24.00 Uhr
Hier kann man in gemütlicher Atmosphäre traditionelle Küche und Kostbarkeiten aus dem Weinkeller genießen. Das Gasthaus ist ein beliebter Treffpunkt für Radfahrer und Wanderreiter. Kinder können im Gastgarten auf dem Spielplatz toben. Riesige Klettergerüste, Rutschen, Sandkästen und Wipptiere lassen Kinderherzen höher schlagen. Der Spielplatz ist von der Terrasse aus bestens einsehbar und zur Straße hin abgesichert.

OLEANDER HEURIGER

7061 Trausdorf, Flugplatzstraße 7
Tel.: 0 26 82/621 53
www.oleander-heuriger.at
Öffnungszeiten: Di–Fr ab 16.00 Uhr, Sa/So/Feiertag ab 11.30 Uhr
Der Oleander Heurige verwöhnt die Gaumen seiner Gäste mit österreichischer und vor allem burgenländischer sowie saisonaler Küche. Kinder freuen sich besonders über die Riesenluftburg im Garten und über die Mini-Shtland-Ponys Mini und Maxi, die sich gern von den Kids streicheln und striegeln lassen. Bei Schlechtwetter ist mit Malfarben, Brettspielen und jeder Menge Büchern für Unterhaltung gesorgt.

ZUM ALTEN WEINSTOCK

7551 Rudersdorf, Hauptstraße 13
Tel.: 0 33 82/716 12
www.zumaltenweinstock.at
Öffnungszeiten: täglich 8.00–24.00 Uhr
Der Landgasthof bietet außergewöhnliche Köstlichkeiten aus der burgenländischen und mediterranen Küche wie Beiried, Wolfsbarsch oder gebackene Marillenkrapfen mit Lavendeleis. Auch Kindergerichte werden auf Wunsch gern zubereitet. Im Gastgarten wartet der Spielplatz darauf, von den Kleinen erobert zu werden. Auf Rutsche, Schaukel oder in der Sandkiste können sich die Kids austoben.

STEIERMARK

GASTHAUS GÖSSLER

8822 Mühlen 25, Tel.: 0 35 86/22 51
www.gasthaus-goessler.at
Öffnungszeiten: Di–So 9.00–1.00 Uhr
Das Gasthaus bietet von Lamm- über Fischgerichte bis hin zu vegetarischen Köstlichkeiten alles, was das Herz begehrt. Auch hausgemachte Pizza und Eisspezialitäten stehen hier auf der Karte, saisonale Schlemmertage und Spezialitätenwochen gehören zu den Höhepunkten. Für Kinder stehen zahlreiche Spielmöglichkeiten zur Verfügung wie Kletterturm, Wackelbrücke, Schaukel, Heuhüpfen und Spiele im Großformat. Hinter dem Gasthaus dürfen Ziegen, Hasen, Enten, Katzen, Pferde und Schafe von den kleinen und großen Gästen gestreichelt und gefüttert werden. Für kältere Tage gibt es auch diverse Karten- und Geschicklichkeitsspiele.

MOSTSCHÄNKE SARSTEINRAST

8990 Bad Aussee, Sarsteinstraße 64
Tel.: 0 36 22/553 68
www.mostschenke.at.tf
Öffnungszeiten: Do–So 13.00–23.00 Uhr
Hier wird der Gast mit hausgemachten Pro-

Landgasthof Klausner

Pfeffermühle

dukten verwöhnt. Der Gastgarten bietet einen traumhaften Ausblick und einen großzügigen Kinderspielplatz. Im Streichelzoo können sich die Kleinen mit diversen Tieren anfreunden. Für die kältere Jahreszeit bietet die Mostschänke auch ausreichend Unterhaltung. In der Spielecke stehen den Kindern Spiel- und Malsachen zur Verfügung. Für Größere gibt es einen Fußball- und einen Tischtennistisch.

OBERÖSTERREICH

LANDGASTHOF KLAUSNER

4591 Molln, Hafnerstraße 30
Tel.: 0 75 84/399 33
www.landgasthof-klausner.at
Öffnungszeiten: Di–So 9.00–24.00 Uhr
Unweit des Nationalparks Kalkalpen liegt der traditionelle Landgasthof Klausner. Auf der Speisekarte findet man sowohl typisch österreichische Gerichte als auch diverse vegetarische Köstlichkeiten. Der Spielplatz im Garten und auch das Spielzimmer mit Traktoren, Lego, Duplo und Puppen lässt Kinderherzen höher schlagen.

WIRT IN DER SPÖCK

4872 Neukirchen an der Vöckla, Spöck 1
Tel.: 0 76 82/74 47
www.wirt-spoeck.at
Die Speisekarte bietet bodenständige Küche, für diverse Anlässe werden Wunschmenüs mit dazu passenden Weinen kreiert. Der Kinderspielplatz bietet mit Nestschaukel, Seilbahn, Wippe, Kletterturm mit Rutsche, Schaukel, Sandkiste etc. alles, was das Kinderherz begehrt. Für kältere Tage gibt es auch in der Gaststube eine Spielecke.

KÄRNTEN

KOCHLÖFFELHÜTTE – JAUSENSTATION

9863 Rennweg, Rennweg am Katschberg
Tel.: 0 67 6/410 48
www.kochloeffelhuette.at
Ausschließlich Produkte aus eigener Erzeugung werden auf der Kochlöffelhütte serviert. Auf der Speisekarte stehen einheimische Köstlichkeiten wie eine Brettljausn, Gulaschsuppe und Kärntner Kasnocken. Die Kochlöffelhütte erreicht man am besten zu Fuß oder mit der Tschu-Tschu Bahn, was besonders spannend für die Kinder ist. Bei der Hütte wartet ein Spielplatz, um von den Kleinen erobert zu werden, auch die Tiere im Streichelzoo wollen gestreichelt und gefüttert werden.

LANDGASTHAUS SCHNEIDER

9112 Griffen, Hainburger Straße 19
Tel.: 0 42 33/23 43
www.ghschneider.at.tf
Der Schwerpunkt des Gasthauses liegt auf Fisch. Diverse Süß- sowie Salzwasserfische stehen hier auf der Karte, aber auch köstliche Schmankerln wie Backhendl, Pfandlgerichte und diverse Kärntner Spezialitäten. Bei Schönwetter kann auf dem hauseigenen Spielplatz getollt werden, aber auch in der kalten Jahreszeit wird den kleinen Gästen hier nicht langweilig. Zahlreiche Spiel- und Malsachen helfen beim Zeitvertreib.

PFEFFERMÜHLE

9640 Kötschach-Mauthen
Tel.: 0 47 15/560
www.pfeffermuehle.com
Öffnungszeiten: Di–So 10.00–24.00 Uhr

Alter Jagdhof

Unterbergerwirt

Das kinderfreundliche Restaurant besticht nicht zuletzt durch seine hervorragende, traditionell einheimische Küche. Im Gastgarten kann man gemütlich in der Sonne entspannen, während sich die Kinder am hauseigenen Spielplatz amüsieren. Auch bei Schlechtwetter ist für Unterhaltung gesorgt. Im Restaurant stehen den kleinen Gästen zahlreiche Spiel- und Malsachen sowie Bücher zur Verfügung. Gern werden die Wirtshausspeisen auch in Kinderportionen serviert.

SALZBURG

ALTER JAGDHOF

5542 Flachau, Flachauwinklstraße 36
Tel.: 0 64 57/22 74-0
www.appartement-flachau.at
Öffnungszeiten: täglich 10.00–2.00 Uhr
Der alte Jagdhof bietet sowohl Pizza und italienische Spezialitäten als auch einheimische Gerichte an. Kinderspeisekarte und -portionen erfreuen auch die Kleinen. Der Kinderwirt hat für die kleinen Gäste ein Spielzimmer sowie eine Indoor-Kletterwand und jede Menge Spiele. Draußen warten eine Hüpfburg, Fahrräder, Go-Karts und vieles mehr!

LANDGASTHAUS WEIXEN

5661 Rauris, Seidlwinklstraße 114
Tel.: 0 65 44/64 37
www.weixen.at
Öffnungszeiten: täglich ab 10.00 Uhr
Ob in der Gaststube, im Wintergarten oder auf der Terrasse – überall ist das urgemütliche Ambiente zu spüren. Spezialitäten des Hauses sind Gams-, Wild- und Fischgerichte, aber auch leckere Salate und Knödelgerichte. Hier wird vor allem auf biologische Zutaten geachtet. Der Spielplatz verfügt über Riesentrampolin, „Piratenburg", Sandkästen und eine Seilbahn. Für Unterhaltung sorgen aber auch die Einwohner des Streichelzoos und ihre Freunde: Hunde, Katzen, Hasen, Schafe, Schweine und Lamas.

UNTERBERGERWIRT

5632 Dorfgastein, Unterberg 7
Tel.: 0 64 33/70 77
www.unterbergerwirt.com
Öffnungszeiten: täglich 11.00–24.00 Uhr
Hier wird großer Wert auf den behutsamen Umgang mit der Natur gelegt, und das schmeckt man auch. Alle drei Wochen gibt es eine neue, abwechslungsreiche Spezialitätenkarte. Die Kleinen wählen von der Kinderkarte – und können sich am eingezäunten Spielplatz austoben oder in der Sandkiste Burgen bauen. Für Winter und Schlechtwetter ist auch vorgesorgt: Indoors bietet ein Spielzimmer mit Basteltisch und Rutsche alle Unterhaltungsmöglichkeiten. Im Streichelzoo warten Ponys, Schafe, eine Ziege und Kätzchen. Auf Wusch kann man die Kids einen Tag vor dem Besuch für die Kinderanimation anmelden!

TIROL

ERLEBNISRESTAURANT SONNENBURG

6534 Serfaus/Tirol, Tel.: 0 54 76/63 96
www.serfaus-fiss-ladis.at/winter/restaurants/148/
Das Erlebnisrestaurant Sonnenburg ist sowohl für sommerliche Wanderungen als auch für den Skiurlaub bestens geeignet. Auf der teilweise überdachten Terrasse sowie der

Landgasthof Marschall

Liegestuhlterrasse lässt es sich bestens entspannen. Und während die Eltern essen, können sie sogar über „Kids TV" die Fortschritte ihrer Kinder im Ski- oder Snowboardkurs beobachten. Sowohl die Außen- als auch die Innenspielanlage, die von allen Sitzplätzen einsehbar ist, laden zum Toben ein.

LANDGASTHOF MARSCHALL
6135 Stans, Oberdorf 201, Tel.: 0 52 42/635 81
www.landgasthof-marschall.at
Öffnungszeiten: täglich 9.00–1.00 Uhr
Frische und hochqualitative Zutaten zeichnen den Gasthof aus. Mittags kann man aus dem reichhaltigen Buffet, abends aus der großzügigen, ständig wechselnden Karte wählen. Auf Wunsch gibt es Kinderportionen- und gerichte. Im Garten können sich die kleinen Gäste die Zeit auf dem Spielplatz mit Rutschen, Schaukeln und vielem mehr vertreiben. Auch im Spielzimmer gibt es die Möglichkeit, sich nach Herzenslust auszutoben. Jeden Sonntag wird von 11.00 bis 17.00 Uhr gratis Kinderbetreuung angeboten.

RESTAURANT HOFER STUBN
6114 Kolsaßberg, Rettenbergstraße 18
Tel.: 0 52 24/687 83
www.hoferstubn.com
Öffnungszeiten: Mi–Fr ab 15.00 Uhr, Sa/So und Feiertag ab 10.00 Uhr
Hier werden vor allem österreichische Schmankerln geboten. Auf Vorbestellung gibt es auch Ripperlm, heißen Stein, Fondue, Muscheln oder Zillertaler Krapfen; Kleine genießen eigene Kindergerichte. Die Zeit vertreiben sich die Kinder im Spiel- und Hobbyraum oder im Garten auf dem großzügigen Spielplatz mit Rutsche und Kletterturm. Ein Streichelzoo mit Hasen, Ziegen und vielem mehr sorgt zusätzlich für Unterhaltung. Im Winter kann auch gerodelt und skigefahren werden, im Sommer ist das Restaurant der ideale Ausgangspunkt für Wanderungen.

VORARLBERG

GASTHOF FELLIMÄNNLE
6780 Schruns im Montafon,
Silvrettastraße 45, Tel.: 0 55 56/726 55-0
www.spa-alpenrose.at
Das ideale Ausflugsziel für die ganze Familie. Nach einer ausgedehnten Wanderung kann man sich im Gasthof Fellimännle bestens erholen und sich bei einer zünftigen Brettljausen, Spanferkel oder diversen Grillspezialitäten stärken. Alle Speisen werden natürlich auch kindergerecht zubereitet und serviert. Kinder vergnügen sich im Spielraum oder auf dem riesigen Spielplatz mit Karussell, Wippe, Kletterbaum, Rutsche, Seilbahn und noch vielem mehr. Die wunderschöne Umgebung lädt zu Spaziergängen ein. Und wer eine Übernachtung plant: Für Gitterbettchen, Babywanne und Babyfon ist gesorgt.

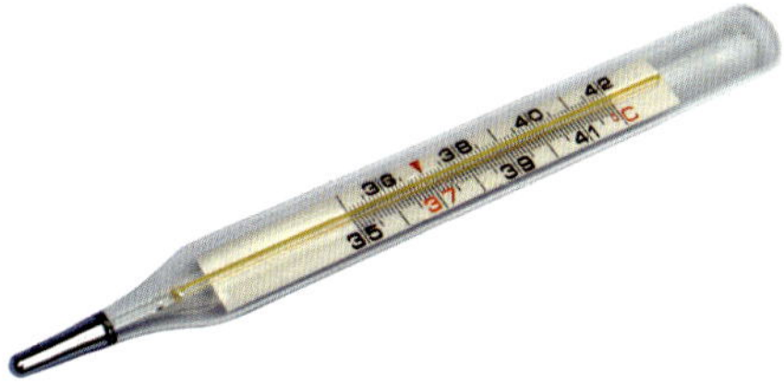

GESUNDHEIT

Frisch-fröhlich

Wie man Kinder rundum gesund erhält.

Vorbeugen ist besser als heilen – dieser alte Spruch hat etwas für sich. Auch oder gerade wenn es um Kinder geht. Denn eine gesunde Lebensweise wird uns schon längst nicht mehr in die Wiege gelegt, ist aber erlernbar. Je nachdem, welche Gewohnheiten in der jeweiligen Familie herrschen, werden manche Kinder eher als träge Couch-Potatoes aufwachsen als andere. Überraschend viele Kids berichten am Montagmorgen in der Schule, dass sie ihr Wochenende ausschließlich mit Fernsehen, Gameboy-Spielen und McDonald's-Besuchen verbracht haben.

Dabei ist Bewegung das Mittel Nummer eins, um Kinder gesund zu erhalten. Wer selbst jede kleinste Strecke mit dem Auto zurücklegt, wird auch den Nachwuchs nicht ans Gehen gewöhnen können. Dabei kann schon Bewegung, die ganz zwanglos in den Alltag integriert wird, Wunder wirken (und das gilt natürlich nicht nur für die Kleinen, sondern auch für die Großen). Zusätzlich sollte man Kindern gezielt Möglichkeiten bieten, sich nach Herzenslust auszutoben. Sei es, dass man sie zu Spielen im Garten animiert (indem man Freunde zum gemeinsamen Tollen einlädt oder spannende Spielgeräte anbietet) oder indem man Familienausflüge interessant gestaltet. Kinder lieben es, beim Wandern ein Ziel zu haben. Warum nicht die Burg oder Ruine erklimmen und in den alten Gemäuern ein Picknick machen? Mit Freunden wandert es sich noch mal so lustig wie mit den Eltern allein. Mit einem Wort: Hier ist Einfallsreichtum gefragt. Aber auch das umfangreiche Sportangebot wie Tenniskurse, Laufsport, Turnen, Fußball, Schwimmen etc. sollte man nutzen. Es gibt kaum eine Sportart, die heute nicht auch in kindgerechter Form angeboten wird (siehe dazu unser Kapitel „Sport").

Achtung, richtige Ernährung: Übergewicht in der Kindheit bekommt man ein ganzes Leben lang nicht mehr los.

RISIKOFAKTOR ÜBERGEWICHT

Besondere Bedeutung sollte man auch der gesunden Ernährung beimessen (siehe dazu ebenfalls das entsprechende Kapitel in diesem Buch), denn die Gefahr von Übergewicht ist heute auch bei Kindern gegeben. In der Kindheit erworbene Fettzellen sind für lebenslanges Übergewicht verantwortlich. Umso wichtiger ist es, Größe und Gewicht regelmäßig vom Kinderarzt kontrollieren zu lassen. Dieser kann beobachten, ob sie den Kurven auf den standardisierten Wachstumsdiagrammen entsprechen.

Tauchen Probleme auf, schickt der Kinderarzt das Kind zu einem Ernährungsberater, der einen gezielten Plan zum „Abspecken" aufstellt. Kinder dürfen keinesfalls die Diäten Erwachsener machen, um sich nicht durch einseitige Ernährung gravierend zu schaden. Das Abnehmen macht sich bezahlt, denn die Folgen von Übergewicht können dramatisch sein: Herz-Kreislauf-Erkrankungen im Alter, oft mit tödlichem Ausgang, Diabetes 2, immer öfter schon bei übergewichtigen Jugendlichen festgestellt, Haltungsschäden. (Letzteren beugt man auch mit der Wahl ergonomischer Schreibtische und Schreibtischsessel vor. Außerdem gilt es die Schultasche so leicht wie möglich zu halten.)

KINDERZÄHNE RICHTIG PFLEGEN

Den Konsum von Zuckerl und Co, möglichst gering zu halten lohnt sich also. Dies auch hinsichtlich der Zähne. Regelmäßiges Zähneputzen sollte schon von Kleinkindtagen an zur Gewohnheit werden. Für jedes Alter gibt es die entsprechende Zahnbürste, die nicht nur effektives

Zähneputzen möglich, sondern obendrein Spaß macht. Mit den angesagten Disney-Figuren und im Glitzer- oder extra-coolen Look wirken die Bürsten fast so einladend wie buntes Spielzeug. Das gilt auch für die Zahnpasten, die in allen Geschmacksrichtungen zu haben sind. Manche zeichnen sich dadurch aus, dass sie die Farbe wechseln, wenn lange genug mit ihnen geputzt wurde. Auch Zahnbürsten mit Unterhaltungsfaktor sind bereits zu haben: Tooth Tunes spielt beim Zähneputzen Hits aus den Charts und sorgt somit für den richtigen Schwung. Für gute Putzeffekte sorgen auch elektrische Zahnbürsten, die durch die automatische Auf- und Abwärtsbewegung punkten.

Genau um diese geht es beim Zähneputzen: Immer von Rot nach Weiß, sprich vom Zahnfleisch zur Schneidefläche hin putzen und dabei von links oben nach rechts oben, dann das Ganze unten wiederholen. Auch die Innenseite der Zähne putzen, die Stockzähne nicht vergessen. Gut ausspülen.

Sollte trotz aller Pflege doch etwas passieren und sich dunkle Flecken abzeichnen, rasch zum Zahnarzt gehen. Wichtig: Auch bei Kindern ist Amalgam absolutes Tabu, auch wenn manche Zahnärzte dieses fahrlässigerweise immer noch bei der Behandlung von Kids einsetzen. Bestehen Sie darauf, dass das gesundheitsschädigende Material keinesfalls für Ihr Kind verwendet wird. Sicherheitshalber sollten regelmäßige Kontrolltermine eingeplant werden, um nicht beginnende Karies zu übersehen.

Diese sind auch notwendig, sobald man mit einer Zahnspange startet. Sobald die zweiten Zähne heraußen sind, kann mit der Zahnregulierung begonnen werden. Je früher, desto besser. Wird sie konsequent getragen, können recht rasch Ergebnisse erzielt und Zahnfehlstellun-

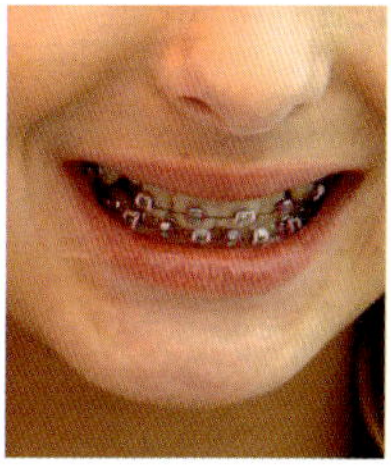

Bei Zahnfehlstellungen kann eine Zahnregulierung Wunder wirken.

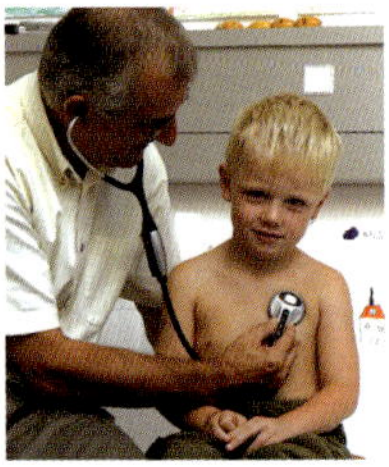

Allergien am Vormarsch: Je früher die Allergie entdeckt wird, umso besser.

gen korrigiert werden. Unter Umständen ist auch eine logopädische Behandlung zielführend, denn mitunter schlucken Kinder falsch und drängen so die Schneidezähne nach vorne.

HILFE, ICH BIN ALLERGISCH

Ein immer häufigeres gesundheitliches Problem im Kindesalter sind Allergien. Während Österreich im internationalen Vergleich bis vor wenigen Jahren im unteren Mittelfeld lag, haben allergische Erkrankungen mittlerweile auch hierzulande zugenommen. So gehören Asthma, Heuschnupfen, Neurodermitis zu den häufigsten Leiden der Kids. Auch Nahrungsmittelallergien (z. B. auf Erdbeeren, Tomaten, Käse, Fischkonserven, Sauerkraut, Erdnüsse, Milch, Eier) treten bei Kindern auf, bilden sich aber meist im Erwachsenenalter zurück.

Nicht nur die Vererbung ist ausschlaggebend, ob ein Kind Allergien entwickelt, sondern auch sein Umfeld. So können Kinder, die im ländlichen Bereich aufwachsen und stärker von mikrobiellen Substanzen – Bestandteile oder Stoffwechselprodukte von Bakterien oder Pilzen – umgeben sind, Allergien eher trotzen. Immerhin bei 20 bis 30 Prozent der Kids ist die Gefahr einer Allergie gegeben. Durch Blut- und Hauttests wird eine Diagnose erzielt, die eine entsprechende Behandlung ermöglicht.

Je früher eine Allergie erkannt wird, umso besser. Denn dadurch können die bestehenden Beschwerden gemildert werden, außerdem kann dadurch weiteren Allergien vorgebeugt werden. Sind die Eltern Allergiker, kann schon im Babyalter ein Bluttest durchgeführt werden, mit dem die Neigung des Kindes zu Allergien unter die Lupe genommen wird.

ALERNATIVE BEHANDLUNGSMÖGLICHKEITEN

Bluttests sind übrigens auch ein sinnvoller Weg, um die überflüssige Gabe von Antibiotika zu verhindern. Oft neigen Ärzte dazu, gleich einmal das „Wundermittel" zu verschreiben, um auf Nummer sicher zu gehen. Sind aber nicht Bakterien, sondern Viren Verursacher der Erkrankung, ist das schlicht unnötig. Die tatsächlichen Verursacher der Krankheit „dingfest" zu machen – samt einem Bluttest zur Überprüfung (ein klitzekleiner Stich und fast schmerzlos) – lohnt sich also.

Denn im Fall des Falles kann man ruhig auf leichtere Medikamente zur Linderung der Symptome ausweichen. Eine gute Alternative zu starken medikamentösen Behandlungen ist auch die Homöopathie, die darauf abzielt, die Selbstheilungsprozesse in Gang zu bringen. Vorteil neben der guten Verträglichkeit ist auch die „Kinderfreundlichkeit", was den Geschmack betrifft. Globuli werden von Kids in der Regel gern eingenommen. Viele Ärzte kombinieren auch gern Schulmedizin und Homöopathie.

Nicht vergessen sollte man auf die Stärkung des Immunsystems, insbesondere wenn Kinder häufig und in kurzen zeitlichen Abständen immer wieder aufs Neue erkranken, gilt es geeignete Maßnahmen zu ergreifen. Auch hierbei leistet die Homöopathie gute Dienste, aber auch Vitamine und Nahrungsergänzungsmittel (auf die Eignung für Kinder achten) helfen dabei. Womit man zumindest einen Beitrag zur Gesundheit der Kids leistet!

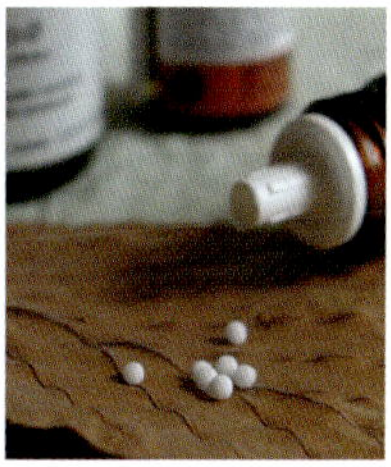

Sanfte Behandlung: In vielen Fällen leisten Globuli gute Dienste.

Flexible Insulintherapie bei Kindern und Jugendlichen mit Diabetes mellitus Typ 1.

Prinzipiell gibt es für insulinpflichtige Diabetiker zwei Arten der Insulintherapie:

1. Konventionelle Insulintherapie:

Dabei wird 2- bis 4-mal täglich eine vorbestimmte Insulindosis zu fixen Zeiten und zu genau vorberechneten Kohlenhydratmengen injiziert.

Vorteil: weniger Injektionen, relativ einfache Durchführbarkeit

Nachteil: wenige Variationsmöglichkeiten

2. Basis-Bolus-Insulintherapie

(FIT = funktionelle Insulintherapie):

Einerseits wird eine Basalinsulindosierung zur Abdeckung des Nüchterninsulinbedarfs vorgegeben, andererseits wird Kohlenhydrat bezogen, ein Bolusinsulin (= Essensinsulin) und ein Korrekturinsulin bei zu hohem Blutzucker mehrmals täglich injiziert. Auch eine Insulinpumpentherapie ist eine Basis-Bolus-Therapie.

Vorteil: große Flexibilität

Nachteil: mehr Injektionen, eine intensive Schulung ist notwendig

Die Wahl der Therapieform sollte vom Kind, den Eltern und dem Arzt gemeinsam getroffen werden, jedoch hat sich gezeigt, dass auch jüngere Kinder sehr gut mit der flexiblen Insulintherapie zurechtkommen. Als Basalinsulin kann bei der Basis-Bolus-Therapie entweder 2x täglich ein NPH-Insulin oder ein lang wirksames Analogon verwendet werden (Insulin detemir) oder Insulin Glargin – das nur 1x täglich gespritzt werden muss.

Als Bolus-Insulin wird in den allermeisten Fällen ein kurz wirksames Analogon verwendet (Insulin Lispro, Insulin Aspart oder Insulinglulisin, Letzteres ist seit Juni 2008 auch für Kinder ab 6 Jahren zugelassen).
Der große Vorteil dieser kurz wirksamen Analoga ist, dass sie wirklich bedarfsgerecht unmittelbar vor oder nach dem Essen dazugespritzt werden können und nicht wie bei einem Normalinsulin ein Spritz-Ess-Abstand von 30 Minuten eingehalten werden muss. Mischinsuline sind in der Pädiatrie kaum im Einsatz, da damit der wechselnde Insulinbedarf nicht gut zu steuern ist.

Die meisten Kinder sind nach einer Umstellung auf eine Basis-Bolus-Therapie sehr zufrieden, denn obwohl sie häufiger spritzen müssen, haben sie dann doch die Freiheit zu essen, was und wann sie wollen. Bei einer Insulinpumpentherapie hat man zusätzlich zur Flexibilität auch noch den Vorteil, nicht so oft spritzen zu müssen, da der Katheter nur alle 2 bis 3 Tage gewechselt werden muss.
Langfristig gesehen werden so gut wie alle Kinder/Jugendlichen auf eine flexible Insulintherapie mit einem kurz wirksamen Insulin umgestellt, da dies die physiologischere Therapie der Wahl ist.

Dr. Birgit Rami, AKH Kinderklinik

Kindliches Wachstum

Wächst mein Kind zu langsam? Infos rund um ein wichtiges Thema.

Prinzipiell tragen drei Faktoren zum Wachstum von Kindern bei: Die Vererbung – so lässt sich aus der Elterngröße die „Zielgröße" für die Kinder berechnen –, die Ernährung vor allem im Säuglingsalter und in den ersten Lebensmonaten und die Hormone. Allen voran spielt das Wachstumshormon, von dem in Zeiten starken Wachstums eine überdurchschnittliche Menge ausgeschüttet wird, eine wichtige Rolle. Es stimuliert das Körperwachstum und beeinflusst die Aktivität des Stoffwechsels in nahezu allen Körperzellen.

Manche Kinder wachsen schneller, manche langsamer. Das ist im Allgemeinen kein Grund zur Sorge. Wer aber meint, sein Kind wachse im Verhältnis zu anderen Kindern deutlich langsamer, sollte einen Kontrolltermin beim Kinderarzt vereinbaren. Mittels Perzentilenrechners (siehe Info am Ende des Textes) erhält man vorab einen Richtwert, ob sich das Wachstum des Kindes im Durchschnittsbereich bewegt.

Der Arzt kann dann genau feststellen, ob die Größe des Kindes seinem Alter entspricht oder nicht und die Gründe für den Fall eines Nichtentsprechens untersuchen. Besonders wichtig ist es, den Verlauf des Wachstums über einen längeren Zeitraum (z. B. ein Jahr) zu beobachten, da ein Einzelwert keine hohe Aussagekraft besitzt.

Zur Abklärung kann der Arzt das Kind an eine pädiatrische Endokrinologie überweisen, damit eine eventuelle Kleinwüchsigkeit möglichst früh diagnostiziert und richtig therapiert wird. Heute können mit der rechtzeitigen Gabe von Wachstumshormonen beachtliche Resultate erzielt werden.

Ursachen für Kleinwuchs können sein:

> Mangelernährung, chronische Erkrankung, Mangel an Liebe oder sozialer Integration

> Umwelteinflüsse, z. B. Alkohol und Nikotin in der Schwangerschaft

- Kleinwuchs in der Familie
- Angeborene Entwicklungsverzögerungen
- Chronische Niereninsuffizienz: Bei vielen nierenkranken Kindern lässt sich mit einer Wachstumshormontherapie ein drastisches Aufholwachstum erreichen. Der durchschnittliche Größengewinn bei Jungen liegt bei 15 cm.
- Wachstumshormonmangel: Davon ist etwa jedes 5.000ste Kind betroffen. Eine Therapie mit Wachstumshormonen ist nach genauen Untersuchungen möglich.
- Prader-Willi-Syndrom (PWS): eine genetisch bedingte Erkrankung, die durch ein beschädigtes elterliches Chromosom 15 verursacht wird. Sie tritt mit einer Häufigkeit von 1:10.000 bis 1:25.000 auf. Unbehandelt werden Frauen im Mittel 149 cm groß, Männer 160 cm. Eine Wachstumshormontherapie führt zu einer deutlichen Verbesserung der Symptome.
- Ullrich-Turner-Syndrom (UTS): Die häufigste Störung im Erbgut kommt etwa bei jeder 2.500sten Mädchen-Geburt vor. Mädchen mit dieser Erkrankung haben ein unauffälliges Erscheinungsbild, werden aber oft nur ca. 145 cm groß. Mit einer rechtzeitig eingeleiteten Wachstumshormontherapie kann man ca. 10 cm an Größe gewinnen.
- SGA („small for gestational age"): Jährlich kommen ca. 3 bis 5 % der neugeborenen Kinder zu klein und/oder zu leicht auf die Welt. Bei fehlendem Aufholwachstum kann durch rechtzeitige Behandlung mit Wachstumshormon die elterliche Zielgröße erreicht werden.

Auf www.hochhinaus.co.at erfährt man Wissenswertes über das Wachstum von Kids. Mit dem Perzentilenrechner kann man die Größe des Kindes in Relation zu Durchschnittswerten setzen und so Aufschluss über das individuelle Wachstum bekommen. Eine gute Basis für den Termin beim Kinderarzt!

Alles im grünen Bereich? Wer Sorge hat, dass sich sein Kind nicht richtig entwickelt, sollte dies beim Kinderarzt abklären.

Impfen schützt

Gebärmutterhalskrebsvorsorge und humane Papillomviren – was Eltern dazu wissen sollten.

Gebärmutterhalskrebs durch Viren? Ansteckung durch sexuellen Kontakt? Eine Impfung kann mein Kind schützen? Ein Thema, das seit nunmehr zwei Jahren besonders die Eltern junger Mädchen beschäftigt, ist die Vorsorge gegen Gebärmutterhalskrebs und die seit 2006 verfügbare Impfung gegen humane Papillomviren. Der Familien Guide fasst die wichtigsten Fakten rund um dieses Thema für Sie zusammen.

Gebärmutterhalskrebs durch Viren? Kann das sein?

> Ja. 99,7 Prozent aller Gebärmutterhalskrebsfälle werden durch sogenannte „humane Papillomviren" (=HPV) verursacht. Die Übertragung von HPV erfolgt in erster Linie durch sexuellen Kontakt. In den meisten Fällen beseitigt der Körper die Viren innerhalb weniger Monate, und die Infektion bleibt unbemerkt. Wird die Infektion jedoch über Jahre hindurch chronisch, können Krebsvorstufen entstehen, die sich zu Gebärmutterhalskrebs weiterentwickeln können.

Kann man sich vor humanen Papillomviren und Gebärmutterhalskrebs schützen?

> Ja, durch Impfung gegen HPV & jährlichen PAP-Abstrich (= Krebsabstrich). Seit 2006 besteht die Möglichkeit, sich durch eine Impfung vor einer HPV-Infektion zu schützen. Es existieren mehr als 100 Stämme dieser Viren, von denen jedoch nur ein kleiner Teil eine Krebserkrankung auslösen kann. Die Stämme 16 und 18 sind in Europa für mehr als 70 Prozent der Gebärmutterhalskrebserkrankungen verantwortlich. Die Impfung verhindert eine Infektion mit diesen beiden Stämmen und kann damit auch über 70 Prozent der Gebärmutterhalskrebsfälle bzw. bereits ihre Vorstufen verhindern. Wegen des Restrisikos durch ande-

re Stämme ist der jährliche Krebsabstrich bei der Gynäkologin / beim Gynäkologen ab dem 20. Lebensjahr trotz Impfung unbedingt nötig. Wichtig: Nur die Kombination aus HPV-Impfung und jährlichem Krebsabstrich bietet bestmöglichen Schutz!

HPV-Impfung und PAP-Abstrich schützen gemeinsam bestmöglich vor Gebärmutterhalskrebs.

Wer sollte sich impfen lassen?

> In Österreich wird eine Impfung gegen HPV im Rahmen des Österreichischen Impfplans 2008 wie folgt empfohlen: „Impfstoffe gegen onkogene Papillomviren sollten für Mädchen und Frauen – möglichst vor Eintritt in das sexuell aktive Alter – zur Anwendung kommen. Die Impfung von Knaben bzw. männlichen Jugendlichen ist prinzipiell sinnvoll, besonders wenn ein Impfstoff verwendet wird, der auch vor Kondylom*-verursachenden Viren schützt. Zur Unterbrechung der Infektionskette ist die Impfung von Personen beiderlei Geschlechts wichtig." (Österreichischer Impfplan 2008)

Wird die Impfung gegen HPV in Österreich bezahlt?

> Bis zum Redaktionsschluss des Familien Guide Ende 2008 wurde die HPV-Impfung noch nicht von der öffentlichen Hand finanziert. Die Impfung kostet derzeit 208 Euro pro Teilimpfung (x3) – ein Betrag, der für viele Eltern nicht leistbar ist. In Niederösterreich und Kärnten läuft derzeit eine öffentliche Impfaktion, im Burgenland eine Schulimpfaktion, in deren Rahmen die Impfung vergünstigt bezogen werden kann. Bis auf Finnland und Österreich haben bereits alle westeuropäischen Länder die Finanzierung der HPV-Impfung für ganze Jahrgänge junger Mädchen um das 12. Lebensjahr beschlossen.

*Anm: Kondylome = Genitalwarzen

www.docs4you.at/

Krankenanstalt Rudolfstiftung

ÖSTERREICHWEIT

WWW.DOCS4YOU.AT/

Die Website der Österreichischen Gesellschaft für Kinder- und Jugendheilkunde mit vielen Informationen über die Gesundheit von Kindern und Jugendlichen, Adressen aller österreichischen Fachärzte für Kinder- und Jugendheilkunde, Kinderspitälern und vielen anderen nützlichen Informationen.

WWW.GROSSE-SCHUETZEN-KLEINE.AT/

Die Website des Österreichischen Komitees für Unfallverhütung im Kindesalter mit vielen wichtigen Informationen über Kinderunfallverhütung.

KINDERFREUNDLICHE ZAHNÄRZTE GES. FÜR KINDERZAHNHEILKUNDE UND PROPHYLAXE

5020 Salzburg, Innsbrucker Bundesstraße 35
Leiterinnen: Dr. Nicola Meißner,
Dr. Verena Bürkle, Tel.: 0 66 2/90 10-23 00
www.kinderzahn.at
Kindgerechte und spielerische zahnärztliche Behandlungen.

LOGOPÄDIE AUSTRIA

1150 Wien, Sperrgasse 8–10
Tel.: 01/892 93 80, Mobil: 0699/126 96 734
office@logopaedieaustria.at
www.logopaedieaustria.at
(Mo 12–14 Uhr, Di 9–14 Uhr, Mi 14–16 Uhr, Do 18–19 Uhr) Weitere Adressen von Regionalstellen österreichweit auf der Homepage
Infos und Erklärungen zu Sprach-, Sprechstörungen etc. findet man auf der übersichtlichen Homepage ebenso wie LogopädInnen in der Nähe des eigenen Wohnortes (österreichweit).

WIEN

▸ KRANKENHÄUSER MIT KINDER- UND JUGENDABTEILUNGEN

KRANKENANSTALT RUDOLFSTIFTUNG DER STADT WIEN

1030 Wien, Juchgasse 25
Vorstand: Prim. Dr. Herbert Königswieser
Tel.: 01/711 65-26 01
herbert.koenigswieser@wienkav.at
www.wienkav.at/kav/kar
Ambulanzen: Allgemeine, ADHS, Asthma, SIDS, Diätambulanz, Endokrinologisch-diabetologische Ambulanz, Entwicklungsdiagnostik, Kardiologie, Kinderchirurgie, Kopfschmerz, Neonatologische Nachsorge, Urologie.

KINDERKLINIK GLANZING IM WILHELMINENSPITAL

1171 Wien, Montleartstraße 37
Vorstand: Univ.-Prof. Dr. Andreas Lischka
Tel.: 01/491 50-29 08, glanzing@wienkav.at
www.kinderklinik-glanzing.at
Ambulanzen: Interne, Notfall, Frühgeborene, Entwicklung, Anfall, Ultraschall, Psychologie, Logopädie, Physiotherapie, Ergotherapie, Lungenambulanz, Herzambulanz, Still- und Ernährungsambulanz, Psychosomatik, Schrei.

ST. ANNA KINDERSPITAL

1090 Wien, Kinderspitalgasse 6
Vorstand: Univ.-Prof. Dr. Helmut Gadner
Tel.: 01/401 70-250
aerztedirektion@stanna.at
Sämtliche Behandlungen interner Erkrankungen bei Kindern und Jugendlichen bis zum vollendeten 18. Lebensjahr. Anlaufstelle im Osten Österreichs für die Behandlung kindlicher Blut- und Tumorkrankheiten sowie die Durch-

Wiener Jugendzahnklinik

führung von Stammzelltransplantationen. Operationen im Hals-Nasen-Ohren-Bereich.
Stationen: Säuglingsstation, allgemein-pädiatrische Stationen, Hals-Nasen-Ohren-Station, onkologische Basisstationen, Stammzelltransplantationsstation, Intensivstation.

UNIV.-KLINIK FÜR KINDER- UND JUGENDHEILKUNDE

1090 Wien, Währinger Gürtel 18–20
Vorstand: o. Univ.-Prof. Dr. Arnold Pollak
Tel.: 01/404 00-32 31, akh@akhwien.at
www.akh-wien.at
Ambulanzen: Allgemeine, Notfall, Adipositas/Fettstoffwechsel/Ernährung, Anfall, Atem und Allergie, Cystische Fibrose, Densitometrie, Diabetes, Endokrinologie, Enuresis, Ergotherapie, Gastroenterologie, Hämophilie, Heilpädagogik, Herz, Störungen der Immunabwehr, Logopädie, neonatologische Nachsorge, Allgemeine nephrologische und urologische Ambulanz, Ambulanz für Nierentransplantierte und Peritonealdialyse, chronisches Nierenversagen, Allgemeine Neuropädiatrie, Onkologie, Physiotherapie, Psychosomatik, Rheumatologie, Sexualentwicklungsstörung, Stoffwechselerkrankungen und pädiatrische Genetik, Toxoplasmose-Nachsorge.

WILHELMINENSPITAL DER STADT WIEN

1171 Wien, Montleartstraße 37
Zugang Flötzersteig 4
Vorstand: Prim. Univ.-Prof. Dr. Manfred Götz
Tel.: 01/491 50-28 08 (Sekretariat)
wil@wienkav.at
www.wienkav.at/kav/wil/
Ambulanzen: Allgemeine inkl. Notfall. Lungen, Tuberkulose, Cystische Fibrose, Nieren, Immunologie/HIV, Magen-Darm, Adipositas, Epilepsie, Impfberatung/Impfambulanz.

ZENTRUM FÜR ENTWICKLUNGS-FÖRDERUNG

1220 Wien, Langobardenstraße 189
Ärztlicher Leiter: Prim. Dr. Friedrich Brandstetter
Tel.: 01/280 20 50, zef@wiso.or.at
www.wiso.or.at/foebe/zentrum.php
Bietet Kindern von 0 bis 6 Jahren und deren Familien Diagnostik, Beratung, Begleitung und Therapie in allen Fragen der psychischen, motorischen und intellektuellen Entwicklung.

WIENER JUGENDZAHNKLINIK

1090 Wien, Salzergasse 28
Vorstand: Primarius Dr. Oswald Riha
Tel.: 01/319 53 34-0
jugendzahnklinik@m15.wien.gv.at
www.wien.gv.at/ma15/juz/zentrale9.htm
Leistungen: Kinderpsychologische Betreuung, Kieferorthopädische Abteilung, Kieferorthopädische Beratung, Konservierende Abteilung, Narkoseabteilung, Narkoseberatung, Notdienst am Samstagvormittag.

▸ PSYCHOLOGISCHE UND PSYCHOTHERAPEUTISCHE BERATUNG UND HILFE

WIENER LANDESVERBAND FÜR PSYCHOTHERAPIE (WLP)

1090 Wien, Lustkandlgasse 23/3–4
Tel.: 01/512 61 73, wlp@pips.at
www.psychotherapie.wien.at
Öffnungszeiten: Mo–Mi 10–13, Do 12–15 Uhr
Telefonische Beratung: 01/512 71 02
Mo, Mi, Do 14–16 Uhr, Sa 10–12 Uhr

KINDER- UND JUGENDPSYCHOLOGISCHE BERATUNGSSTELLEN

Beraten wird bei familiären Konflikten, Partnerschaftsproblemen, familiären Krisensitua-

Kinder- und jugendpsychologische Beratungsstellen

tionen, Erziehungsproblemen, Leistungsproblemen und entwicklungsbedingten Probleme. In Einzelfällen ist auch die psychologische Behandlung von Kindern und Jugendlichen möglich. Die Inanspruchnahme der Kinder- und Jugendpsychologischen Beratungsstellen ist kostenlos. Für psychologische Behandlung und Psychotherapie wird ein nach dem Familieneinkommen gestaffelter Kostenbeitrag verrechnet. Das Team besteht aus Klinischen- und GesundheitspsychologInnen und PsychotherapeutInnen. Anonymität und Vertraulichkeit sind gewährleistet
www.wien.gv.at/menschen/magelf/service/standort.html

Bezirke 1, 4, 5
1040 Wien, Favoritenstraße 18
Tel.: 01/502 34-043 40
kanzlei-ra1@ma11.wien.gv.at
Mo, Di, Fr 8.00–15.30 Uhr

Bezirk 2
1020 Wien, Karmelitergasse 9
Tel.: 01/211 06-023 40
kanzlei-ra2@ma11.wien.gv.at
Di, Do, Fr 8.00 bis 15.30 Uhr
Abendberatung: Do 15.30–18.00 Uhr

Bezirk 3
1030 Wien, Rochusgasse 18
Tel.: 01/711 34-033 40
kanzlei-ra3@ma11.wien.gv.at
Di, Mi, Fr 8.00–15.30 Uhr
Abendberatung: Do 15.30–17.00 Uhr

Bezirke 6, 7, 8, 9
1090 Wien, Wilhelm-Exner-Gasse 5
Tel.: 01/400 34-093 40
kanzlei-ra4@ma11.wien.gv.at
Mo, Do, Fr 8.00–15.30 Uhr
Abendberatung: Do 15.30–18.00 Uhr

Bezirk 10
1100 Wien, Favoritenstraße 211 / 6. Stock
Tel.: 01/605 34-103 40
kanzlei-ra5@ma11.wien.gv.at
Mo, Mi, Fr 8.00–15.30 Uhr
Abendberatung: Do 15.30–18.30 Uhr
1100 Wien, Favoritenstraße 211/Dachgeschoß
Tel.: 01/605 34-103 60
kanzlei-ra6@ma11.wien.gv.at
Mo, Di, Do 8.00–15.30 Uhr
Abendberatung: 6. Stock (AJF-S 10A), Do 15.30–18.30 Uhr

Bezirk 11
1110 Wien, Enkplatz 2, Tel.: 01/740 34-113 40
kanzlei-ra7@ma11.wien.gv.at
Mo, Mi, Fr 8.00–15.30 Uhr
Abendberatung: Mi 15.30–18.00 Uhr

Bezirk 12
1120 Wien, Schönbrunner Straße 259
Tel.: 01/811 34-123 40
kanzlei-ra8@ma11.wien.gv.at
Di, Mi 8.00–15.00 Uhr, Do 8.00–14.00 Uhr
Abendberatung: Do 15.30–19.00 Uhr

Bezirke 13, 14
1130 Wien, Eduard-Klein-Gasse 2
Tel.: 01/878 34-133 40
kanzlei-ra9@ma11.wien.gv.at
Mo, Fr 8.00–15.30 Uhr, Di Nachmittag, Mi Vormittag

Bezirk 15
1150 Wien, Gasg. 8–10, Tel.: 01/891 34-153 40
kanzlei-raa@ma11.wien.gv.at
Mo, Do, Fr 8.00–15.30 Uhr
Abendberatung: Do 15.30–18.00 Uhr

Bezirk 16
1160 Wien, Arnethg. 84, Tel.: 01/491 96-163 40
kanzlei-rab@ma11.wien.gv.at
Mo, Mi, Fr 8.00–15.30 Uhr
Abendberatung: Do 15.30–18.00 Uhr

Bezirk 17
1170 Wien, Rötzergasse 6, Tel.: 01/401 19-173 40
kanzlei-rac@ma11.wien.gv.at

Landeskrankenhaus Krems

Thermenklinik Mödling

Mo, Di 8.30–15.30 Uhr, Mi Nachmittag, Do 8.30–18.30 Uhr, Freitag Vormittag

Bezirk 20
1200 Wien, Dresdner Straße 91
Tel.: 01/331 34-203 40
kanzlei-rad@ma11.wien.gv.at
Mo, Mi 8.00–12.30 Uhr, Do, Fr 8.00–15.30 Uhr

Bezirk 21
1210 Wien, Franz-Jonas-Platz 3/Stg. 2/4. Stock
Tel.: 01/277 34-213 40
kanzlei-rae@ma11.wien.gv.at
1210 Wien, Franz-Jonas-Platz 3/Stg. 2/5. Stock
Tel.: 01/277 34-213 60
kanzlei-raf@ma11.wien.gv.at
Mo 8.00–15.30 Uhr, Di 8.00–16.30 Uhr, Mi 8.00–14.30 Uhr, Do 8.00–15.30 Uhr, Fr 8.00–15.30 Uhr
Abendberatung: Do 15.30–18.30 Uhr

Bezirk 22
1220 Wien, Schrödingerplatz 1
Tel.: 01/211 23-223 40
kanzlei-rag@ma11.wien.gv.at
Di, Mi, Do 8.00–15.30 Uhr
Abendberatung: Do 15.30–18 Uhr
1220 Wien, Kapellenweg 35 / Stiege 1A
Tel.: 01/211 23-223 60
kanzlei-rah@ma11.wien.gv.at
Di, Mi, Do 8.00–15.30 Uhr
Abendberatung: Do 15.30–19.30 Uhr

Bezirk 23
1230 Wien, Rößlerg. 15, Tel.: 01/863 34-233 40
kanzlei-rai@ma11.wien.gv.at
Mo, Do, Fr 8.00–15.30 Uhr
Abendberatung: Do 15.30–17.30 Uhr

RAINBOWS WIEN

1010 Wien, Stephanspl. 6/2, Tel.: 01/515 52-33 93
rainbows.wien@edw.or.at
www.rainbows.at
Rainbows bietet Begleitung von Kindern und Jugendlichen, die von Trennung oder Verlust wichtiger Bezugspersonen betroffen sind (z. B. Scheidung, Tod eines Elternteils). In professionell geleiteten Gruppen werden Kinder und Jugendliche bei der Bewältigung ihrer Trauer unterstützt. Auch Elternseminare zum Thema „Umgang mit Kindern nach Trennung/Scheidung oder Tod eines Elternteils" werden angeboten.

NIEDERÖSTERREICH

▸ KRANKENHÄUSER MIT KINDER- UND JUGENDABTEILUNGEN

LANDESSCHWERPUNKTKRANKENHAUS KREMS

3500 Krems an der Donau, Mitterweg 10
Vorstand: Prim. Dr. H. Andrew Zaunschirm
Tel.: 0 27 32/804-811
kinderstation.sekretariat@khkrems.at
www.lknoe.at
Schwerpunkte: Kinderurologie, Asthma bronchiale und Allergiediagnostik, Neurodermitis, Kinderschutzgruppe, Jugendmedizin (Essstörungen, Adipositas, Pubertätskrisen), Diabetes mellitus, Entwicklungsneurologie. Sportmedizin.

THERMENKLINIK MÖDLING

2340 Mödling, Sr.-M.-Restituta-Gasse 12
Vorstand: Prim. Univ.-Doz. Dr. Erwin Hauser
Tel.: 0 23 36/204-400
e.hauser@thermenklinikum-moedling.at
www.lknoe.at/de/Thermenregion-Moedling
Ambulanzen: Notfall, Anfall, Kopfschmerz, Muskel, Neuropädiatrie, Neuropulmonologie, neurometabolische Erkrankungen, Psychosomatik, Diabetes, Atemprobleme und Allergie,

Zentralklinikum St. Pölten

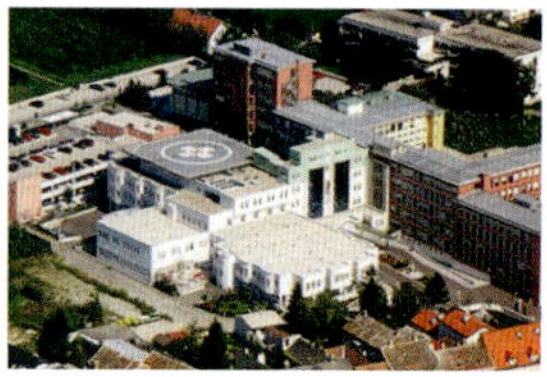

KH der Barmherzigen Brüder Eisenstadt

Uro-Nephrologie, Herzerkrankungen, Drogenberatung, Schreien/Schlafstörungen.

ZENTRALKLINIKUM ST.PÖLTEN
3100 St. Pölten, Propst-Führer-Straße 4
Vorstand: Prim. Univ.-Prof. Dr. Karl Zwiauer
Tel.: 0 27 42/300-13 506
k.zwiauer@kh-st-poelten.at, zwiauer@kfs.at
www.kh-st-poelten.at
Ambulanzen: Notfall, Allgemein, Anfall, Diabetes, endokrine/Stoffwechselstörungen, Hämophilie, Kinderchirurgie, -kardiologie, -urologie, Lungenambulanz, pädiatrische Neurochirurgie, Ultraschall, Entwicklungsneurologie, Ergotherapie, Logopädie, Psychosomatik.

▸ PSYCHOLOGISCHE UND PSYCHOTHERAPEUTISCHE BERATUNG UND HILFE

NIEDERÖSTERREICHISCHER LANDESVERBAND FÜR PSYCHOTHERAPIE (NÖLP)
2326 Maria Lanzendorf, Hauptstraße 22
Tel.: 0 22 35/429 65, noelp@aon.at
www.psychotherapie.at/noelp
Öffnungszeiten: Mo 10.00–12.00 Uhr, Di 18.00–20.00 Uhr, Fr 9.00–11.00 Uhr

BURGENLAND

▸ KRANKENHÄUSER MIT KINDER- UND JUGENDABTEILUNGEN

KH DER BARMHERZIGEN BRÜDER
7000 Eisenstadt, Esterhazystraße 26
Vorstand: Prim. Dr. Hans Peter Wagentristl
Tel.: 0 26 82/601-55 10
kinder.sekretariat@bbeisen.at
www.barmherzige-brueder.at/
Ambulanzen: Allgemein-pädiatrische Ambulanz und Sonographie, Anfalls-, Herz-, Diabetes-Ambulanz, Enuresis-, Atem-, psychosomatische Ambulanz, SIDS-Ambulanz & Stillberatung, Risiko-, Adipositas-Ambulanz.

OBERWART LKH / A.Ö. KRANKENHAUS OBERWART
7400 Oberwart, Dornburggasse 80
Vorstand: Prim. Dr. Robert Bruckner
Tel.: 05/79 79-32 000
Kinder.KH-Oberwart@krages.co.at
www.krages.co.at
Ambulanzen: Allgemein, Frühgeborenen-Nachsorge, Gastroenterologie und Hepatologie, Nephrologie, Endokrinologie und Diabetes, Pulmonologie, Kardiologie – Herzultraschall, Neuropsychiatrie.

ALLERGIEAMBULATORIUM BURGENLAND
7350 Oberpullendorf, Spitalstraße 1
Tel.: 0 26 12/451 11, office@allergie-shop.at
www.allergiewelt.com
Ärztliche Leitung: Prim. Dr. Johannes Mikschi

▸ PSYCHOLOGISCHE UND PSYCHOTHERAPEUTISCHE BERATUNG UND HILFE

BURGENLÄNDISCHER LANDESVERBAND FÜR PSYCHOTHERAPIE (BLP)
7000 Eisenstadt, Esterhazystraße 3/1/2
Tel.: 0 26 82/630 10, blp@aon.at
www.blp.at
Öffnungszeiten: Mo, Di u. Do 8.00–11.00 Uhr

SCHULPSYCHOLOGIE BILDUNGSBERATUNG EISENSTADT
7001 Eisenstadt, Kerausteig 3
Dr. Werner Wagner
Tel.: 0 26 82/710 130 od. 135
werner.wagner@lsr-bgld.gv.at

A. ö. Landeskrankenhaus Kirchdorf/Krems

Mag. Andrea Szklenar, Mag. Karin Pongratz
7400 Oberwart, Hauptpl. 1, Tel.: 0 33 52/326 27
szklenar.andrea@aon.at
www.handicapkids.at
Dr. Monika Dillhof-Katsich
7350 Oberpullendorf, Gymnasiumstraße 19
Tel.: 0 26 12/431 93
mdk@schulpsychologie.jet2web.at
www.handicapkids.at

RAINBOWS BURGENLAND
7000 Eisenstadt, Rochusstraße 15
Tel.: 0676/837 30 31-3
rainbows@eisenstadt.caritas.at
www.rainbows.at
Rainbows bietet Begleitung von Kindern und Jugendlichen, die von Trennung oder Verlust wichtiger Bezugspersonen betroffen sind (z. B. Scheidung, Tod eines Elternteils). In professionell geleiteten Gruppen werden Kinder und Jugendliche bei der Bewältigung ihrer Trauer unterstützt. Auch Elternseminare zum Thema „Umgang mit Kindern nach Trennung/Scheidung oder Tod eines Elternteils" werden angeboten.

▸ SCHÜLERBERATUNG

SCHÜLERBERATERINNEN AN ASO
ASO Oberwart: Theresia Gabriel
Tel.: 0 33 52/386 47
ASO Großpetersdorf: Mag. Stefan Prascaics
Tel.: 0 33 62/23 29
www.handicapkids.at

▸ SEHBEHINDERTENFÖRDERUNG

VS STADTSCHLAINING / FRANZ JESCHKO
Tel.: 0 33 55/22 40
www.handicapkids.at

▸ HÖRBEHINDERTENFÖRDERUNG

SPZ OBERWART / SYLVIA NOVAK
Tel.: 0 33 52/386 47
www.handicapkids.at

WIFI-KURSE KIND ERNÄHRUNG BURGENLAND
7000 Eisenstadt, Robert-Graf-Platz 1
Tel.: 05/909 07-20 00, info@bgld.wifi.at
www.bgld.wifi.at
Kurse: gesunde Ernährung für Kinder

OBERÖSTERREICH

▸ KRANKENHÄUSER MIT KINDER- UND JUGENDABTEILUNGEN

A. Ö. KRANKENHAUS „ST. JOSEF" BRAUNAU
5280 Braunau/Inn, Ringstraße 60
Vorstand: OA Dr. Thomas Wanka
Tel.: 0 77 22/804-60 00
office@khbr.at
www.khbr.at
Ambulanzen: Allgemein, Adipositas, Diabetes, Notfall.

A. Ö. LANDESKRANKENHAUS KIRCHDORF/KREMS
4560 Kirchdorf/Krems
Hausmanningerstraße 8
Vorstand: Prim. Dr. Friedrich Häckel
Tel.: 0 57 82/696 35 81
friedrich.haeckel@gespag.at
contact.ki@gespag.at
www.lkh-kirchdorf.at/487.php
Ambulanzen: Kinder- und Jugendheilkunde, Kinderechokardiographie, Spezialambulanzen.

Landesfrauen- und Kinderklinik Linz

Krankenhaus Schärding

KRANKENHAUS DER BARMHERZIGEN SCHWESTERN
4010 Linz, Sailerstätte 4
Vorstand: Prim. Dr. Martin Henkel
Tel.: 0 73 2/76 77-76 55, kinder.linz@bhs.at
www.bhs.at/linz
Ambulanzen: Allgemeine, Nephrologie, Neuropädiatrie, Diabetes, Asthma/Lungenfunktion, Herzecho. Endokrinologie und Wachstum, Gastroenterologie und Ernährung, Onkologie.

LANDESFRAUEN- UND KINDERKLINIK LINZ
4020 Linz, Hafenstraße 47-51
Vorstand: Univ.-Prof. Prim. Dr. Klaus Schmitt
Tel.: 050/554 60, contact @gespag.at
www.frauen-kinderklinik-linz.at
Ambulanzen: Interne, Säuglingsambulanz, Kinderchirurgie, Kinderunfall, Kinder- und Jugendneuropsychiatrie, Herz, Diabetes, EEG-Labor, Endokrinologie, Epilepsie, Gastroenterologie, Haut, HIV-Ambulanz, Hämatologie/Onkologie, Hämophilie, Mukoviszidose, Nephrologie, Neurologie, Pneumologie/Allergologie, Psychoonkologie, Rheumatologie/Muskelambulanz, Kinderneurochirurgie, Kinderorthopädie, Entwicklungsambulanz, Hüftultraschall, Intensiv-Nachsorge, Stillambulanz.

A. Ö. KH DER BARMHERZIGEN SCHWESTERN IN RIED IM INNKREIS
4910 Ried im Innkreis, Schlossberg 1
Leiter: Prim. MR. Dr. Horst Mitter
Abteilung für Kinder- und Jugendheilkunde
Tel.: 0 77 52/602-840 61
kinder.ried@bhs.at, hordt.mitter@bhs.at
www.bhs.at/ried
Ambulanzen: Kontrollambulanz für Kinder und Jugendliche.

KRANKENHAUS SCHÄRDING
4780 Schärding, Alfred-Kubin-Straße 2
Vorstand: OA Dr. Peter Nissler
Tel.: 050/554 78-251 50
robert.piberhofer@gespag.at
www.lkh-schaerding.at
Ambulanzen: Kardiologie, Adipositas, Sportmedizin.

LANDESKRANKENHAUS STEYR
4400 Steyr, Sierninger Straße 170
Vorstand: Prim. Dr. Josef Emhofer
Tel.: 050/554 66-248 30
josef.emhofer@gespag.at
www.lkh-steyr.at
Ambulanzen: Allgemeine, Diabetes mellitus, Endokrinologie/Stoffwechsel, Entwicklungsneurologie, Enuresis, Hüftultraschall, Kardiologie/Echokardiographie, Lunge/Allergie/Atopie/CF, Nephro/Urologie, Neurologie/Epilepsie, Rheuma, Stoffwechsel/Adipositas, Ultraschall.

A. Ö. KRANKENHAUS DER BARMHERZIGEN SCHWESTERN VOM HEILIGEN KREUZ WELS
4600 Wels, Grieskirchner Straße 42
Tel.: 0 72 42/415-23 77
kinder@klinikum-wegr.at
www.ekz.khwels.at
Ambulanzen: Allgemeine, Notfälle und Akuterkrankungen, Asthma / Allergologie / Cystische Fibrose, Diabetes/Wachstumsprobleme/Hormonstörungen, Erkrankungen der Nieren und ableitenden Harnwege / Bettnässen, Magen-Darm-Erkrankungen/Ernährungsprobleme, Anfallsleiden, Entwicklungsverzögerungen, Essstörungen.

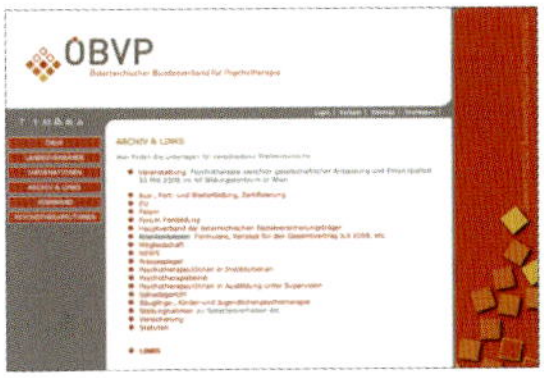

Oberösterreichischer Landesverband für Psychotherapie

Rainbows

▸ PSYCHOLOGISCHE UND PSYCHOTHERAPEUTISCHE BERATUNG UND HILFE

OBERÖSTERREICHISCHER LANDESVERBAND FÜR PSYCHOTHERAPIE (OÖLP)
4020 Linz, Adlergasse 12
Tel.: 0 73 2/77 60 90, ooelp@inode.at
www.psychotherapie.at/ooelp
Öffnungszeiten: Mi u. Do. 10.00–12.00 Uhr

RAINBOWS OBERÖSTERREICH
4810 Gmunden, Stelzhamerstraße 5a
Tel.: 0 76 12/630 56, ooe@rainbows.at
www.rainbows.at
Rainbows bietet Begleitung von Kindern und Jugendlichen, die von Trennung oder Verlust wichtiger Bezugspersonen betroffen sind (z. B. Scheidung, Tod eines Elternteils). In professionell geleiteten Gruppen werden Kinder und Jugendliche bei der Bewältigung ihrer Trauer unterstützt. Auch Elternseminare zum Thema „Umgang mit Kindern nach Trennung/Scheidung oder Tod eines Elternteils" werden angeboten.

STEIERMARK

▸ KRANKENHÄUSER MIT KINDER- UND JUGENDABTEILUNGEN

UNIV.-KLINIK FÜR KINDER- UND JUGENDHEILKUNDE
8036 Graz, Auenbruggerplatz 30
Vorstand: Univ.-Prof. Dr. Wilhelm D. Müller
Tel.: 0 31 6/385-26 05
kikli.sek@meduni-graz.at
www.meduni-graz.at/kinderklinik
Ambulanzen: Allgemeine, Notfall, Bauchweh, Leber, übergewichtige Kinder, Vakzinologie und spezielle Infektionskrankheiten, Ultraschall, Klinische Psychologie und Psychotherapie, Ergotherapie, Logopädie, Physiotherapie, Brandverletzten-Nachsorge, Endokrinologie, Diabetes, Adoleszenz, Gastroenterologie und Ernährung, Intestinale Allergien, Hämostaseologie und Hämophilie, nephrologisch-urologische Ambulanz, Neuropädiatrie, Entwicklungsdiagnostik und Stoffwechselerkrankungen, Psychosomatik / hyperaktive Kinder, Rheumatologie und Immunologie, Hämatologie/Onkologie, Kardiologie, Fetale Echokardiographie, angeborene Herzfehler im Adoleszenten- und Erwachsenenalter, Herzrhythmusstörungen und Herzschrittmacher, Kipptischuntersuchungen, Neonatologie, Entwicklungsdiagnostik, Ambulanz für Schädel- und Hüftsonographie, neonatologische Nachsorgeambulanz, Pulmonologie, Allergologie.

LKH LEOBEN
8700 Leoben Vordernbergerstraße 42
Vorstand: Prim. Univ.-Prof Dr. Renhold Kerbl
Tel.: 0 38 42/401-24 38
reinhold.kerbl@lkh-leoben.at
www.lkh-leoben.at
Ambulanzen: Anfallsleiden und Kopfschmerzen, Asthma, Allergie und Neurodermitis, Bettnässen, chronisch entzündliche Darmerkrankungen, Tumor- umd Bluterkrankungen, Verhaltensauffälligkeiten und Schulprobleme, Wachstumsstörungen und Hormonerkrankungen, Diabetes, EEG und Hörscreening, Entwicklungsdiagnostik und Frühgeborenennachsorge.

LKH Klagenfurt

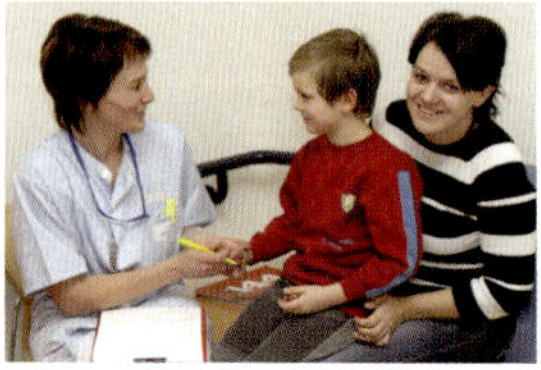

LKH Villach

▸ PSYCHOLOGISCHE UND PSYCHOTHERAPEUTISCHE BERATUNG UND HILFE

STEIRISCHER LANDESVERBAND FÜR PSYCHOTHERAPIE (STLP)
8010 Graz, Elisabethstraße 38
Tel.: 0 31 6/37 25 00, office@stlp.at
www.stlp.at
Öffnungszeiten: Mi 13.30–15.00 Uhr, Fr 8.00– 12.00 Uhr.

RAINBOWS STEIERMARK
8010 Graz, Theodor-Körner-Straße 182/1
Tel.: 0 31 6/67 87 83, office@stmk.rainbows.at
www.rainbows.at
Rainbows bietet Begleitung von Kindern und Jugendlichen, die von Trennung oder Verlust wichtiger Bezugspersonen betroffen sind (z. B. Scheidung, Tod eines Elternteils). In professionell geleiteten Gruppen werden Kinder und Jugendliche bei der Bewältigung ihrer Trauer unterstützt. Auch Elternseminare zum Thema „Umgang mit Kindern nach Trennung/Scheidung oder Tod eines Elternteils" werden angeboten.

KÄRNTEN

▸ KRANKENHÄUSER MIT KINDER- UND JUGENDABTEILUNGEN

LKH KLAGENFURT
9020 Klagenfurt, St. Veiter Straße 47
Vorstand:
Prim. Univ.-Prof. Dr. Wilhelm Kaulfersch
Tel.: 0 46 3/538-395 00
kinderinterne.abteilung@lkh-klu.at, www.lkh-klu.at
Ambulanzen: Allgemein, Notfall, Kardiologie, Neuropädiatrie, Kopfschmerz, Diabetiker, Gastroenterologie, Rheumatologie, Pulmonologie, Nierenambulanz, Endokrinologie, Onkologie.

LKH VILLACH
9500 Villach, Nikolaig. 43, Tel.: 0 42 42/208-23 56
Vorstand:
Prim. Univ.-Prof. Dr. Robert Birnbacher
kinder-abteilung@lkh-vil.or.at
www.lkh-vil.or.at
Ambulanzen: Allgemein, Notfall, Kardiologie, Neuropädiatrie, Kinder- und Jugendpsychiatrie, Psychosomatik, Entwicklungspädiatrie, Diabetes, Gastroenterologie, pädiatrische Rheumatologie und Immunologie, Pulmonologie und Allergologie, Nierenambulanz und Bettnässer, Endokrinologie, Kinderorthopädie, Kinderchirurgie, Schlaflabor, Schlafambulanz und SIDS, Kopfschmerz.

▸ PSYCHOLOGISCHE UND PSYCHOTHERAPEUTISCHE BERATUNG UND HILFE

KÄRNTNER LANDESVERBAND FÜR PSYCHOTHERAPIE (KLP)
9020 Klagenfurt, Rudolfsbahngürtel 2
Tel.: 0 46 3/50 07 56, office@klp.at
www.klp.at
Öffnungszeiten: Mo–Do 9.00–12.00 Uhr
Der Kärntner Landesverband für Psychotherapie bietet ein kostenloses Schul-Krisen-Telefon für Eltern, Schüler und Lehrer. Erfahrene PsychotherapeutInnen stehen als Anlaufstelle für alle Schulsorgen telefonisch zur Verfügung: Mo–Do 18.00–21.00 Uhr.

SCHULPSYCHOLOGISCHE BERATUNGSSTELLEN
Die Schulpsychologie und Bildungsberatung ist eine Beratungsstelle des Landesschulrates

Schulpsychologische Beratungsstelle Feldkirchen

für Kärnten und bietet psychologisch-pädagogische Hilfestellung für SchülerInnen, Eltern und LehrerInnen.
www.schulpsychologie-kaernten.ksn.at
Kontaktstellen in den Bezirken:
9560 Feldkirchen, Obere Tibelgasse 5,
Tel.: 0 42 76/37 7 00,
bernhard.higer@lsr-ktn.gv.at
9620 Hermagor, Hauptstraße 44,
Tel.: 050/536-63 440, sps-he@lsr-ktn.gv.at
9020 Klagenfurt, Kaufmanngasse 8,
Tel.: 0 46 3/5812 616,
abt8@lsr-ktn.gv.at
9800 Spittal, Koschatstraße 3,
Tel.: 0 47 62/47 55, sps-sp@lsr-ktn.gv.at
9500 Villach, Peraustraße 31,
Tel.: 0 42 42/265 43, sps-vl@lsr-ktn.gv.at
9100 Völkermarkt, Hauptplatz 2,
Tel.: 0 42 32/29 60, ulrike.baum@lsr-ktn.gv.at
9400 Wolfsberg, Johann-Offner-Straße 19,
Tel.: 0 43 52/34 72, sps-wo@lsr-ktn.gv.at
9300 St. Veit, Sponheimerstraße 2,
Tel.: 0 42 12/51 68, sps-sv@lsr-ktn.gv.at

PRO MENTE KÄRNTEN, GESELLSCHAFT FÜR PSYCHISCHE UND SOZIALE GESUNDHEIT

9020 Klagenfurt, Villacher Straße 161
Tel.: 0 46 3/551 12
office@promente-kaernten.at
www.promente-kaernten.at
Kriseninterventionszentrum Kärnten
Pro mente Jugend, stationäre und ambulante Krisenintervention:
9020 Klagenfurt, Heizhausgasse 39
Tel.: 0 46 3/31 00 21
Pro mente Kärnten ist ein gemeinnütziger Verein, der psychisch und psychosozial beeinträchtigte Menschen betreut und ihnen Möglichkeiten für eine Integration in Arbeitswelt und Gesellschaft bietet.

AVS – SOZIAL- UND GESUNDHEITSZENTRUM

9024 Klagenfurt, Fischlstraße 40
Tel.: 0 46 3/51 20 35-0, office@avs-sozial.at
www.avs-sozial.at

RAINBOWS KÄRNTEN

9020 Klagenfurt, Tarviser Straße 30
Tel.: 0 46 3/587 724 41
www.rainbows.at
Rainbows Kärnten bietet Begleitung von Kindern und Jugendlichen, die von Trennung oder Verlust wichtiger Bezugspersonen betroffen sind (z. B. Scheidung, Tod eines Elternteils). In professionell geleiteten Gruppen werden Kinder und Jugendliche bei der Bewältigung ihrer Trauer unterstützt. Auch Elternseminare zum Thema „Umgang mit Kindern nach Trennung/Scheidung oder Tod eines Elternteils" werden angeboten.

SELBSTHILFEGRUPPEN – KINDER/ JUGENDLICHE IN KÄRNTEN SHG DAS ANDERE KIND – HYPERAKTIVITÄTSSYNDROM, BEZIRK WOLFSBERG

SHG Eltern von Kindern mit Hyperaktivität
Tel.: 0 43 58/280 11
SHG Eltern von Kindern mit Hyperaktivität Villach, Tel.: 0 42 42/31 20 84, 0 42 42/452 22
Selbsthilfe Kärnten: 9021 Klagenfurt
Kempfstraße 23/3, Tel.: 0 46 3/50 48 71
selbsthilfe.kaernten@aon.at
www.selbsthilfe-kaernten.at

▸ GESUNDES ABNEHMEN

DIÄTFERIEN FIT AND FUN – GESUNDES ABNEHMEN FÜR KINDER UND JUGENDLICHE IN KÄRNTEN

www.f-i-t.at/diaet_sommercamp.php

Kardinal Schwarzenberg'sches KH

In angenehmer Atmosphäre lernen die Kinder alles über gesunde Ernährung, die umliegenden Badeseen garantieren Ferienspaß im sonnigen Kärnten. Abnehmen mit Spaß für Kinder und Jugendliche von 9 bis 15 Jahren.
F-I-T hat sich auf die Durchführung von speziellen Diätferien spezialisiert. Das spiel- und erlebnisorientierte Konzept und die daraus resultierenden Erfolge sind einzigartig. Mit Spaß, Spiel und viel Bewegung wird das Abnehmen zum Kinderspiel. Hauptziel des FIT and FUN Sommercamps ist die langfristige Senkung des Übergewichts durch Hinführen zu gesunder Ernährung und Bewegung.

SALZBURG

▸ KRANKENHÄUSER MIT KINDER- UND JUGENDABTEILUNGEN

UNIVERSITÄTSKLINIK FÜR KINDER- UND JUGENDHEILKUNDE, SALK – ST. JOHANNS-SPITAL, PARACELSUS MEDIZINISCHE PRIVATUNIVERSITÄT
5020 Salzburg, Müllner Hauptstraße 48
Vorstand: Prim. Univ.-Prof. Dr. Wolfgang Sperl
Tel.: 0 66 2/44 82-26 01, w.sperl@lks.at
www.salk.at/162.html
Ambulanzen: Notfall, Allgemein, Allergie und Lunge (inklusive atopischer Dermatitis und Nahrungsmittelallergie), Schrei-, Schlaf- und Fütterungsprobleme, Anfall, Risiko, Stoffwechsel, Dermatologie, Diabetesambulanz, Gastro, Kardiologie, Kinderonkologie-Hämatologie, Klinische Genetik (Genetik, Endokrinologie, Wachstum), Neonatologie, Nachsorge, Nephroambulanz, Neurologie, Psychosomatik, Rheuma.

KARDINAL SCHWARZENBERG'SCHES KRANKENHAUS BETRIEBSGESMBH
5620 Schwarzach/Pongau
Kardinal-Schwarzenberg-Straße 2–6
Vorstand: Prim. Univ.-Prof. Dr. J. Riedler
Tel.: 0 64 15/71 01-30 51
verwaltung@kh-schwarzach.at
josef.riedler@kh-schwarzach.at
www.kh-schwarzach.at
Ambulanzen: Allgemeine Pädiatrie, Lunge und Allergie, Psychosomatik, Endokrinologie, Kinderkardiologie.

▸ PSYCHOLOGISCHE UND PSYCHOTHERAPEUTISCHE BERATUNG UND HILFE

SALZBURGER LANDESVERBAND FÜR PSYCHOTHERAPIE (SLP)
5020 Salzburg, Wolf-Dietrich-Straße 13
Tel.: 0 66 2/82 38 25,
slp@psychotherapie.at
www.psychotherapie.at/slp
Öffnungszeiten: Di 10.00–13.00 Uhr,
Mi 9.00–11.00 Uhr

RAINBOWS SALZBURG
5020 Salzburg, Augustinergasse 9a
Tel.: 0 66 2/82 56 75
salzburg@rainbows.at
www.rainbows.at
Rainbows bietet Begleitung von Kindern und Jugendlichen, die von Trennung oder Verlust wichtiger Bezugspersonen betroffen sind (z. B. Scheidung, Tod eines Elternteils). In professionell geleiteten Gruppen werden Kinder und Jugendliche bei der Bewältigung ihrer Trauer unterstützt. Auch Elternseminare zum Thema „Umgang mit Kindern nach Trennung/Scheidung oder Tod eines Elternteils" werden angeboten.

A. ö. Bezirkskrankenhaus Lienz

A. ö. Bezirkskrankenhaus Reutte

TIROL

▸ KRANKENHÄUSER MIT KINDER- UND JUGENDABTEILUNGEN

UNIV.-KLINIK FÜR KINDER- UND JUGENDHEILKUNDE
6020 Innsbruck, Anichstraße 35
Vorstand: Univ.-Prof. Dr. Georg Simbruner
Tel.: 0 51 2/504-234 83, kinderklinik@uibk.ac.at
www.i-med.ac.at/kinderklinik/
Ambulanzen: Allgemein, Cystische Fibrose, Blockuntersuchung, Endokrinologie, Diabetes, Genetik, Gastroenterologie und Hepatologie, Hämatologie und Onkologie, Hämostaseologie. Intensivmedizin, Kardiologie, Leber- und Darmtransplantation, Nephrologie und Nierentransplantation, Entwicklungsstörungen, EEG, Kopfschmerz, MS, Stoffwechsel, Pneumologie, Allergologie (Belastungs-, Provokationstest, Bodyplethysmographie, Lungenfunktionslabor), Rheumatologie und Immunologie, SIDS.

A. Ö. BEZIRKSKRANKENHAUS LIENZ
9900 Lienz, E.-v.-Hibler-Straße 5
Leiter: Prim. Dr. Robert Strobl
Tel.: 0 48 52/606-449
bkhl.interne@osttirolnet.at
www.kh-lienz.at
Ambulanzen: Notfallambulanz.

A. Ö. BEZIRKSKRANKENHAUS REUTTE
6600 Reutte-Ehenbichl, Krankenhausstr. 39
Leiter: Prim. Dr. Wilfried Müller
Tel.: 0 56 72/601-510 oder 520
wilfried.mueller@bkh-reutte.at
www.bkh-reutte.at
Ambulanzen: Allgemein.

A. Ö. BEZIRKSKRANKENHAUS ST. JOHANN
6380 St. Johann in Tirol, Bahnhofstraße 14
Leiter: Prim. Univ.-Doz. Dr. Franz-Martin Fink
Tel.: 0 53 52/606-0
www.khsj.at
Ambulanzen/Spezialsprechstunden: Allgemein (inklusive Gastroenterologie, Nephrourologie, Infektiologie), Blut-, Leukämie- und Tumorerkrankungen, onkologische Nachsorge, Neuropädiatrie, Pulmologie, Allergien, Asthma, Infektanfälligkeit Neurodermitis, Sicheres Schlafen – SIDS-Beratung, Diabetesambulanz, doc4you – Sprechstunde für Jugendliche, Gedeih- und Wachstumsstörungen, pädiatrische Sonographie/Echokardiographie.

A. Ö. KRANKENHAUS „ST. VINZENZ“
6511 Zams, Sanatoriumstraße 43
Vorstand: Prim. Dr. Karl-Heinz Gutenberger
Tel.: 0 54 42/600-23 99
h.gutenberger@krankenhaus-zams.at
kinderambulanz@krankenhaus-zams.at
www.krankenhaus-zams.at
Ambulanzen/Sprechstunden: Allgemein, Diabetes- und Stoffwechselambulanz, Endokrinologie, Pulmoallergologie, kardiologische Untersuchungen, psychologische Beratungsgespräche.

▸ PSYCHOLOGISCHE UND PSYCHOTHERAPEUTISCHE BERATUNG UND HILFE

TIROLER LANDESVERBAND FÜR PSYCHOTHERAPIE (TLP)
6020 Innsbruck, Leopoldstraße 38
Tel.: 0 51 2/56 17 34
tlps.psychotherapie@tirol.com
www.psychotherapie-tirol.at
Öffnungszeiten: Di 9.00–11.00,
Do 14.00–16.00 Uhr

Landeskrankenhaus Bregrenz

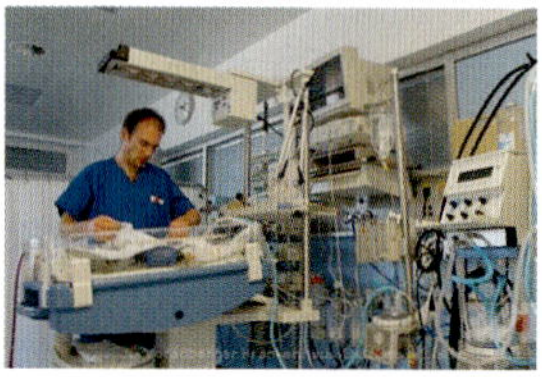
Landeskrankenhaus Feldkirch

RAINBOWS TIROL
6020 Innsbruck, Gutenbergstraße 5
Tel.: 0 51 2/57 99 30, tirol@rainbows.at
www.rainbows.at
Rainbows bietet Begleitung von Kindern und Jugendlichen, die von Trennung oder Verlust wichtiger Bezugspersonen betroffen sind (z. B. Scheidung, Tod eines Elternteils). In professionell geleiteten Gruppen werden Kinder und Jugendliche bei der Bewältigung ihrer Trauer unterstützt. Auch Elternseminare zum Thema „Umgang mit Kindern nach Trennung/Scheidung oder Tod eines Elternteils" werden angeboten.

VORARLBERG

▸ KRANKENHÄUSER MIT KINDER- UND JUGENDABTEILUNGEN

LANDESKRANKENHAUS BREGRENZ
6900 Bregenz, Carl-Pedenz-Straße 2
Vorstand:
Prim. Univ.-Doz. Dr. Christian Huemer
Tel.: 0 55 74/401-15 00
christian.huemer@lkhb.at
www.lkhb.at/kinderheilkunde
Ambulanzen: Diabetes, EEG-Labor und Neurophysiologe, Homöopathie, Neuropädiatrie, Akutambulanz, Gastroenterologie, Nephrologie/Kinderurologie, pädiatrische Privatambulanz, Pulmonologie und Allergologie, Rheumatologie und Immunologie, Sonographie, SIDS- und Neonatologische Nachsorge.

LANDESKRANKENHAUS FELDKIRCH
6800 Feldkirch, Carinagasse 47
Vorstand:
Prim. Univ.-Doz. Dr. Burkhard Simma
Tel.: 0 55 22/303-29 00, paediatrie@lkhf.at
www.lkhf.at
Ambulanzen: Allgemein, Onkologie, Kardiologie, Pulmonologie, Neurologie, Ultraschall, Endokrinologie/Diabetes, ehemalige Frühgeborene/connatale Infektionen, SIDS, Stoffwechsel.

▸ PSYCHOLOGISCHE UND PSYCHOTHERAPEUTISCHE BERATUNG UND HILFE

VORARLBERGER LANDESVERBAND FÜR PSYCHOTHERAPIE (VLP)
6850 Dornbirn, Steinebach 13
Tel.: 0 55 72/214 63
vlp@psychotherapie.at
www.psychotherapie.at/vorarlberg
Öffnungszeiten: Mi 9.00–11.00 Uhr

BERATUNG

Rat vom Experten

Erste Hilfe für die Seele.

Eltern wissen (meistens) am besten, was für ihr Kind gut ist. Wer sich auf sein Gefühl verlässt, spürt, was die Kinder brauchen. Wichtigste Voraussetzung ist, dass sich Mütter und Väter Zeit nehmen. Wer Kindern zuhört, baut über die Jahre ein Vertrauensverhältnis als solide Basis auf. Denn wenn die Kleinen wissen, dass sie mit allem und jedem zu ihren Eltern kommen können, werden sie ihre Freuden, Sorgen und Ängste mit ihnen teilen.

Dann können die Eltern auf die Kinder eingehen und Lebenssituationen und menschliche Verhaltensweisen mit ihnen besprechen. Freilich gilt es, Dinge im richtigen Maßstab zu halten. Wer Dinge aufbauscht, fährt damit unter Umständen ebenso schlecht wie derjenige, der Kinder nicht ernst nimmt.

Manchmal aber treten Situationen auf, in denen guter Rat teuer ist. Sei es, dass es im Leben der Kinder einen drastischen Einschnitt wie eine Scheidung der Eltern oder den Tod eines geliebten Menschen gibt oder dass ohne ersichtlichen Grund Ängste und Sorgen wach werden, dass es Probleme mit Mitschülern und Freunden gibt oder sich das Verhalten des Kindes plötzlich verändert. Eltern sind in diesen Fällen oft ratlos, sodass Unterstützung von Expertenseite gefragt ist.

UNTERSTÜTZUNG FÜR FAMILIEN

Aber auch das Familienleben selbst ist Veränderungen unterworfen. Keine Beziehung der Welt ist permanent und andauernd stabil. Ganz im Gegenteil gibt es stets Höhen und Tiefen, auf die man sich einzustellen und die man gemeinsam zu meistern hat. Auch Elternpaare finden in Situationen des Zweifels und der Unklarheiten Hilfestellung bei Familienberatern. Sei es, dass Vergan-

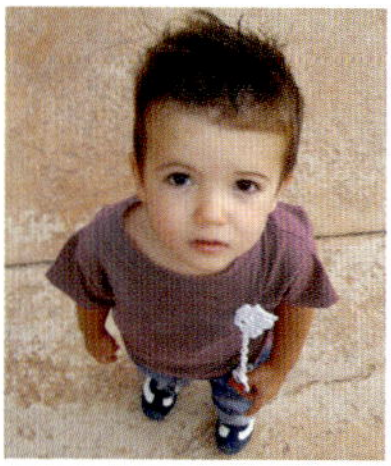

In Krisensituationen ist es meist besser, sich beraten zu lassen.

genes aufgearbeitet werden muss oder neue Rahmenbedingungen abgesteckt werden sollen – hier kann fachliche Unterstützung nicht schaden.

Aber auch Krisensituationen wie eine Trennung oder eine neue Familienkonstellation mit einem zweiten Partner können von Elternteilen besser gemeistert werden, wenn sie sich begleiten lassen. Einerseits hilft fachlicher Rat dabei, die Kinder auf das Geschehen in der Familie richtig vorzubereiten, andererseits kann er auch den Betroffenen selbst neue Perspektiven aufzeigen. Hauptsache, man ist selbst bereit für Veränderung.

Caritas

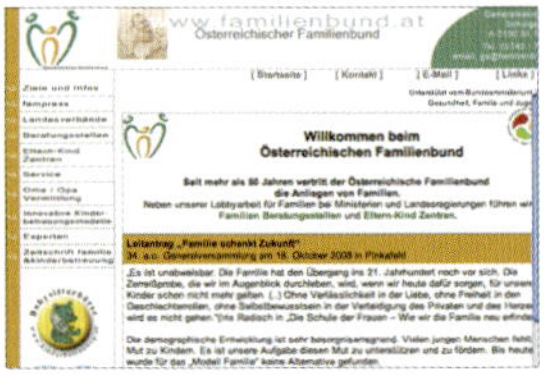

Österreichischer Familienbund

ÖSTERREICHWEIT

WWW.BERATUNGSSTELLEN.AT

Auf dieser Internetseite lässt sich detailliert nach den unterschiedlichsten Beratungsstellen, nach Fachgebieten wie zum Beispiel Kinder und Jugendliche oder Alleinerziehende, nach PLZ und Ort, Fremdsprachen oder auch rollstuhlgerechten Räumlichkeiten geordnet suchen.

BUNDESMINISTERIUM FÜR GESUNDHEIT, FAMILIE UND JUGEND

1030 Wien, Radetzkystraße 2
Tel.: 01/711 00-0
buergerservice@bmgfj.gv.at
www.bmgfj.gv.at
Auf der Seite des Ministeriums werden unter dem Stichwort Familie, Familienberatung und Serviceangebot Listen von Beratungsstellen in ganz Österreich zum Download angeboten.

CARITAS ÖSTERREICH

1160 Wien, Albrechtskreithgasse 19–21
Tel.: 01/488 31-400, office@caritas-austria.at
www.caritas.at
Bei der Caritas findet man ein umfassendes Angebot von der Familienhelferin bis zur Familien- und Lebensberatung, von Schwangerenberatung bis zur Hilfe nach Scheidungen für Eltern und Kinder.

HILFSWERK BUNDESGESCHÄFTSSTELLE

Wien 1070, Apollogasse 4/5, Tel.: 01/404 42-0
office@hilfswerk.at
www.hilfswerk.at
Beim Hilfswerk finden Ratsuchende ein weitreichendes Angebot bei unterschiedlichen Fragestellungen. Von Legasthenie über Hochbegabung steht Beratung in schulischen Angelegenheiten auf dem Programm, ebenso bei familiären Problemen. Das Angebot variiert nach Bundesland, weshalb man sich am besten beim jeweiligen Landesverband über die regionalen Serviceleistungen erkundigt. Über die bundesweite Hotline 0800/800 820 kommt man direkt zum zuständigen Landesverband, aber auch auf der Homepage. Keine Angebote gibt es für die Bundesländer Tirol und Vorarlberg.

KINDERFREUNDE

1010 Wien, Rauhensteingasse 5/5
Tel.: 01/512 12 98
kind-und-co@kinderfreunde.at
www.kinderfreunde.at
Die Kinderfreunde führen in den einzelnen Bundesorganisationen Seminarreihen zum Thema Elternbildung durch. Diese dienen dem Ziel, Erfahrungen mit anderen Eltern auszutauschen, Wissen zu vermitteln und Raum für Diskussion und Selbstreflexion zu bieten. Elternbildung versteht sich dabei als Bewusstseinsbildung sowie als Erweiterung der eigenen Persönlichkeit.

ÖSTERREICHISCHER FAMILIENBUND GENERALSEKRETARIAT

3100 St. Pölten, Schulg. 3, Tel.: 0 27 42/773 04
gs@familienbund.at
www.familienbund.at
Der Österreichische Familienbund tritt seit 1951 als überparteilicher und überkonfessioneller Verein für die Interessen der Familien bei Bund, Ländern und Gemeinden ein. Die Familienberatungsstellen des Familienbundes in Österreich sind auf der Homepage zu finden oder telefonisch zu erfragen.

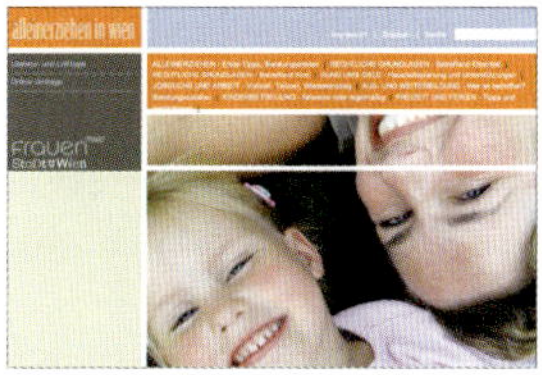

Alleinerziehen in Wien

Die Möwe

BUNDESMINISTERIUM FÜR UNTERRICHT, KUNST UND KULTUR
SCHULPSYCHOLOGISCHE BERATUNGS-STELLEN UND BILDUNGSBERATUNG
1014 Wien, Minoritenplatz 5
Tel.: 01/531 20-0, ministerium@bmukk.gv.at
www.bmukk.gv.at/schulen/service/index.xml
Auf der Homepage des Bundesministeriums für Unterricht, Kunst und Kultur findet man diverse Beratungsstellen sowie Lerntipps und sämtliche Kontaktadressen der Bundesländer.

WIEN

ALLEINERZIEHEN IN WIEN
1080 Wien, MA 57, Friedrich-Schmidt-Platz 3
Tel.: 01/40 00-835 15, post@ma57.wien.gv.at
www.alleinerziehen.at
Die Homepage wird von der Magistratsabteilung 57 – Frauenförderung und Koordinierung von Frauenangelegenheiten bereitgestellt. Sie informiert über alle Bereiche, die einen allein erziehenden Elternteil betreffen. Sei es die Erwerbstätigkeit von der Jobsuche bis zum Wiedereinstieg oder Kinderbetreuung, Finanzen und Wohnen. Weiterführende Links ergänzen die Informationen.

BEZIRKSGERICHT WIEN – INNERE STADT, JUSTIZZENTRUM WIEN MITTE
1030 Wien, Marxergasse 1A, 3. Stock
Zimmer 319, Tel.: 01/515 28-221
Bezirksgericht Meidling
1120 Wien, Schönbrunner Straße 222–228/3/5. Stock, Zimmer 8 (Eingang Ruckergasse)
(bei der U4-Station Meidling)
Tel.: 01/815 80 20
Der Beratungsdienst des IEF an den Bezirksgerichten Wien-Innere Stadt und Meidling bietet Menschen vor, während und nach der Scheidung oder Trennung Beratung, Information und Aussprache.

CARITAS WIEN
CARITAS FAMILIENZENTRUM
1050 Wien, Wiedner Hauptstraße 140 / 4. Stock
Tel.: 01/481 54 81
Leitung: Dipl. Päd. Konstanze Eppensteiner, Leiterin der Familienhilfe: Mag. Ingrid Schnötzinger, office@caritas-wien.at
www.caritas-wien.at
Das Beratungsangebot der Caritas geht von Partner-, Familien- und Lebensberatung über Psychotherapie, Rechtsberatung und Mediation bei den unterschiedlichen Problemen von Scheidung bis zu Familien- und Erziehungsproblemen. Auch Kinder werden in verschiedener Hinsicht von Schulproblemen bis zu Verhaltensauffälligkeiten betreut.

DIE MÖWE WIEN
1010 Wien, Börsegasse 9, Tel.: 01/532 15 15
Helpline: 0800/80 80 88
Mo–Fr von 9 bis 19 Uhr
ksz-wien@die-moewe.at
www.die-moewe.at
Die möwe mit ihrem Kinderschutzzentrum im ersten Wiener Gemeindebezirk bietet telefonische und persönliche Beratung, Krisenhilfe bei Gewalterfahrungen, Psychotherapie (nach sexuellem Missbrauch, nach physischer oder psychischer Gewalterfahrung, bei psychosomatischen Beschwerden, bei Depressionen, Panikattacken, Essstörungen, Einnässen u. v. a.), Prozessbegleitung, Prävention bei körperlicher, seelischer oder sexueller Gewalt gegen Kinder, Überforderung in der Erziehung, Gefährdung von Kindern.

Ehe-, Familien- und Lebensberatungsstelle

EHE-, FAMILIEN- UND LEBENSBERATUNGSSTELLE
1050 Wien, Hamburger Straße 3/I
Tel.: 01/586 85 73
beratungsstelle@evang-wien.at
http:/beratungsstelle.evang-wien.at
Öffnungszeiten: Mo 9–12 Uhr
Di 9–12 und 17–19 Uhr, Do 17–19 Uhr
Schwerpunkt der Beratungsstelle sind Familienfragen, wobei sowohl Einzelpersonen (Kinder, Jugendliche, Erwachsene) als auch Familien und Gruppen betreut werden. Das Angebot umfasst neben Erziehungsberatung, Ehe-/Partnerschaftsberatung, Schwangerschaftsberatung auch Mediation und Coaching. Die Stelle wird vom Bundesministerium für Soziale Sicherheit und Generationen gefördert.

ELTERNWERKSTATT
1230 Wien, Altmannsdorfer Straße 172/31/2
Tel.: 01/662 20 06
www.elternwerkstatt.at
Unter vielen anderen Erziehungsaspekten wird in der Elternwerkstatt vermittelt, wie man Kinder richtig spielen lässt, wie man Kinder vor Überforderung schützt, wie man die sozialen, emotionalen, intellektuellen und praktischen Kompetenzen stärkt und wie gewaltfreie und Halt gebende Erziehung basierend auf Liebe, Vertrauen, gegenseitigem Respekt und Wertschätzung Tag für Tag aufs Neue gelebt werden kann. Im Seminarzyklus ABC-Elternführerschein werden Eltern als Führungskräfte gesehen, wobei das Basis-Kommunikationstraining auf die Stärkung natürlicher Erziehungskompetenz ausgerichtet ist. Es werden 18 Einheiten für 6 bis 12 TeilnehmerInnen angeboten, Themen und Methoden werden aktiv erarbeitet und in praktischen Übungen vertieft. Dabei kommt auch der Erfahrungsaustausch nicht zu kurz. Vermittelt wird ganzheitliches Basiswissen über die Bedürfnisse der Kinder zum jeweiligen Entwicklungsstand, Erziehungsstile, Beziehungspflege etc. Nicht umsonst wurde der ABC-Elternführerschein vom Bundesministerium für soziale Sicherheit und Generationen als förderungswürdig anerkannt. Der private Verein im Dienst von Kindern, Eltern und PädagogInnen bietet darüber hinaus auch individuelle Beratung und Coaching sowie Seminare zu verschiedenen Themen.

FORUM KATHOLISCHER ERWACHSENENBILDUNG IN ÖSTERREICH
1090 Wien, Canisiusgasse 16
Tel.: 01/317 05 10
buero@weiterwissen.at
www.weiterwissen.at
Auf der Homepage oder auf telefonische Anfrage erhält man Adressen zu Beratungseinrichtungen. In der Zentralstelle werden über 60 Organisationen der Katholischen Erwachsenenbildung vernetzt und über 30.000 Veranstaltungen pro Jahr organisiert.

INSTITUT FÜR EHE UND FAMILIE / BERATUNGSDIENST SPIEGELGASSE
1010 Wien, Spiegelgasse 3/8
Tel.: 01/515 52-36 50 (Anrufmöglichkeit: Do 11 bis 19 Uhr, sonst Mailbox)
Tel.: 01/515 52-36 58 (Sekretariat)
office@ief.at, www.ief.at
Das Institut für Ehe und Familie ist eine Gründung der Österreichischen Bischofskonferenz und unterhält u. a. eine vom BM für Gesundheit, Familie und Jugend geförderte Familienberatungsstelle. Hier gibt es

Integration Wien

Kinderfreunde

Beratung für Einzelne, Paare und Familien in Ehe-/Partnerschaftsfragen, Familien- und Lebensfragen, psychologische Fragen, juristische Fragen, ehe- und familienrechtliche Fragen, medizinische Fragen wie Kinderwunsch, Fragen der Familienplanung, der natürlichen Familienplanung, Sexualfragen, bei Schwangerschaftskonflikten und soziale Fragen.

INTERESSENVERTRETUNG UND ELTERNINITIATIVE FÜR GEMEINSAMES LEBEN UND LERNEN BEHINDERTER UND NICHTBEHINDERTER MENSCHEN
1150 Wien, Tannhäuserplatz 2/1
Tel.: 01/789 26 24, info@integrationwien.at
www.integrationwien.at
Die Beratungsstelle für (vor)schulische Integration bietet Beratung und Begleitung für Eltern von Kindern/Jugendlichen mit Behinderung in den Bereichen Kindergarten und Nachmittagsbetreuung, Schule, Übergang Schule-Beruf und Freizeit an.

KATEGORIALE SEELSORGE DER ERZDIÖZESE WIEN
1010 Wien, Stephansplatz 6 /5. Stock / 15
Tel.: 01/515 52-33 48, h.maurer@edw.or.at
www.begegnungbewegt.at
Partner-, Ehe-, Familien- und Lebensberatung für Einzelpersonen, Paare und Familien in ihren unterschiedlichen Lebenssituationen, wobei die persönliche Kompetenz gefördert und die Eigenverantwortlichkeit gestärkt werden.

KINDERFREUNDE WIEN
1080 Wien, Albertgasse 23, Tel.: 01/401 25
kind-und-co@wien.kinderfreunde.at
www.wien.kinderfreunde.at
In den Familienberatungsstellen der Wiener Kinderfreunde nehmen sich engagierte PsychologInnen, SozialberaterInnen, JuristInnen und ErziehungsberaterInnen der Sorgen und Schwierigkeiten im Umgang mit lebenswichtigen Fragen, Krisen- und Belastungssituationen an und versuchen gemeinsam mit den KlientInnen Hilfestellungen zu entwickeln. Hier findet man Hilfe bei psychologischen Problemen, Trennung, Scheidung, Verschuldung, Symptomen von Kindern (Einnässen, Ängste usw.), aber auch bei Rechts- und Erziehungsfragen.
1080 Wien, Albertgasse 23, Erdgeschoß
Tel.: 01/401 25-74

KONTAKTSTELLE FÜR ALLEINERZIEHENDE
1010 Wien, Stephansplatz 6 / Stg. 2 / 5 / 14
Ansprechperson: Frau DSA Elisabeth Wöran
Tel.: 01/515 52-33 43 oder -33 22
alleinerziehende@edw.or.at
www.alleinerziehende.at
Die Kontaktstelle für Alleinerziehende bietet Lebens- und Sozialberatung, juristische Beratung, Elternbegleitgruppen nach Trennung/Scheidung und Selbsthilfegruppen und richtet sich unabhängig von der religiösen, politischen oder weltanschaulichen Zugehörigkeit an alle getrennt lebenden, geschiedenen, verwitweten oder unverheiratet lebenden Mütter und Väter.

MAGISTRAT DER STADT WIEN – MAG ELF MAGISTRATSABTEILUNG 11 AMT FÜR JUGEND UND FAMILIE
1030 Wien, Rüdengasse 11, Tel.: 01/40 00-80 11
service@m11.magwien.gv.at
www.wien.gv.at/menschen/magelf/service/beratung.html
Die MA 11 ist die Anlaufstelle bei Fragen und

Österreichisches Kolpingwerk

Wiener Familienbund

Problemen rund um Kinder und Familie. Die MA 11 biete Hilfe bei Krisen, bei Unterhalts- und Fürsorgefragen, bei Adoption und auch in Erziehungsfragen.

ÖSTERREICHISCHES KOLPINGWERK
1180 Wien, Gentzgasse 29, Tel.: 01/479 61 28
lb-1180@kolping.at
www.kolping.at/beratung
Als älteste und größte Beratungsstelle in Wien Nordwest arbeitet die Kolping-Lebensberatung mit langjährig erfahrenen Fachleuten an der Beziehungsklärung bzw. -verbesserung in Familien. Anhand der Methode der systemischen Familientherapie werden die betroffenen Familien z. B. bei Erziehungs- oder Schulproblemen, psychosomatischen Symptomen der Kinder/Jugendlichen, Einnässen, Essstörungen, bei Krisen nach einer Trennung oder Scheidung etc. beraten.

Kolping Lebensberatung
1040 Wien, Paulanergasse 11, Tel.: 01/586 61 75
lb-1040@kolping.at
www.kolping.at/beratung
Einzelpersonen, Paare und Familien werden bei Beziehungs- und Erziehungsproblemen, in schwierigen Lebenssituationen und Krisen, in sozialen und rechtlichen Fragen beraten. Die Beratungsstelle bietet auch Information und Beratung zu allgemeinmedizinischen Problemen und alternativen Heilmethoden.

WIENER FAMILIENBUND FAMILIENBERATUNGSSTELLE
1070 Wien, Neubaugasse 66, Tel.: 01/526 82 19
Informationszeiten: Mo–Fr 9–13 Uhr
office@wiener-familienbund.at
www.wiener-familienbund.at
Der Wiener Familienbund ist eine überparteiliche, unabhängige Familienorganisation und arbeitet als Lobby und Serviceeinrichtung für Wiener Familien. Bei Problemen, die das Leben in der Familie sehr belasten können, bietet der Wiener Familienbund Rat und Hilfe an. Familienberatung durch den Familienbund wird auch an mehreren Bezirksgerichten angeboten. Infos dazu telefonisch oder auf der Homepage www.wiener-familienbund.at.

NIEDERÖSTERREICH

CARITAS BERATUNG, FAMILIENHILFE UND PSYCHOTHERAPIE

Familienzentrum Baden
2500 Baden, Wassergasse 16
Tel.: 0 22 52/25 93 22, office@caritas-wien.at
www.caritas-wien.at

Familienzentrum Wr. Neustadt
2700 Wr. Neustadt, Baumkirchner Ring 7
Leitgung: Marianne Beyer, Tel.: 0 26 22/280 85
Telefon. Auskünfte und Terminvereinbarung: Mo–Fr 9–12 Uhr
Familienberatungszeiten: Mo 10–12 Uhr und nach Voranmeldung
Angebote speziell für Kinder: psychologische Beratung, Einzelpsychotherapie, Gruppenpsychotherapie, unterstützende Begleitung bei Verlusterlebnissen durch Tod, Trennung oder Scheidung, psychologische Diagnostik, integrativ-therapeutische Ferienwoche.
Für Jugendliche: psychologische Beratung, psychotherapeutische Begleitung, psychologische Diagnostik, integrativ-therapeutische Ferienwoche.

Kinderfreunde Niederösterreich

Für Familien: Familienberatungsstelle, Beratung in Krisensituationen, psychologische Beratung, Familientherapie.
Angebote für Erwachsene: Paarberatung, Einzelberatung, begleitende Elternarbeit zur Kindertherapie, Psychotherapie zum Sozialtarif.

DIE MÖWE KINDERSCHUTZZENTREN
Helpline Tel.: 0800/80 80 88
Mo–Fr 9 bis 19 Uhr
2130 Mistelbach, Kreuzgasse 11
Tel.: 0 25 72/204 50, ksz-mi@die-moewe.at
2340 Mödling, Neusiedler Straße 1
Tel.: 0 22 36/86 61 00
ksz-moe@die-moewe.at
2620 Neunkirchen, Bahnstraße 12
Tel.: 0 26 35/666 64, ksz-nk@die-moewe.at
3100 St. Pölten, Wiener Straße 34
Tel.: 0 27 42/31 11 11, ksz-stp@die-moewe.at
Alle: www.die-moewe.at
Die möwe Kinderschutzzentren helfen misshandelten und sexuell missbrauchten Kindern und Jugendlichen sowie deren Vertrauenspersonen anonymn, professionell und unbürokratisch. Die Hilfe umfasst folgende Leistungen: telefonische/persönliche Beratung, psychologische Betreuung, Psychotherapie, rechtliche Beratung und psychosozialer Beistand bei Gericht. Weiters hilft die möwe bei: Ängsten, Belastungen, Verhaltensauffälligkeiten, Schulschwierigkeiten, Erziehungsproblemen, Beziehungsproblemen, in Krisensituationen (wie Scheidung, Trennung, Tod eines Angehörigen).

RAT & HILFE
3100 St. Pölten, Heitzlergasse 2
Tel.: 0 27 42/35 35 10-24, 0699/143 11 779
beratungszentrum@ratundhilfe.net
www.ratundhilfe.net
Diese Einrichtung der Diözese St. Pölten bietet in folgenden Städten Beratungseinrichtungen an: Waidhofen/Ybbs, Waidhofen/ Thaya, St. Pölten, Tulln, Melk, Amstetten, Gmünd, Horn, Krems, Lilienfeld, Scheibbs, Seitenstetten und Zwettl.
Die Kontaktdaten dieser Beratungsstellen sind allesamt auf der Homepage www.ratundhilfe.net zu finden oder können telefonisch unter Tel.: 0 27 42/35 35 10 (Mo 8–12 u. 13–16 Uhr, Di–Fr 8–12 Uhr) erfragt werden. Vorträge, Workshops und andere Veranstaltungen runden das Angebot ab.

KINDERFREUNDE NIEDERÖSTERREICH
Krisenzentrum Wr. Neustadt
2700 Wr. Neustadt, Neunkirchnerstraße 65
Tel.: 0 26 22/244 95
krisenzentrum@kidsnest.at
Krisenzentrum Amstetten
3300 Amstetten, Nikolaus-Lenau-Straße 2
Tel.: 0 74 72/281 77 oder 0664/852 14 74
krisenzentrum-am@kidsnest.at
Aussenstelle Zwettl
3910 Zwettl, Gartenstraße 3, Zimmer 26
Tel.: 0664/830 44 95
kinderschutz-zt@kidsnet.at
Kinderschutzzentrum Gmünd
3950 Gmünd, Schremser Straße 4
Tel.: 0 28 52/204 35
kinderschutz-gd@kidsnest.at
Kinderschutzzentrum Amstetten
3300 Amstetten, Rathausstraße 23
Tel.: 0 74 72/654 37
kinderschutz-am@kidsnest.at
Alle: www.kidsnest.at

Der Lichtblick

IFP Graz-Seckau

BURGENLAND

BURGENLÄNDISCHER FAMILIENBUND FAMILIENBERATUNGSSTELLE EISENSTADT

7000 Eisenstadt, St.-Antoni-Straße 22
Tel.: 0664/370 10 70, Mi 10–12 Uhr
7423 Pinkafeld, Hauptplatz 1
Tel.: 0 33 57/423 51/24, 0664/370 10 70,
jeden 2. Mittwoch 14 – 16 Uhr
www.familienbund.at
Beratung zu Themen rund um die Familie.

CARITAS DER DIÖZESE EISENSTADT

7000 Eisenstadt, St.-Rochus-Straße 15
Tel.: 0 26 82/736 00
zentrale@eisenstadt.caritas.at
www.caritas.at
Unter www.martinus.at/frauenmaennerfamilie/index.html findet man Beratungsmöglichkeiten zu verschiedenen Themen, unter anderem auch Kinder und Familie. Diese können auch telefonisch (s. o.) erfragt werden.

DER LICHTBLICK FRAUEN- UND FAMILIENBERATUNG

7100 Neusiedl/See, Obere Hauptstraße 27/1/12
Tel.: 0 21 67/33 38, der-lichtblick@aon.at
www.der-lichtblick.at
Der Lichtblick, eine Anlaufstelle für Frauen und Familien, bietet in vielerlei Hinsicht Unterstützung: bei Gewalt gegen Frauen, Scheidung/Trennung, bei Konflikten in der Paarbeziehung, psychologischen Problemen, psychosomatischen Beschwerden, Essstörungen etc. Bei der Beratung von Kindern geht es um Themen wie innerfamiliäre Konflikte, Erziehung, Trennung/Scheidung/Tod der Eltern, Schulschwierigkeiten und Ähnliches.

STEIERMARK

▸ FAMILIENBERATUNGSSTELLEN DES FAMILIENBUNDES

FAMILIENBERATUNGSSTELLE FABRO

8503 St. Stefan im Rosental, Parkring 1
Tel.: 0 31 16/812 10
Neben Spielnachmittagen für Kinder bietet die Beratungsstelle Seminare in Zusammenarbeit mit dem Familienkreis an.

INSTITUT FÜR FAMILIENBERATUNG UND PSYCHOTHERAPIE DER DIÖZESE GRAZ-SECKAU

8010 Graz, Bischofplatz 4
Tel.: 0 31 6/804 14 47 oder 0676/874 22 60-0
winfried.pabst@graz-seckau.at
www.graz-seckau.at/ka/ifp
8490 Bad Radkersburg, Pfarrgasse 11
Tel.: 0 34 76/31 15 oder 0676/874 22 60-7
Sprechstunden: Fr 9–11 und 17–19 Uhr
8200 Gleisdorf, Weizerstraße 9
Tel.: 0 31 12/56 54 oder 0676/874 22 60-1
Sprechstunden: Do 9–11 und 17–19 Uhr
8010 Graz , Mesnergasse 5
Tel.: 0 316/82 56 67, Handy: 0676/874 22 60-2
winfried.pabst@graz-seckau.at,
Sprechstunden: Mi 9–11 und 17–19 Uhr
8010 Graz, Carnerigasse 34/I
Tel.: 0 31 6/67 13 88 oder 0676/874 22 60-2
Sprechstunden: Mo 9–11 und 17–19 Uhr
8230 Hartberg, Grazerstraße 16
Tel.: 0 33 32/633 99 od. 0676/874 22 60-3
Sprechstunden: Mi 9–11 und 17–19 Uhr
8605 Kapfenberg, Wienerstraße 46
Tel.: 0 38 62/249 57 od. 0676/874 22 60-4
Sprechstunden: Mo 9–11 und 17–19 Uhr
8700 Leoben, Franz-Josef-Straße 21/I

Steirischer Familienbund

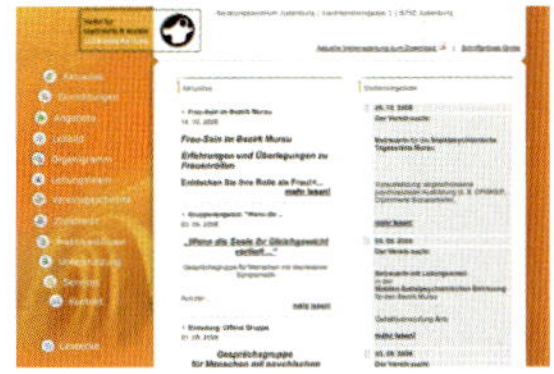
Verein für psychische und soziale Lebensberatung

Tel.: 0 38 42/451 51 od. 0676/874 22 60-6
Sprechstunden: Di 9–11 und 17–19 Uhr
8570 Voitsberg, Josef-Radkohl-Straße 16
Tel.: 0 31 42/282 65 od. 0676/874 22 60-5
Sprechstunden: Mo 9–11 und 17–19 Uhr
Angeboten werden Ehe-, Familien- und Lebensberatung, Partnerberatung, Jugend- und Erziehungsberatung, Psychotherapie, Mediation, Supervision bei Problemen mit dem Partner, mit Kindern und Jugendlichen, bei Spannungen zwischen Generationen, bei Erziehungsproblemen etc.

STEIRISCHER FAMILIENBUND GRAZ FAMILIEN-, EHE- UND JUGENDBERATUNG

8010 Graz, Mondscheingasse 8
Tel.: 0 31 6/83 03 18, Dienstag 17–19 Uhr
office@familieninfo.at
www.familieninfo.at
Beim Steirischen Familienbund Graz wird Beratung in allen Familien- und Jugendfragen, rechtliche Beratung, Mediation (Konfliktvermittlung), Familientherapie etc. angeboten.

STEIRISCHER FAMILIENBUND FELDBACH FAMILIEN UND JUGENDBERATUNG

8330 Feldbach, Oedterstraße 3
Tel.: 0 31 52/81 18, Mobil: 0676/472 84 20
familienberatung.feldbach@aon.at
www.familieninfo.at
Beratungszeiten: Mi 17–19 Uhr und n. Vereinb.
Beratung wird zu den Themen Partnerschaft, Kindererziehung, Kinderentwicklung, familiäre Konfliktsituationen, Gewalt, Missbrauch, Sucht, Trennung, Scheidung, Sorgerecht, Unterhaltsfragen, Besuchsrechtsregelung, familienrechtliche Angelegenheiten und zu medizinischen Fragen angeboten. Außerdem gibt es eine Eltern-Kind-Gruppe.

STEIRISCHER FAMILIENBUND FÜRSTENFELD FAMILIENBERATUNGSSTELLE

8280 Fürstenfeld, Burgenlandstraße 1/1
Tel.: 0 33 82/544 20
fbl-tm@stmk-hilfswerk.at
www.familieninfo.at
Beratungszeiten: Fr 15–18 Uhr
Der steirische Familienbund Fürstenfeld bietet Beratung in Beziehungskonflikten, Generationskonflikten, Schwangerschaftskonflikten, Mediation, Beratung bei Konflikten in der Familie, in Fragen der Erziehung, in Fragen der Familienplanung, Gewalt in der Familie, bei Trennung und Scheidung, Sorgerecht/Unterhalt/Besuchsrecht betreffend, in der Partnerschaft, am Arbeitsplatz und Workshops zum Thema Eltern- und Partnerbildung an.

▸ IN KOOPERATION MIT DEM FAMILIENBUND

FAMILIENBERATUNG AM BEZIRKSGERICHT LEIBNITZ

8430 Leibnitz, Kadag 8
Tel.: 0 34 52/828 35, Di 8.00–10.30 Uhr

VEREIN FÜR PSYCHISCHE UND SOZIALE LEBENSBERATUNG

8750 Judenburg, Liechtensteingasse 1
Tel.: 0 35 72/839 80-20
Mo, Di, Do, Fr 9–13 Uhr
Mi 13–16 Uhr (in dringenden Fällen)
journaldienst.judenburg@beratungszentrum.at
www.beratungszentrum.at
Das Angebot des Vereins umfasst alle Lebensbereiche. Für Familien mit Kindern gibt es interdisziplinäre Frühförderung und Familienbegleitung etc.

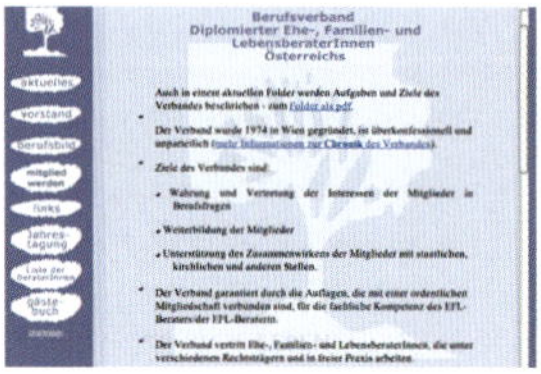

Berufsverb. dipl. Lebensberater

Kinderschutzzentrum Wigwam

KINDERFREUNDE STEIERMARK KINDERSCCHUTZZENTRUM UND BERATUNGSSTELLE OBERES MURTAL
8720 Knittelfeld, Gaalerstraße 2
Tel.: 0 35 12/757 41
kisz@kinderfreunde-steiermark.at
www.kinderschutzzentrum.net
Telefonische sowie persönliche und vor allem anonyme und kostenlose Beratung für Familien, aber auch Erziehungsberatung sowie Psychotherapie.

OBERÖSTERREICH

BERUFSVERBAND DIPLOMIERTER EHE-, FAMILIEN- UND LEBENSBERATERINNEN ÖSTERREICHS
4020 Linz, Zaunerweg 1, Josef Hölzl
Tel.: 0676/358 43 44, hoelzl.j@aon.at
www.ehe-familien-lebensberatung.at

DIÖZESE LINZ BEZIEHUNGLEBEN.AT – ABTEILUNG EHE UND FAMILIE IM PASTORALAMT
4021 Linz, Kapuzinerstraße 84
Diözesanhaus / 4. Stock, Tel.: 0 73 2/77 36 76
beziehungleben@dioezese-linz.at
www.beziehungleben.at
Auf der Homepage findet man Partner-, Ehe-, Familien- und Lebensberatungsstellen in ganz Oberösterreich. Diese können auch unter der oben angeführten Telefonnummer erfragt werden. Für verschiedene Lebensbereiche wird neben Einzelgesprächen Paar- und Familienberatung angeboten.

KINDERSCHUTZZENTRUM WIGWAM FAMILIENBERATUNG
4400 Steyr, Leopold-Werndl-Straße 36
Tel.: 0 72 52/419 19-0, office@wigwam.at
www.wigwam.at
wigwam hilft Kindern und Jugendlichen im Alter von 0 bis 19 Jahren, Eltern und Angehörigen, wobei telefonische und persönliche Beratung, Psychotherapie, Prozessbegleitung, Krisenintervention, Helferkonferenzen sowie Öffentlichkeitsarbeit und Vorträge geboten werden.

OBERÖSTERREICHISCHER FAMILIENBUND FAMILIENBERATUNG
www.ooe.familienbund.at
4070 Eferding, Starhembergstraße 7
Tel.: 0 72 72/57 03, Mo 8–10 Uhr, Do 17–18 Uhr sowie nach telefonischer Vereinbarung,
familienberatung.eferding@ooe.familienbund.at
Beratung bei familiären Konflikten, Scheidung, Erziehungs- und Schulschwierigkeiten, Rechtsfragen sowie Paarberatung, Familienkompetenztraining, Besuchsbegleitung.
Familienberatung Linz
4040 Linz, Ferdinand-Markl-Straße 4
(auch Sektenberatung), Tel.: 0 73 2/75 97 53
Mo 16–19 Uhr, Do 9–11 Uhr sowie nach Vereinbarung
office.beratung@ooe.familienbund.at
4230 Pregarten, Gutauerstraße 17
Tel.: 0 72 36/74 70, Bürozeiten: Mi 8–11 Uhr
Beratungszeiten: Fr 15–19 Uhr sowie nach Vereinbarung
familienberatung.pregarten@ooe.familienbund.at
4181 Oberneukirchen, Auf der Bleich 2a
Tel.: 0 73 2/75 97 53.
Jeden vierten Do im Monat 14–16 Uhr sowie nach telefonischer Vereinbarung
office.beratung@ooe.familienbund.at
Die Themenschwerpunkte der Beratungs-

Kärntner Caritasverband

stelle sind familiäre Konflikte / Paarkonflikte, Erziehungs-/Schulschwierigkeiten, Verhaltensauffälligkeiten von Kindern, Konfliktregelung/Mediation, Besuchsbegleitung, Rat für pflegende Angehörige, psychische Probleme, Familienkompetenztraining, Rechtsberatung, Sektenberatung, Scheidungsberatung.

KINDERFREUNDE OBERÖSTERREICH KINDERSCHUTZZENTRUM KÄNGURU BAD ISCHL

4820 Bad Ischl, Kreuzpl. 7, Tel.: 0 61 32/282 90
kaenguru@kinderfreunde.cc
Die Kinderfreunde Oberösterreich bieten eine kostenlose und anonyme Beratung sowie Psychotherapien an.

SALZBURG

CARITASVERBAND DER ERZDIÖZESE SALZBURG

5020 Salzburg, Plainstraße 83
Tel.: 0 66 2/84 93 73-344
familienhilfe@caritas-salzburg.at
Die Einrichtung bietet Beratung bei psychischen, familiären, sozialen und medizinischen Problemstellungen. KlientInnen sind nicht nur Familien, sondern auch Paare (caritas-salzburg.at unter „Einrichtungen", dann „Spezialeinrichtungen", „Familienberatung").

FAMILIENREFERAT DES LANDES

5020 Salzburg, Schwarzstraße 21/3
Tel.: 0 662/80 42-54 21, familie@salzburg.gv.at
www.salzburg.gv.at/themen/gv/fam_referat/beratungsstellen.htm
Umfangreiche Informationen zu Familienberatungsstellen in Salzburg. Beratungstelefon unter Tel.: 0 66 2/87 12 27.

KINDERFREUNDE SALZBURG KOKO – KONTAKT UND KOMMUNIKATIONSZENTRUM FÜR KINDER GEMEINNÜTZIGE GMBH

5020 Salzburg, Innsbrucker Bundesstraße 37
Tel.: 0 66 2/436 36 90, office@koko.at
www.koko.at
Die Koko-Familenberatung bietet Kindern, Jugendlichen und Erwachsenen Gespräche und Beratungen an, um Wege aus der Krise zu finden.

KÄRNTEN

KÄRNTNER CARITASVERBAND

9010 Klagenfurt, Sandwirtgasse 2
Tel.: 0 46 3/555 60-0
office@caritas-kaernten.at
www.caritas-kaernten.at
Das Institut für Familienberatung und Psychotherapie bietet Erwachsenen und Jugendlichen, Paaren und Familien Hilfe bei Fragen zur Lebensgestaltung, bei der Bewältigung von Konflikten und krisenhaften Zeiten sowie bei seelischer Krankheit und psychosomatischen Beschwerden. Im Mittelpunkt: Beratung, Psychotherapie und Elternseminare.
Beratungsstellen: Klagenfurt I
9020 Klagenfurt, Kolpinggasse 6
Tel.: 0 46 3/50 06 67
ifp-klagenfurt@caritas-kaernten.at
Klagenfurt II
9020 Klagenfurt, Viktringer Ring 38
Tel.: 0 46 3/567 77
Klagenfurt Don Bosco
9020 Klagenfurt, Siebenhügelstraße 64
Tel.: 0 463/22 618-33 oder 0676/843 88 88-00
beratungszentrum@st-josef-siebenhuegel.at

Kinderfreunde Kärnten

Kinderschutzzentrum Tirol

9500 Villach, Kalgasse 3
Tel.: 0 42 42/213 52
ifp-villach@caritas-kaernten.at
9800 Spittal/Drau, Litzelhofenstraße 9
Tel.: 0 47 62/339 29
ifp-spittal@caritas-kaernten.at
9400 Wolfsberg, Markusplatz 4
Tel.: 0 43 52/544 23
gerda.trinkel@caritas-kaernten.at
9300 St. Veit, Grabenstraße 22
Tel.: 0 42 12/474 01
Alle: www.caritas-kaernten.at
Auch an vier Bezirksgerichten wird Beratung angeboten.

KÄRNTNER FAMILIENBUND
9020 Klagenfurt, 8.-Mai-Straße 47
Tel.: 0 46 3/501 70-0
Familienservice (Kooperation mit dem Kärntner Hilfswerk und Kinderrettungswerk).

KINDERFREUNDE KÄRNTEN KINDERSCHUTZZENTRUM DELFI
9500 Villach, Klagenfurter Straße 39
Tel.: 0 42 42/280 68 oder 0650/280 68 03
beratung@kinderschutzzentrum-delfi.at
www.ktn.kinderfreunde.at

TIROL

CARITAS DER DIÖZESE INNSBRUCK
6020 Innsbruck, Heiliggeiststraße 16
Tel.: 0 51 2/72 70-15
beratungszentrum.caritas@dibk.at
www.caritas-innsbruck.at
Auf dieser Seite sind alle Einrichtungen der Caritas in Tirol zu finden. Unter anderem die folgenden beiden Familienhilfeeinrichtungen:

Familienhilfe der Caritas
6021 Innsbruck, Heiliggeiststraße 16
Tel.: 0 51 2/72 70-45, fh.caritas@dibk.at
Regionalstelle Osttirol
9900 Lienz, Antoniusg. 2, Tel.: 0 48 52/621 42
familienhilfe.osttirol@dibk.at

KINDERSCHUTZZENTRUM TIROL KINDERSCHUTZ INNSBRUCK
www.kinderschutz-tirol.at
6020 Innsbruck, Schöpfstraße 19,
Tel.: 0 51 2/58 37 57
innsbruck@kinderschutz-tirol.at
Kinderschutz Imst
6460 Imst, Dr.-Pfeiffenberger-Straße 14
Tel.: 0 54 12/634 05
imst@kinderschutz-tirol.at
Kinderschutz Lienz
9900 Lienz, Amlacherstraße 2
Dolomitencenter / Stiege 3 / 1. Stock
Tel.: 0 48 52/714 40
lienz@kinderschutz-tirol.at
Kinderschutz Wörgl
6300 Wörgl, Bahnhofstraße 53
Tel.: 0 53 32/721 48
woergl@kinderschutz-tirol.at
Das Kinderschutzzentrum Tirol ist eine Anlaufstelle bei sexueller, körperlicher und psychischer Gewalt sowie Vernachlässigung von Kindern und Jugendlichen. Das Angebot richtet sich an betroffene Kinder und Jugendliche, deren Angehörige und FreundInnen sowie an Personen aller Berufsgruppen, die mit Kindern und Jugendlichen arbeiten.

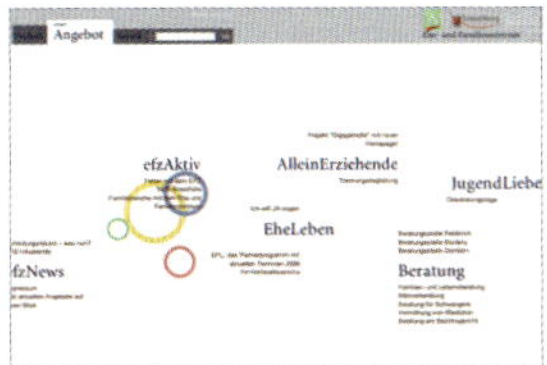

Ehe- und Familienzentrum der Diözese Feldkirch

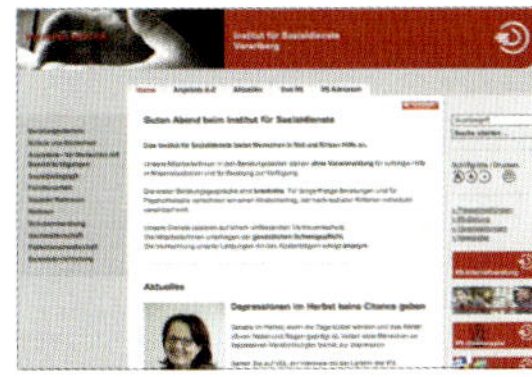

Vorarlberger Familienbund

VORARLBERG

EHE- UND FAMILIENZENTRUM DER DIÖZESE FELDKIRCH

6800 Feldkirch, Herreng. 4, Tel.: 0 55 22/820 72
beratungsstellen-efz@kath-kirche-vorarlberg.at
www.efz.at
Hilfe bei persönlichen Krisen, Partnerschafts- und Familienproblemen, Erziehungsschwierigkeiten, Trennung und Scheidung, Familienplanung etc. Außerdem bietet das Ehe- und Familienzentrum Feldkirch Gruppentraining für Kinder und Jugendliche aus Trennungs- und Scheidungsfamilien an.

VORARLBERGER FAMILIENBUND

www.ifs.at
IfS-Beratungszentrum Bludenz
6700 Bludenz, Klarenbrunnstraße 12
Tel.: 0 55 52/623 03, ifs.bludenz@ifs.at
IfS-Beratungszentrum Bregenz
6900 Bregenz, St.-Anna-Straße 2
Tel.: 0 55 74/425 90-0, ifs.bregenz@ifs.at
IfS-Beratungszentrum Bregenzerwald
6863 Egg, Gerbe 1135, Tel.: 0 55 12/20 79-0
ifs.bregenzerwald@ifs.at
IfS-Beratungszentrum Feldkirch
6800 Geldkirch, Schießstätte 14
Tel.: 0 55 22/759 02-0, ifs.feldkirch@ifs.at
IfS-Beratungszentrum Dornbirn
6850 Dornbirn, Kirchgasse 4b
Tel.: 0 55 72/213 31-0, ifs.dornbirn@ifs.at
IfS-Beratungszentrum Hohenems
6845 Hohenems, Franz-Michael-Felder-Str. 6
Tel.: 0 55 76/733 02-0
ifs.hohenems@ifs.at
Der Vorarlberger Familienbund kooperiert mit den Familienberatungsstellen des Instituts für Sozialdienst (IfS) in allen Städten des Landes.

VERSICHERUNG

Sicher ist sicher

Gut abgesichert für den Fall des Falles.

„Was passiert, wenn mir etwas zustößt?" Diese Frage bewegt uns ganz besonders, wenn wir Familie haben. Sei es, dass der Familienerhalter seinen Job verliert, einen Unfall hat oder für längere Zeit arbeitsunfähig ist oder dass ein Unfall im Haushalt schlimme Folgen hat. Die Auswirkungen auf die ganze Familie sind oft größer, als man vorher absehen kann.

Es lohnt sich also, für den Ernstfall vorzusorgen. Die richtige Versicherung ist ein gutes Ruhekissen. Die für den Einzelnen passende Variante zu finden, ist für den Laien nicht einfach. Denn die Angebote und Leistungen der Institute unterscheiden sich in wichtigen Details voneinander, sodass es genau zu vergleichen gilt. Perfekt, wenn man einen Makler seines Vertrauens hat. Ein unabhängiger Berater hat den Überblick über den Markt und kann fundierte Tipps und Infos zu den jeweiligen Produkten geben. Verschaffen Sie sich mit unserem Überblick eine Orientierung über die vielfältigen Möglichkeiten, sich für den Fall des Falles abzusichern.

VORSORGE FÜR DEN KRANKHEITSFALL

Die gesetzliche Krankenversicherung bietet eine Basis, mit der die medizinische Grundversorgung abgedeckt ist. Wer spezielle Leistungen wie Arztwahl, Einzel- oder Doppelzimmer im Spital, alternative Behandlungsmöglichkeiten wie Akupunktur etc. in Anspruch nehmen möchte, ist mit einer zusätzlichen privaten Krankenversicherung gut beraten. Vor dem Abschluss sollte man die Einzelleistungen genau abwägen, da sich die Prämien danach richten, was abgedeckt ist. Auch die Varianten der Refundierung eines Betrags bei Nichtinanspruchnahme und höherer Prämie oder aber eines Selbstbehalts und niedrigerer Prämie sind zu erwägen.

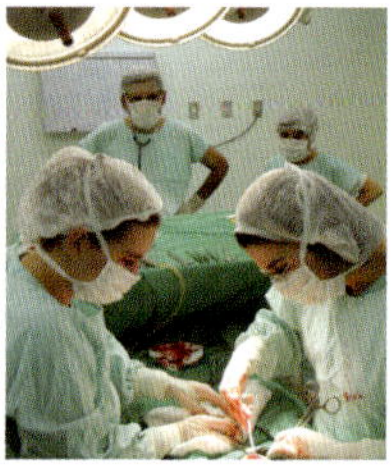

Wer im Falle eines Falles spezielle Leistungen refundiert haben will, sollte eine Zusatzkrankenversicherung abschließen.

Stationäre Sonderklasse: Damit sind die Krankenhauskosten in der Sonderklasse gedeckt. Großer Vorteil: Der behandelnde Arzt und das Krankenhaus können frei gewählt werden. Zudem ist die Unterbringung im Spital deutlich besser als in der normalen Klasse. In manchen Spitälern ist der Aufenthalt so komfortabel wie in einem Hotel. Wichtig speziell für kleine Kinder: In bestimmten Tarifen ist die Übernachtung der Mutter beim kranken Kind im Spital inkludiert.

Die Prämie hängt vom Alter des Versicherten ab. Ein Abschluss in möglichst jungen Jahren sichert eine niedrigere Prämie für später. „Familienpakete" ermöglichen die günstige Mitversicherung von Partner und Kindern. Interessant sind auch Gruppenversicherungen von Firmen. Auch die Zusatzleistungen sind oft vielfältig: Von preisreduzierten Wellnessurlauben bis zum Gratis-Gesundheitscheck gibt es tolle Packages, die Kunden erfreuen und – ebenso wichtig – gesund erhalten.

Ambulante Sonderklasse: Diese Versicherung deckt den privaten Selbstbehalt beim Arzt ab. Der Versicherte kann seinen Arzt frei wählen und Spezialisten konsultieren, die keinen Kassenvertrag haben. Es gibt zahlreiche Möglichkeiten, um den Versicherungsschutz auf die eigenen Bedürfnisse abzustimmen. Bei einigen Versicherungen etwa werden alternativmedizinische Behandlungen wie Akupunktur oder Homöopathie gedeckt. Selbst die Kosten für Psychotherapie oder Heilbehelfe wie Kontaktlinsen, Hörgeräte etc. lassen sich inkludieren. Auch hier gibt es die Möglichkeit, eine günstigere Variante mit Selbstbehalt oder eine (teurere) mit voller Abdeckung der Kosten zu wählen.

Wichtig für Selbstständige: Mit einer Taggeldversicherung bekommt man für jeden Tag im Krankenhaus einen bestimmten Betrag, mit dem sich zumindest die laufenden Fixkosten wie Miete, Kreditraten, Telefon usw. decken lassen. Oftmals entscheidend für das Überleben eines Unternehmens!

Kleine Unfälle kommen täglich vor. Manchmal geht es nicht so gimpflich aus, weshalb eine Unfallversicherung sinnvoll ist.

ABSICHERUNG BEI UNFÄLLEN

Freizeitunfälle sind besonders häufige Unfallsarten und sollten daher durch eine private Unfallversicherung abgedeckt werden. Um auch im Extremfall, etwa bei bleibender Invalidität, entsprechende finanzielle Unterstützung zu bieten, sollte die Versicherungssumme entsprechend hoch gewählt werden. Vorsicht, es gibt Einschränkungen bei der Unfallversicherung: Unfälle bei Extremsportarten, Motor- oder Wintersportwettbewerben sowie infolge von Alkohol-, Suchtgift- oder Medikamentenmissbrauch sind für gewöhnlich nicht durch die Versicherung gedeckt!

Versichern sollte man alle Familienmitglieder, auch die Kinder. Für diese werden auch in Schulen oder diversen Organisationen Versicherungen angeboten, aber da sie meist relativ niedrige Leistungen umfassen, sind sie vor allem als Ergänzung geeignet.

Für den oder die Familienerhalter ist eine Abdeckung im Todesfall ratsam, um den zurückbleibenden Familienmitgliedern angesichts der menschlichen Katastrophe zumindest eine gewisse finanzielle Sicherheit zu bieten. Die Versicherungssumme sollte auf eine Lebensversicherung – falls vorhanden – abgestimmt werden.

LEBENSVERSICHERUNG

Wichtigste Form der finanziellen Vorsorge ist die Lebensversicherung. Diese ist nicht nur als Absicherung für den Ernstfall gedacht, sondern ist als klassische Er- und Able-

Lebensversicherungen werden viele angeboten. Auch empfiehlt es sich, Beratung einzuholen.

bensversicherung als Zukunftsvorsorge beliebt. Sinnvoll ist die Kombination aus Vorsorge im Todesfall und Zukunftsabsicherung: Die Versicherungssumme wird bei Ableben des Versicherten oder nach Ablauf der Vertragsdauer fällig. Somit ist entweder für die Hinterbliebenen vorgesorgt oder aber es wird Kapital aufgebaut. Dabei wird die Prämie je nach dem Lebensalter des Versicherten bemessen und ist – da ja das Risiko des Ablebens gedeckt und die Versicherungssumme nach Ablauf ausbezahlt wird – deutlich höher als bei Risiko- und Terminfix-Versicherung.

Bei der Risikoversicherung wird die Versicherungssumme ausschließlich bei Ableben ausbezahlt. Insbesondere wenn Kredite aufgenommen wurden, ist eine Risikoversicherung für jeden Verdienenden der Familie empfehlenswert. Bei der Termfix-Versicherung wiederum wird die Versicherungssumme zu einem vereinbarten Termin ausbezahlt. Dies auch, wenn die Prämienzahlung infolge des vorzeitigen Ablebens des Versicherten nicht über den gesamten Zeitraum geleistet wurde.

Bei der fondsgebundenen Lebensversicherung werden die einbezahlten Versicherungsgelder überwiegend in Wertpapieren angelegt, wodurch diese Versicherung etwas riskanter ist. Die Versicherungssumme steigt oder sinkt je nach Entwicklung der Papiere, wobei das Risiko festgelegt werden kann. Bei konservativer Veranlagung ist die Gefahr von Verlusten klein, wer aber hohe Gewinne einfahren möchte, muss auch eventuelle Verluste einkalkulieren.

Die Rentenversicherung empfiehlt sich, um eine lohnende Zusatzpension zu erzielen. In diesem Fall lässt sich eine solide Basis schaffen, um ab Fälligkeitsdatum auf eine vereinbarte Zeit eine nennenswerte monatliche Rente ausbezahlt zu bekommen.

BAUSPAREN

Der klassische Bausparvertrag dient inzwischen als gern angenommene Sparform – auch ohne Hausbau.

Während es früher auf einen Haus- oder Wohnungskauf ausgerichtet war, kann Bausparen mittlerweile jeglichem langfristigen Sparziel dienen. So ist es als Möglichkeit, für die Kinder anzusparen, eine beliebte Sparform, aber auch zur Absicherung der eigenen Zukunft zum Beispiel in der Pension ist es geeignet. Zudem besteht die Möglichkeit eines günstigen Bauspardarlehens für eine weitere benötigte Summe, das bis zu einer Höhe von 22.000 Euro sogar ohne hypothekarische Sicherstellung gewährt wird. Für größere Beträge ist aufgrund des Bauspargesetzes eine Eintragung im Grundbuch von Haus oder Wohnung notwendig. Eine gute Basis also, auf der Familien aufbauen und sich absichern können. Weil es sich lohnt, beizeiten an die Zukunft zu denken.

PROMOTION

Ihr kompetenter Partner in Sachen Lebensversicherungen

Die BAWAG P.S.K. Versicherung steht für ertragreiches Wachstum mit gleichzeitiger Sicherheitsorientierung, hohe Servicequalität sowie innovative Produktentwicklung – wobei Sie als Kunde stets im Fokus unserer Handlungen stehen. Mit der richtigen Veranlagungs- und Vorsorgevariante erreichen Sie Ihre Ziele einfach schneller und ertragreicher – und das bei optimaler Sicherheit der veranlagten Gelder. **Eine klassische Lebensversicherung** ist – wie der Name schon sagt – der „Klassiker" unter den Lebensversicherungen und die sicherste Veranlagungsform. Sie punktet mit einer garantierten Mindestverzinsung, dem Versicherungsschutz ab dem ersten Tag und einer attraktiven Gewinnbeteiligung. Der Kapitalstand kann sich somit nicht verringern, sondern wird um die jeweils am Markt erwirtschafteten Gewinnanteile erhöht. Entsprechend Ihrem persönlichen Bedarf können Sie auch eine Variante ohne Ablebensschutz und mit dadurch erhöhter Rendite wählen.

Oder Sie gehen in Richtung einer speziellen **Rentenversicherung**. Natürlich funktioniert das Ganze mit regelmäßigen Prämien im Sinne des Ansparens oder mit der Veranlagung von Einmalkapital. Die fondsgebundene Lebensversicherung ermöglicht höhere Erträge durch gezielte Veranlagung auf den internationalen Finanzmärkten. Dazu zählt auch die **BAWAG Zukunftsvorsorge** mit staatlicher Prämienförderung – der **„moderne Bausparvertrag"**. Mit den erhöhten Ertragschancen geht auch ein höheres Risiko einher. Sie können sich bei der BAWAG Fondsvorsorge jedoch durch die Auswahl an breit gestreuten Investmentfonds Ihr persönliches Verhältnis aus Sicherheit und Ertrag erstellen. Beim BAWAG Gewinnbrief übernehmen wir für Sie das aktive Management des zugrunde liegenden Wertpapierportfolios und das bei 100 % Kapitalgarantie (Garantiegeber BAWAG P.S.K. Versicherung AG).

In den österreichweiten BAWAG Filialen sind Sie zu allen Fragen rund um Vorsorge, Veranlagung und Absicherung garantiert bestens beraten!

BAWAG P.S.K. Versicherung AG
E-Mail: versicherung@bawagpskvers.at
www.bawagpskvers.at

BAWAG Versicherung
Versicherer: BAWAG P.S.K. Versicherung AG

Raiffeisen Bausparkasse

s Bausparkasse

▸ DIE ÖSTERREICHISCHEN BAUSPARKASSEN

Über Jahrzehnte waren die Zinsen der Bausparkassen auf den Prozentpunkt gleich. Seit einiger Zeit weht auch hier der Wind des Wettbewerbs. Für Sparverträge werden unterschiedliche Zinsen geboten. Die Angebote wechseln. Ein aktueller Vergleich der Effektivverzinsung über die gesamte Laufzeit lohnt sich. Denn manch günstiges Angebot kann täuschen, etwa wenn einem hohen Einstiegszinssatz eine niedrigere Verzinsung in den nächsten Jahren folgt.
Auch bei der Zwischenfinanzierung und den Darlehen sind die Zinssätze aktueller Angebote unterschiedlich. Zum Nettozinssatz wird bei manchen Instituten zusätzlich noch ein Kapitalbeschaffungskostenbeitrag verrechnet.

ABV – ALLGEMEINE BAUSPARKASSE DER VOLKSBANKEN

1091 Wien, Liechtensteinstraße 111–115
Tel.: 050/400 46-0, service@abv.at
www.abv.at
Vertrieb über Volksbanken und andere Geldinstitute sowie freiberufliche Berater.

RAIFFEISEN BAUSPARKASSE GMBH

1050 Wien, Wiedner Hauptstraße 94
Tel.: 01/546 46-0, kunden.service@raibau.at
www.wohnbausparen.at
Kundenberatungszentrum
1050 Wien, Wiedner Hauptstraße 94
Öffnungszeiten: Februar bis November:
Mo–Do 8.30–16.30 Uhr, Fr 8.30–16.00 Uhr
Dezember bis Jänner:
Mo–Do 8.30–17.00 Uhr, Fr 8.30–16.30 Uhr
Der Vertrieb erfolgt in allen Raiffeisenbank-Filialen.

S BAUSPARKASSE BAUSPARKASSE DER ÖSTERREICHISCHEN SPARKASSEN AG

1031 Wien, Beatrixgasse 27
Service-Center: Tel.: 05/0100-29 900
www.sbausparkasse.at
Vertrieb über Sparkassen und Banken sowie freiberufliche Berater.

WÜSTENROT AG

5033 Salzburg, Alpenstr. 70, Tel.: 05/70 70-111
kundenservice@wuestenrot.at
www.wuestenrot.at
Vertrieb über eigene Geschäftsstellen in ganz Österreich und Geldinstitute sowie freiberufliche Berater.

▸ LEBENSVERSICHERUNGEN

Bei den klassischen Lebensversicherungen unterscheiden sich die Angebote der Versicherungen nur wenig – auch wenn sie oft wohlklingende und vielversprechende Namen tragen. Anders bei den fondsgebundenen Versicherungen und in der Rentenversicherung. Hier kommen immer wieder neue Produkte auf den Markt. Ein seriöser Versicherungsberater, oder noch besser ein Makler, wird helfen, die beste Wahl zu treffen. Von manchen Instituten werden auch gute Vorsorgeprodukte wie z. B. Hochzeitsversicherungen, die bei der Hochzeit des Kindes bzw. zu einem bestimmten Zeitpunkt fällig werden und die auch bei vorzeitigem Ableben der versicherten Person (Mutter, Vater etc.) ausbezahlt werden.

▸ KRANKENVERSICHERUNGEN

Zahlreiche Institute bieten Krankenversicherungen an. Vom Grundprinzip sind die

Allianz Elementar

Uniqa

Angebote sehr ähnlich. Unterschiedlich sind aber die Zusatzleistungen – allerdings nach dem Motto „Hier ein bisschen mehr, dort ein bisschen weniger". Die Tarife und Leistungen aller Versicherer im Detail zu vergleichen, wird kaum möglich sein. Wer günstig fahren will, sollte seine persönlichen Ansprüche an die Zusatz-Krankenversicherung definieren und aus mehreren Angeboten jenes wählen, das den eigenen Bedürfnissen am besten entspricht, beziehungsweise sich von einem unabhängigen Makler beraten lassen.

Mit dem Kind ins Spital: Im Rahmen einer Krankenzusatzversicherung mit Begleitkosten stehen Ihrem Kind bzw. Ihnen Sonderklasse und freie Arztwahl (zum Beispiel Ihr Kinderarzt) zu Verfügung. Wichtig sind hierbei insbesondere die Begleitkosten, damit ein Elternteil auch über Nacht beim Kind bleiben kann. Krankenzusatzversicherungen werden über die UNIQA, Allianz, Wiener Städtische, Generali und Merkur Versicherung angeboten. Die Kosten betragen ab zirka 35 Euro pro Monat und Kind. Auch werden entsprechende Pakete über Vereine wie MUKI angeboten.

Tipp des Versicherungsmaklers: Die Krankenversicherer bieten für Kinder überaus günstige Tarife für Privatärzte an. Die Kosten betragen ab zirka 9 Euro pro Monat. Darüber hinaus sind Kosten für verschriebene Impfungen, Heilbehelfe etc. inkludiert. Um für Ihre Familie und Sie den optimalen Versicherungsschutz zu gewährleisten, sollten Sie in jedem Fall den Rat eines unabhängigen Versicherungsmaklers einholen, der per Gesetz den Kunden gegenüber den Versicherungsgesellschaften vertritt. Weil auch Sie richtig versichert sein sollten.

ALLIANZ ELEMENTAR VERSICHERUNGS-AKTIENGESELLSCHAFT
1130 Wien, Hietzinger Kai 101–105
Tel.: 01/878 07-0, office@allianz.at
www.allianz.at

CALLDIRECT VERSICHERUNG AG
1029 Wien, Untere Donaustraße 21
Tel.: 01/211 09-28 58, office@calldirect.at
www.calldirect.at

GENERALI VERSICHERUNG AG
1011 Wien, Landskrongasse 1–3
Tel.: 01/534 01-0, headoffice@generali.at
www.generali.at

MERKUR VERSICHERUNG AKTIENGESELLSCHAFT
8011 Graz, Neutorgasse 57
Tel.: 0 31 6/80 34-0, merkur@merkur.at
www.merkur.at

MUKI VERSICHERUNGSVEREIN AUF GEGENSEITIGKEIT
4802 Ebensee, Rindbachstraße 15
Tel.: 0 61 33/82 82-0
versicherung@muki.com
www.muki.com

UNIQA PERSONENVERSICHERUNG AG
1029 Wien, Untere Donaustraße 21
Tel.: 01/211 75-0, info@uniqa.at
www.uniqa.at

WIENER STÄDTISCHE VERSICHERUNG AG VIENNA INSURANCE GROUP
1010 Wien, Schottenring 30, Ringturm
Tel.: 050/350-200 00
mail-us@staedtische.co.at
www.wienerstaedtische.at

Generali Versicherung AG

Wr. Städtische im Ringturm

WÜSTENROT VERSICHERUNGS-AG
5033 Salzburg, Alpenstr. 61, Tel.: 05/70 70-100
versicherung@wuestenrot.at
www.wuestenrot.at

▸ SCHÜLERVERSICHERUNGEN

Bei Schulwegsunfällen bzw. bei Unfällen in der Schule. Einige Versicherungen, insbesondere die Nö. Versicherung AG und die Wiener Städtische Versicherungs AG, bieten eigene Schülerunfallversicherungen an.
Tipp des Versicherungsmaklers: Eine Schülerunfallversicherung ist in ihrer Schadensleistung meist sehr eingeschränkt und kann daher nur als Ergänzung dienen.

DIE NIEDERÖSTERREICHISCHE ERSTE N.OE. BRANDSCHADEN-VERSICHERUNGSAKTIENGESELLSCHAFT
3100 St. Pölten, Neue Herrengasse 10
Tel.: 01/313 70-0, info@noevers.at
www.noevers.at

GENERALI VERSICHERUNG AG
1011 Wien, Landskrongasse 1–3
Tel.: 01/534 01-0, headoffice@generali.at
www.generali.at

WIENER STÄDTISCHE VERSICHERUNG AG VIENNA INSURANCE GROUP
1010 Wien, Schottenring 30, Ringturm
Tel.: 050/350-200 00
mail-us@staedtische.co.at
www.wienerstaedtische.at

▸ HAFTPFLICHTVERSICHERUNG

Für vom Kind verursachte Schäden. Generell sind Kinder bei ihren Eltern bei bestehender Haushaltsversicherung, so lange Sie im gleichen Haushalt wohnen, mitversichert. Die Altersgrenzen liegen je nach Versicherung zwischen 24 und 27 Jahren. Die aktuell in den Haushaltsversicherungen angebotenen Versicherungssummen sind zumeist ausreichend. Achten Sie bei älteren Polizzen darauf, dass die Haftpflichtversicherungssumme zumindest bei 750.000 Euro liegt. Generell gilt natürlich: je höher die Versicherungssumme desto besser.
Schadensbeispiel: Ihr Sohn fährt mit dem Rad und fährt dabei einen Passanten an. Dieser stürzt und bricht sich den Arm. Nun werden an Sie Schadenersatzforderungen gestellt, etwa Schmerzengeld, Verdienstentgang, Rehabilitationskosten etc. Dies deckt Ihre Haftpflichtversicherung.
Haushaltsversicherungen oder Privathaftpflichtversicherungen werden von praktisch jedem Versicherungsunternehmen in Österreich angeboten.
Tipp des Versicherungsmaklers: Achten Sie darauf, dass Ihr Kind, sobald es einer selbstständigen oder unselbstständigen Arbeit nachgeht (z. B. Lehrlinge) sofort aus dem Versicherungsschutz herausfällt, obwohl es vielleicht noch im gemeinsamen Haushalt lebt.

▸ RECHTSSCHUTZVERSICHERUNG

Für Familien mit Kindern. Für Rechtsschutzversicherungen gilt Ähnliches wie für Haushaltsversicherungen. Mitversichert sind neben dem Versicherungsnehmer auch alle Familienangehörigen im gemeinsamen Haushalt. Fast alle Versicherungsunternehmen bieten Rechtsschutzversicherungen für Familien an.

Arag

Dialog Lebensversicherung

Rechtsschutzversicherungen werden in unterschiedlichen Paketen angeboten. Wenden Sie sich daher am besten an einen unabhängigen Versicherungsmakler, der Ihnen ein auf die Bedürfnisse Ihrer Familie angepasstes Paket zusammenstellt, um unnötige Kosten zu vermeiden.

Tipp des Versicherungsmaklers: Ausgesprochene Spezialrechtsschutzversicherungen wie DAS, ARAG oder die Roland Rechtsschutz-Versicherung AG bieten meist ein umfangreicheres Rechtsschutzpaket als klassische Versicherer.

▸ VERSICHERUNGSINSTITUTE

ALLIANZ ELEMENTAR LEBENS-VERSICHERUNGS-AKTIENGESELLSCHAFT
1130 Wien, Hietzinger Kai 101–105
Tel.: 01/878 07-0, office@allianz.at
www.allianz.at

APK-VERSICHERUNG AKTIENGESELLSCHAFT
1031 Wien, Landstraßer Hauptstraße 26
Tel.: 01/712 99 80-0, apk@apk.at
www.apk-versicherung.at

ARAG ÖSTERREICH ALLGEMEINE RECHTSSCHUTZVERSICHERUNGS-AKTIENGESELLSCHAFT
1041 Wien, Favoritenstraße 36, Postfach 182
Tel.: 01/531 02-0, info@arag.at
www.arag.at

ASPECTA LEBENSVERSICHERUNG AG – NIEDERLASSUNG ÖSTERREICH
1010 Wien, Naglergasse 1 / Graben
Tel.: 01/533 91 50-0, info@aspecta.com
www.aspecta.at

BA-CA VERSICHERUNG UND UNION VERSICHERUNGS AG
1011 Wien Schottenring 30, Ringturm
Tel.: 01/313 83-0
1011 Wien, Schottenring 27–29, Tel.: 01/313 83-0
office@ba-cav.at
www.bacav-union.at

BASLER VERSICHERUNGS-AKTIENGESELLSCHAFT IN ÖSTERREICH
1203 Wien, Brigittenauer Lände 50–54
Tel.: 01/331 60-0, office@basler.co.at
www.basler.co.at

BAWAG-VERSICHERUNG AKTIENGESELLSCHAFT
1050 Wien, Grüngasse 16, Tel.: 01/546 16-1000
versicherung@bawagpskvers.at
www.bawag-versicherung.at

CALLDIRECT VERSICHERUNG AG
1029 Wien, Untere Donaustraße 21
Tel.: 01/211 09-28 58, office@calldirect.at
www.calldirect.at

D.A.S. ÖSTERREICHISCHE ALLGEMEINE RECHTSSCHUTZ-VERSICHERUNGS-AKTIENGESELLSCHAFT
1171 Wien, Hernalser Gürtel 17
Tel.: 01/404 64-12 66, kundenservice@das.at
www.das.at

DIALOG LEBENSVERSICHERUNGS-AG
D-86150 Augsburg, Halderstraße 29
Postanschrift: D-86005 Augsburg
Postfach 10 15 43, Tel.: +49/821/319-0
info@dialog-leben.de
www.dialog-leben.at
Das Unternehmen ist außerordentliches Mitglied des VVO.

Donau Allgemeine Versicherungs-Aktiengesellschaft

Gothaer Lebensversicherung AG

DIE NIEDERÖSTERREICHISCHE ERSTE N.OE. BRANDSCHADEN-VERSICHERUNGSAKTIENGESELLSCHAFT
3100 St. Pölten, Neue Herrengasse 10
Tel.: 01/313 70-0, info@noevers.at
www.noevers.at

DONAU ALLGEMEINE VERSICHERUNGS-AKTIENGESELLSCHAFT
1010 Wien, Schottenring 15
Tel.: 050/330-700 00
donau@donauversicherung.at
www.donauversicherung.at

DREI-BANKEN VERSICHERUNGS-AKTIENGESELLSCHAFT
4020 Linz, Wiener Straße 32
Tel.: 0 73 2/65 44 55-0, service@3bvs.at
www.3bvs.at

FINANCE LIFE LEBENSVERSICHERUNG AG
1029 Wien Untere Donaustraße 21
Tel.: 01/214 54 01-0, service@financelife.com
www.financelife.com

GENERALI VERSICHERUNG AG
1011 Wien, Landskrongasse 1–3
Tel.: 01/534 01-0, headoffice@generali.at
www.generali.at

GERLING-KONZERN LEBENSVERSICHERUNGS-AG DIREKTION FÜR ÖSTERREICH
1200 Wien, Handelskai 94–96 (Millennium Tower), Tel.: 01/207 09-0
office.gfs-austria@gerling.com
www.gerling.at

GOTHAER LEBENSVERSICHERUNG AG NIEDERLASSUNG ÖSTERREICH
1010 Wien, Goldschmiedgasse 2
Tel.: 01/877 26 36, info@gothaer.at
www.gothaer.at

GRAZER WECHSELSEITIGE VERSICHERUNG AKTIENGESELLSCHAFT
8011 Graz, Herrengasse 18–20
Tel.: 0 31 6/80 37-0, service@grawe.at
www.grawe.at

HDI HANNOVER VERSICHERUNG AG
1120 Wien, Edelsinnstraße 7–11
Tel.: 05/09 05-0, office@hdi.at
www.hdi.at

HELVETIA VERSICHERUNGEN AG
1011 Wien, Hoher Markt 10–12, Tel.: 050/222-0
www.helvetia.at

HYPO-VERSICHERUNG AKTIENGESELLSCHAFT
8010 Graz, Frauengasse 4, Tel.: 0 31 6/81 30 77
service@hypo-versicherung.at
www.hypo-versicherung.at

KÄRNTNER LANDESVERSICHERUNG AUF GEGENSEITIGKEIT
9020 Klagenfurt, Domgasse 21
Tel.: 0 46 3/58 18, anfragen@klv.at
www.klv.at

MERKUR VERSICHERUNG AG
8011 Graz, Neutorgasse 57, Tel.: 0 31 6/80 34-0
merkur@merkur.at
www.merkur.at

MUKI VERSICHERUNGSVEREIN AUF GEGENSEITIGKEIT
4802 Ebensee, Rindbachstraße 15
Tel.: 0 61 33/82 82-0, versicherung@muki.com
www.muki.com

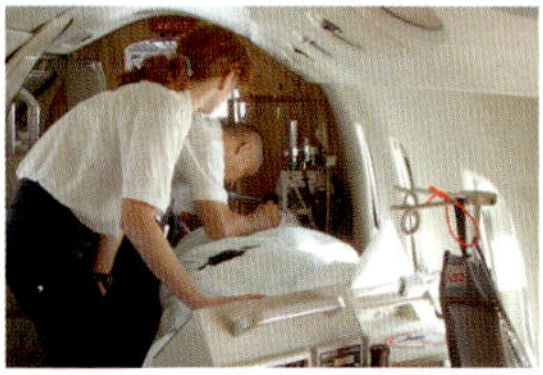

OAFA

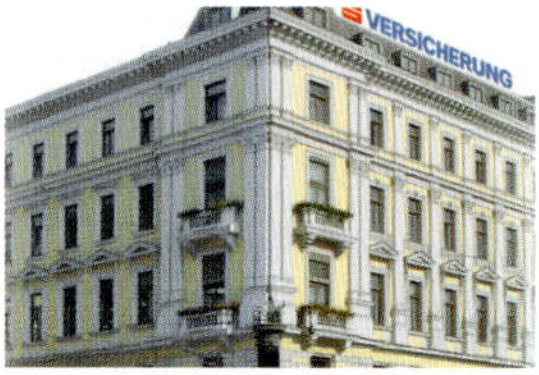

Sparkassen Versicherung

NÜRNBERGER VERSICHERUNG AKTIENGESELLSCHAFT ÖSTERREICH
5020 Salzburg, Moserstraße 33
Tel.: 0 66 2/44 87-0, gd@nuernberger.at
www.nuernberger.at

OAFA AUSLANDSKRANKENVERSICHERUNG, ÄRZTEFLUGAMBULANZ
1080 Wien, Albertgasse 1a
Tel.: 01/40 456, office@oafa.com
www.oafa.com

OBERÖSTERREICHISCHE VERSICHERUNGS AG
4020 Linz, Gruberstraße 32
Tel.: 05/78 91-0, office@ooev.at
www.keinesorgen.at

ÖSTERREICHISCHE BEAMTEN-VERSICHERUNG VERSICHERUNGSVEREIN AUF GEGENSEITIGKEIT
1016 Wien, Grillparzerstraße 11
Tel.: 01/401 20-0, mail@oebv.com
www.oebv.com

P.S.K. VERSICHERUNG AG
1050 Wien, Grüngasse 16, Tel.: 01/536 53-0
versicherung@bawagpskvers.at
www.pskversicherung.at

QUELLE LEBENSVERSICHERUNG AKTIENGESELLSCHAFT
2320 Schwechat, Am Concordepark 1/D2
Tel.: 0800/22 66 88-99
info@quelle-versicherungen.at
www.quelle-versicherungen.at

RAIFFEISEN VERSICHERUNG AG
1029 Wien, Untere Donaustraße 21
Tel.: 01/211 19-0
service@raiffeisen-verischerung.at
www.raiffeisen-versicherung.at

SALZBURGER LANDES-VERSICHERUNG AG
5021 Salzburg, Auerspergstraße 9
Tel.: 0 66 2/86 89-0, salzburger@uniqa.at
www.salzburger.biz

SKANDIA LEBEN AG LEBENSVERSICHERUNGS-AKTIENGESELLSCHAFT
1013 Wien, Wildpretmarkt 2–4
Tel.: 01/536 64-0, kundenservice@skandia.at
www.skandia.at

SPARKASSEN VERSICHERUNG AKTIENGESELLSCHAFT
1011 Wien, Wipplingerstraße 36–38
Postanschrift: 1011 Wien, Postfach 440
Tel.: 05/0100-754 00
sag@s-versicherung.co.at
www.s-versicherung.co.at

THE STANDARD LIFE ASSURANCE COMPANY
Zweigniederlassung Deutschland
D-60528 Frankfurt am Main
Lyoner Straße 15
Tel.: +49/69/665 72-0
Kundenservice@standardlife.de
www.standardlife.de
Vertriebsdirektion Österreich
8020 Graz, Brückenkopfgasse 1
Tel.: 0810/00 47 48
salesaustria@standardlife.at
www.standardlife.at

TIROLER VERSICHERUNG V.A.G.
6010 Innsbruck, Wilhelm-Greil-Straße 10
Tel.: 0 51 2/53 13-0, mail@tiroler.at
www.tiroler.at

Wr. Städtische Versicherung

Zürich Versicherungs-AG

UNION VERSICHERUNGS-AKTIENGESELLSCHAFT
1011 Wien, Schottenring 30, Ringturm
Tel.: 01/313 83-0
Zentralgeschäftsstelle:
1011 Wien, Schottenring 27–29
Tel.: 01/313 83-0, office@ba-cav.at
www.ba-versicherung.at

UNIQA PERSONENVERSICHERUNG AG
1029 Wien, Untere Donaustraße 21
Tel.: 01/211 75-0, info@uniqa.at
www.uniqa.at

VAV VERSICHERUNGS-AKTIENGESELLSCHAFT
1030 Wien, Münzgasse 6
Tel.: 01/716 07-0, info@vav.at
www.vav.at

VICTORIA-VOLKSBANKEN VERSICHERUNGSAKTIENGESELLSCHAFT
1013 Wien, Schottengasse 10
Tel.: 01/313 41-0, office@victoria.at
www.victoria.at

VORARLBERGER LANDES-VERSICHERUNG V.A.G.
6901 Bregenz, Bahnhofstraße 35
Tel.: 0 55 74/412-0, vlv@vlv.at
www.vlv.at

WIENER STÄDTISCHE VERSICHERUNG AG VIENNA INSURANCE GROUP
1010 Wien, Schottenring 30, Ringturm
Tel.: 050/350-200 00
mail-us@staedtische.co.at
www.wienerstaedtische.at

WÜSTENROT VERSICHERUNGS-AKTIENGESELLSCHAFT
5033 Salzburg, Alpenstraße 61
Tel.: 05/70 70-100
versicherung@wuestenrot.at
www.wuestenrot.at

XL INSURANCE COMPANY LIMITED
Zweigniederlassung für Österreich
1010 Wien, Löwelstraße 12
Tel.: 01/506 02-0
www.xlinsurance.com

ZÜRICH VERSICHERUNGS-AKTIENGESELLSCHAFT
1015 Wien, Schwarzenbergplatz 15
Tel.: 08000/80 80 80
service@zurich.at, www.zurich.at
www.familien-schutz.at

▸ VERSICHERUNGSMAKLER

VERSICHERUNGSMAKLER, VERSICHERUNGSBERATER, FINANZDIENSTLEISTUNG
www.versicherungsmakler.at
Die Plattform der Versicherungsmakler, Versicherungsberater, Finanzdienstleistung in Österreich bietet Adressen von Maklern, geordnet nach Bundesländern und Orten. Ideal, um einen Experten in der Nähe zu finden.

THEMENGUIDES

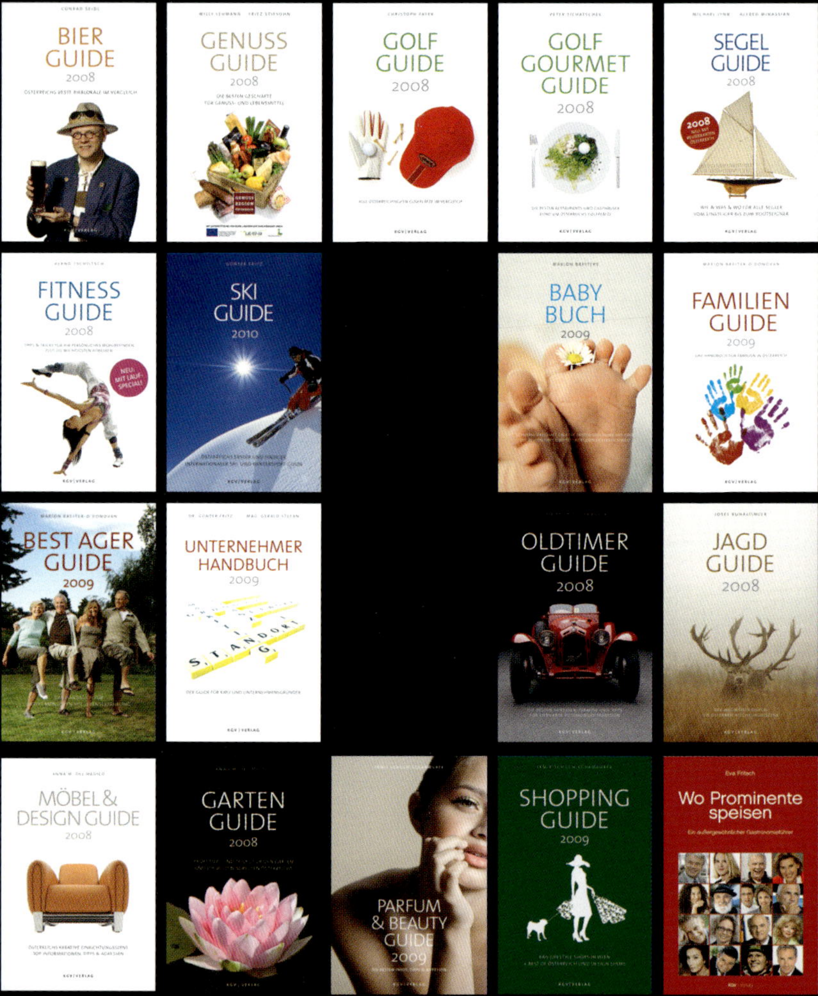

WOHNEN

Wohnen nach Maß

So ermöglichen Sie sich Ihren Wohntraum.

Der eine träumt vom eigenen Haus, der nächste von einer Eigentumswohnung. Für den einen kommen nur Neubauten in Frage, der andere schwört auf Altbau. Geschmäcker sind eben verschieden und damit auch die Wünsche, was das Wohnen angeht. Dabei sind Träume die eine Seite, ihre Realisierung die andere. Ausschlaggebend ist im Endeffekt immer die finanzielle Lage.

Daher: Zunächst überlegen, welcher Spielraum realistisch ist. Wie hoch sind die verfügbaren Ersparnisse? Wie sicher ist die Einkommenssituation des Familienerhalters bzw. der Familienerhalter? In welcher Lebenssituation befindet man sich? Ist die Ehe oder Partnerschaft so stabil, dass man sich gemeinsam etwas „schaffen" möchte? Wie hoch können Rückzahlungen sein, um sie sich über Jahre leisten zu können?

Grundsätzlich sollten Eigenmittel in der Höhe von zirka 30 Prozent der Gesamtsumme vorhanden sein. Was die Höhe der Rückzahlungen betrifft, so sollte man anhand der Zinshöchststände der letzten 15 Jahre die höchste mögliche Rate errechnen und hinterfragen, ob man sich diese leisten könnte. Auch eventuell mögliche Förderungen und Begünstigungen gilt es einzukalkulieren. In jedem Fall lohnt es sich, beizeiten gute Kontakte zu seiner Bank zu pflegen, um diese bei Bedarf nutzen zu können.

MIETEN ODER KAUFEN?

Basierend auf genauen Überlegungen kann man dann die Entscheidung für eine Eigentums- oder Mietwohnung treffen. Jede Wohnform hat ihre spezifischen Vor- und Nachteile. Die Hauptmietwohnung ist am unkompliziertesten. Wenn die Wohnung doch nicht so gefällt wie gedacht oder zu klein / zu groß / zu teuer wird, ist es eine

Der Traum vom Wohnglück: Für viele Familien ist das Ziel, ein eigenes Haus zu besitzen.

einfache Angelegenheit, sich anderswo niederzulassen. Dafür sind Maklerprovision und Miete quasi verlorenes Geld. Der Mietzins wird entsprechend Ausstattung und Lage nach Kategorien berechnet und kann bei einer hochwertigen Wohnung beachtlich sein. Ist die Miete niedrig, sind oft weitgehende Umbau- und Renovierungsarbeiten notwendig. Ein Wohnkredit eines Bankinstituts kann dafür die geeignete Finanzierungsform sein.

Vor allem junge Familien greifen gern auf Genossenschaftsmietwohnungen zurück, die mit einem guten Preis-Leistungs-Verhältnis aufwarten (zu bezahlen ist ein Genossenschafts- bzw ein Grundanteil, die man beim Auszug retourniert bekommt) und außerdem meist eine gute Infrastruktur mit Grünflächen, Spielplätzen, Fahrrad- und Partykellern etc. bieten. Interessierte lassen sich am besten direkt bei den Bauträgern vormerken, da Genossenschaftswohnungen gefragt sind und kaum über Immobilienanzeigen oder Makler angeboten werden.

Wer eine Eigentumswohnung erwirbt, fährt langfristig am besten. Die eigene Wohnung legt über die Jahre an Wert zu, vor allem wenn sie gut gelegen ist und sich in einem schönen Wohnhaus befindet. Geförderte Eigentumswohnungen sind ebenso wie 30er-, 50er-, 70er-Jahre-Wohnungen am günstigsten, wobei letztere Geschmackssache sind. Die Ausstattung der Wohnhäuser entspricht nur teilweise den heutigen Anforderungen. Wer aber nicht auf ein bestimmtes „Wohngefühl" festgelegt ist, fährt mit einer solchen Wohnung dennoch besser als mit einer Mietwohnung. Unrenovierte Altbauten sind oft relativ kostengünstig zu erstehen, dafür muss man damit rechnen, dass das Umbauen und Modernisieren ins Geld geht und im Endeffekt meist mehr kostet als zunächst gedacht.

Der Wohntraum schlechthin ist für viele das eigene Haus. Wenn es sich in guter Lage befindet und einen Garten hat, noch besser. Im Sinne einer langfristigen Wertanlage, ist diese Wohnform freilich zu bevorzugen – so sie für den Einzelnen leistbar ist. Denn letztlich ist alles, wie gesagt, eine Frage der Finanzierung.

Finanzierung als Um und Auf: Beim Kauf von Wohnung oder Haus sollte man sich umfassend beraten lassen.

MÖGLICHKEITEN DER FINANZIERUNG

- **Wohnbauförderungsdarlehen:** Dieses deckt zumindest einen Teil der Baukosten. Das Darlehen des Landes mit langen Laufzeiten und zusätzlich oft noch Annuitätenzuschüssen auf die Zinsen gilt als das günstigste Baugeld. Aber Achtung: Von Bundesland zu Bundesland gibt es unterschiedliche Regelungen. Grundsätzlich sind die Größe der Familie, die Einkommensobergrenze und die Hausgröße zu beachten. Besondere Förderungen gibt es für den Bau energietechnisch optimaler Häuser.
- **Bauspardarlehen:** ergänzt das Wohnbauförderungsdarlehen. Für das Bauspardarlehen wird ein Bausparvertrag abgeschlossen, um eine gewisse Summe – die Eigenmittel – über sechs Jahre lang gefördert anzusparen. Dann muss man je nach Institut mit einer Wartezeit von eineinhalb bis drei Jahren rechnen. Diese Anspar- und Wartezeit lässt sich aber mit einem Zwischendarlehen überbrücken. Vorteile des Bauspardarlehens sind: langfristige Laufzeiten von 20 bis 25 Jahren und günstige Verzinsung, die in der Anfangsphase niedriger ist und sich in der Folge am Euribor (ein von der Europäischen Zentralbank verlautbarter Zinssatz, der auf einer durchschnittlichen Verzinsung bestimmter Gelder beruht) ausrichtet. Dabei bleibt der maximale Zinssatz des Bauspardarlehens mit garantiert sechs

Ohne Geld geht gar nichts: Der Hypothekarkredit ist für viele der vernünftigste Schritt zum eigenen Wohn(t)raum.

Prozent gedeckelt. Die Darlehenskonditionen der österreichischen Bausparkassen sollte man auf alle Fälle gründlich vergleichen. Denn sowohl bei der Zwischenfinanzierung als auch beim Darlehenszinssatz unterscheiden sich die Angebote etwas. Wobei die Effektivverzinsung, also was unterm Strich an Zinsen zu zahlen ist, das entscheidende Kriterium ist. Schwierig wird der Vergleich, da die Darlehenszinsen beim Bausparen ja nicht fix, sondern am Euribor orientiert sind. In einer Vergleichsrechnung muss also auch eine gleiche Euribor-Entwicklung angenommen werden. Wichtig: Zum Nettozinssatz wird bei manchen Instituten noch ein Kapitalbeschaffungskostenbeitrag verrechnet, der bis zu einem Prozent pro Jahr ausmachen kann. Auch der ist in der Vergleichsrechnung zu berücksichtigen.

- **Hypothekardarlehen:** Bei diesem bekommt man relativ günstige Zinsen, denn das Haus oder die Wohnung dienen dem Kreditgeber als Sicherheit.

Bundeskanzleramt

Wohnnet.at

▸ ALLGEMEINE INFOS

BUNDESKANZLERAMT / ABTEILUNG I/13
1010 Wien, Ballhausplatz 2A
Tel.: 01/531 15-0, info@help.gv.at
www.help.gv.at
Beim „offiziellen Amtshelfer für Österreich" findet man sehr viele wichtige Infos rund ums Wohnen, sei es hinsichtlich Eigentums- oder Mietwohnungen: von Nebenkosten beim Wohnungs- oder Grundstückskauf bis zu Kaution und Provision bei der Wohnungsmiete etc. Interessant auch die Bundesländerabfrage mit Links zu diversen Institutionen zwecks Förderungen und Finanzierung sowie Beihilfen der Behörden.

WOHNNET.AT / WOHNNET SERVICE GMBH
1150 Wien, Diefenbachgasse 53–55/3
Tel.: 01/894 01 71-110, office@wohnnet.at
www.wohnnet.at
Diese Internetplattform bietet Wissenswertes rund um das Thema Bauen, Wohnen & Renovieren. Von Finanzierungs- und Förderungstipps bis hin zu Immobilien findet der Interessierte hier eine Bandbreite an Informationen, aber auch an konkreten Angeboten.

▸ GENOSSENSCHAFTEN

ÖSTERREICHISCHER VERBAND GEMEINNÜTZIGER BAUVEREINIGUNGEN
1010 Wien, Bösendorferstraße 7
Tel.: 01/505 58 24, verband@gbv.at
www.gbv.at
Auf der Homepage findet man alle Adressen gemeinnütziger Bauvereinigungen sowie allgemeine Informationen zum Thema.

▸ LANDES-WOHNBAU-FÖRDERUNGSSTELLEN

WIEN

STADT WIEN MAGISTRATSABTEILUNG 50 – WOHNBAUFÖRDERUNG
1190 Wien, Muthgasse 62
Tel.: 01/40 00-0
post@m50.magwien.gv.at
www.wien.gv.at/ma50st/foerderung/

NIEDERÖSTERREICH

AMT DER NIEDERÖSTERREICHISCHEN LANDESREGIERUNG ABTEILUNG WOHNBAUFÖRDERUNG
3109 St. Pölten, Landhausplatz 1, Haus 7a
Wohnbau-Hotline: 0 27 42/221 33
NÖ Bürger-Service-Telefon:
0 27 42/90 05-90 05
post.f2@noel.gv.at
www.noe.gv.at/BauenWohnen/BauenWohnen.htm

BURGENLAND

AMT DER BURGENLÄNDISCHEN LANDESREGIERUNG LANDESAMTSDIREKTION / STABSSTELLE RAUMORDNUNG UND WOHNBAUFÖRDERUNG
7000 Eisenstadt, Europaplatz
Landhaus-Neu, 2. Stock
Tel.: 0 26 82/600 oder
(Lokaltarif) 05/76 00-28 00
post.wbf@bgld.gv.at
www.e-government.bgld.gv.at/wbf/

ABV Bausparkasse

OBERÖSTERREICH

AMT DER OBERÖSTERREICHISCHEN LANDESREGIERUNG ABTEILUNG WOHNBAUFÖRDERUNG
4021 Linz, Bahnhofpl. 1, Tel.: 0 73 2/77 20-141 43
wo.post@ooe.gv.at
www.land-oberoesterreich.gv.at

STEIERMARK

AMT DER STEIERMÄRKISCHEN LANDESREGIERUNG ABTEILUNG 15 / WOHNBAUFÖRDERUNG
8011 Graz, Dietrichsteinplatz 15
Tel.: 0 31 6/877-37 19
a15@stmk.gv.at
www.wohnbau.steiermark.at

KÄRNTEN

AMT DER KÄRNTNER LANDESREGIERUNG ABTEILUNG 4, WOHNBAUFÖRDERUNG
9020 Klagenfurt, Mießtaler Straße 6
Tel.: 050/536-0
post.wohnbau@ktn.gv.at
www.wohnbau.ktn.gv.at
Darüber hinaus Sprechtage in den jeweiligen Bezirkshauptmannschaften.

SALZBURG

AMT DER SALZBURGER LANDESREGIERUNG ABTEILUNG 10 – WOHNUNGSWESEN
5010 Salzburg, Fanny-von-Lehnert-Straße 1
Postfach 527, Tel.: 0 66 2/80 42-37 02
wohnbaufoerderung@salzburg.gv.at
www.salzburg.gv.at/bw-foerderung

TIROL

AMT DER TIROLER LANDESREGIERUNG ABTEILUNG WOHNBAUFÖRDERUNG
6020 Innsbruck, Eduard-Wallnöfer-Platz 3
Tel.: 0 51 2/508-27 32
wohnbaufoerderung@tirol.gv.at
www.tirol.gv.at/themen/bauen-und-wohnen/wohnbaufoerderung/
sowie in den jeweiligen Bezirkshauptmannschaften

VORARLBERG

AMT DER VORARLBERGER LANDESREGIERUNG ABTEILUNG WOHNBAUFÖRDERUNG
6901 Bregenz, Landhaus, Tel.: 0 55 74/511-80 80 wohnbaufoerderung@vorarlberg.at
www.vorarlberg.at/vorarlberg/bauen_wohnen/wohnen/wohnbaufoerderung/start.htm

▸ ÖSTERREICHISCHE BAUSPARKASSEN

ABV – ALLGEMEINE BAUSPARKASSE DER VOLKSBANKEN
1091 Wien, Liechtensteinstraße 111–115
Tel.: 050/400 46-0, service@abv.at
www.abv.at
Vertrieb über Volksbanken und andere Geldinstitute sowie freiberufliche Berater. Als „Nur-Bausparkasse" konzentriert sich das Institut voll und ganz auf diesen Bereich; speziell für die junge Zielgruppe gibt es interessante Spezialangebote.

Raiffeisen Bausparkasse

s Bausparkasse

BAUSPARKASSE WÜSTENROT AG
5033 Salzburg, Alpenstr. 70, Tel.: 05/70 70-110
kundenservice@wuestenrot.at
www.wuestenrot.at
Vertrieb über eigene Geschäftsstellen und Geldinstitute sowie Berater.
Mit 150 Geschäftsstellen und zahlreichen angestellten und freiberuflichen MitarbeiterInnen ist Wüstenrot in ganz Österreich vertreten. Unter dem Motto „Lebensqualität sichern und verbessern" werden die Kunden unter anderem im Bereich Finanzierung betreut. Übrigens wurde das erste von Wüstenrot finanzierte Eigenheim schon 1926 in Hallein bezogen.

RAIFFEISEN BAUSPARKASSE
1050 Wien, Wiedner Hauptstraße 94
Tel.: 01/546 46-0
www.wohnbausparen.at
Kundenberatung in der Zentrale sowie in den Landesgeschäftsstellen und bundesweit in eigenen Beratungsbüros bzw. -zentren sowie in allen Raiffeisenbanken.

S BAUSPARKASSE
1031 Wien, Beatrixg. 27, Tel.: 050/100-299 00
www.sbausparkasse.at
Eigene Bausparcenter in ganz Österreich, auch über Banken, Versicherungen und freiberufliche Berater.

Mit kleinen Entscheidungen das Klima verbessern.
Claudia Köhler hat ihren CO_2-Ausstoß reduziert, indem sie einfach auf die Energiesparlampen der neuesten Generation umgestiegen ist – wie die Philips Softone Energy Saver. Machen Sie jetzt den Unterschied
asimpleswitch.com
PHILIPS
sense and simplicity

Kinder-Reich

Wie sich Familien praktisch einrichten.

Kinder sind kleine Sammler: Spielzeug, Sportgeräte, Bastelsachen, Kleider, Bücher, Unterlagen für die Schule – im Lauf eines Kinderlebens kommt eine Menge an nützlichen und weniger nützlichen Dingen zusammen. Meistens ist das Kinderzimmer nicht geräumig genug, um alles darin unterzubringen. Grund genug, die Wohnung insgesamt auf die Familie abzustimmen.

Die gute Raumaufteilung ist der erste Schritt zu einer praktisch gestalteten Familienwohnung. Wer eine neue Wohnung sucht oder ein Haus baut, sollte von vornherein die Zimmer so vergeben, dass Bereiche für die verschiedenen Bedürfnisse zur Verfügung stehen. Das beginnt bei der getrennten Begehbarkeit der Räume. Es ist nicht praktisch, wenn die Eltern stets durchs Kinder- ins Wohnzimmer schleichen müssen oder das Kind durch das Schlafzimmer auf die Toilette geht. Manchmal lässt es sich nicht anders einrichten, aber wenn möglich, sollte man bei der Zimmeraufteilung, aber auch bei der Einrichtung und Gestaltung Bereiche für die einzelnen Familienmitglieder, aber auch für gemeinsam verbrachte Zeit schaffen.

Meist halten sich die Kleinen gern bei den Eltern in der Küche auf, wenn sie kochen. Daher: in der Küche eine Ecke für die Kinder einrichten. Selbst in der kleinsten Küche ist Platz für Kindertischchen und -sessel. Bastelmaterial und Spielsachen werden am besten auf einem Regal aufbewahrt. Herrscht extremer Platzmangel, lässt es sich auch an einem beweglichen Bord, das nach Gebrauch eingeklappt wird, bestens zeichnen und spielen.

Auch in einem geräumigen Vorzimmer ist eine Kinderecke gut untergebracht. Ein kleiner Fauteuil und ein Bücherregal mit spannendem Lesestoff lassen sich hier, aber auch im Wohnzimmer einrichten. Wobei jeder für sich die Frage beantworten muss, ob er im Wohnzimmer

Auch im Wohnzimmer lässt es sich hervorragend spielen: Ein eigener Platz für das Spielzeug verhindert Chaos.

eine ausgesprochene Kinderecke einrichten möchte. Mitunter ist es aber unvermeidlich, in einer platzmäßig eng bemessenen Familienwohnung Kinder auch im Wohnzimmer spielen zu lassen. Ein guter Kompromiss ist es, auf geeignete Ordnungssysteme zu setzen.

PRAKTISCHE ORDNUNGSHÜTER

Geräumige Regale sind in der Familienwohnung unverzichtbar. Ob man sich nun für ein stehendes Modell mit einem Korpus und einer Hinterwand entscheidet oder für einzelne Regale, die an der Wand befestigt werden, ist eine Frage des Geschmacks und der Gegebenheiten. Mit einzelnen Regalen – die auch in lockeren Abständen voneinander angeordnet werden können – erzielt man in den meisten Fällen eine luftigere Wirkung und unter dem untersten bleibt Stellfläche für Schreibtisch, Sofa etc. Übrigens lässt sich mit Regalen, die hinter einem Sofa oder dem Kopfteil eines Bettes angebracht werden, ganz einfach Stauraum schaffen. Und darunter lassen sich vom Spielzeug bis zur Gästematratze Dinge verstauen. Auch den Raum unter den Betten kann man, so diese auf Beinen stehen, nutzen. In Körben, Plastikkisten oder Kartons verschwinden allerlei Kleinigkeiten, Winter-/Sommersachen etc. unter dem Bett.

Niedrige Regale bzw. zweckentfremdete Küchenoberschränke lassen sich auch multifunktional nutzen. Auf dem Boden aufgestellt (und gut an der Wand befestigt) sind sie tolle Ordnungshüter, mit Pölstern auf der oberen Fläche werden sie zu bequemen Sitzgelegenheiten. Insbesondere im nordischen Einrichtungsstil sind sie beliebte Varianten, um Veranden, Wohn- oder Esszimmer mit gemütlichen und zugleich praktischen Möbelstücken auszustatten. Ähnlich lassen sich manche Holzkisten und -kommoden nutzen, die bei regem Innenleben und stabilem Stand zum Sitzen einladen.

Multifunktional ist der Hit in der Familienwohnung. Der Badezimmer-Hocker, der nicht nur zum Sitzen dient, sondern auch Platz für die Schmutzwäsche bietet, ist ebenso praktisch wie das Sofa, das sich im Handumdrehen zur Kuschelecke oder zum Bett umfunktionieren lässt, oder die Familientafel, die zum platzsparenden Raumwunder zusammengeklappt wird.

Mein Kinderzimmer, der Abenteuerspielplatz: Nicht nur Ergonomie ist wichtig, auch die Fantasie soll angeregt werden.

KINDERZIMMER MIT SYSTEM

Auch das Kinderzimmer sollte in erster Linie praktisch sein. Hat von vornherein alles einen fixen Platz, fällt das Aufräumen leichter. Für Spielsachen gibt es praktische Stapelsysteme, bei denen Kisten übereinander gestellt werden können, aber auch Regale mit Hängevorrichtungen, sodass Laden nach Wunsch eingehängt werden und viele Kleinigkeiten aufnehmen können.

Gerade der Schreibtisch sollte viele Möglichkeiten bieten, Schul-, Bastel- und Zeichensachen gut unterzubringen. Ein Ladenboy ist dafür ein wichtiges Element, ebenso Regale über dem Schreibtisch. Pinwände und Magnettafeln bieten die Möglichkeit, Wichtiges griffbereit aufzubewahren, aber auch Kunstwerke der Kids auszustellen. Wer will, streicht Teile der Wand mit Magnetfarbe und vergrößert damit die Ausstellungsfläche. Auch mit Tafelfarbe können Wände, Kastentüren, Türen bemalt und so zum Schreiben und Zeichnen genutzt werden. Eifrige kleine Künstler sind mit Schnüren, die entlang der Wand oder den Regalen gespannt und an die mit bemalten (Mini-) Wäscheklammern Zeichnungen gehängt werden, gut be-

Die Position des Schreibtischs ist sorgfältig zu wählen. Schließlich verbringen Schüler viel Zeit an diesem Ort.

raten. Auch schmale Regale, auf denen Bilder aufgestellt werden können, oder Plastiktaschen mit Einschubfächern sind schöne Präsentationsflächen.

Der Schreibtisch sollte im hellsten Teil des Kinderzimmers stehen, möglichst so, dass das Tageslicht von links kommt, wenn das Kind Rechtshänder ist und von rechts, wenn es Linkshänder ist. Das Bett ist in einer dunkleren Ecke gut aufgehoben, speziell in kleineren Zimmern lohnt es sich, ein Hochbett zu wählen. Darunter ist Platz für Spielfläche oder einen gemütlichen Sitzsack zum Lesen, Ausruhen etc. Auch der Schreibtisch kann bei manchen Lösungen bequem unter dem Bett untergebracht werden. Elemente wie Magnet- und herkömmliche Tafeln sind bei einzelnen Modellen am Bettgestell zu montieren. Übrigens lassen sich auch Körbe an Bändern gut an diesem befestigen, sodass Platz für Krimskrams geschaffen wird.

PLATZ FÜR KLEINIGKEITEN

Auch Utensilos sind als Ordnungshüter für Kleinigkeiten handlich. Ob Socken, Haarbürsten oder Schreibsachen, in den einzelnen Fächern sind Alltagsgegenstände bestens aufgehoben und wiederzufinden. Und da Utensilos an der Wand aufgehängt werden, nehmen sie fast keinen Platz ein. Mit Wandhaken hinter der Tür nutzt man wirklich jeden Winkel – hier werden Kindertaschen vom Ballettbeutel bis zur Handytasche aufgehängt, aber auch Schlafröcke oder Bademäntel werden hier platzsparend und griffbereit verstaut.

Über den praktischen Aspekten sollte man freilich die Gemütlichkeit nicht vergessen. Neben hübschen, kindgerechten Möbeln aus gesundheitsfreundlichen Materialien gibt es eine breite Palette an Accessoires. Darunter stechen derzeit die Wandsticker als trendiges Highlight hervor. Diese bunten Kleber sind zum Teil aus Papier gefertigt, sodass sie besonders natürlich wirken, und können auf jedem glatten, sauberen Untergrund aufgetragen werden. Von den meisten Wänden oder Türen können sie auch problemlos abgelöst und wiederverwendet werden. Die Effekte, die man mit den handlichen Stickern erzielt, lassen sich sehen: Ob man nun ein Motto für das Kinderzimmer wählt oder einzelne Glanzlichter setzen möchte, bleibt dem persönlichen Geschmack überlassen. In jedem Fall tragen sie dazu bei, eine individuelle Atmosphäre zu schaffen.

Klein und fein: Die Möbel im Kinderzimmer sollten den kleinen Bewohnern angepasst sein.

FAMILY-TIPPS

Ergonomie im Kinderzimmer

> Mitwachsende Möbel machen sich bezahlt: Sitzhöhen von Ess- und Schreibtischsesseln sowie die Schreibtischplatte sollten stets auf die Größe des Kindes abgestimmt werden. Die Fußflächen sollen auf dem Boden stehen, die Knie im rechten Winkel abgewinkelt sein.
> Die Schreibtischplatte sollte zu neigen sein, um beim Arbeiten eine ideale Haltung nehmen zu können.
> Entscheiden Sie sich für ein Schreibtischmodell, dessen Platte man nicht verstellen kann, bietet ein Pult Abhilfe. Bücher können beim Lesen aufgestellt werden, was der Sitzhaltung entgegen kommt.
> Tisch und Sessel in Kleinformat wählen. So können Kinder ihrer Größe entsprechend gut sitzen und basteln, zeichnen, spielen etc.
> Matratzen fürs Kinderbett sollten eine weiche Oberfläche, aber einen festen Kern haben. Der Lattenrost sollte relativ fest sein. Die optimale Stütze der Wirbelsäule ist wichtig!

Kuratorium für Verkehrssicherheit

▸ INFORMATIONEN ZUR KINDERSICHERHEIT

BUNDESARBEITSGEMEINSCHAFT MEHR SICHERHEIT FÜR KINDER
D-53123 Bonn, Heilsbachstraße 13
Eltern-Hotline 688 34-34
www.kindersicherheit.de
Das Wissenslexikon zur Kindersicherheit ermöglicht es, schnell Infos zu den unterschiedlichsten Gefahrenquellen sowie Antworten auf viele Fragen zu bekommen. Aber auch Sicherheitstipps, Unfallarten etc. sind auf der Homepage abrufbar. Für spezielle Anfragen gibt es einen Mailservice sowie eine Hotline.

DAS SICHERE KIND GESAMTVERBAND DER DEUTSCHEN VERSICHERUNGSWIRTSCHAFT E.V.
D-10117 Berlin, Friedrichstraße 191
Tel.: +49/30/20 20 50 00
www.das-sichere-kind.de
Der Elternratgeber bietet viele umfangreiche Tipps zu den verschiedenen Gefahrenquellen und wie man sie entschärft, aber auch, wie man im Notfall reagiert. Interessant auch der interaktive Rundgang durch ein Haus, bei dem man per Mausklick dessen „Tücken" für Kleine abfragen kann.

GENERALI
www.wecarelife.at
Unter der Rubrik „Wohnen" finden sich viele nützliche Tipps, um das eigene Heim kindersicher zu gestalten.

KURATORIUM FÜR VERKEHRSSICHERHEIT
1100 Wien, Schleiergasse 18, Tel.: 05/770 77-0
www.kfv.at
Von der Homepage können verschiedene hilfreiche Folder und Broschüren zum Thema Kindersicherheit sowie Sicheres Wohnen herunter geladen werden. Wer spezielle Fragen zum Thema Sicherheit zu Hause hat, richtet diese an: freizeit@kfv.at. Auch die Mitarbeiter in den einzelnen Regionen stehen für Anfragen zur Verfügung, Kontakt abrufbar auf der Homepage. Um über Gefahrenquellen und Unfallprävention speziell für Kleinkinder aufzuklären, veranstaltet das KfV zusammen mit Fisher-Price/Mattel regelmäßig „Baby Partys". Infos: www.baby-party.at. Mit seinem vielfältigen Angebot ist das KfV eine gute Anlaufstelle, um sich über ein für Kleinkinder (über-)lebenswichtiges Thema zu informieren!

▸ MÖBELGESCHÄFTE

WIEN

BAMBANY
1030 Wien, Reisnerstraße 32
Tel.: 01/890 36 06, info@bambany.at
www.bambany.at
Shop & Angebot: Mit dekorativen, liebevoll gemachten Accessoires und Möbeln fällt das Einrichten des Kinderzimmers nicht weiter schwer. Ob Wandaufkleber, Spielzeugkörbe oder Kinderbetten, das Angebot von Bambany für „Bambini" wird praktischen sowie optischen Anforderungen gerecht.
Service: Versand gegen geringe Gebühr österreichweit möglich. Öffnungszeiten: Mo–Fr 10.00–13.00 und 14.00–18.00 Uhr.

DAS MÖBEL / DAS GESCHÄFT
1060 Wien, Gumpendorfer Straße 11
Tel.: 01/924 38 34, an@dasmoebel.at
www.dasmoebel.at

Grüne Erde Wien

KA International Mariahilfer Straße

Shop & Angebot: Das Angebot an Kindermöbeln und Accessoires ist klein, aber fein. Für eine Altersgruppe von etwa bis zu zehn Jahren gibt es hier fantasievolle Stücke, die vielseitig genutzt werden können. So mutiert der Sessel zum Knotz-, Lümmel- und Spielobjekt, und Modulmöbel finden immer wieder eine neue Verwendung. Tipp für Designfreunde!

GRÜNE ERDE BEI R. JAEKEL'S NACHF.

1060 Wien, Mariahilfer Straße 11
www.grueneerde.com
Shop & Angebot: 650 m² Schauraum auf drei Ebenen stehen ganz im Zeichen des gesunden Wohnens. Dass dabei das Design nicht zu kurz kommt, dafür steht das Markenzeichen Grüne Erde. So wird aus vollem Holz, hochqualitativ verarbeitet, ein zeitgemäßes Möbelprogramm. Neben höhenverstellbaren Kindersesseln und -schreibtischen finden sich hier Hochbetten, romantische Kinderbetten und viele liebevolle Accessoires fürs Kinderzimmer, aber auch die perfekten Möbel für die Familienwohnung.

IKEA EINRICHTUNGSHAUS WIEN NORD

1220 Wien, Sverigestraße 1a
Gewerbepark Kagran, Tel.: 0810/081 081
www.ikea.at
Shop & Angebot: Der Universaleinrichter in Sachen Familie. In der Ikea-Kinderabteilung geht es bunt zu, und dafür sorgen nicht nur Zonen, in denen Ikea-Produkte gleich vor Ort „bespielt" werden dürfen. Wohnen mit Ikea ist vielseitig und fröhlich und besticht durch das gute Preis-Leistungs-Verhältnis. Design wird hier auch für junge Familien leistbar. Aber auch alle, die die Abwechslung lieben, kommen hier auf ihre Rechnung. Und ersetzen ruhig einmal ein Möbelstück durch ein neues. Auch bei Accessoires vom Vorhang bis zu Betthimmeln und Stofftieren wird man hier fündig.
Service: Auf der Homepage gibt es die Möglichkeit, durch den Ikea Einrichtungsplaner sein eigener Innenarchitekt zu werden. So kann man verschiedene Designs, Farben und Maße ausprobieren. Ein weiteres hilfreiches Feature auf der Homepage ist Anna, die virtuelle Kundenberaterin, die fast keine Fragen offen lässt und immer auf die richtigen Informationen verweist. Ikea bietet auch einen eigenen Montageservice, wodurch man nicht unbedingt selbst Hand anlegen muss. Perfekt für Familien: die Ikea Family Card, mit der man in den Genuss spezieller Vorteile kommt!

KA INTERNATIONAL

1010 Wien, Wildpretmarkt 2–4/Brandstätte,
Eybl GmbH & Co. KG, Tel.: 01/533 17 12,
wien1@ka-international.at
1070 Wien, Mariahilfer Straße 18,
KA International bei Leiner, Rudolf Leiner Handelsges.m.b.H., Tel.: 01/521 53-0
1130 Wien, Hietzinger Hauptstraße 6,
Tel.: 01/586 61 11, wien13@ka-international.at
1180 Wien, Währinger Straße 123,
Mariahilfer Tapetenhaus,
Heinz Nägele GmbH & Co. KG,
Tel.: 01/403 86 99
wien18@ka-international.at
1230 Wien, Breitenfurter Straße 222,
Lifeline Handels GmbH
Tel.: 01/869 182 10
ka-international@lifeline.co.at
www.ka-international.at
Shop & Angebot: Der Stil von KA International schlägt sich auch in der Linie für „kleine"

Leiner Mariahilfer Straße

Prodomo Windows

Leute nieder – die jugendlich inspirierten Dekor- und Möbelbezugsstoffe (eigene Kinder- und Jugendkollektionen) werden mit unterschiedlichen Möbelmodellen kombiniert. Dabei steht stets die Gemütlichkeit im Vordergrund, die nicht zuletzt durch stimmige Accessoires abgerundet wird. Das perfekte Einrichtungskonzept für alle, die lieber nicht auf typische Kinderzimmereinrichtungslösungen setzen.
Service: Der KA-Komplettservice geht von der Maßanfertigung von Vorhangdekorationen, Raffrollos, Bettüberwürfen bis zum Tapezieren und Bespannen von Möbeln und Wänden (es werden auch Kundenmöbel neu tapeziert).

KIKA
1100 Wien, Laxenburger Str. 145, Tel.: 01/601 30
1220 Wien, Donaustadtstr. 1, Tel.: 01/203 35 39
1140 Wien, Hadikgasse 256, Tel.: 01/415 80
1160 Wien, Sandleiteng. 26–30, Tel.: 01/488 48
1220 Wien, Wagramer Str. 246, Tel.: 01/25 00 50
www.kika.at
Shop & Angebot: Möbelserien von A bis Z, zum anderen Einzel- und Designermöbel – bei Kika fällt es leicht, Kinderzimmer einzurichten. Wer Komplettlösungen bevorzugt, ist hier ebenso richtig wie der Individualist. Mit Marken wie Paidi, Trendsland, Hob, Welle, Sonne, Schardt, Stokke, Flexa stehen alle Möglichkeiten offen.
Service: Von der Computerplanung über den Kauf auf Probe bis zum Vorhangnähen.

LEINER
1070 Wien, Mariahilfer Str. 18, Tel.: 01/521 53-0
1220 Wien, Hermann-Gebauer-Straße 4
Tel.: 01/288 40-0
www.leiner.at
Shop & Angebot: Frisch-fröhliche Kinderzimmereinrichtungssysteme und Einzelmöbel von Firmen wie Welle, Paidi, Haba, Flexa, Moll begleiten Kids viele Jahre ihres Kinderlebens lang. Dass dabei Ergonomie und Qualität nicht zu kurz kommen, dafür stehen die bekannten Marken.
Service: Gegen eine geringe Gebühr werden Kids Mitglied im Teddy Club und genießen so verschiedene Vorteile von Spezialangeboten bis zu Geburtstagsgeschenken.

PRODOMO
1010 Naglergasse 29, Tel.: 01/533 83 82
Montag geschlossen
info@prodomowindows.at
www.prodomowindows.at
1120 Wien, Michael-Bernhard-Gasse 12–14
Tel.: 01/982 16 11, info@prodomowien.at
www.prodomowien.at
Shop & Angebot: Wer Kindermöbel aus Kreativschmieden sucht, wird bei Prodomo fündig. Flippige, witzige, ausgefallene Stücke von Herstellern wie Vitra, Amat, Fritz Hansen oder Magis überzeugen eben.

TEAM 7
1060 Wien, Gumpendorfer Straße 120
Hinke Wohnimpulse GmbH
Team 7 Spezialstudio, Tel.: 01/597 17 12-0
www.team7-spezialstudio.at
Shop & Angebot: Zeitlos gültiges Design und hohe Funktionalität werden von Team 7 auch bei der Möblierung von Kinder- und Jugendzimmern umgesetzt. Basis der Möbel sind heimische Edelhölzer, sanft behandelt und millimetergenau nach Kundenwunsch ausgeführt. Ob Komplettlösungen für kindliche Wohnwelten oder zweckmäßige Schreibtische etc. – alle Möbelstücke sind Unikate, natürlich, robust und lösungsmittelfrei.

Vibel Wien

Small World bei Fuhrmann

VIBEL WIEN – KINDERMÖBEL UND ACCESSOIRES
1010 Wien, Schottenring 10/1
Tel.: 01/535 30 56, wien@vibel.com
www.vibel.com
Shop & Angebot: Kindermöbel sind nicht nur kleine Erwachsenenmöbel, so das Motto des französischen Kinderzimmereinrichters Vibel. In diesem Sinne eröffnet sich auf der zweistöckigen Ausstellungsfläche nahe der Börse eine farbenfrohe Kinderwelt, in der sich Groß und Klein wohl fühlen. Berücksichtigt werden bei der Planung, die individuell erfolgt, die Wünsche von Eltern und Kindern. Die Programme sind jedenfalls auf die jeweiligen Gegebenheiten unterschiedlicher Wohnungen abzustimmen. Die Einrichtungskonzepte können dem Alter angepasst werden, sodass die Möbel mit dem Kind mitwachsen.
Service: Persönliche, ganz individuelle Beratung. Achtung: Öffnungszeiten Dienstag bis Freitag 10.00–13.00 und 14.00–18.30 Uhr, Samstag 10.00–17.00 Uhr.

VITRA
1080 Wien, Pfeilgasse 35, Tel.: 01/405 75 14
info.at@vitra.com
www.vitra.at
Shop & Angebot: Kindermöbel genügen bei Vitra denselben Designanforderungen wie die Erwachseneneinrichtung. Und verdienen damit wahrlich einen Ehrenplatz in der Familienwohnung. Besonders auffällig ist wohl der Panton Junior, der schon den Kleinen ein erstklassiges Sitzgefühl nahe bringt und nicht zuletzt durch seine Zeitlosigkeit besticht.

WOHNCREATION FUHRMANN
1150 Wien, Vogelweidpl. 10, Tel.: 01/982 21 88-0
www.fuhrmann.cc
Shop & Angebot: Bei Wohncreation Fuhrmann eröffnen sich exklusiv die Wohnwelten von Small World by Marlip. Die Stücke unter dem Motto „Disney" sind ebenso liebevoll gestaltet wie die im Zeichen von „H. C. Andersen" und lassen Nostalgie in die Kinderzimmer einziehen. Die Range umfasst von Auszieh-, Einzelbetten, Schränken, Regalen, Kommoden bis zu Zubehör und Textilien in zarten und klassischen Farben alles, was man für die verspielte Kinderzimmereinrichtung braucht. Weitere Informationen auch unter www.marlip.com.

NIEDERÖSTERREICH

IKEA EINRICHTUNGSHAUS VÖSENDORF
2334 Vösendorf, Shopping City Süd
Tel.: 0810/081 081
www.ikea.at
Shop & Angebot: Der Univeraleinrichter in Sachen Familie. In der Ikea-Kinderabteilung geht es bunt zu, dafür sorgen nicht nur Zonen, in denen Ikea-Produkte gleich vor Ort „bespielt" werden dürfen. Wohnen mit Ikea ist vielseitig, fröhlich und besticht durch das gute Preis-Leistungs-Verhältnis. Design wird hier auch für junge Familien leistbar. Aber auch alle, die die Abwechslung lieben, kommen auf ihre Rechnung. Und ersetzen ruhig einmal ein Möbelstück durch ein neues. Auch bei Accessoires vom Vorhang bis zu Betthimmeln und Stofftieren wird man hier fündig.
Service: Auf der Homepage gibt es die Möglichkeit, durch den Ikea Einrichtungsplaner sein eigener Innenarchitekt zu werden. So kann man verschiedene Designs, Farben und Maße ausprobieren. Ein weiteres hilfreiches

Ikea

Leiner

Feature auf der Homepage ist Anna, die virtuelle Kundenberaterin, die fast keine Fragen offen lässt und immer auf die richtigen Informationen verweist. Ikea bietet auch einen eigenen Montageservice, wodurch man nicht unbedingt selbst Hand anlegen muss. Perfekt für Familien: die Ikea Family Card, mit der man in den Genuss spezieller Vorteile kommt!

KA INTERNATIONAL
2500 Baden, Pergerstraße 16,
Mertinat GmbH, Tel.: 0 22 52/25 45 18,
ka-baden@aon.at
3270 Scheibbs, Abt-Berthold-Dietmayr-G. 2,
Martin Weinmesser, Tel.: 0 74 82/420 52
weinmesser-farben@aon.at
3860 Heidenreichstein,
Schlossplatz-Schremser Straße 2,
Anton Gisy, Tel.: 0 28 62/521 14,
info@gisy.at, www.gisy.at
www.ka-international.at
Shop & Angebot: Der Stil von KA International schlägt sich auch in der Linie für „kleine" Leute nieder – die jugendlich inspirierten Dekor- und Möbelbezugsstoffe (eigene Kinder- und Jugendkollektionen) werden mit unterschiedlichen Möbelmodellen kombiniert. Dabei steht stets die Gemütlichkeit im Vordergrund, die nicht zuletzt durch stimmige Accessoires abgerundet wird. Das perfekte Einrichtungskonzept für alle, die lieber nicht auf typische Kinderzimmereinrichtungslösungen setzen.
Service: Der KA-Komplettservice geht von der Maßanfertigung von Vorhangdekorationen, Raffrollos, Bettüberwürfen bis zum Tapezieren und Bespannen von Möbeln und Wänden (es werden auch Kundenmöbel neu tapeziert).

KIKA
2000 Stockerau, Hornerstraße 101,
Tel.: 0 22 66/698
2130 Mistelbach, Ernstbrunner Straße 8,
Tel.: 0 25 72/50 04
2331 Vösendorf, Dr.-Robert-Firneis-Straße,
Tel.: 01/699 08
2351 Wr. Neudorf, IZ NÖ Süd, Straße 6,
Tel.: 0 22 36/696
2700 Wr. Neustadt, Stadionstraße 34,
Tel.: 0 26 22/383
3100 St. Pölten, Porschestraße 7,
Tel.: 0 27 42/745 35
3580 Horn, Prager Str. 54, Tel.: 0 29 82/530 73
www.kika.at
Shop & Angebot: Möbelserien von A bis Z, zum anderen Einzel- und Designermöbel – bei Kika fällt es leicht, Kinderzimmer einzurichten. Wer Komplettlösungen bevorzugt, ist hier ebenso richtig wie der Individualist. Mit Marken wie Paidi, Hob, Welle, Sonne, Schardt, Stokke, Flexa stehen alle Möglichkeiten offen.
Service: Von der Computerplanung über den Kauf auf Probe bis zum Vorhangnähen.

KRENN MÖBEL-DESIGN
3430 Tulln, Brüdergasse 2, Tel.: 0 22 72/650 54
shop@krenn.co.at
www.krenn.co.at
Shop & Angebot: Mit Möbeln von Team 7 und Stokke werden Kinderzimmer individuell je nach Bedarf und Alter der Kids eingerichtet.
Service: Interessante Angebote – abzufragen auch auf der Homepage.

LEINER
2103 Langenzersdorf, Wiener Straße 160,
Tel.: 0 22 44/37 40-0
2331 Vösendorf, Shopping City Süd,
Tel.: 01/690 70-0

Wohnstudio Melnicky

Grüne Erde Scharnstein

2700 Wr. Neustadt, Bahngasse 17–21,
Tel.: 0 26 22/241 81-0
3100 St. Pölten, Rathausplatz 7–10,
Tel.: 0 27 42/330-0
3300 Amstetten, Leinerstraße 4,
Tel.: 0 74 72/672 22-0
3442 Tulln-Langenrohr, Europastraße 11,
Tel.: 0 22 72/672 00-0
3500 Krems, Wiener Straße 91,
Tel.: 0 27 32/875 35-0
www.leiner.at
Shop & Angebot: Frisch-fröhliche Kinderzimmereinrichtungssysteme und Einzelmöbel von Firmen wie Haba, Flexa, Moll begleiten Kids viele Jahre lang. Dass dabei Ergonomie und Qualität nicht zu kurz kommen, dafür stehen die bekannten Marken.
Service: Gegen eine geringe Gebühr werden Kids Mitglied im Teddy Club und genießen so verschiedene Vorteile von Spezialangeboten bis zu Geburtstagsgeschenken.

WOHNSTUDIO MELNICKY

2301 Groß-Enzersdorf, Schlosshofer Straße 2
Tel.: 0 22 49/21 11-20, wohnstudio@melnicky.at
www.melnicky.at
Shop & Angebot: Mit der breiten Produktpalette von Team 7 deckt man den Bereich Kinderzimmereinrichtung ab. Diesem ist auch in der Ausstellung im Verkaufsraum entsprechend Raum gewidmet.
Service: Bei der Planung wird auf individuelle Beratung besonderer Wert gelegt.

BURGENLAND

KIKA

7001 Eisenstadt, Mattersburgerstraße 52,
Tel.: 0 26 82/778
7501 Unterwart 318, Tel.: 0 33 52/316 50
www.kika.at
Shop & Angebot: Möbelserien von A bis Z, zum anderen Einzel- und Designermöbel – bei Kika fällt es leicht, Kinderzimmer einzurichten. Wer Komplettlösungen bevorzugt, ist hier ebenso richtig wie der Individualist. Mit Marken wie Paidi, Hob, Welle, Sonne, Schardt, Stokke, Flexa stehen alle Möglichkeiten offen.
Service: Von der Computerplanung über den Kauf auf Probe bis zum Vorhangnähen.

OBERÖSTERREICH

GRÜNE ERDE

4644 Scharnstein, Mühldorf 12
4644 Scharnstein, Hauptstraße 11
4020 Linz, Bethlehemstraße 10
www.grueneerde.com
Shop & Angebot: Die Schauräume in Scharnstein und Linz stehen ganz im Zeichen des gesunden Wohnens. Dass dabei das Design nicht zu kurz kommt, dafür steht das Markenzeichen Grüne Erde. So wird aus vollem Holz, hochqualitativ verarbeitet, ein zeitgemäßes Möbelprogramm. Neben höhenverstellbaren Kindersesseln und -schreibtischen finden sich hier Hochbetten, romantische Kinderbetten und viele liebevolle Accessoires fürs Kinderzimmer, aber auch die perfekten Möbel für die Familienwohnung. Mit im Programm: Naturkosmetik und hochwertiges Spielzeug.

IKEA EINRICHTUNGSHAUS HAID

4053 Haid, Ikeaplatz 1
Shopping Center Haid, Tel.: 0810/081 081
www.ikea.at
Shop & Angebot: Der Universaleinrichter in

Leiner

Sachen Familie. In der Ikea-Kinderabteilung geht es bunt zu, und dafür sorgen nicht nur Zonen, in denen Ikea-Produkte gleich vor Ort „bespielt" werden dürfen. Wohnen mit Ikea ist vielseitig und fröhlich und besticht durch das gute Preis-Leistungs-Verhältnis. Design wird hier auch für junge Familien leistbar. Aber auch alle, die die Abwechslung lieben, kommen hier auf ihre Rechnung. Und ersetzen ruhig einmal ein Möbelstück durch ein neues. Auch bei Accessoires vom Vorhang bis zu Betthimmeln und Stofftieren wird man hier fündig.
Service: Auf der Homepage gibt es die Möglichkeit, durch den Ikea Einrichtungsplaner sein eigener Innenarchitekt zu werden. So kann man verschiedene Designs, Farben und Maße ausprobieren. Ein weiteres hilfreiches Feature auf der Homepage ist Anna, die virtuelle Kundenberaterin, die fast keine Fragen offen lässt und immer auf die richtigen Informationen verweist. Ikea bietet auch einen eigenen Montageservice, wodurch man nicht unbedingt selbst Hand anlegen muss. Perfekt für Familien: die Ikea Family Card, mit der man in den Genuss spezieller Vorteile kommt!

KA INTERNATIONAL
4020 Linz, Spittelwiese 13
Eybl GmbH & Co. KG, Tel.: 0 73 2/77 17 27
linz@ka-international.at
www.ka-international.at
Shop & Angebot: Der Stil von KA International schlägt sich auch in der Linie für „kleine" Leute nieder – die jugendlich inspirierten Dekor- und Möbelbezugsstoffe (eigene Kinder- und Jugendkollektionen) werden mit unterschiedlichen Möbelmodellen kombiniert. Dabei steht stets die Gemütlichkeit im Vordergrund, die nicht zuletzt durch stimmige Accessoires abgerundet wird. Das perfekte Einrichtungskonzept für alle, die lieber nicht auf typische Kinderzimmereinrichtungslösungen setzen.
Service: Der KA-Komplettservice geht von der Maßanfertigung von Vorhangdekorationen, Raffrollos, Bettüberwürfen bis zum Tapezieren und Bespannen von Möbeln und Wänden (es werden auch Kundenmöbel neu tapeziert).

KIKA
4040 Linz, Freistädter Straße 91–93,
Tel.: 0 73 2/73 09 41
4052 Ansfelden, Traunuferstraße 97,
Tel.: 0 72 29/212
4971 Aurolzmünster/Ried, Altenried 6,
Tel.: 0 77 52/907
www.kika.at
Shop & Angebot: Möbelserien von A bis Z, zum anderen Einzel- und Designermöbel – bei Kika fällt es leicht, Kinderzimmer einzurichten. Wer Komplettlösungen bevorzugt, ist hier ebenso richtig wie der Individualist. Mit Marken wie Paidi, Hob, Welle, Sonne, Schardt, Stokke, Flexa stehen alle Möglichkeiten offen.
Service: Von der Computerplanung über den Kauf auf Probe bis zum Vorhangnähen.

LEINER
4020 Linz, Grillparzerstraße 25,
Tel.: 0 73 2/65 74 61-0
4400 Steyr, Franz-Paulmayr-Straße 14,
Tel.: 0 72 52/790-0
4600 Wels, Hans-Sachs-Straße 85,
Tel.: 0 72 42/416 61-0
4840 Vöcklabruck, Kopernikusstraße 2,
Tel.: 0 76 72/718-0
www.leiner.at

Team 7 Wels

Schwaighofer bei Wohnland Berger

Shop & Angebot: Frisch-fröhliche Kinderzimmereinrichtungssysteme und Einzelmöbel von Firmen wie Haba, Flexa, Moll begleiten Kids viele Jahre ihres Kinderlebens lang. Dass dabei Ergonomie und Qualität nicht zu kurz kommen, dafür stehen die bekannten Marken.
Service: Gegen eine geringe Gebühr werden Kids Mitglied im Teddy Club und genießen so verschiedene Vorteile von Spezialangeboten bis zu Geburtstagsgeschenken.

TEAM 7

4910 Ried/Innkreis, Hoher Markt 2,
Natürlich Wohnen-VertriebsgmbH,
Tel.: 0 77 52/97 71 43, www.team7-wels.at
4600 Wels, Mitterfeldstraße 6,
Natürlich Wohnen-VertriebsgmbH,
Tel.: 0 72 42/466 93, www.team7-wels.at
Shop & Angebot: Zeitlos gültiges Design und hohe Funktionalität werden von Team 7 auch bei der Möblierung von Kinder- und Jugendzimmern umgesetzt. Basis der Möbel sind heimische Edelhölzer, sanft behandelt und millimetergenau nach Kundenwunsch ausgeführt. Ob Komplettlösungen für kindliche Wohnwelten oder zweckmäßige Schreibtische und Tandemliegen – alle Möbelstücke sind Unikate, natürlich, robust und lösungsmittelfrei.

WOHNLAND BERGER

4810 Gmunden, Kaltenbrunnerstraße 45
Tel.: 0 76 12/673 71
office@wohnland-berger.at
www.wohnland-berger.at
Shop & Angebot: Mit Marken wie Moll, Team 7, Welle, Röhr-Busch werden Kinderzimmer individuell und nach detaillierter Planung eingerichtet.

STEIERMARK

GRÜNE ERDE

8010 Graz, Sporgasse 29
www.grueneerde.com
Shop & Angebot: 320 m² Schauraum auf zwei Ebenen stehen ganz im Zeichen des gesunden Wohnens. Dass dabei das Design nicht zu kurz kommt, dafür steht das Markenzeichen Grüne Erde. So wird aus vollem Holz, hochqualitativ verarbeitet, ein zeitgemäßes Möbelprogramm. Neben höhenverstellbaren Kindersesseln und -schreibtischen finden sich hier Hochbetten, romantische Kinderbetten und viele liebevolle Accessoires fürs Kinderzimmer, aber auch die perfekten Möbel für die Familienwohnung.

IKEA EINRICHTUNGSHAUS GRAZ

8054 Graz, Weblinger Gürtel 31
Center West, Tel.: 0810/081 081
www.ikea.at
Shop & Angebot: Der Universaleinrichter in Sachen Familie. Hier geht es bunt zu, und dafür sorgen nicht nur Zonen, in denen Ikea-Produkte gleich vor Ort „bespielt" werden dürfen. Wohnen mit Ikea ist vielseitig und fröhlich und besticht durch das gute Preis-Leistungs-Verhältnis. Design wird hier auch für junge Familien leistbar. Aber auch alle, die die Abwechslung lieben, kommen hier auf ihre Rechnung. Und ersetzen ruhig einmal ein Möbelstück durch ein neues. Auch bei Accessoires vom Vorhang bis zu Betthimmeln und Stofftieren wird man hier fündig.
Service: Auf der Homepage gibt es die Möglichkeit, durch den Ikea Einrichtungsplaner sein eigener Innenarchitekt zu werden. So kann man verschiedene Designs, Farben und

KA International Graz

Mary the Fairy

Maße ausprobieren. Ein weiteres hilfreiches Feature auf der Homepage ist Anna, die virtuelle Kundenberaterin, die fast keine Fragen offen lässt und immer auf die richtigen Informationen verweist. Ikea bietet auch einen eigenen Montageservice, wodurch man nicht unbedingt selbst Hand anlegen muss. Perfekt für Familien: die Ikea Family Card, mit der man in den Genuss spezieller Vorteile kommt!

KA INTERNATIONAL

8010 Graz, Sackstraße 14
Roswitha Gaisch, Tel.: 0 31 6/81 44 22
office@ka-international-graz.com
www.ka-international.at
Shop & Angebot: Der Stil von KA International schlägt sich auch in der Linie für „kleine" Leute nieder – die jugendlich inspirierten Dekor- und Möbelbezugsstoffe (eigene Kinder- und Jugendkollektionen) werden mit unterschiedlichen Möbelmodellen kombiniert. Dabei steht stets die Gemütlichkeit im Vordergrund, die nicht zuletzt durch stimmige Accessoires abgerundet wird. Das perfekte Einrichtungskonzept für alle, die lieber nicht auf typische Kinderzimmereinrichtungslösungen setzen.
Service: Der KA-Komplettservice geht von der Maßanfertigung von Vorhangdekorationen, Raffrollos, Bettüberwürfen bis zum Tapezieren und Bespannen von Möbeln und Wänden (es werden auch Kundenmöbel neu tapeziert).

KIKA

8054 Graz, Kärntner Straße 287,
Tel.: 0 31 6/28 25 56
8330 Feldbach, Mühldorf 437,
Tel.: 0 31 52/61 61
8700 Leoben, Kärntner Straße 8,
Tel.: 0 38 42/834 40
8940 Liezen, Gesäusestraße 14,
Tel.: 0 36 12/266 77
www.kika.at
Shop & Angebot: Möbelserien von A bis Z, zum anderen Einzel- und Designermöbel – bei Kika fällt es leicht, Kinderzimmer einzurichten. Wer Komplettlösungen bevorzugt, ist hier ebenso richtig wie der Individualist. Mit Marken wie Paidi, Hob, Welle, Sonne, Schardt, Stokke, Flexa stehen alle Möglichkeiten offen.
Service: Von der Computerplanung über den Kauf auf Probe bis zum Vorhangnähen.

LEINER

8020 Graz, Annenstraße 63,
Tel.: 0 31 6/72 50-0
8601 Bruck/Mur, Dr.-Theodor-Körner-Str. 8–10,
Tel.: 0 38 62/535 58-0
8750 Judenburg, Hans-List-Straße 7,
Tel.: 0 35 72/825 04-0
www.leiner.at
Shop & Angebot: Frisch-fröhliche Kinderzimmereinrichtungssysteme und Einzelmöbel von Firmen wie Haba, Flexa, Moll begleiten Kids viele Jahre ihres Kinderlebens lang. Dass dabei Ergonomie und Qualität nicht zu kurz kommen, dafür stehen die bekannten Marken.
Service: Gegen eine geringe Gebühr werden Kids Mitglied im Teddy Club und genießen so verschiedene Vorteile von Spezialangeboten bis zu Geburtstagsgeschenken.

MARY THE FAIRY

8020 Graz, Netzgasse 11, Tel.: 0 31 6/21 56 66
www.marythefairy.at
Shop & Angebot: Dieser beschauliche Laden besticht durch seine tolle Atmosphäre.

Spätauf

Kika Wolfsberg

Hier gibt es viele kleine Details zu entdecken, die nicht nur Kinder verzaubern. Bei den Möbeln z. B. von Oliver Furniture wird Wert auf solide Ausführungen und zeitloses Design in angenehmen Farben gelegt. Neben den Vollholzmöbeln werden viele romantische Accessoires mit leichtem Vintage-Touch angeboten.
Service: Die hübschen Artikel können auch über den Online-Shop bestellt werden.

SPÄTAUF

8054 Graz, Kärntner Straße 257,
Tel.: 0 31 6/29 74 31, info@spaetauf.at
www.spaetauf.at
8054 Graz, Lazarettgasse 39–41,
Tel.: 0 31 6/72 40 52
ligne-roset.graz@aon.at
www.ligneroset.de
Shop & Angebot: Auf 1500 Quadratmetern Ausstellungsfläche bekommt der Kunde hier viel zu sehen – und auch das Kinderzimmerprogramm von Team 7 hat hier einen würdigen Platz. Wird der Kunde einmal nicht fündig, so kann auch die hauseigene Tischlerei (der Chef Harald Spätauf ist nicht umsonst Tischlermeister) zu Rate gezogen werden. Ist dann mit etwa 10, 12 Jahren das Single-Zimmer gefragt, geht es ins zweite Geschäft der Familie Spätauf, nämlich ins Ligne-Roset-Haus.
Service: Damit den Kindern im Geschäft keinesfalls langweilig wird, laufen Kinder-DVDs, aber auch die Mitarbeiter kümmern sich – so Zeit ist – gern um die jungen Kunden. Die Wünsche, die derzeitige Wohnsituation und Anzahl und Alter der Kinder werden genauestens erfragt, um die bestmögliche persönliche Beratung bieten zu können.

KÄRNTEN

KA INTERNATIONAL

9020 Klagenfurt, Renngasse 5 / Alter Platz 22
Adil Besim KG, Tel.: 0 46 3/59 29 40
ka.klagenfurt@adil-besim.at
www.ka-international.at
Shop & Angebot: Der Stil von KA International schlägt sich auch in der Linie für „kleine" Leute nieder – die jugendlich inspirierten Dekor- und Möbelbezugsstoffe (eigene Kinder- und Jugendkollektionen) werden mit unterschiedlichen Möbelmodellen kombiniert. Dabei steht stets die Gemütlichkeit im Vordergrund, die nicht zuletzt durch stimmige Accessoires abgerundet wird. Das perfekte Einrichtungskonzept für alle, die lieber nicht auf typische Kinderzimmereinrichtungslösungen setzen.
Service: Der KA-Komplettservice geht von der Maßanfertigung von Vorhangdekorationen, Raffrollos, Bettüberwürfen bis zum Tapezieren und Bespannen von Möbeln und Wänden (es werden auch Kundenmöbel neu tapeziert).

KIKA

9020 Klagenfurt, Völkermarkterstraße 165,
Tel.: 0 46 3/38 40
9400 Wolfsberg, Paul-Hackhofer-Straße 20,
Tel.: 0 43 52/519 52
9500 Villach, Kärntner Str. 7, Tel.: 0 42 42/321 11
9800 Spittal, Villacher Straße 35 u. 37,
Tel.: 0 47 62/55 55-0
9990 Lienz, Glocknerstr. 3, Tel.: 0 48 52/675 55
www.kika.at
Shop & Angebot: Möbelserien von A bis Z, zum anderen Einzel- und Designermöbel – bei Kika fällt es leicht, Kinderzimmer einzu-

Ikea Salzburg

KA International S.-Haffner-Gasse

richten. Wer Komplettlösungen bevorzugt, ist hier ebenso richtig wie der Individualist. Mit Marken wie Paidi, Hob, Welle, Sonne, Schardt, Stokke, Flexa stehen alle Möglichkeiten offen.
Service: Von der Computerplanung über den Kauf auf Probe bis zum Vorhangnähen.

SALZBURG

IKEA EINRICHTUNGSHAUS SALZBURG

5020 Salzburg, Europastraße 5
Einkaufszentrum Europark, Tel.: 0810/081 081
www.ikea.at
Shop & Angebot: Der Universaleinrichter in Sachen Familie. In der Ikea-Kinderabteilung geht es bunt zu, und dafür sorgen nicht nur Zonen, in denen Ikea-Produkte gleich vor Ort „bespielt" werden dürfen. Wohnen mit Ikea ist vielseitig und fröhlich und besticht durch das gute Preis-Leistungs-Verhältnis. Design wird hier auch für junge Familien leistbar. Aber auch alle, die die Abwechslung lieben, kommen hier auf ihre Rechnung. Und ersetzen ruhig einmal ein Möbelstück durch ein neues. Auch bei Accessoires vom Vorhang bis zu Betthimmeln und Stofftieren wird man hier fündig.
Service: Auf der Homepage gibt es die Möglichkeit, durch den Ikea Einrichtungsplaner sein eigener Innenarchitekt zu werden. So kann man verschiedene Designs, Farben und Maße ausprobieren. Ein weiteres hilfreiches Feature auf der Homepage ist Anna, die virtuelle Kundenberaterin, die fast keine Fragen offen lässt und immer auf die richtigen Informationen verweist. Ikea bietet auch einen eigenen Montageservice, wodurch man nicht unbedingt selbst Hand anlegen muss. Perfekt für Familien: die Ikea Family Card, mit der man in den Genuss spezieller Vorteile kommt!

KA INTERNATIONAL

5020 Salzburg, Sigmund-Haffner-Gasse 16,
Eybl GmbH & Co. KG, Tel.: 0 66 2/84 27 27,
salzburg@ka-international.at
5020 Salzburg, Adolf-Schemel-Straße 11–13,
Rudolf Leiner Handelsges.m.b.H,
Tel.: 0 66 2/639 70-0
5760 Saalfelden, Mittergasse 21,
Prader Interior GmbH, Tel.: 0 65 82/755 98,
ka-saalfelden@aon.at
www.ka-international.at
Shop & Angebot: Der Stil von KA International schlägt sich auch in der Linie für „kleine" Leute nieder – die jugendlich inspirierten Dekor- und Möbelbezugsstoffe (eigene Kinder- und Jugendkollektionen) werden mit unterschiedlichen Möbelmodellen kombiniert. Dabei steht stets die Gemütlichkeit im Vordergrund, die nicht zuletzt durch stimmige Accessoires abgerundet wird. Das perfekte Einrichtungskonzept für alle, die lieber nicht auf typische Kinderzimmereinrichtungslösungen setzen.
Service: Der KA-Komplettservice geht von der Maßanfertigung von Vorhangdekorationen, Raffrollos, Bettüberwürfen bis zum Tapezieren und Bespannen von Möbeln und Wänden (auch Kundenmöbel werden neu tapeziert).

KIKA

5301 Eugendorf, Kalhamerstraße 22,
Tel.: 0 62 25/33 00
5600 St. Johann, Salzburgerstraße 16,
Tel.: 0 64 12/46 64
5760 Saalfelden, Otto-Gruber-Straße 2,
Tel.: 0 65 82/763 40
www.kika.at

Aichner Wohnen

Shop & Angebot: Möbelserien von A bis Z, zum anderen Einzel- und Designermöbel – bei Kika fällt es leicht, Kinderzimmer einzurichten. Wer Komplettlösungen bevorzugt, ist hier ebenso richtig wie der Individualist. Mit Marken wie Paidi, Hob, Welle, Sonne, Schardt, Stokke, Flexa stehen alle Möglichkeiten offen.
Service: Von der Computerplanung über den Kauf auf Probe bis zum Vorhangnähen.

LEINER
5020 Salzburg, Adolf-Schemel Straße 11–13
Tel.: 0 66 2/639 70-0
www.leiner.at
Shop & Angebot: Frisch-fröhliche Kinderzimmereinrichtungssysteme und Einzelmöbel von Firmen wie Haba, Flexa, Moll begleiten Kids viele Jahre ihres Kinderlebens lang. Dass dabei Ergonomie und Qualität nicht zu kurz kommen, dafür stehen die bekannten Marken.
Service: Gegen eine geringe Gebühr werden Kids Mitglied im Teddy Club und genießen so verschiedene Vorteile von Spezialangeboten bis zu Geburtstagsgeschenken.

TEAM 7 SALZBURG
5301 Eugendorf, Salzburger Straße 18
Tel.: 0 62 25/261 60
www.team7-salzburg.at
Shop & Angebot: Zeitlos gültiges Design und hohe Funktionalität werden von Team 7 auch bei der Möblierung von Kinder- und Jugendzimmern umgesetzt. Basis der Möbel sind heimische Edelhölzer, sanft behandelt und millimetergenau nach Kundenwunsch ausgeführt. Ob Komplettlösungen für kindliche Wohnwelten oder zweckmäßige Schreibtische und Tandemliegen – alle Möbelstücke sind Unikate, natürlich, robust und lösungsmittelfrei. Dabei wird auch auf pfiffige Gestaltung und Dekoration mit Farben, Stoffen und Accessoires Wert gelegt.

TIROL

AICHNER WOHNEN
9920 Sillian, Heinfels 150, Tel.: 0 48 42/638 20
info@aichner-wohnen.com
www.aichner-wohnen.com
Shop & Angebot: Wohnkonzepte von A bis Z – Beratung steht im Vordergrund. Dabei wird auf die individuellen Anforderungen im Kinderzimmer Rücksicht genommen. Zur Wahl stehen die Raumkonzepte von Team 7, die mit hochwertiger Verarbeitung und variablen Kombinationsmöglichkeiten punkten.
Service: Inneneinrichtung aus einer Hand – von der Planung bis zu Anstrich und Bodenverlegen.

AUFSCHNAITER
6380 St. Johann, Almdorf 5
Tel.: 0 53 52/624 09, info@aufschnaiter.com
www.aufschnaiter.com
Shop & Angebot: Der Verbindung von Sicherheit, Funktionalität und Attraktivität trägt man bei Aufschnaiter Rechnung. Und hat deshalb Kinderzimmermöbel von Team 7, Paidi und CIA im Sortiment. Bei einer Ausstellungsfläche von rund 4500 Quadratmetern kommt auch das „Junge Wohnen" nicht zu kurz. Und die Eltern können sich in Ruhe nach dem Richtigen umsehen, während sich die Kids in der Kinderspielecke amüsieren.

GRÜNE ERDE
6020 Innsbruck, Herzog-Friedrich-Straße 8
www.grueneerde.com

Paidi bei Aufschnaiter

Shop & Angebot: Der Schauraum in Innsbruck steht ganz im Zeichen des gesunden Wohnens. Dass dabei das Design nicht zu kurz kommt, dafür steht das Markenzeichen Grüne Erde. So wird aus vollem Holz, hochqualitativ verarbeitet, ein zeitgemäßes Möbelprogramm. Neben höhenverstellbaren Kindersesseln und -schreibtischen finden sich hier Hochbetten, romantische Kinderbetten und viele liebevolle Accessoires fürs Kinderzimmer, aber auch die perfekten Möbel für die Familienwohnung.

IKEA EINRICHTUNGSHAUS INNSBRUCK
6020 Innsbruck, Amraser-See-Straße 56c
Tel.: 0810/081 081
www.ikea.at
Shop & Angebot: Der Universaleinrichter in Sachen Familie. In der Ikea-Kinderabteilung geht es bunt zu, und dafür sorgen nicht nur Zonen, in denen Ikea-Produkte gleich vor Ort „bespielt" werden dürfen. Wohnen mit Ikea ist vielseitig und fröhlich und besticht durch das gute Preis-Leistungs-Verhältnis. Design wird hier auch für junge Familien leistbar. Aber auch alle, die die Abwechslung lieben, kommen hier auf ihre Rechnung. Und ersetzen ruhig einmal ein Möbelstück durch ein neues. Auch bei Accessoires vom Vorhang bis zu Betthimmeln und Stofftieren wird man hier fündig.
Service: Auf der Homepage gibt es die Möglichkeit, durch den Ikea Einrichtungsplaner sein eigener Innenarchitekt zu werden. So kann man verschiedene Designs, Farben und Maße ausprobieren. Ein weiteres hilfreiches Feature auf der Homepage ist Anna, die virtuelle Kundenberaterin, die fast keine Fragen offen lässt und immer auf die richtigen Informationen verweist. Ikea bietet auch einen eigenen Montageservice, wodurch man nicht unbedingt selbst Hand anlegen muss. Perfekt für Familien: die Ikea Family Card, mit der man in den Genuss spezieller Vorteile kommt!

KA INTERNATIONAL
6370 Kitzbühel, Jochbergerstraße 1
Schwaighofer KG, Tel.: 0 53 56/647 57
office@ka-kitzbuehel.com
www.ka-kitzbuehel.com
www.ka-international.at
Shop & Angebot: Der Stil von KA International schlägt sich auch in der Linie für „kleine" Leute nieder – die jugendlich inspirierten Dekor- und Möbelbezugsstoffe (eigene Kinder- und Jugendkollektionen) werden mit unterschiedlichen Möbelmodellen kombiniert. Dabei steht stets die Gemütlichkeit im Vordergrund, die nicht zuletzt durch stimmige Accessoires abgerundet wird. Das perfekte Einrichtungskonzept für alle, die lieber nicht auf typische Kinderzimmereinrichtungslösungen setzen.
Service: Der KA-Komplettservice geht von der Maßanfertigung von Vorhangdekorationen, Raffrollos, Bettüberwürfen bis zum Tapezieren und Bespannen von Möbeln und Wänden (es werden auch Kundenmöbel neu tapeziert).

KIKA
6063 Innsbruck / Rum, Siemensstraße 25,
Tel.: 0 51 2/24 04
6300 Wörgl, Innsbrucker Straße 106
Tel.: 0 53 32/78 70
6460 Imst, Industriezone 36, Tel.: 0 54 12/606
www.kika.at
Shop & Angebot: Möbelserien von A bis Z, zum anderen Einzel- und Designermöbel –

Nussbaumer Wohnkultur

Kika Dornbirn

bei Kika fällt es leicht, Kinderzimmer einzurichten. Wer Komplettlösungen bevorzugt, ist hier ebenso richtig wie der Individualist. Mit Marken wie Paidi, Hob, Welle, Sonne, Schardt, Stokke, Flexa stehen alle Möglichkeiten offen.
Service: Von der Computerplanung über den Kauf auf Probe bis zum Vorhangnähen.

NUSSBAUMER WOHNKULTUR
9900 Lienz, Tirolerstr. 25, Tel.: 0 48 52/646 40
www.wkn.at
Shop & Angebot: Ganzheitlichkeit ist hier die Devise – auch bei der Kinderzimmereinrichtung. Mit dem Produktportfolio von Team 7, Brenneis undWelle stehen jedenfalls stimmige Konzepte zur Verfügung, die über viele Jahre Freude machen.
Service: Von der Feng-Shui- über Farb- und Lichtberatung bis zum kompletten Deko-Service.

VORARLBERG

KA INTERNATIONAL
6800 Feldkirch, Inneneinrichtung Ilse Frick
Schlossergasse 4, Tel.: 0 55 22/814 20
office@ka-feldkirch.at
www.ka-international.at
Shop & Angebot: Der Stil von KA International schlägt sich auch in der Linie für „kleine" Leute nieder – die jugendlich inspirierten Dekor- und Möbelbezugsstoffe (eigene Kinder- und Jugendkollektionen) werden mit unterschiedlichen Möbelmodellen kombiniert. Dabei steht stets die Gemütlichkeit im Vordergrund, die nicht zuletzt durch stimmige Accessoires abgerundet wird. Das perfekte Einrichtungskonzept für alle, die lieber nicht auf typische Kinderzimmereinrichtungslösungen setzen.
Service: Der KA-Komplettservice geht von der Maßanfertigung von Vorhangdekorationen, Raffrollos, Bettüberwürfen bis zum Tapezieren und Bespannen von Möbeln und Wänden (es werden auch Kundenmöbel neu tapeziert).

KIKA
6850 Dornbirn, Josef-Ganahl-Straße 1
Tel.: 0 55 72/516 16
www.kika.at
Shop & Angebot: Möbelserien von A bis Z, zum anderen Einzel- und Designermöbel – bei Kika fällt es leicht, Kinderzimmer einzurichten. Wer Komplettlösungen bevorzugt, ist hier ebenso richtig wie der Individualist. Mit Marken wie Paidi, Hob, Welle, Sonne, Schardt, Stokke, Flexa stehen alle Möglichkeiten offen.
Service: Von der Computerplanung über den Kauf auf Probe bis zum Vorhangnähen.

VITRA
6890 Lustenau, Rheinstraße 26–27
Tel.: 0664/846 44 25
www.vitra.at
Shop & Angebot: Kindermöbel genügen hier den gleichen Designanforderungen wie die Erwachseneneinrichtung. Und verdienen damit wahrlich einen Ehrenplatz in der Familienwohnung. Besonders auffällig ist wohl der Panton Junior, der erstklassiges Sitzgefühl schon den Kleinen nahe bringt und nicht zuletzt durch seine Zeitlosigkeit besticht.

▸ VERSAND

BADER VERSAND GES.M.B.H
4020 Linz, Wiener Str. 265, Tel.: 0 73 2/69 68 69
www.bader.at
Unter der Rubrik „Schöner Wohnen – Kinder-

Jako-o

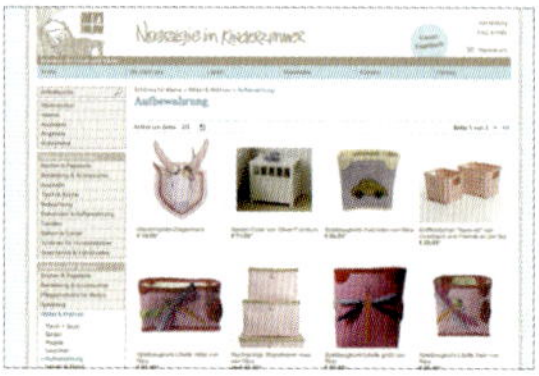

Nostalgie im Kinderzimmer

möbel" findet man süße, ausgefallene Zimmereinrichtungen, Betten im Autodesign oder Barbiestil, Winnie-Pooh-Tischchen und Sessel und vieles mehr. Wenn Sie Wert auf ein spezielles Themenzimmer legen, sind Sie hier an der richtigen Adresse.

IKEA HOMESHOPPING
2334 Vösendorf, Shopping City Süd
Tel.: 0810/810 100
www.ikea.com/at/de/
Katalog & Angebot: Im virtuellen Einrichtungshaus gibt es alles, was man für die Ausstattung der vier Wände so braucht. Zu bestellen ist fast das gesamte Angebot aus dem Katalog, bei Kinderzimmermöbeln und -accessoires wird man allemal fündig. Zugestellt wird gegen eine gestaffelte Gebühr, beträgt der Warenwert über 1000 Euro, wird gratis geliefert.

JAKO-O
D-96476 Bad Rodach
Werner-von-Siemens-Straße 23
Tel.: 00800/22 44 88 00 (kostenfrei)
www.jako-o.at
Katalog & Angebot: Funktionalität und ansprechendes Design, darauf wird beim Möbelprogramm von Jako-o größter Wert gelegt. Und dafür spricht ja schon die Tatsache, dass die Möbel aus dem Hause Haba, Schwesterfirma von Jako-o, kommen. Praktische Details machen sie zu echten Highlights fürs Kinderzimmer. Das gilt auch für die Accessoires – Einrichten wird zum Kinderspiel. Wer ein Motto sucht, wird hier von Fußball über Prinzessin bis zum Dschungelzimmer fündig. Übrigens: Der sympathisch aufbereitete Katalog macht einem die Wahl leichter.

NOSTALGIE IM KINDERZIMMER
D-81669 München, Herrenchiemseestraße 4
Tel.: +49/89/309 04 38-0
kontakt@nostalgieimkinderzimmer.de
www.nostalgieimkinderzimmer.de
Angebot: Der Name ist Programm: Bei „Nostalgie im Kinderzimmer" bekommt man Möbel und Accessoires mit dem Touch der „guten alten Zeit". Vom weißen Eisen- und verschnörkelten geschnitzten Bett über geschmackvolle Teppiche bis zu romantischen Aufklebern für die Wand gibt es hier sämtliche Teile, um ein Kinderzimmer im Vintage-Stil einzurichten. Ein Vergnügen ist auch der Web-Shop, der übersichtlich und angenehm gestaltet ist. Neben Stücken bekannter Marken gibt es hier auch antike Originale sowie Handgemachtes und Unikate. Genau richtig für Individualisten.

LIVIPUR KINDER.SPIEL.VERSAND
D-61348 Bad Homburg, Hessenring 84
Tel.: 0180/500 09 80, info@livipur.de
www.livipur.de
Katalog & Angebot: Dass „Bio" auch romantisch, pfiffig und witzig sein kann, beweisen die Möbel, die es bei Purpur zu erstehen gibt. Das Schöne: Die Erle-Massivholz-Möbelserie ist nicht nur strapazierfähig, sondern wächst mit den Kindern mit – sodass sie vom Kinder- zum Jugend- und zum Erwachsenenzimmer (und Letzteres ist wirklich selten möglich) umgestaltet werden kann. Und das bei Einhaltung ergonomischer Kriterien. Ebenfalls zu empfehlen: die hübschen Accessoires fürs Kinderzimmer.

NECKERMANN VERSAND ÖSTERREICH
8012 Graz, Triesterstr. 280, Tel.: 0 31 6/246 246
www.neckermann.at

Walzz-Kidzz

Zara Home Kids

Vom Kinderschreibtisch über Kommoden bis zu kompletten Kinderzimmereinrichtungen findet man hier relativ kostengünstig alles, was Wohnen für Kids gemütlich macht. Auch Accessoires wie Bettwäsche oder Pölster sind bei Neckermann Versand im Programm.

WALZ-KIDZZ
VERSANDHAUS WALZ
D-88339 Bad Waldsee, Steinstraße 28
Tel.: 0 75 24/703-0, www.walz-kidzz.at
Katalog & Angebot: Kindermöbel wie Sitzsack, Kommode oder Kindertisch mit Stühlen, aber auch Accessoires wie Bettwäsche oder lustige Lampen, Kindergarderoben, Baldachine etc. gibt es hier zu moderaten Preisen. Das Design ist stets kindgerecht und farbenfroh. Und auch das Schmökern im handlichen Katalog macht Spaß.

ZARA HOME KIDS
Kostenlose Service-Telefonnummer zwischen 9.00 und 20.00 Uhr: 0800/40 10 90
www.zarahome.com
Wer die Kindermode von Zara mag, wird die Möbel und Accessoires fürs Kinderzimmer lieben! Dekorative Stücke in einem individuellen, mit vielem gut kombinierbaren Stil, der aus jedem Kinderzimmer ein kleines Paradies macht. Die Produkte sind zum Teil farbenfroh, aber geschmackvoll. Auch als Geschenke perfekt geeignet. Außerdem liebevoll gearbeitete Spielsachen mit hohem Deko-Faktor. Versand ab 200 Euro Bestellwert kostenfrei!

BILDUNG

Stärken erkennen

Individualität in Schule und Kindergarten ist gefragt.

Kinder sind kleine Individualisten. Die einen lernen schneller, die anderen langsamer, manche sind besonders wissbegierig, weider andere praktisch veranlagt. Alle haben es sich verdient, dass wir ihnen die besten Möglichkeiten für eine individuelle Entwicklung bieten. Denn in der Kindheit werden die Grundlagen für das weitere Leben gelegt. Elternhaus, Kindergarten, Schule tragen ihren Teil dazu bei, ob das Kind eine starke Basis erhält, von der es später zehren kann oder nicht. Fördert man Kinder nicht bestmöglich, kommt dies einem unverzeihlichen Versäumnis gleich.

Eltern tragen in diesem Sinne nicht nur die Verantwortung dafür, dass ihr Kind gut betreut und genährt, gekleidet und gepflegt wird, sondern auch für seine geistige Entwicklung. Diese zu fördern, ist einerseits ganz nebenbei im Alltag möglich. Wer viel mit dem Kind spricht, seine Fragen ernsthaft beantwortet und an gemeinsam Erlebtes anknüpft und es erläutert, baut Förderung unkompliziert ins Familienleben ein.

Manchen Kindern und Eltern macht es auch Freude, gemeinsam Themen zu finden, die spielerisch aufbereitet werden. Sei es „Piraten", „Pferde" oder „Wiesenblumen" – rund um Schwerpunkte können Programme für die Freizeitgestaltung gefunden werden, aber auch Bücher dazu gelesen oder Filme angesehen werden. Besonders Eifrige gestalten Mappen mit Bildern, Texten, Fotos etc., die zu individuellen Erinnerungsstücken werden.

SPIELERISCHE FÖRDERUNG

Auch fertiges Material, um Kinder zu Hause zu fördern, gibt es in Hülle und Fülle. Altbekannt aus der eigenen Kindheit ist für viele Erwachsene „Lük, Lerne, Übe, Kontrolliere", bei denen Kinder Aufgaben lösen und selbst kon-

Schon Kindergarten- und Vorschulkinder werden spielerisch gefördert – etwa mit den LernSpiel-Zwergen.

trollieren. Für die Kleinen gibt es bambinoLük und miniLük, für Größere Übungen aus unterschiedlichen Lerngebieten. Auch mit Bandolinos ist die Selbstkontrolle möglich. Der Bilderfächer wird mit einem Faden so bespannt, dass ein bestimmtes Muster aufscheint, wenn alle Lösungen richtig sind.

Mit den „LernSpielZwergen" aus dem Loewe Verlag trainieren Kindergarten- und Vorschulkinder Konzentration, Zuordnung etc., Kinder im Schulalter üben mit „Logli" Lerninhalte. Die bunte, kindgerechte Gestaltung lädt zum Mitmachen ein. Auch die Übungsblocks aus der Serie „Schlaumacher" von Ars Edition wecken die Freude am Lernen und schulen die Kinder in „Logischem Denken", „Konzentration und Wahrnehmung", „Suchen und Zählen" etc. Interaktiv angelegt ist die Buchreihe „Mach Mit!" von Ravensburger, bei der Geschichten im Vordergrund stehen, in deren Rahmen ganz spielerisch und wie nebenbei Sachinhalte von Farben, Formen bis zum ABC vermittelt werden. Mitmachen ist, wie schon der Name sagt, die Devise. Im Arena-Verlag wiederum erscheinen verschiedene Mal- und Bastelblocks, auch Mandalas zu den unterschiedlichen Themen. Ausmalen entspannt und macht fit für die Schule: Viele Schulanfänger können kein Bild anmalen, ohne über Begrenzungslinien hinauszukritzeln. Spielerische Vorbereitung lohnt sich also!

Auch im Kindergarten wird diese großgeschrieben. Fortschrittliche Ausbildungskonzepte für Pädagoginnen (Vorbilder sind wie im Schulwesen in Finnland zu finden) sehen die individuelle Beobachtung der einzelnen Kinder vor, durch die individuelle Begabungen erkannt und gefördert werden sollen. Wichtig dabei ist die positive Verstärkung und nicht das Aufzeigen von Schwächen. Leider ist es bei uns eine weit verbreitete Gewohnheit, über Schwächen statt über Stärken zu sprechen und das Negative hervorzuheben und nicht das Positive. Damit agieren wir Österreicher diametral zu vielen anderen Ländern, allen voran dem amerikanischen/anglikanischen Raum, wo im Umgang mit Kindern die positiven Aspekte betont werden.

So macht Schule erst Sinn: Begabungen müssen erkannt und individuell gefördert werden.

POSITIVE VERSTÄRKUNG

Während der positive Zugang zum Thema Bildung und Erziehung im Kindergarten schon weiter verbreitet ist, überwiegt im schulischen Bereich hierzulande immer noch der negative Zugang. Gesprochen wird hier über Schwächen. Das, was das Kind nicht kann, ist der Ansatz für Verbesserungsbemühungen. Worin das Kind gut ist, wird als selbstverständlich hingenommen. Die Folge: Frustration. In erster Linie beim Kind, aber auch bei den Eltern und Lehrern.

Macht Schule den Kindern keine Freude, schließt sich der Kreislauf vom enttäuschten Kind zum demotivierten Lehrer. Denn der schlechte Lehrer wird die Negativerlebnisse wieder und wieder verstärken. Die in letzter Zeit geführte Diskussion über schlechte Lehrer, die Begabungen der Kinder nicht erkennen und keine individuelle Förderung bieten, hat so gesehen ihre Richtigkeit. Schule ist im schlechtesten Fall heute wie anno dazumal (bekanntlich geht unser Schulwesen auf Kaiserin Maria Theresias, zurück) darauf ausgerichtet, Kinder über einen „Kamm" zu scheren. Das Mittelmaß ist die Norm, und an dieser orientiert sich die Schule. Abweichungen nach oben oder unten sind nicht vorgesehen und unerwünscht. Will man herbe Kritik anbringen, könnte man sagen: weil sie dem Lehrkörper extra Arbeit machen. Zeigt man sich verständnisvoll für Probleme, die sich aus großen Klassen, aus unterschiedlichem

Die Schulauswahl ist eine wichtige Entscheidung für den Werdegang des Nachwuchses.

Background der Kinder, aus der geschwächten Position des Lehrers ergeben, könnte man sagen: weil es schwieriger geworden ist, Kinder zu unterrichten.

Wie auch immer – es müssen Mittel und Wege gefunden werden, um der Individualität auch in der Schule gerecht zu werden. Dies muss eine gesellschaftliche Prämisse sein, um den geänderten Rahmenbedingungen einer modernen Welt Rechnung zu tragen, die nicht mehr auf Gleichschritt, sondern auf „anders denken“ ausgerichtet ist. Sonst machen wir es unseren Kindern unnötig schwer, im täglichen Wettbewerb des Berufslebens zu bestehen.

So sind auch die Kriterien für die Schulauswahl anders als früher zu bewerten. Wichtige Fragen sind heute: Wird der Unterricht an der Schule projektorientiert gestaltet? Lernen Kinder selbstständig zu arbeiten und Erarbeitetes zu präsentieren? Werden neue Medien in den Unterricht einbezogen?

Daneben kommen Überlegungen zum Tragen, die sich aus dem Familienalltag ergeben wie: Ist die Schule in der Nähe? Wird Nachmittagsbetreuung angeboten? Welche Betreuungszeiten bietet diese? Soll das Kind den Schulweg allein zurücklegen können? Ist die Schule für Eltern/Kinderbetreuungspersonen einfach zu erreichen? All diese Faktoren tragen nicht zuletzt dazu bei, dass Schule für das Kind zu einem positiven Erlebnis wird.

FAMILY TIPPS

Wie erkenne ich die Begabung meines Kindes?

Manche Talente zeigen sich ganz von selbst. Wenn das Kind am liebsten vor dem Klavier sitzt und übt, mit dem Experimentierkasten werkt oder den Kochlöffel schwingt, zeichnen sich Begabungen ab. Liegen sie weniger auf der

Hand, weckt man sie durch Anbieten verschiedener Materialien und Themengebiete.

Übrigens kann man laut dem amerikanischen Psychologen Howard Gardner mehrere verschiedene Intelligenzen und damit Zugänge zur Welt unterscheiden:

> die Sprache
> logisch-mathematisches Denken
> räumliches Vorstellungsvermögen
> Körpergefühl
> musikalisches Denken
> soziales Denken
> Verständnis für das eigene Innenleben
> existenzielle Intelligenz
> naturalistische Intelligenz

Hat Ihr Kind eine besondere Begabung? Manche Talente zeigen sich ganz von selbst.

Diese sind wissenschaftlich nicht von allen akzeptiert, aber ein guter Anhaltspunkt für Eltern, die sich fragen, auf welchem Gebiet bzw. auf welchen Gebieten ihr Kind begabt ist. Gemeinhin werden folgende Begabungen unterschieden:

> Musisch-künstlerische Begabung zeigt sich beim Musizieren, Singen, Zeichnen
> Psychomotorische Begabung: Körperliche Geschicklichkeit zeigt sich beim Sport, Tanzen, in der Feinmechanik
> Soziale Begabung: Befähigung, besonders gut mit anderen Menschen umgehen zu können; Einfühlungsgabe

AMS Kinderbetreuungsbeihilfe

Kinderdrehscheibe

▸ KINDERGARTEN

ÖSTERREICHWEITE ANLAUFSTELLEN

AMS KINDERBETREUUNGSBEIHILFE

www.ams.at/sfa/14247.html
Informationen über Kriterien der Förderung wie neuer Job, Veränderung der Arbeitszeiten, Ausfall einer Betreuungsperson sowie finanzielle Richtlinien.

BUNDESKANZLERAMT ABTEILUNG I/13, E-GOVERNMENT – PROGRAMM- UND PROJEKTMANAGEMENT

1010 Wien, Ballhausplatz 2A, Tel.: 01/531 15-0
info@help.gv.at
www.help.gv.at
Hilfe bei der Vermittlung von Kindergartenplätzen. Links zu Institutionen, die Hilfe bei der Suche nach Kinderbetreuungsplätzen österreichweit bieten. Eine umfangreiche und detaillierte Plattform mit nützlichen Infos.

DACHVERBAND DER WIENER PRIVATKINDERGÄRTEN UND -HORTE

1020 Wien, Obere Donaustraße 79
Tel.: 0664/971 94 39, info@kindergarten.at
dachverband@kindergarten.at
www.kindergarten.at
Suchfunktion für Kinderbetreuungsplätze, Auflistung der Mitgliedsbetriebe, wichtige Adresse, Telefonnummern und Links zum Thema Kinderbetreuung.

DIAKONIE / EVANGELISCHES HILFSWERK ÖSTERREICH

1170 Wien, Steinergasse 3/12
Tel.: 01/402 67 54, gf.efdoe@diakonie.at
www.kindergaerten.diakonie.at
Die Diakonie betreibt sechs Kindergärten in Wien und weitere Kindergärten in ganz Österreich (siehe Homepage).

EVANGELISCHE KINDERGÄRTEN IN ÖSTERREICH

1030 Wien, Ungargasse 9/10
Tel.: 01/712 54 61-0, info@evang.at
www.evang1.at
Auf der Homepage der evangelischen Kirche in Österreich findet man die Adressen der evangelischen Kindergärten in ganz Österreich unter dem Punkt „Adressen". Dort erhält man unter dem Buchstaben „K" eine Liste der Kindergärten.

ISLAMISCHE KINDERGÄRTEN IN ÖSTERREICH

info@derislam.at
www.derislam.at
Hier findet man eine Liste der islamischen Kindergärten in Wien.

KATHOLISCHE KINDERGÄRTEN IN ÖSTERREICH

1010 Wien, Singerstraße 7, Tel.: 01/512 52 83
www.katholisch.at
Auf der Homepage der katholischen Kirche in Österreich findet man die Adressen der katholischen Kindergärten in ganz Österreich, indem man in der Suchfunktion den Begriff „Kindergarten" eingibt. Es erscheint eine Maske, wo „Österreich" angeklickt werden soll, daraufhin erhält man eine Liste der katholischen Kindergartenträger, einzelner Kindergärten und Links.

KINDERDREHSCHEIBE

1050 Wien, Wehrgasse 26, Tel.: 01/581 06 60
office@kinderdrehscheibe.at
www.kinderdrehscheibe.at

Montessori Österreich

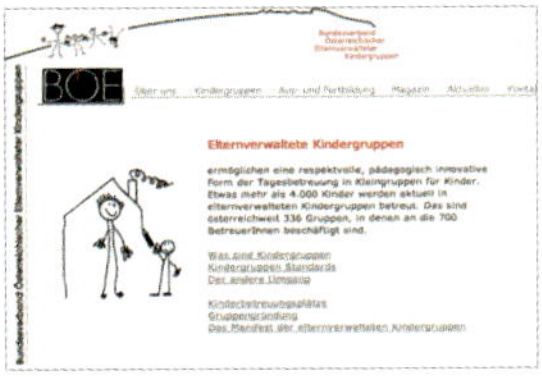

Österreichische elternverwaltete Kindergruppen

Öffnungszeiten: Mo, Mi 10.00–15.00 Uhr, Di 10.00–17.00 Uhr, Do 8.00–15.00 Uhr, Fr 10.00–13.00 Uhr
(Ferien: geänderte Öffnungszeiten)
Der Verein Wiener Kinderdrehscheibe ist ein Zusammenschluss privater Trägerorganisationen, die in Wien Kinderbetreuungsplätze anbieten und somit eine zentrale Beratungs- und Vermittlungsstelle für alle privaten Kindergärten und Tagesmütter im Raum Wien sind. Homepage mit guter Suchfunktion .

KIRCHLICHE KINDERGÄRTEN

Anmeldung und Auskunft direkt im Kindergarten der einzelnen Pfarreien
Die religiöse Erziehung ist Bestandteil des Tagesprogramms, wobei auf multikulturelle Erziehung geachtet wird. Die Kindergärten der einzelnen Pfarren sind autonom hinsichtlich Kosten, Verpflegung, Aufnahmekriterien, Öffnungszeiten und Pädagogik. In wesentlichen Erziehungsgrundsätzen stimmen sie mit den städtischen Kindergärten überein.

MONTESSORI ÖSTERREICH

1130 Wien, Amalienstraße 75/2/108
Dr. Herbert Haberl, herbert-haberl@chello.at
www.montessori-austria.at
Die Organisation Montessori Österreich ist eine Dachorganisation mit neun Landesvereinen in den Bundesländern. Einzelmitglieder in diesen Vereinen sind insbesondere LehrerInnen und KindergärtnerInnen, die die Montessori-Pädagogik in ihren Klassen/Gruppen umsetzen. Auf der Homepage von Montessori Österreich findet man Adressen von Montessori-Kindergärten in ganz Österreich.

ÖSTERREICHISCHE ELTERNVERWALTETE KINDERGRUPPEN

1160 Wien, Neulerchenfelder Straße 8/8
Kontakt: Grete Miklin und Tanja Täuber
Tel.: 01/409 66 40, boe@aon.at
www.kindergruppen.at
Kindergruppen ermöglichen eine respektvolle, pädagogisch innovative Form der Tagesbetreuung in Kleingruppen für Kinder. Dabei werden maximal 15 Kinder im Alter von 2 bis 6 Jahren in Familiengruppen betreut. Außerdem gibt es Gruppen für Kleinstkinder sowie Hortgruppen für Schulkinder. Das pädagogische und organisatorische Konzept beruht auf dem „Anderen Umgang", der Partnerschaft und Gleichberechtigung zwischen Kindern und Erwachsenen. Geschlechtssensibilität und Integration werden in Kindergruppen schon lange gelebt und sind lebendiger Teil des „Anderen Umgangs". Öffnungszeiten und Altersstreuung der Kinder entsprechen den Bedürfnissen der Familien. Die Gruppen werden von Eltern gegründet und als Verein geführt. Die Entscheidungskompetenz liegt damit bei den Eltern der aktuell betreuten Kinder und den BetreuerInnen. Die pädagogische Qualitätssicherung erfolgt durch eine bundesweit anerkannte Aus- und Weiterbildung der BetreuerInnen.
Wien: Verein der Wiener Kindergruppen
Kontaktfrau: Ingrid Rothbacher-Stastny, Gisela Hagmair
1060 Wien, Hofmühlgasse 2/7
Tel.: 01/585 72 44
office@wiener.kindergruppen.at
www.wiener.kindergruppen.at
Niederösterreich: NEK – Niederösterreichische Elternverwaltete Kindergruppen
Kontaktfrau: Andrea Schuberth, Margarethe Purkharth

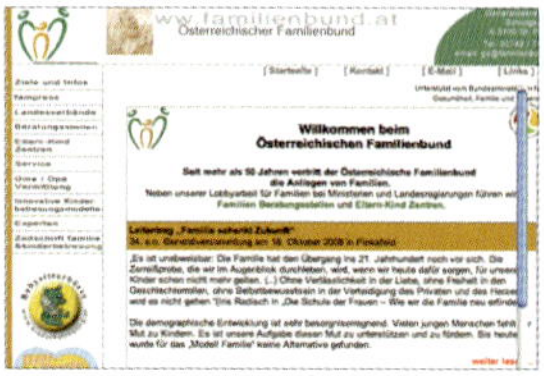

Österr. Familienbund

3504 Krems/Stein, Steiner Landstraße 76
Tel.: 0 27 32/774 85, nek@aon.at
www.nek.kindergruppen.at
Oberösterreich: Verband der Oberösterreichischen Kindergruppen und Elterninitiativen
Kontaktfrau: Brigitte Platzer
4820 Bad Ischl, Reimstraße 5
Tel.: 0 73 2/77 63 15 (Stellvertreterin Martina Stockinger)
bri.platzer@utanet.at
http://kigru.4050.org/
Salzburg: Landesverband der Salzburger Kindergruppen
p. A. Kontaktmann: Uli Hauenstein
c/o Verein studierender Eltern
5020 Salzburg, Josef-Preis-Allee 16
Tel.: 0 66 2/84 05 85
Kärnten: Plattform Kärntner Kindergruppen
Kontaktfrau: Brigitte Eberhart
9556 Liebenfels, Goeßstraße 2a
Kindergruppe Sonnenstrahl
9500 Villach, Tel.: 0 42 15/271 27
kindergruppe.bimbulli@aon.at
Tirol: Verein selbstorganisierter Kindergruppen
Kontaktfrauen: Katarina Dennhardt, Elisabeth Pedrini
6020 Innsbruck, Marktgraben 16/2
Tel.: 0 51 2/58 82 94
dennhardt@kindergruppen-tirol.at oder
pedrini@kindergruppen-tirol.at
www.kindergruppen-tirol.at
Vorarlberg: Landesverband für selbstorganisierte Kindergruppen Vorarlbergs
p. A. Kontaktfrauen: Judith Dreymann, Elisabeth Gambs
6832 Zwischenwasser, Fidelisgasse 2
Tel.: 0 55 22/49 15 33, lv.kigru@aon.at und
info@spielgruppe.at
www.spielgruppe.at

ÖFFENTLICHE KINDERGÄRTEN
info@kinderbetreuung.at
www.kinderbetreuung.at
Weiterführende Links zu Seiten aus allen Bundesländern, auf denen man nach öffentlichen Kindergärten unter Eingabe von verschiedenen Suchkriterien wie Art der Einrichtung oder Postleitzahl suchen kann.

ÖSTERREICHISCHER FAMILIENBUND
3100 St. Pölten, Schulg. 3, Tel.: 0 27 42/773 04
gs@familienbund.at
www.familienbund.at

FAMILY BUSINESS FÜR W, NÖ, BGLD, KTN
3100 St. Pölten, Schulg. 3, Tel.: 0 27 42/799 90
info@kinderbetreuung.at
www.kinderbetreuung.at

FAMILY BUSINESS FÜR OÖ, STMK, SBG, T UND VBG
4040 Linz, Hauptstraße 83–85
Tel.: 0 73 2/60 86 85
info@kinderbetreuung.at
www.kinderbetreuung.at

FAMILY BUSINESS TIROL, EKZ SILLPARK, KIND & CO
6020 Innsbruck, Museumsstraße 38
Tel.: 0650/840 86 06
info.tirol@kinderbetreuung.at
www.kinderbetereuung.at
Über Suchfunktion auf Knopfdruck viele Informationen zu diversen Kinderbetreuungseinrichtungen, darunter auch Kindergärten. Umfang- und hilfreich!

SOS-KINDERDORFKINDERGÄRTEN
6020 Innsbruck, Stafflerstraße 10a

Allg. Schulinformation des BM für Unterricht, Kunst und Kultur

Schul-Datenbank

Tel.: 0810/200 114, Finfo@sos-kdf.org
www.sos-kinderdorf.at
In den einzelnen Bundesländern gibt es Kinderdorf-Kindergärten, die auch von Kindern aus den umliegenden Gemeinden besucht werden können, um somit eine Öffnung nach außen zu bewirken. Diese Kindergärten sind unter den entsprechenden Bundesländerabschnitten zu finden.

VOLKSHILFE
1010 Wien, Auerspergstr. 4, Tel.: 01/402 62 09
office@volkshilfe.at
www.volkshilfe.at
Die Volkshilfe hat ein österreichweites Angebot an Kinder- und Jugendbetreuung, weiters auch Beratung u. v. m. Diese Dienste sind über die jeweiligen Homepages der einzelnen Landesorganisationen ermittelbar.

WALDORFKINDERGÄRTEN
Tel.: +49/711/92 57 40, inter.waldorf@t-online.de
www.waldorfkindergarten.org
Auf der Homepage der Internationalen Vereinigung der Waldorfkindergärten findet man unter dem Unterpunkt „Vereinigung" nach Ländern geordnet Adressen von Waldorfkindergärten welt- und österreichweit.

WIENER KINDERFREUNDE
1080 Wien, Albertg. 23, Tel.: 401 25-22 od. -20
kindergaerten@wien.kinderfreunde.at
www.wien.kinderfreunde.at
Nach dem Motto „Lernen und Wohlfühlen – denn Bildung beginnt im Kindergarten" führen die Kinderfreunde in Wien 289 qualitätsgeprüfte Kindergartengruppen für Kinder ab drei Jahren, in denen sich Kinder wohl fühlen, in ihrer Entwicklung individuell begleitet und gefördert werden und Eltern in den PädagogInnen kompetente PartnerInnen finden: Montessori-Elemente, offener Kindergarten, Umwelt- und Medienerziehung, Kunst- und Kulturschwerpunkte, Sprach- und Sportangebote, musikpädagogische Angebote sowie kostenlose Inanspruchnahme der Kinderfreunde-Erziehungsberatung.

▸ SCHULEN

ÖSTERREICHWEITE ANLAUFSTELLEN

Schulen insgesamt

ALLGEMEINE SCHULINFORMATION DES BUNDESMINISTERIUMS FÜR UNTERRICHT, KUNST UND KULTUR
1014 Wien, Minoritenplatz 5 (Schulinfo)
Tel.: 01/531 20-0, ministerium@bmukk.gv.at
www.bmukk.gv.at/schulen/service/schulinfo

SCHUL-DATENBANK BUNDESMINISTERIUM FÜR UNTERRICHT, KUNST UND KULTUR
1014 Wien, Minoritenplatz 5, Tel.: 01/531 20-0
ministerium@bmukk.gv.at
www.schulen-online.at
Eine umfangreiche Datenbank, in der man nach einzelnen Schulen und Schultypen suchen kann und Listen mit den Namen und Adressen aller gesuchten Einrichtungen erhält. Im Zweifelsfall lohnt es sich, den Link „Wie suche ich richtig?" anzuklicken und sich an die „Gebrauchsanweisung" zu halten.

Landesschulräte und ihre Servicestellen

STADTSCHULRAT FÜR WIEN
1010 Wien, Wipplingerstraße 28
Tel.: 01/525 25, office@ssr-wien.gv.at

Landesschulrat für Oberösterreich

Landesschulrat für Salzburg

www.wien.gv.at/bildung/stadtschulrat/
Schulinfo im Stadtschulrat für Wien:
Mo, Di, Do, Fr 8.00–15.00 Uhr
Tel.: 01/525 25-77 00
Vom Online-Schulführer bis zu detaillierten Erläuterungen des Schulsystems werden auf der Homepage des Stadtschulrates für Wien viele Fragen rund um die Schule beantwortet. Hier erhält man auch Auskunft über ganztägige Betreuung an öffentlichen Schulen.

LANDESSCHULRAT FÜR NIEDERÖSTERREICH
3109 St. Pölten, Rennbahnstraße 29
Tel.: 0 27 42/280, office@lsr-noe.gv.at
www.lsr-noe.gv.at
Schulservicestelle im Landesschulrat für Niederösterreich, Mo–Fr 8.00–15.00 Uhr
Tel.: 0 27 42/280-48 00
HR MMag. Franz Koppensteiner
Formulare, Schülerbeihilfen, Schulversuche – auf der Homepage des Landesschulrates für Niederösterreich findet man Hilfreiches zum Thema Schule.

LANDESSCHULRAT FÜR BURGENLAND
7001 Eisenstadt, Kernausteig 3
Tel.: 0 26 82/710, office@lsr-bgld.gv.at
www.lsr-bgld.gv.at
Schulservicestelle im Landesschulrat für Burgenland: Mo–Do 7.30–16.00 Uhr,
Fr 7.30–13.00 Uhr
Tel.: 0 26 82/710-152, Edda Füzi-Prinke
edda.fuezi-prinke@lsr-bgld.gv.at
www.lsr-bgld.gv.at/service/fsserv.htm
Kundenorientierung und Dienstleistung werden beim Landesschulrat Burgenland großgeschrieben. Man steht daher gern mit Rat und Tat zur Verfügung. Schulführer auf der Homepage!

LANDESSCHULRAT FÜR STEIERMARK
8011 Graz, Körblergasse 23, Tel.: 0 31 6/345-0
lsr@lsr-stmk.gv.at
www.lsr-stmk.gv.at
Schulservicestelle im Landesschulrat für Steiermark: Mo–Fr 8.00–15.30 Uhr
Tel.: 0 31 6/345-450 und 226, Alexandra Ettinger, Monika Lackner, Helga Doppan
alexandra.ettinger@lsr-stmk.gv.at
monika.lackner@lsr-stmk.gv.at
helga.doppan@lsr-stmk.gv.at
Schulrelevante Informationen rechtlicher und administrativer Art werden hier ebenso zur Verfügung gestellt wie ein Online-Schulführer.

LANDESSCHULRAT FÜR OBERÖSTERREICH
4040 Linz, Sonnensteinstraße 20
Tel.: 0 73 2/70 71, lsr@lsr-ooe.gv.at
www.lsr-ooe.gv.at
Schulservicestelle im Landesschulrat für Oberösterreich: Mo, Di, Do 8.00–12.30 und 14.00–16.00 Uhr, Mi, Fr 8.00–12.30 Uhr
Tel.: 0 73 2/70 71-91 21 sowie
neu: 0 73 2/7071-22 51, Mag. Elisabeth Messner, Mag. Gertraud Schwarzmair
schulservice@lsr-ooe.gv.at
www.lsr-ooe.gv.at/schulservice
Schulen und Schulen mit Nachmittagsbetreuung werden auf der Homepage angeführt, aber auch Informationen über Gesunde Schule und den Verein Stiftung Talente bekommt man vom Landesschulrat für Oberösterreich.

LANDESSCHULRAT FÜR SALZBURG
5010 Salzburg, Mozartpl. 10, Tel.: 0 66 2/80 83
lsr-sbg@lsr.salzburg.at
www.land.salzburg.at/landesschulrat/
Schulservicestelle im Landesschulrat für Salzburg: Mo–Fr 8.00–15.30 Uhr

Landesschulrat für Kärnten

Tel.: 0 66 2/80 83-20 71, Nina Behrendt, Edith Zambelli
nina.behrendt@lsr.salzburg.at
www.land.salzburg.at/landesschulrat/service/schulservice.htm
Sämtliche Servicethemen von der Suchtprävention über Schülerbeihilfe bis zur Reihung der Salzburger Schulen entsprechend ihren Schwerpunkten bieten einen guten Überblick für Eltern und Schüler.

LANDESSCHULRAT FÜR KÄRNTEN
9010 Klagenfurt, 10.-Oktober-Straße 24
Tel.: 0 46 3/58 12, post@lsr-ktn.gv.at
www.lsr-ktn.gv.at
Schulservicestelle im Landesschulrat für Kärnten: Mo–Fr 8.00–12.00 Uhr
Tel.: 0 46 3/58 12-313, Mag. Roland Arko
roland.arko@lsr-ktn.gv.at
www.bildungsland.at
Schulfreie Tage, Ferien, Nachmittagsbetreuung und vieles mehr – auf der Homepage erhält man grundlegende Auskünfte.

LANDESSCHULRAT FÜR TIROL
6020 Innsbruck, Innrain 1, Tel.: 0 51 2/520 33
office@lsr-t.gv.at
www.lsr-t.gv.at
Schulservicestelle im Landesschulrat für Tirol
Mo–Do 8.30–17.00 Uhr, Fr 8.30–12.00 Uhr
Tel.: 0 51 2/520 33-113
Der Landesschulrat für Tirol nennt sich nicht umsonst „Servicestelle für Schule und Bildung". Hier wird man umfassend über sämtliche Belange der Schule informiert – von aktuellen Terminen bis zum Schulsport.

LANDESSCHULRAT FÜR VORARLBERG
6901 Bregenz, Bahnhofstr. 12, Tel.: 0 55 74/49 60
office.lsr@lsr-vbg.gv.at, www.lsr-vbg.gv.at
Bei Schulproblemen oder Fragen der Ausbildung wird kostenlos und diskret Auskunft erteilt. Beraten werden Eltern, Schüler und Lehrer.

Montessori-Schulen in Österreich

MONTESSORI-ZENTRUM WIEN – ÖSTERREICHISCHE MONTESSORI-GESELLSCHAFT
1140 Wien, Hüttelbergstraße 5A
Tel.: 01/911 69 69, institut@montessori.at
omg@montessori.at
www.montessori.at
Die Österreichische Montessori-Gesellschaft ist der Dachverband für alle Montessori-Schulen Österreichs und bietet Eltern und Pädagogen Beratung. Die Homepage beinhaltet für alle, die sich für Montessoripädagogik interessieren, nützliche Informationen. Hier findet man auch Links zu Montessorischulen in ganz Österreich.

MONTESSORINETZ ÖSTERREICH
www.montessori-netz.at
Neben diversen Angeboten wie einem Diskussionsforum findet man hier eine Liste aller Montessori-Einrichtungen in Österreich.

Waldorf-Schulen in Österreich

FREIE BILDUNGSSTÄTTEN AUF ANTHROPOSOPHISCHER GRUNDLAGE IN ÖSTERREICH
1230 Wien, Endresstraße 100, Tel.: 01/888 74 61
bund@waldorf.at
www.waldorfschule.at
Auf dieser Homepage sind Waldorfschulen aus ganz Österreich aufgelistet. Über die jeweiligen Links gelangt man direkt auf die Webseiten der Schulen, wo man weitere Informationen und Details abfragen kann.

Österr. Musikvolksschulen

Musikgymnasien in Österreich

Selbstbestimmtes Lernen

BUNDESDACHVERBAND FÜR SELBSTBESTIMMTES LERNEN

1070 Wien, Spittelberggasse 5/1/1
Tel.: 01/526 94 40-0
netzwerk@unsereschulen.at
www.mein.net/netzwerk
Elternschul- und Unterrichtsinitiativen sowie häuslich unterrichtende Einzelpersonen, die einen respektvollen und freien Umgang mit Kindern praktizieren, sind hier zusammengeschlossen. Dabei verfolgt jede der Schulen und Initiativen unterschiedliche Konzepte, gemeinsam ist das demokratische Prinzip der Gleichberechtigung von Eltern, Lehrern, Schülern. Infos über österreichweite Schulen.

Schulen mit Schwerpunkt Musik

ÖSTERREICHISCHE MUSIKVOLKSSCHULEN

www.musikvolksschule.at
Das Portal für alle Eltern, die auf der Suche nach einer Volksschule mit musikalischem Schwerpunkt für ihr Kind sind. Bundesländerweise können spezialisierte Volksschulen abgefragt werden.

MUSIKHAUPTSCHULEN AUSTRIA

www.musikhauptschulen.at
Die Musikhauptschulen-Arbeitsgemeinschaft gibt eine detaillierte Auflistung der Musikhauptschulen in Österreich nach Bundesländern geordnet und als Gesamtliste. Ideal, um sich einen Überblick zu verschaffen.

MUSIKGYMNASIEN IN ÖSTERREICH

www.musikgymnasien.at
Gut aufgebaute Internetseite, die auf einen Klick Infos über die Musikgymnasien in Österreich gibt. Kleine Bilder und genaue Bezeichnung geben schon auf der Österreich-Landkarte einen ersten Eindruck.

Schulen mit Schwerpunkt Sport

BUNDESMINISTERIUM FÜR UNTERRICHT, KUNST UND KULTUR

1014 Wien, Minoritenplatz 5, Tel.: 01/531 20-0
ministerium@bmuuk.gv.at
www.bewegung.ac.at
Die über 100 Sporthauptschulen Österreichs setzen auf ein „Extra" an Bewegung: Drei bis vier Wochenstunden „Bewegung und Sport" gibt es hier mehr als in einer Normalhauptschule. Dazu kommen noch unverbindliche Übungen, eine vermehrte Teilnahme an Wettkämpfen und eine höhere Anzahl an Schulveranstaltungen (Winter- und Sommersportwochen). Ziel ist es, im Sport talentierte Schülerinnen und Schüler zu fördern. Durch vielseitige Ausbildung (motorische Grundlagen, Grundsportarten, Freizeitsportarten) führt die Schule an den Leistungssport heran, hat aber auch die Gesundheitsförderung und lebensbegleitende Sportausübung zum Ziel.

BUNDESMINISTERIUM FÜR UNTERRICHT, KUNST UND KULTUR

1014 Wien, Minoritenplatz 5, Tel.: 01/531 20-0
ministerium@bmuuk.gv.at
www.bewegung.ac.at
Sport in Theorie und Praxis stellt den Schwerpunkt an den Sportgymnasien dar. Bewegung und Sport stehen pro Klasse mit sieben bis acht Wochenstunden auf dem Stundenplan. Ziel der Schule ist es, zu jugendgemäßen Wettkämpfen zu ermutigen und die Beteiligung an Wettkämpfen der Fachverbände. Ein erhöhtes Angebot an unverbindlichen

Begabtenakademie NÖ

Hochbegabung Mödling

Übungen und von Winter- und Sommersportwochen ist Bestandteil des Programms. Sportkunde ist ein Pflichtgegenstand der Reifeprüfung. Zur Aufnahme werden im Rahmen einer Eignungsprüfung die motorischen Grundlagen überprüft.

Lernen / Förderung von Begabung

BEGABTENAKADEMIE NIEDERÖSTERREICH

3109 St. Pölten, Neue Herrengasse 17A
Tel.: 0 27 42/294-174 90
Projektleitung: Mag. Dr. Martin Peter
martin.peter@noe-lak.at
www.kreativakademien-noe.at
Die Begabtenakademie bietet in der Thematik der Begabungs- und Begabtenförderung Informationen – auch hinsichtlich der Möglichkeiten für Beratung und Unterstützung. Im Mittelpunkt stehen die Entdeckung und Förderung von Talenten und Stärken von Kindern im Sinne von: „Jedes Kind ist talentiert". Talentförderangebote in den verschiedenen Pilotregionen auf der Homepage!

BEGABUNGSINITIATIVE

2700 Wiener Neustadt, Ferdinand-Porsche-Ring 5, Tel.: 0676/486 56 57 (Mag. Ulrike Zahlner), 0676/392 57 97 (Mag. Eva Schnabel)
kontakt@begabungsinitiative.at
www.begabungsinitiative.at
Information, Beratung, Diagnostik, das Erstellen individueller Förderkonzepte etc. stehen hier ebenso auf dem Programm wie interessante Kurse, die nachmittags oder samstags an verschiedenen Schulen im Raum Wiener Neustadt / Neunkirchen von pädagogisch speziell ausgebildeten ECHA-Lehrern abgehalten werden. Damit soll begabten Kindern die Möglichkeit geboten werden, ihre Talente zusätzlich zum schulischen Angebot zu entfalten. In diesem Sinne wird der schulische Lehrplan erweitert und vertieft.

GEHIRNWELT.AT

2620 Neunkirchen, Ghegagasse 24
Tel.: 0 26 35/626 35
Auf der Homepage Gehirnwelt.at erfährt man Spannendes zum Thema Lernen – das in den Vorträgen von Franz Konlechner, Produktentwickler von Lehrmitteln und Lernspielen, an Volksschulen und in Kindergärten anwendungsbezogen ausgeführt wird. Hauptanliegen ist es dabei, dem Lernen seinen negativen Beigeschmack zu nehmen und Lehrern wie Eltern zu vermitteln, wie man bei den Kindern Freude und Spaß am Lernen weckt. Vom „Lernen mit allen Sinnen" über „Spielerisches Lernen" bis zur richtigen Gestaltung des Arbeitsplatzes und der Erarbeitung von Zeitplänen, mit denen das Lernen leichter fällt, reicht der Bogen. Aber auch die Grundlagen werden genauer beleuchtet: „Wie funktioniert das Gehirn?" oder „Welche Lerntechniken stehen zur Verfügung" sind nur zwei der auf einer spannenden Reise in die Welt des Lernens beantworteten Fragen.

HOCHBEGABUNG MÖDLING

hochbegabung-moedling@kabelnet.at
www.hochbegabung-moedling.at
Der „Verein zur Förderung begabter und hoch begabter Kinder, Jugendlicher und junger Erwachsener" möchte diese Zielgruppe dabei unterstützen, ihr Potenzial voll zu entfalten. Der Verein hat im Raum Mödling bereits eine spürbare Öffnung in Richtung Begabten- und Begabungsförderung bewirkt. Weitere Vereine in Niederösterreich zur Zeit des Redaktionsschlusses in Planung. Interes-

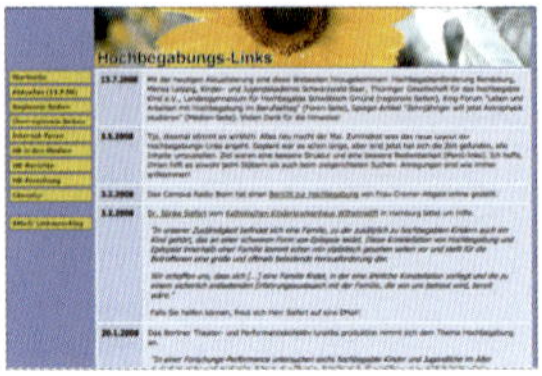

Hochbegabung Thorsten Stocksmeier

Österreichisches Zentrum für Begabtenförderung

sante Angebote zur sinnvollen Freizeitgestaltung im Raum Mödling auf der Homepage.

HOCHBEGABUNG THORSTEN STOCKSMEIER
flavour@hochbegabungs-links.de
www.hochbegabungs-links.de
Eine umfangreiche, laufend aktualisierte Liste mit Links zum Thema Hochbegabung, mit der der Austausch Hochbegabter untereinander gefördert werden soll.

KLICK, KURSE FÜR NEUGIERIGE
Anmeldungen, Anfragen: Katja Higatzberger
Tel.: 0699/120 21 367, office@klick.or.at
www.klick.or.at
Kurse aus den verschiedensten Fachgebieten von Sprachen über Naturwissenschaften bis zu Kunst bieten Kindern die Möglichkeit, sich zusätzlich zum schulischen Angebot in die verschiedensten Wissensbereiche zu vertiefen. Aber auch Kurse aus dem Bereich Persönlichkeitsentwicklung oder Vorträge stehen in Mödling auf dem Programm.

KLUGE KINDER
www.klugekinder.at
Die Homepage will vor allem Eltern von Kindern zwischen 2 und 6 Jahren bei der Frage, ob ihr Kind hochbegabt ist, und was sie in dem Fall tun können, Hilfestellungen bieten. Seite mit interessanten, auch sehr persönlichen Tipps sowie Linklisten und einem Forum für Betroffene.

ÖSTERREICHISCHES ZENTRUM FÜR BEGABTENFÖRDERUNG UND BEGABUNGSFORSCHUNG
5020 Salzburg, Schillerstraße 30
Tel.: 0 66 2/43 95 81
info@begabtenzentrum.at
www.begabtenzentrum.at
Auf der Homepage findet man Informationen zu Fördermodellen, Begabungsforschung, Literatur, Projekte und anderes zum Thema Hochbegabung.

SIR-KARL-POPPER-SCHULE
1040 Wien, Wiedner Gürtel 68
Tel.: 01/503 74 66, office@popperschule.at
www.popperschule.at
Begabungsförderung steht hier an oberster Stelle. In diesem Sinne wird die Gesamtpersönlichkeit des Schülers erfasst, autonomes Lernen, projektbezogenes Arbeiten bzw. vernetztes Denken werden gefördert. Auch neue Unterrichtsprinzipien wie Öffnung nach außen, Kommunikations- und Präsentationstechniken, Nutzung der Neuen Medien in allen Fachbereichen,etc. kommen zum Tragen.

STIFTUNG TALENTE
4040 Linz, Sonnensteinstraße 20
Tel.: 0 73 2/70 71-93 11, talente@lsr-ooe.gv.at
www.stiftungtalente.at
Der „Verein zur Förderung hochbegabter Schülerinnen und Schüler in Oberösterreich" ist im Umfeld des oö. Landesschulrates angesiedelt. Als seine Aufgaben sieht es der Verein unter anderem, Eltern zu informieren und Projekte zu unterstützen.

TATE – SOCIETY TO SUPPORT BRIGHT CHILDREN
8010 Graz, Friedrich-Hebbel-Gasse 3
tate@kobel.net
www.tate.at
Tate bietet besonders interessierten und aufgeweckten Kindern und Jugendlichen ein breit gefächertes Angebot einerseits online

Musikschulwerk Tirol

mit Kursen, Rätseln, Quiz, Spielen, Wettbewerben etc. sowie einen internationalen E-Mail-Club. Eltern und Lehrer finden viele nützliche Informationen und gute Anregungen, um die Kinder entsprechend zu fördern. Es kann auch ein Passwort zum Herunterladen von Arbeitsblättern angefordert werden.

▸ MUSIKSCHULEN

MUSIKAUSBILDUNG

1170 Wien, Lacknergasse 11
office@musikausbildung.at
www.musikausbildung.at
Private Anbieter und Organisationen haben hier die Möglichkeit, ihre Angebote einzutragen. Diese reichen von Klavier, Violine, Bratsche bis zu Schlagzeug und Trompete. Weiters bietet die Plattform Artikel und Literatur zum Thema.

MUSIKSCHULWERK

www.musikschulwerk.at
Unter dieser Internetadresse findet man Interessantes rund um das Thema Musik und Musikschule sowie Links zu den Musikschulen in Niederösterreich und Tirol.

Musikschulen Bundesländer

Wien: Webservice der Stadt Wien
wien.at@magwien.gv.at
www.wien.gv.at/freizeit/bildungjugend/bildung/musik/
Niederösterreich:
Musikschulmanagement Niederösterreich
3452 Atzenbrugg, Schlossplatz 1
Tel.: 0 22 75/46 60-30
musikschulmanagement@volkskulturnoe.at
www.musikschulmanagement.at
Burgenland: Zentralmusikschule Oberwart
7400 Oberwart, Ambrosigasse 13
Tel.: 0 33 52/336 55
zentralmusikschule@oberwart.at
www.zentralmusikschule-oberwart.com
Steiermark: Referat für Musikschulen
8020 Graz, Entenplatz 1b, Tel.: 0 31 6/877-0
www.ms-steiermark.at
Oberösterreich: OÖ Landesmusikschulwerk
4021 Linz, Promenade 37
imsw.post@ooe.gv.at
Tel.: 0 73 2/77 20-152 71
www.landesmusikschulen.at
Salzburg: Musikum Salzburg
5020 Salzburg, Schwarzstraße 49
Tel.: 0 66 2/87 99 78-5
info@musikum-salzburg.at
www.musikum-salzburg.at
Unter Angebot kann eine Musikschule in einem bestimmten Ort und mit einem bestimmten Angebot gesucht werden.
Kärnten: Kärntner Landesmusikschulwerk
9020 Klagenfurt, Mießtalerstraße 8
Tel.: 050/536-405 10, www.musikschule.at
Tirol: Amt der Tiroler Landesregierung / Tiroler Musikschulwerk
6020 Innsbruck, Heiliggeiststraße 7–9
Landhaus 2
www.musikschulwerk.at/tirol
Vorarlberg: Musikdokumentationsstelle des Landes Vorarlberg
www.musikdokumentation-vorarlberg.at/musikschulen.htm

▸ VERKEHRSERZIEHUNG

ARBÖ
AUTO-, MOTOR- UND RADFAHRERBUND

1150 Wien, Mariahilfer Straße 180
Tel.: 01/891 21-0, id@arboe.at
www.arboe.at

Bike Control

ARBÖ-Radfahrübungsplatz
1230 Wien, In der Wiesen (unmittelbare Nähe zur U6 Erlaaer Straße), Anmeldung zum Radtraining unter Tel.: 050/123 29 16
Öffnungszeiten: Di und Do 15.00–18.00 Uhr
www.arboe-wien.at/1563.html
www.radfahren.wien.at
www.arboe.or.at
Das Verkehrstheater „Puppomobil" unterstützt Volkschulen bei der Verkehrserziehung, indem spielerisch auf die Gefahren im Straßenverkehr hingewiesen wird. In der Vorstellung des „Theater Arlequin" werden die Kinder aktiv in das Verkehrstheater einbezogen, um einen direkten Bezug zum Verkehr zu schaffen. Einen wichtigen Beitrag zur Verkehrserziehung leistet der Arbö auch mit dem Radfahrübungsplatz, der auf 2900 Quadratmetern Kindern ab 10 die Möglichkeit gibt, sicheres Radfahren im Straßenverkehr zu trainieren. Dabei erfahren die Kids alles über Verkehrsregeln und die optimale Ausrüstung. Ist die Prüfung bestanden, erhalten die Junior-Radfahrer einen Fahrradführerschein, mit dem sie auch mit 10 Jahren schon allein auf der Straße unterwegs sein dürfen.
Tipp: Auf der Homepage findet man wichtige Details zum Thema Scooter, Inline-Skates, Skateboards im Straßenverkehr.

BIKE CONTROL – MOBILE RADFAHRSCHULE
8970 Schladming, Coburgstraße 53
Werner Madlencnik, Tel.: 0664/338 04 90
info@radfahrschule.at
www.radfahrschule.at
Die Mobile Radfahrschule bietet SchülerInnen Fahrsicherheitstrainings und Bike-Checks, um sie durch besseres Beherrschen des eigenen Fahrrads vor möglichen Unfällen zu bewahren. Der Intensivkurs dauert zwei Stunden und dient dem Erlernen von Techniken und Profi-Know-how, um sowohl Sicherheit als auch Fahrspaß zu erhöhen.

BUNDESMINISTERIUM FÜR UNTERRICHT, KUNST UND KULTUR
1014 Wien, Minoritenplatz 5, Tel.: 01/531 20-0
ministerium@bmukk.gv.at
http://www.bmukk.gv.at/schulen/unterricht/prinz/verkehrserziehung.xml
Verkehrserziehung für Kinder steht in den Volksschulen von der 1. bis zur 4. Schulstufe (10 Stunden pro Schuljahr), in Allgemeinen Sonderschulen auch in der 5. Schulstufe (8 Stunden pro Schuljahr) als verbindliche Übung auf dem Programm. Um das Verhalten im Straßenverkehr möglichst anschaulich zu vermitteln, werden in den ersten 3 Schulstufen unter Aufsicht eines Lehrers / einer Lehrerin gemeinsam mit der Exekutive praktische Übungen auf der Straße durchgeführt. In der 4./5. Schulstufe ist die Vorbereitung auf die Teilnahme am Straßenverkehr als RadfahrerIn ein Schwerpunkt (Erwerb des Radfahrausweises). Hauptschulen und Unterstufen der allgemein bildenden höheren Schulen bieten die Möglichkeit, Verkehrserziehung im Rahmen der Freigegenstände und unverbindlichen Übungen zu belegen. Darüber hinaus ist in allen Schulstufen Verkehrserziehung ein wichtiges Thema.

LANDESSCHULRAT FÜR TIROL
6020 Innsbruck, Innrain 1, Andechshof
Tel.: 0 51 2/520 33, office@lsr-t.gv.at
www.lsr-t.gv.at
www.verkehrserziehung.tsn.at
Unter oben stehender Internetadresse finden sich zahlreiche Infos und nützliche Tipps

ÖAMTC

Österreichisches Jugendrotkreuz

rund um die Verkehrserziehung, unter anderem für Eltern, die mit ihrem Kind per Rad unterwegs sind.

ÖAMTC
1010 Wien, Schubertring 1–3, Tel.: 01/711 99-0
office@oeamtc.at
www.oeamtc.at
Beim ÖAMTC findet man viele nützliche Infos und Tipps zum Thema Kind und Fahrrad, wie die Altersgrenzen für die Teilnahme am Straßenverkehr per Rad: Unter 10 Jahren dürfen Kinder nur unter Aufsicht einer Begleitperson (Mindestalter 16 Jahre) Rad fahren. Ab dem zehnten Lebensjahr ist die erfolgreich abgelegte Radfahrprüfung Bedingung, um allein unterwegs sein zu dürfen. Erst ab 12 Jahren dürfen Kinder ohne Begleitung auf der Straße fahren) oder mit Fahrrad-Führerschein. Darüber hinaus bietet der Automobil-Club Schulen das Trainingsprogramm „Blick & Klick", in dem Kinder im Alter von 6 bis 7 Jahren lernen, Gefahren zu erkennen und selbst gesehen zu werden, weiters mit Unterstützung der AUVA Schulen das Verkehrssicherheitsprogramm „Hallo Auto". Ziel: Kinder zwischen 8 und 9 Jahren sollen den Bremsweg von herannahenden Autos besser abzuschätzen lernen. „Top Rider" wiederum soll SchülerInnen im Alter von 10 bis 14 Jahren die Gefahren des Straßenverkehrs als Radfahrer, Fahrzeuginsasse und Fußgänger vor Augen führen.

ÖSTERREICHISCHES JUGENDROTKREUZ GENERALSEKRETARIAT
1040 Wien, Wiedner Hauptstraße 32
Tel.: 01/589 00-173
jugendrotkreuz@roteskreuz.at
www.jugendrotkreuz.at
Das Österreichische Jugendrotkreuz bietet SchülerInnen ab 10 Jahren die Möglichkeit, eine freiwillige Radfahrprüfung abzulegen. Dabei werden sie in Theorie und Praxis darauf vorbereitet, sicher und verantwortungsbewusst am öffentlichen Straßenverkehr teilzunehmen. Aber auch Gefahrenquellen für Unfälle werden vor Augen geführt. Eine Broschüre informiert die Kinder über ihre Rechte und Pflichten als Verkehrsteilnehmer im Straßenverkehr. In Form praktischer Übungen im Schonraum, aber auch in der Verkehrswirklichkeit wird das erworbene Wissen dann in die Tat umgesetzt. Die Vorbereitung auf die Fahrradprüfung sowie die Prüfung selbst finden im Rahmen des Verkehrserziehungsprogramms in den 4. Volksschulklassen statt.

PROMOTION

Wie erkläre ich „es" meinem Kind?

Das Aufklärungspaket gibt's kostenlos zu bestellen unter 0800/1234 25 00 und auf eltern.safe4fun.at zum Download

Aufklärungspaket unterstützt Eltern in der Sexualerziehung – von Anfang an

Sexuelle Aufklärung ist eine der großen Herausforderungen der Erziehungsarbeit. Aufklärung, oder besser Sexualerziehung, beginnt früh und ist umfassender als die rein technische Erklärung, wie Babys gemacht werden. Es geht vielmehr darum, Kinder auf ihr sexuelles Leben vorzubereiten und sie dem jeweiligen Alter entsprechend zu fördern. Die Aufgabe besteht dabei nicht nur darin, zum richtigen Zeitpunkt die richtige Information zu geben, sondern auch darin, den Kindern einen positiven Zugang zum eigenen Körper und den eigenen Gefühlen zu ermöglichen. Kinder richtig zu unterstützen und zu begleiten hat großen Einfluss darauf, wie sie später mit ihrem Körper und dem Thema sexuelle Gesundheit umgehen.

Um Erziehende bei dieser Aufgabe zu unterstützen, hat das pharmazeutische Unternehmen Pfizer im Rahmen der HIV/AIDS-Jugendkampagne „safe4fun" gemeinsam mit dem Österreichischen Institut für Sexualpädagogik, den AIDS-Hilfen Österreichs und der Österreichischen Aidsgesellschaft einen Leitfaden für Sexualerziehung initiiert. „Das Aufklärungspaket" orientiert Eltern anhand konkreter Beispiele und gibt eine Vorstellung, was kindliche Sexualität bedeutet und worauf es in welchem Alter ankommt.

SAFE4FUN

www.safe4fun.at:
Infos und rund um HIV/AIDS sowie Safer Sex in jugendlichem Design und lockerer Sprache.

KINDERBETREUUNG

Auszeit für Eltern

Unterstützung durch Babysitter, Tageseltern und Co. gefragt.

Auch Eltern brauchen hin und wieder eine Auszeit. Sei es, dass sie in aller Ruhe miteinander essen gehen, sich mit ihrer Damen- oder Herrenrunde treffen oder etwas für sich persönlich tun wollen. Aber mit kleinen Kindern wird vor allem für die Frau schon der Besuch im Fitness-Studio oder im Frisiersalon zur organisatorischen Herausforderung.
Vor allem in den ersten Jahren mit Kind werfen viele angesichts der mangelnden Kinderbetreuung das Handtuch und bleiben zu Hause. Zunächst braucht einen das Kind, und man geht in der neuen Rolle auf. Später haben sich die Abläufe eingespielt und Kinder, Partner oder Partnerin sind daran gewöhnt, dass die Mutter / der Vater in ihrer Freizeit bei der Familie sind. Freiräume bleiben dabei völlig auf der Strecke – die Folge ist vielfach Frustration bis hin zum Burnout. Daher: Von Anfang an Zeit für sich selbst einplanen, um Kraft zu tanken und den Alltag mit neuem Schwung zu bewältigen.

ZEIT ZU ZWEIT

Das gilt auch oder gerade für berufstätige Elternteile. Da diese schon in der Zeit, in der sie arbeiten, auf Kinderbetreuung angewiesen sind, bleiben die Freizeitaktivitäten umso eher auf der Strecke. So geht es von der Familie in den Job und wieder retour. Zeit für sich selbst und den Partner? Die gibt es nicht.

Was sich früher oder später rächen kann. Sei es, dass man sich überanstrengt (was schlimmstenfalls zu gesundheitlichen Problemen führen kann), oder auch, dass man sich vom Partner entfremdet, da einfach zu wenig Zeit zu zweit und für das gemeinsame, ungestörte Erleben zur Verfügung steht. Das Hin- und Zuhören konzentriert sich meist auf die Kinder, die Ehepartner fühlen sich vom anderen ver-

Bei Oma ist's am schönsten: Im Idealfall können die Großeltern die Kinderbetreuung übernehmen.

nachlässigt – die Folgen sind uns allen hinlänglich bekannt. Zeit für gemeinsame Aktivitäten einzuplanen, lohnt sich also. Man kann zum Beispiel einen Abend der Woche als „Ausgehtermin" einplanen, der ganz im Zeichen der Partnerschaft steht. Als Fixpunkt im Familienzeitplan ist er einfacher einzuhalten: Der Babysitter wird für diesen bestimmten Tag organisiert, die Kinder gewöhnen sich daran.

ENTSCHEIDUNG FÜR EINE BETREUUNGSFORM

Bleibt die Frage: Wer passt auf unser/e Kind/er auf? Ideal, wenn Familienmitglieder wie Großeltern, Tanten etc. in der Nähe wohnen und Freude an der Kinderbetreuung haben. Vor allem im ländlichen Raum steht die ältere Generation auch heute gern zum „Familieneinsatz" zur Verfügung. Viele Omas und Opas begrenzen ihre Zeit mit den Enkerln aber, da sie selbst zahlreiche Verpflichtungen haben. Verständlich aus Sicht der Generation 60plus, die in der Jugend Versäumtes nachholt und das Leben genießt. Schade aber für die jungen Familien, für die die Betreuung innerhalb der Familie die zuverlässigste und herzlichste Form der Kinderbetreuung darstellt. Wo die Kinder früher Nestwärme und Geborgenheit bei Oma und Opa erfahren durften, findet sich heute Fremdbetreuung.

Freilich kann auch diese ihre positiven Aspekte haben. Familienfremde Personen haben unter Umständen eine andere Sicht der Dinge und bringen neue Aspekte ein. Nehmen sie ihre Aufgabe ernst (und nur solche Personen sollten auf lange Sicht die Kinder betreuen), bauen auch sie eine Beziehung zu den Kindern auf und investieren Gefühle und Gedanken. Die Kinder lernen, sich auf andere Menschen einzustellen, und werden damit flexibler.

Die Eltern sollten sich bei ihrer Suche nach der geeigneten Kinderbetreuungsform grundsätzlich nach den Bedürfnissen ihrer Familie fragen. Was erwartet man von der Kinderbetreuung? Welcher Typ von Person kommt in Frage? Aus der Beantwortung dieser beiden zentralen Fragen ergibt sich die Entscheidung für eine Einzelperson oder eine Institution. Die Betreuung in einer Institution, aber auch bei Tagesmutter oder -vater ist von morgens bis abends die ganze Woche über möglich (daher besonders für die Betreuung während der Arbeitszeit geeignet). Private Einzelpersonen hingegen sind flexibler und somit vor allem bei unregelmäßigen Arbeitszeiten, aber auch für die Betreuung abends oder am Wochenende empfehlenswert.

Neben der Regelmäßigkeit spielt auch der Wunsch nach Betreuung im Familienhaushalt oder in anderen Räumlichkeiten eine wichtige Rolle. Für das Kind ist es eine größere Veränderung, wenn es sich nicht in der elterlichen Wohnung, sondern in fremden Räumen aufhält. Auch ob das Kind mit Gleichaltrigen gemeinsam oder allein betreut werden soll, ist ein wichtiges Kriterium. Von anderen Kindern lernt das Kind viel, und es profitiert hinsichtlich seiner sozialen Entwicklung, andererseits ist es früher mit Kinderkrankheiten, Infekten etc. konfrontiert.

Werden die Kinder von privaten Einzelpersonen gehütet, lassen sich die Betreuungszeiten flexibler einteilen.

BABYSITTER-SUCHE

Um Kinderbetreuungsangebote in der Umgebung des eigenen Wohnortes ausfindig zu machen, durchstöbert man Adressdateien im Internet (siehe dazu auch unseren Adressteil), lässt sich geeignete Personen durch Institutionen empfehlen oder verlässt sich auf Mundpropaganda. Erfolg durch Letztere ist allerdings Glückssache. Sucht man dringend, sollte man sich darauf nicht verlassen. Ein geeigneter Weg, um private Babysitter zu finden, sind Kleininse-

Auf der sicheren Seite: Im Kindergarten sind die Kleinen tagsüber bestens aufgehoben.

rate in lokalen Zeitungen oder in Jobbörsen im Internet. Au-pairs werden über Agenturen vermittelt, womit man einen seriösen Hintergrund und eine professionelle Vorauswahl und Hilfestellung bei diversen Fragen hat. Die Familie muss ein eigenes Zimmer mit Bad bieten können, der Umfang an Wochenstunden für Kinderbetreuung und leichte Hausarbeit kann selbst definiert werden, muss aber dem höchsten Entgelt von 349 Euro entsprechen. Die Kosten werden gemäß des Mindestlohntarifs für Hausangestellte (variiert nach Bundesländern und Kinderzahl) festgesetzt.

Wichtig: Vor der Suche den zeitlichen und budgetären Rahmen festsetzen. Je nachdem, ob man permanente oder gelegentliche Betreuung sucht, wird die Jobbeschreibung eine andere sein. Auch die von Privaten angepeilten Entgelte sind völlig unterschiedlich. Wer eine offizielle Betreuungsform wählen möchte, ist untertags mit einem Kindergarten bzw. Hort gut beraten. Der große Vorteil gegenüber der privaten Betreuung ist, dass, wenn eine Betreuungsperson ausfällt, für Ersatz gesorgt ist. Womit zumindest die Sorge „Mein Babysitter ist krank" wegfällt.

FAMILY-TIPPS I

Der große Babysitter-Test für private Betreuungspersonen

> Kann der Babysitter zu den gewünschten Wochentagen und Tageszeiten zur Verfügung stehen?
> Sucht der Babysitter längerfristig Arbeit oder nur für kurze Zeit? Achtung: Im zweiten Fall werden Sie bald wieder einen neuen Babysitter brauchen! Über eine Zeitspanne von einigen Monaten kann man gut mit Prämien arbeiten. Wird ein Teil des Honorars erst nach drei, vier Monaten ausgezahlt, hat der Babysitter einen Ansporn, länger bei der Familie zu bleiben.

Babysitter gesucht: Wichtig ist zu klären, welche Aufgaben zu übernehmen sind.

> Welche Aufgaben soll der Babysitter erfüllen? Nur mit Kindern spielen, mit ihnen in den Park gehen, sie niederlegen oder sie auch von Kindergarten/Schule abholen, zu Freizeitaktivitäten bringen? Soll der Babysitter kochen oder kleine Speisen zubereiten? Soll er leichte Hausarbeiten wie Aufräumen erledigen?

> Ist der Babysitter an Kindern interessiert oder nur an der Verdienstmöglichkeit? Ein Indiz ist, ob die erste Frage am Telefon dem Geld oder der Aufgabe gilt. Auch ob der Babysitter den Kindern beim Vorstellungsgespräch Aufmerksamkeit widmet oder nicht, lässt Rückschlüsse zu.

> Entsprechen die Persönlichkeit des Babysitters, seine Interessen und Lebensschwerpunkte den Vorstellungen der suchenden Eltern?

> Ist der Babysitter dem Kind / den Kindern sympathisch? Es lohnt sich, vor einer fixen Zusage eine Probestunde zu vereinbaren. Danach weiß man mehr. Einfach das Kind und seine Reaktion auf den Babysitter beobachten – dabei ins Kalkül ziehen, wie das Kind normalerweise auf Fremde reagiert.

> Besonders bei kleinen Kindern eine Eingewöhnungsphase einplanen. Das Kind erst einmal mit dem Babysitter allein spielen lassen, während man in der Wohnung ist, dann kurz und immer länger fortgehen.

FAMILY-TIPPS II
Wiedereinsteigen, aber wie?

> Ist die Kinderbetreuung organisiert, steht einem erfolgreichen Wiedereinstieg in den Beruf (fast) nichts mehr im Wege. Wichtig ist, dass Sie diesen planen, Ihr Vorhaben Schritt für Schritt angehen und sich nicht durch kleine Rückschritte entmutigen lassen.

Wiedereinsteiger-Tipps: Wer nach der Babypause wieder arbeiten möchte, muss einige Punkte bedenken.

- Stellen Sie Ihr Licht nicht unter den Scheffel. Das Organisationstalent, das Sie zu Hause Tag für Tag beweisen, kommt einer Firma nur zugute. Legen Sie ein gesundes Selbstbewusstsein an den Tag.
- Bewerben Sie sich auf Inserate, aber erzählen Sie auch im Bekanntenkreis, dass Sie wieder arbeiten wollen. Die nette Mutter im Kindergarten kennt vielleicht jemanden, der eine Mitarbeiterin wie Sie sucht!
- Halten Sie Kontakt mit dem Unternehmen, in dem Sie vor der Babypause tätig waren. Oft ist es leichter, an Bewährtem anzuknüpfen, als ganz neu durchzustarten.
- Seien Sie bei der Formulierung Ihrer Jobwünsche realistisch. Wenn Sie lange Zeit zu Hause waren, ist die Familie nicht daran gewöhnt, dass Sie sie nicht rund um die Uhr versorgen. Vielleicht ist es am Start doch zielführender, es mit einem Teilzeitjob zu versuchen – wenn dieser in Ihrer Branche angeboten wird.
- Versuchen Sie, keine allzu lange Karrierepause einzulegen, wenn das möglich ist. Je länger Sie „weg“ sind, umso schwieriger wird es, wieder einen Job zu bekommen.
- Achten Sie auf die räumliche Entfernung zu Ihrer Arbeitsstätte: Fahren Sie schon eine Stunde oder länger hin und wieder retour, gehen kostbare Energie und Zeit verloren.
- Stimmen Sie Ihre Arbeitszeiten – wenn möglich – auf den Familienzeitplan ab.
- Ideal ist es, einen Job in einem familienfreundlichen Unternehmen zu finden. Diese bieten vielfach Betriebskindergärten, flexible Arbeitszeiten und spezielle Zusatzleistungen wie Versicherungen etc.
- Seien Sie Fortbildungsmöglichkeiten gegenüber offen. Halten Sie sich selbst auf dem Laufenden, aber greifen Sie auch auf Angebote aus dem (neuen/alten) Unternehmen oder dem AMS zurück.

Bundeskanzleramt

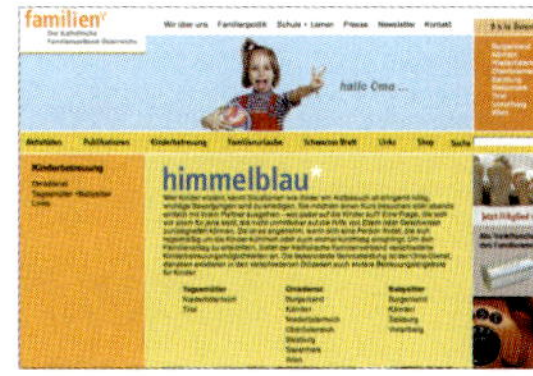

Katholischer Familienverband Österreichs

ÖSTERREICHWEIT

BUNDESKANZLERAMT ABTEILUNG I/13, E-GOVERNMENT – PROGRAMM- UND PROJEKTMANAGEMENT

1010 Wien, Ballhausplatz 2A
service@help.gv.at
www.help.gv.at
Unter www.help.gv.at findet man auf den Online-Amtshelfer-Seiten viele Links zu Kinderbetreuungseinrichtungen in ganz Österreich sowie in den einzelnen Bundesländern.

FAMILY BUSINESS

Family Business St. Pölten
3100 St. Pölten, Schulgasse 3
Tel.: 0 27 42/799 90
www.kinderbetreuung.at
Family Business Linz
4040 Linz, Hauptstraße 83–85
Tel.: 0 73 2/60 86 85
Family Business Tirol
EKZ Sillpark, Kind & Co
6020 Innsbruck, Museumsstraße 38
Tel.: 0650/840 86 06
Die österreichweite Datenbank des Österreichischen Familienbundes und seines Schwestervereins „Family Business" hat es zum Ziel, die bessere Vereinbarkeit von Beruf und Familie zu ermöglichen. Geboten werden die unterschiedlichsten Links zu Kinderbetreuungseinrichtungen wie Kindergärten, Kindergruppen, Horten, Tagesmütterorganisationen, Schulformen mit Betreuung, eine kostenlose Babysitterbörse, eine Au-pair-Vermittlung, zahlreiche Links zum Thema etc. Perfekt, um sich einen Überblick über die Möglichkeiten zu verschaffen und die richtige Betreuungsform zu finden.

HILFSWERK ÖSTERREICH BUNDESGESCHÄFTSSTELLE

1070 Wien, Apollogasse 4/5, Tel.: 01/404 42-0
www.hilfswerk.at
Das Hilfswerk bietet in Kärnten, Niederösterreich, Oberösterreich, Salzburg, Steiermark und in Wien Kinderbetreuung an. Die Kleinen werden entweder durch ausgebildete Tagesmütter und Tagesväter in familiärer Atmosphäre betreut oder aber in Kindergärten, -gruppen, -krippen oder -nestern von KindergärtnerInnen und KindergartenhelferInnen versorgt. Auch Babysitterbörsen, Spielgruppen oder die Betreuung von kranken und behinderten Kindern werden angeboten.

KATHOLISCHER FAMILIENVERBAND ÖSTERREICHS

1010 Wien, Spiegelg. 3/3/9, Tel.: 01/515 52-32 91
www.familie.at
In den einzelnen Bundesländern differiert das Kinderbetreuungsangebot etwas. So wird im Burgenland, in Kärnten, Nieder- und Oberösterreich, Salzburg, der Steiermark und Wien der Oma-Dienst angeboten. Dieser funktioniert prompt und zuverlässig. Die Serviceeinrichtung ist langfristig ausgerichtet, sodass zwischen Oma und betreuter Familie, vor allem den Kindern, ein Naheverhältnis aufgebaut werden kann. Babysitter werden im Burgenland, in Kärnten, Salzburg und in Vorarlberg vermittelt, Tagesmütter in Niederösterreich und Tirol.

ÖSTERREICHISCHE HOCHSCHÜLERINNENSCHAFT

Jobbörse, Tulpina ServiceCenter
1090 Wien, Rathausstr. 19, Tel.: 01/408 59 77
(Montag–Freitag 9 bis 12 Uhr)
www.jobwohnen.at

Aupair Austria

Care4Kids

Die Babysitter- bzw. Job-Börse mit hoher Trefferquote: Für Private ist die Schaltung kostenlos und nach entsprechender Registrierung völlig unkompliziert. Das Feedback kann – je nachdem, wo man wohnt – enorm sein. Daher: Dann schalten, wenn man auch Zeit für zahlreiche Telefonanrufe hat. Es melden sich in- und ausländische Studenten und Nicht-Studenten – daher Anforderungen schon im Inserat genau definieren. Die Bedingungen und Preise werden individuell mit der Betreuungsperson vereinbart.

VOLKSHILFE ÖSTERREICH
1040 Wien, Auerspergstr. 4, Tel.: 01/ 402 62 09
www.volkshilfe.at
Die Volkshilfe bietet Betreuung durch Tageseltern in familiärer Umgebung, in Kinderhäusern und Kindergärten mit verschiedenen Schwerpunkten für Klein- und Schulkinder sowie Hortbetreuung, Schülerclubs, Lernservice etc an. Infos zu den Dienstleistungen der Landesorganisationen auf der Homepage.

▸ AU-PAIR

AUPAIR AUSTRIA
4481 Asten, Ahornstraße 8, Tel.: 0 72 24/683 59
1210 Wien, Ignaz-Köck-Straße 8/3
Tel.: 01/405 405-0, Hotline: 0676/414 01 50
(Jana Varga-Steininger)
www.aupairaustria.com
AuPair Austria ist Mitglied der International Au Pair Association, was die Einhaltung von Qualitätskriterien bei der Vermittlung sicherstellt. Der Pool an möglichen Au-pairs ist riesig – die meisten Vermittelten kommen aus Nicht-EU-Ländern, haben eine der Matura vergleichbare Ausbildung, haben schon bei Familien in Deutschland gearbeitet und können Referenzen vorweisen. Ihr Alter liegt bei 18 bis 27 Jahren. Die Agentur unterstützt die Gastgeberfamilie bei der Abwicklung und erledigt die Behördenwege. Außerdem garantiert sie volle Zufriedenheit – sollte das Aupair nicht den Ewartungen entsprechen, kann innerhalb von zwei Monaten ohne zusätzliche Vermittlungsprovision gewechselt werden. Die Vermittlungsprovision besteht aus 180 Euro Grundgebühr 30 Euro Gebühr pro Aufenthaltsmonat. Übrigens gibt es genaue Bedingungen, zu denen ein Au-pair beschäftigt werden kann – diese kann die interessierte Familie bei AuPair Austria abfragen und bekommt auf Wunsch eine detaillierte Aufstellung zugeschickt.

WIEN

AKTION LEBEN ÖSTERREICH
1010 Wien, Dorotheerg. 6–8, Tel.: 01/512 52 21-19
www.aktionleben.at
Jugendliche ab 14 Jahre können bei Aktion Leben den Babysitterführerschein machen. In diesem Rahmen befassen sie sich in sieben Einheiten mit der Entwicklung von Kindern bis zum Schuleintritt, altersgerechten Spielen, Einschlafritualen und mehr und lernen, wie sie sich in Notfällen verhalten sollen. Abgerundet wird die Ausbildung durch ein zweistündiges Praktikum bei ausgewählten Familien und eine Abschlussprüfung. Interessierte Familien erhalten über die Homepage Auskunft über BabysitterInnen.

CARE4KIDS / CLAUDIA ZEITHAMMER
1130 Wien, Josef-Schuster-Gasse 28
Tel.: 0699/1 24 07 060
www.care4kids.at

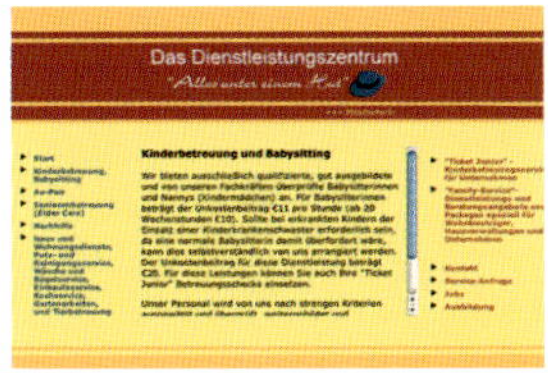

Das Dienstleistungszentrum

Arbeiterkammer Wien

Die individuelle mobile Kinderbetreuung: Auch außerhalb der üblichen Betreuungszeiten stehen qualifizierte Betreuer wie ausgebildete ErzieherInnen, KindergärtnerInnen, Kindergartenpädagogen, HortnerInnen, Kinderkrankenschwestern etc. zur Verfügung. Diese kommen ins Haus oder machen Programm mit den Kids. Ganz nach Wunsch. Auch Babysitterservice sowie Ferien- (umfangreiches Angebot!) oder Lernbetreuung gehören zum Angebot der Kinderbetreuungsagentur. Kosten je nach Betreuungsausmaß und Kinderzahl, zum Beispiel eine Stunde Kinderbetreuung zu Hause für ein bis zwei Kinder: 12 Euro zuzüglich Vermittlungsgebühr. Für den Start wird eine Schnupperstunde angeboten, damit das Kind die Betreuungsperson im Beisein der Mutter kennen lernen kann.

DAS DIENSTLEISTUNGSZENTRUM
1070 Wien, Neubaugasse 66/2/11
Tel.: 01/523 46 01
www.dasdienstleistungszentrum.at
Betreuung durch qualifizierte Babysitterinnen und Kindermädchen: Die Betreuungspersonen werden aus- und weitergebildet und sind beim Dienstleistungszentrum angestellt. Kosten für Babysitterinnen: 11 Euro pro Stunde, ab 20 Wochenstunden 10 Euro. Auch Au-Pairs werden vermittelt.

ELTERN KIND ZENTRUM GILGEGASSE
1090 Wien, Gilgegasse 15, Tel.: 01/406 97 75
www.elternkindzentrum.com
Im Babysitter-Kurs des Eltern-Kind-Zentrums Gilgegasse werden Babysitter gründlich auf ihre Tätigkeit vorbereitet. Jugendliche ab 14 Jahre und Erwachsene werden theoretisch mit Themen rund ums Kind vertraut gemacht, aber auch Spiele für verschiedene Altersstufen, das Basteln von Fingerpuppen, Einschlafrituale, Erste Hilfe etc. werden vermittelt. Abgerundet wird der Kurs durch drei Kurseinheiten Praxis in der Gilgegasse. Der Kurs wird mit einem Zertifikat abgeschlossen, die Babysitterinnen werden über das Eltern-Kind-Zentrum vermittelt.

KAMMER FÜR ARBEITER UND ANGESTELLTE FÜR WIEN
1040 Wien, Prinz-Eugen-Straße 20–22
Tel.: 01/501 65 0
www.wien.arbeiterkammer.at
Die Info-Broschüre „Kinderbetreuung in Wien" gibt einen genau aufgeschlüsselten Überblick über die Möglichkeiten, ihre Vor- und Nachteile und Kosten sowie weiterführende Infos. Sie kann unter www.wien.arbeiterkammer.at heruntergeladen oder bei der AK bestellt werden unter Tel.: 01/310 00 10-329.

KINDERBÜRO DER UNIVERSITÄT WIEN
1080 Wien, Lammg. 8/4, Tel.: 01/42 77-107 01
http://kinder.univie.ac.at
Das Kinderbüro bietet stundenweise Kinderbetreuung auch für ganz kleine Kinder. Während die Eltern arbeiten oder studieren, werden die Kinder im Kinderzimmer von erfahrenen Betreuerinnen versorgt. Auf 10 bis 14 Kinder kommen dabei drei KinderbetreuerInnen; die Eingewöhnungsphase wird individuell gestaltet. Im Elternzimmer stehen den Mamis und Papis Computerarbeitsplätze zur Verfügung. Kosten: ab 5 Euro für den 2-h-Block. Flying Nannys sind bei der Kinderbetreuung in Organisationen und Unternehmen, aber auch bei privaten Festen etc. im Einsatz. Für die Ferienzeiten werden „Ferien-

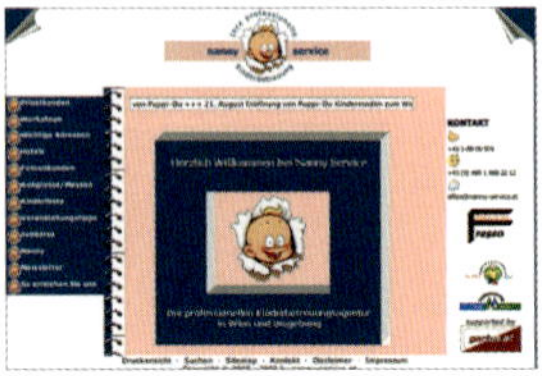

Nanny Service

specials" mit Programmen und Aktivitäten für Schulkinder und Ausflügen für Kids ab drei Jahren angeboten, weiters werden Events für Kids wie Kindergeburtstage etc. organisiert.

KINDERDREHSCHEIBE
1050 Wien, Wehrgasse 26, Tel.: 01/581 06 60
www.kinderdrehscheibe.at
Ein umfangreicher Pool an Kinderbetreuungsmöglichkeiten: Der Verein Wiener Kinderdrehscheibe vermittelt als Zusammenschluss der privaten Trägerorganisationen, die in Wien Kinderbetreuungsplätze anbieten, sowohl freie Plätze in diversen Kindergärten als auch bei Tagesmüttern/-vätern. Diese werden in Form einer Grundausbildung auf ihre Tätigkeit vorbereitet. Auch Plätze für Ferienzeiten und sonstige Betreuungsengpässe werden angeboten. Nähere Auskünfte telefonisch oder auch in einem persönlichen Beratungsgespräch. Kostenbeispiel: Eine Ganztagsbetreuung durch eine Tagesmutter / einen Tagesvater (40 Stunden/ Woche) kostet monatlich etwa 330 Euro inklusive Essen.

NANNY SERVICE
1030 Wien, Hörnesgasse 13
Tel.: 01/890 09 76, Hotline: 0699/188 82 212
www.nanny-service.at
Qualifizierte Betreuung durch angehende oder ausgebildete Pädagoginnen – bei Nanny Service hat man die Möglichkeit, aus einem Pool von KinderbetreuerInnen auszuwählen. Das Angebot kann fallweise oder regelmäßig gebucht werden und reicht von Bring- und Abholservice zu Kinderbetreuungsstätten oder Schulen bis zur Organisation und Durchführung eines Kinderfestes. Als Vermittlungsprovision sind bei langfristiger Betreuung 100 Euro zu zahlen, wenn man mehr als zwei Nannys kennenlernen möchte, 150 Euro, darauf folgt ein monatlicher Mitgliedsbeitrag. Pro Stunde bekommt die Nanny für die Betreuung eines Kindes 8 Euro. Package für kurzfristige Betreuung zum Beispiel: bis zu drei Stunden und drei Kindern 70 Euro.

MA 10 – WIENER KINDERGÄRTEN
1030 Wien, Rüdengasse 11
Infotelefon für Fragen rund um die Kinderbetreuung: 01/277 55 55 (Servicestellen auf telefonische Anfrage oder im Internet)
www.wien.gv.at/bildung/kindergarten/
Städtische Kindergärten stehen Kindern von drei bis sechs Jahren offen. Bis zu 25 Kinder werden von einer KindergartenpädagogIn und einer KindergartenassistentIn betreut. Die Kosten liegen z. B. für Halbtagsbetreuung (8 bis 12 Uhr) bei 126,82 Euro (Gabelfrühstück: 7,27 Euro). Zeitlich ist eine Betreuung zwischen 6 und 18 Uhr möglich. Auf der Homepage sind auch private Kinderbetreuungsplätze, Kindergruppen und Tageseltern zu finden.

VEREIN ELTERN FÜR KINDER ÖSTERREICH
1160 Wien, Ottakringer Straße 217–221/2/R2
Tel.: 01/368 71 91, www.efk.at
Die angestellten Tagesmütter im Raum Wien werden durch ein Team von Diplomsozialarbeiterinnen und Administrationskräften vermittelt und in ihrem beruflichen Alltag mit den Kindern (bis 6 Jahre, manche Tagesmütter betreuen auch ältere Kinder am Nachmittag) laufend beraten. Kosten: für 10 bis 40 Stunden pro Woche ab 105 Euro monatlich. Reduzierte Preise für Geschwisterkinder.

www.kommunikationsbuero.at
Ich hab was gegen
Vernachlässigung!
Sabine, Sozialarbeiterin, MAG ELF
Die MAG ELF hilft, wenn es Kinder trifft.
MAG ELF
Kinder•Jugend•Familie
▸ Kinder brauchen Zuwendung statt Liebesentzug. Die Mitarbeiterinnen und Mitarbeiter der MAG ELF helfen, wenn Kinder mehr brauchen, als Eltern geben können.
MAG ELF Telefon: 4000-8011
StaDt Wien
Wien ist anders.

Caritas Tagesmütterzentrale

Bin bei Omi

NIEDERÖSTERREICH

CARITAS TAGESMÜTTER ZENTRALE

3100 St. Pölten, Beratungszentrum St. Pölten
Dr.-Karl-Renner-Promenade 12
Tel.: 0 27 42/841 62, www.stpoelten.caritas.at
Tagesmütter werden im Rahmen einer Grundausbildung pädagogisch geschult und vermittelt. Dabei wird Unterstützung bei der Vereinbarung der Betreuungsmodalitäten wie Erziehungsstil, Ernährungsgewohnheiten, sowie hinsichtlich der Vereinbarung geboten. Die Kosten der Betreuung und Verpflegung können direkt mit der Tagesmutter vereinbart werden.

BURGENLAND

PROJEKT TAGESMÜTTER BURGENLAND

7000 Eisenstadt, Hartlsteig 2
Tel.: 0 26 82/610 25
www.tagesmuetter.or.at
Etwa 60 Tagesmütter betreuen derzeit etwa 150 Kinder. Flexible Zeiten und individuelle Betreuung sind ebenso Vorteile für die Eltern wie die Sicherheit durch beim Verein angestellte Tagesmütter. Diese werden aus- und weitergebildet und bieten dadurch professionelle Kinderbetreuung. Die Einhaltung gesetzlicher Grundlagen und qualitätsgesicherter Rahmenbedingungen ist Voraussetzung.

OBERÖSTERREICH

„BIN BEI OMI"

4112 Rottenegg, Rodlstr. 13, Tel.: 0699/270 61 257
www.bin-bei-Omi.at
„Wohlfühlen für alle Beteiligten" ist die Devise von „Bin bei Omi". Ob die Eltern Termine haben, einkaufen oder Freizeitaktivitäten nachgehen, bei „Omi" sind Kids im Vor- und Pflichtschulalter auch spontan willkommen. Dies auch an einzelnen schulfreien Tagen, in Ferienzeiten und an Samstagen. Der Vorteil für die Eltern: Es ist keine Einschreibung erforderlich. Zum Tragen kommen bei der Betreuung durch die Omis pädagogische Grundsätze – ganz wesentlich ist dabei die Idee der „Entschleunigung". Einheitstarif: 5 Euro pro Stunde. Die qualifizierten Omas von „Bin bei Omi" werden auch für private Betreuung vermittelt.

KINDERBÜRO AN DER JOHANNES KEPLER UNIVERSITÄT

4040 Linz, Aubrunnerweg 7, Tel.: 0 73 2/25 19 32
www.jku.at/unikid
„Uniracker" ist die flexible stundenweise Kinderbetreuung an der Johannes Kepler Universität. Sie ist nicht als Ersatz für Kindergarten oder Hort gedacht, da sie keinen pädagogischen Grundsätzen folgt. Infos zu weiteren Betreuungsangeboten in OÖ auf der Homepage.

OBERÖSTERREICHISCHER FAMILIENBUND

4040 Linz, Hauptstraße 83–85
Tel.: 0 73 2/60 30 60
www.ooe.familienbund.at
In den Ferien wird im Rahmen von „Talentolino" Ferienbetreuung für Kinder ab fünf Jahren mit interessanten Programmen aus den Bereichen Musik, Kreatives Gestalten, Theater, Medien, Sport und Abenteuer geboten.

VEREIN AKTION TAGESMÜTTER OÖ

4020 Linz, Raimundstraße 10
Tel.: 0 73 2/69 22-80 80

Selbstversorger?
Helfen Sie mit, Kinder in Wien vor Vernachlässigung zu schützen.
MAG ELF
Kinder•Jugend•Familie
▸ Ohne Zuwendung und Liebe kann sich kein Kind gut entwickeln. Die Mitarbeiterinnen und Mitarbeiter der MAG ELF helfen, wenn Kinder mehr brauchen, als Eltern geben können.
www.kinderschutz.wien.at
StaDt Wien
Wien ist anders.

Verein Drehscheibe Kind

Unikid-Büro

http://tagesmuetter.kinderplattform.info
Mit über 100 Unterrichtseinheiten und einem Erste-Hilfe-Kurs werden die Tagesmütter – selbst Mütter – auf ihre Tätigkeit vorbereitet. Sie sind beim Verein Aktion Tagesmütter OÖ angestellt, übrigens werden sie auch überprüft und kontrolliert. Die Kosten sind vom Bruttofamilieneinkommen, den Betreuungswochenstunden und vom Bedarf an Verpflegung abhängig. Stundenweise Betreuung und Wickelstube in den Zwergenhäusern in Freistadt (4240 Freistadt, Schlosshof 1, Tel.: 0 79 42/777 48) und Vöcklabruck (4840 Vöcklabruck, Vorstadt 9, Tel.: 0 76 72/258 00).

VEREIN DREHSCHEIBE KIND

4400 Steyr, Promenade 12, Tel.: 0 72 52/480 99
www.drehscheibe-kind.at
Mobile Betreuerinnen kommen zur Familie ins Haus und übernehmen ganz individuell und nach Abmachung die Betreuung. Aber auch in Form von Kindergruppen, zum Teil auch schon für ganz Kleine, unterstützt der Verein Drehscheibe Kind und Eltern. Kids werden hier auch in Ferienzeiten betreut.

STEIERMARK

KINDERDREHSCHEIBE STEIERMARK

8010 Graz, Brandhofgasse 13
Tel.: 0 31 6/37 40 44 oder zum Ortstarif: 0810/00 12 42, www.kinderdrehscheibe.net
Etwa 1000 Kinderbetreuungseinrichtungen in der gesamten Steiermark sind hier erfasst, außerdem stehen den Eltern eine Landkarte mit Suchfunktion sowie eine Tagesmütterdatenbank und eine Kurzzeitbetreuungsbörse zur Verfügung.

TAGESMÜTTER STEIERMARK

8010 Graz, Keesgasse 10/I, Tel.: 0 31 6/67 14 60
www.tagesmuetter.co.at
Tagesmütter werden aus- und weitergebildet – die Betreuungsqualität ist dementsprechend hoch. Zunächst wird der Bedarf der Familie geklärt, dann werden entsprechende Tagesmütter und -väter vorgeschlagen. Die Kosten richten sich nach dem Betreuungsumfang. Z. B. Elternbeitrag für 15 Wochenstunden, Standardbetreuung: monatlich 103 Euro.

UNIKID – INTERUNIVERSITÄRE KINDERBETREUUNGSANLAUFSTELLE

8010 Graz, Harrachg. 32, Tel.: 0 31 6/380 -10 64
www.kfunigraz.ac.at/unikid
Vermittelt werden den studierenden Eltern an der Karl-Franzens-Universität Graz, der Universität für Musik und darstellende Kunst und an der TU die verschiedensten Betreuungsformen: ob Tagesmütter, die in der Nähe der Universitäten wohnen oder StudentInnen mit Kinderbetreuungserfahrung oder einschlägiger Ausbildung. Im Rahmen von M.A.M.A. werden Kinder flexibel stundenweise betreut. Und auf der Internetplattform www.unigraz.at/unikid/parent2parent2.html können Anbieter und Suchende Inserate aufgeben. Im Sommer werden für Kinder von drei bis zehn Ferienprogramme angeboten.

WIKI

8041 Graz, Ziehrerstraße 83
Tel.: 0 31 6/42 65 65
www.wiki.at
Die Betreuerinnen von „Flying Wiki“ bieten mobile und flexible Kinderbetreuung von Montag bis Samstag von 6 bis 22 Uhr bei den Familien zu Hause oder in der eigenen Woh-

Universität Salzburg Kinderbüro

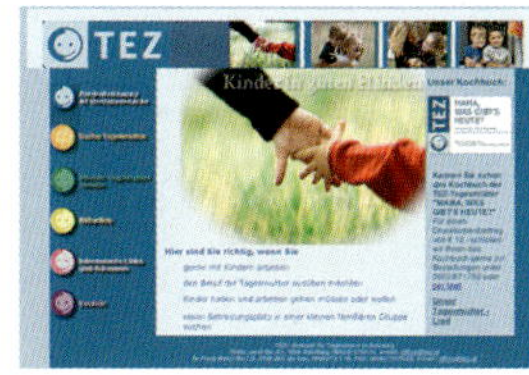

TEZ – Zentrum für Tageseltern

nung. Betreut werden maximal fünf Kinder, dies stundenweise bzw. ganz nach dem jeweiligen Bedarf.

SALZBURG

KOKO
5020 Salzburg, Innsbrucker Bundesstraße 37
Tel.: 0 66 2/43 63 69
www.koko.at
Hier werden ausgebildete Tageseltern vermittelt, die Kinder bis 14 Jahre betreuen.

UNIVERSITÄT SALZBURG KINDERBÜRO
5010 Salzburg, Residenzplatz 9
Tel.: 0 66 2/80 44-25 24
www.uni-salzburg.at
Kindergruppe: Tel.: 0 66 2/84 47 56
http://members.aon.at/kindergruppe
Für einzelne Sommermonate wird für Kinder von drei bis zehn Jahren eine Ganztagsbetreuung angeboten. Aber es ist auch eine laufende Betreuung möglich: Die altersgemischte Kindergruppe steht bis zu sechsjährigen Kindern studierender und nichtstudierender Eltern 49 Wochen im Jahr offen.

TEZ – ZENTRUM FÜR TAGESELTERN IN SALZBURG
5020 Salzburg, Franz-Josef-Straße 4/2,
Tel.: 0 66 2/87 17 50-13
5700 Zell am See, Dr.-Franz-Rehrl-Straße 1/5,
Tel.: 0 65 42/731 76
www.tez.at
Der gemeinnützige Verein vermittelt in Stadt und Land Salzburg für Kids bis 16 Jahre Kinderbetreuungsplätze bei Tagesmüttern.

KÄRNTEN

AVS-TAGESMÜTTER
9024 Klagenfurt, Fischlstraße 40
Tel.: 0 46 3/51 20 35-613
www.avs-sozial.at
Die Tagesmütter sind angestellt, pädagogisch ausgebildet und bilden sich ständig weiter. Je nach räumlicher Voraussetzung und Anzahl der eigenen Kinder werden bis zu vier Ganztagskinder oder bis zu sechs Teilzeitkinder im Alter bis zu 16 Jahren betreut. Kosten: für mind. 60 Monatsstunden 2 Euro pro Stunde.

KINDERBÜRO AN DER ALPEN-ADRIA-UNIVERSITÄT KLAGENFURT
9020 Klagenfurt, Lake Side Park B02
Tel.: 0 46 3/27 00-92 16
www.uni-klu.ac.at/unikid
Kinder von Universitätsangehörigen werden hier stundenweise und je nach Bedarf betreut. Diese Einrichtung soll es StudentInnen und Uni-MitarbeiterInnen ermöglichen, Betreuungsengpässe auszugleichen. Für Kids bis 12 Jahre; auch Sommerprogramme für Kinder von 4 bis 12 werden angeboten.

TIROL

AKTION TAGESMÜTTER
6020 Innsbruck, Josef-Hirn-Straße 1
Tel.: 0 51 2/58 32 68-0
www.aktion-tagesmutter.at
Der Zweigverein des Katholischen Familienverbandes Tirol bietet den Mitgliedern die Möglichkeit, nach klar definierten Richtlinien und Qualitätskriterien zu arbeiten und so professionelle Kinderbetreuung zu ermög-

Info Eck

lichen und zu garantieren. Dies für Kinder bis 15 Jahre. Die Tagesmütter/-väter werden ausgebildet und besuchen Fortbildungsangebote. Kosten: 2,50 Euro pro Stunde zzgl. Essen.

FIB – FRAUEN IM BRENNPUNKT
6020 Innsbruck, Marktgraben 16/II,
Tel.: 0 51 2/58 76 08
6600 Reutte, Obermarkt 3, Tel.: 0 56 72/659 56
6130 Schwaz, St. Martin 16, Tel.: 0 52 42/660 50
www.fib.at
Etwa 60 Tagesmütter sind im Einsatz und betreuen jeweils bis zu vier Kinder in ihrem Haushalt. Die Tagesmütter entsprechen dabei strengen Qualitätskriterien, die von der sorgfältigen Auswahl bis zur laufenden Kontrolle gehen. Die Kosten liegen bei 2,46 Euro pro Stunde zzgl. einer monatlichen Verwaltungspauschale von 23 Euro.

INFOECK / BABYSITTERBÖRSE FÜR INNSBRUCK, IMST UND LANDECK
Tel.: 0 51 2/17 99 (Ibk.), 0 54 12/665 00 (Imst)
www.infoeck.at
Ein kostenloser Service, um Eltern und Babysitter zusammenzubringen. Babysitterkosten pro Stunde: zirka 7 Euro.

LAND TIROL
Kostenlose Hotline: 0800/800 508
www.tirol.gv.at
Auf Anfrage informieren Experten über die Wahl der Kinderbetreuungsform und geben Auskünfte über die mehr als 1.000 Kinderbetreuungseinrichtungen in Tirol.

NANNY SERVICE
6370 Kitzbühel, Walsenbachweg 6
Tel.: 01/890 09 76, Hotline: 0699/188 82 212
www.nanny-service.at
Qualifizierte Betreuung durch angehende oder ausgebildete Pädagoginnen – bei Nanny Service hat man die Möglichkeit, aus einem Pool von KinderbetreuerInnen auszuwählen. Das Angebot kann fallweise oder regelmäßig gebucht werden und reicht von Bring- und Abholservice zu Kinderbetreuungsstätten oder Schulen bis zur Organisation und Durchführung eines Kinderfestes. Als Vermittlungsprovision sind bei langfristiger Betreuung 100 Euro zu berzahlen, wenn man mehr als zwei Nannys kennenlernen möchte, 150 Euro, darauf folgt ein monatlicher Mitgliedsbeitrag. Pro Stunde bekommt die Nanny für die Betreuung eines Kindes 8 Euro. Package für kurzfristige Betreuung zum Beispiel: bis zu drei Stunden und drei Kindern 70 Euro.

VORARLBERG

VORARLBERGER FAMILIENBUND
6923 Lauterach, Löhernweg 2
Tel.: 0650/410 93 60
http://get.to/fambund
Es werden Omas und Opas vermittelt, wobei der Kontakt der älteren und jüngeren Generation zueinander im Vordergrund steht. Es handelt sich um eine reine Vermittlertätigkeit – die anfragenden Personen müssen allerdings Mitglieder des Familienbundes sein.

VEREIN TAGESBETREUUNG VORARLBERGER TAGESMÜTTER
6800 Feldkirch, Reichsstraße 126
Tel.: 0 55 22/718 40
www.verein-tagesbetreuung.at
Vermittlung von Tagesmüttern.

Bank Austria Uni Credit Group

Raiffeisenbank

ÖSTERREICHWEIT

BANK AUSTRIA UNI CREDIT GROUP

1030 Wien, Vordere Zollamtsstraße 13
Tel.: 05 05 05 0
www.bankaustria.at
Die Bank Austria bietet nicht nur einen anspruchsvollen Arbeitsplatz mit zahlreichen Bildungs- und Trainingsprogrammen, sondern auch eine betriebliche Altersvorsorge und Gesundheitsmanagement. Weiters flexible Arbeitszeitmodelle für ein ideales Zusammenspiel zwischen Beruf und Privatleben. (In Wien gibt es zwei Betriebskindergärten.)

ERSTE BANK

1010 Wien, Graben 21, Tel.: 50 100 10 100
www.sparkasse.at
Hier wird großer Wert auf ständige Aus- und Weiterbildung gelegt. Um angesichts der erhöhten Anforderungen der heutigen Arbeitswelt die Vereinbarkeit von persönlicher und beruflicher Lebensführung zu unterstützen, bedarf es flexibler Arbeitszeitmodelle. Hier wird vor allem auf Leistung geachtet und nicht auf starre Arbeitszeiten. Auch der Umstieg von Voll- auf Teilzeit oder umgekehrt wird angeboten.

FAMILIENALLIANZ FAMILIE & BERUF MANAGEMENT GMBH

1010 Wien, Franz-Josefs-Kai 51/8
Tel.: 01/218 50 70
www.familienallianz.at
Die Vereinbarkeit von Familie und Beruf ist das zentrale Thema der Familienallianz. Unterstützung wird nicht nur Unternehmen, die auf Familienfreundlichkeit setzen wollen, geboten, sondern auch den Familien selbst. So findet man auf der Homepage z. B. einen Leitfaden, der den Wiedereinstieg erleichtern soll. Außerdem eine Liste der auditierten Unternehmen in den jeweiligen Bundesländern. Familienfreundlichen Unternehmen wird das Gütesiegel „Beruf und Familie" verliehen.

GRÜNE ERDE

4644 Scharnstein, Mühldorf 11
Tel.: 0 76 15/20 34 10
www.grueneerde.com
Mit rund 50 verschiedenen Zeitmodellen und vielfältigen Möglichkeiten für Urlaubsplanung und Inanspruchnahme von Zeitausgleich wird Grüne Erde den individuellen Bedürfnissen der MitarbeiterInnen im Unternehmen gerecht. Kein Wunder, dass der Anteil der weiblichen Mitarbeiter hier über 80 Prozent beträgt. Grüne Erde bietet den MitarbeiterInnen weiters eine freiwillige Pensionsvorsorge sowie Weiterbildungskurse, Bildungskarenz, täglich gratis Bio-Obst etc.

RAIFFEISENBANK

1010 Wien, Schwarzenbergplatz 3
Tel.: 05/552 61 53
www.raiffeisen.at
Die Raiffeisenbank fördert Maßnahmen, die es den Mitarbeitern ermöglichen, das Familienleben mit beruflichen Anforderungen noch besser zu koordinieren. Hier wird zB auch Teilzeitarbeit als Alternative nach der Karenz angeboten.

SPAR ÖSTERREICHISCHE WARENHANDELS AG

5010 Salzburg, Europastr. 3, Tel.: 0 66 2/447 00
www.spar.at
Spar sieht den Menschen als solches als

Henkel

Mittelpunkt der Unternehmenskultur und versucht deshalb beste Voraussetzungen für alle Mitarbeiter zu schaffen. Man versucht, den Mitarbeitern einen attraktiven Arbeitsplatz zu bieten und vor allem auf Angestellte mit Familie einzugehen, um die Vereinbarkeit von Familie und Beruf zu erzielen.

WIEN

AMWAY GES.M.B.H.
1210 Wien, Lohnergasse 2, Tel.: 01/277 57-214
www.amway.at
Frauen, aber auch Männer sollen die Chance haben, Beruf und Familie zu vereinbaren. Hier gehört es zur Firmenphilosophie, für geeignete Rahmenbedingungen für Mitarbeiter und selbstständige Geschäftspartner zu sorgen.

BAWAG P.S.K.
1010 Wien, Seitzergasse 2–4, Tel.: 01/534 53-0
www.bawag.com
Die Aus- und Weiterbildung der Mitarbeiter wird hier besonders groß geschrieben. Nach einer fundierten Ausbildung stehen auch weiterhin zahlreiche Seminare und Workshops zur Verfügung. Besonders familienfreundlich ist auch das Angebot eines Betriebskindergartens an zwei Standorten.

BAXTER VERTRIEBS GMBH
1220 Wien, Industriestr. 67, Tel.: 01/71 120 15-0
www.baxter.at
Baxter hat es sich zur Aufgabe gemacht, seine Mitarbeiter dabei zu unterstützen, eine Balance zwischen beruflichen und privaten Anforderungen zu finden. Unterstützt wird diese Philosophie durch professionell geschulte Mitarbeiter sowie durch verschiedene etablierte Projekte und Angebote wie z. B. flexible Arbeitszeitmodelle, Aus- und Weiterbildungsmöglichkeiten, Mitarbeiter- und Familienservice sowie Betriebskindergarten.

EBV LEASING GMBH & CO KG
1060 Wien, Linke Wienzeile 120
Tel.: 050/100-766 20
www.ebv-leasing.at
Die EBV Leasing bemüht sich um ein ausgewogenes Verhältnis zwischen Familie und Beruf. Nur wer privat zufrieden ist, kann auch im Beruf gute Leistungen bringen, dies wird z. B. durch ein flexibles Arbeitszeitmodell gewährleistet. Auch beim Wiedereinstieg nach dem Mutterschutz bzw. verlängerten Mutterschutz wird den Eltern weitgehend eine Fortführung derselben Qualität ihrer Tätigkeit gewährleistet. Weiters haben die Mitarbeiter die Möglichkeit, diverse Beratungsleistungen wie Paar- und Familienberatung oder pädagogische Beratung in Anspruch zu nehmen.

FRANZ FELBER & CO GESMBH
1220 Wien, Dassanowskyweg 11
Tel.: 01/256 88 00
www.felberbrot.at
Schon aus seiner Tradition heraus versucht dieses Familienunternehmen, Frauen den Spagat zwischen Beruf und Familie zu ermöglichen. Wenn Mitarbeiter ihre privaten Bedürfnisse mit den beruflichen in Einklang bringen können, sind ihre Einsatzbereitschaft, Loyalität und Motivation umso höher. Hier ist man offen gegenüber allen flexiblen Arbeitszeitmodellen.

HENKEL
1030 Wien, Erdbergstraße 29, Tel.: 01/711 04-0
www.henkel.at

Rail Tec Arsenal

T-Systems Austria

Hier werden engagierte und qualifizierte Mitarbeiter gesucht. Auf die eigene Entwicklung wird großer Wert gelegt, und somit werden zahlreiche Aus- und Weiterbildungsmöglichkeiten angeboten. Flexible Arbeitszeiten bieten ideale Voraussetzungen, um Familie und Beruf ideal zu vereinbaren.

ÖSTERREICHISCHE KINDERFREUNDE – LANDESORGANISATION WIEN
1080 Wien, Albertgasse 23, Tel.: 01/401-25
www.wien.kinderfreunde.at
Die Wiener Kinderfreunde haben in den vergangenen Jahren in zahlreichen Betrieben und Krankenhäusern an der Errichtung von Betriebskindergärten mitgewirkt. Eine Liste dieser Unternehmen findet man auf der Homepage der Wiener Kinderfreunde.

ÖSTERREICHISCHE NATIONALBANK
1090 Wien, Otto-Wagner-Platz 3
Tel.: 01/404 20-0, www.oenb.at
Die Schaffung von motivierenden Rahmenbedingungen für die Mitarbeiter ist ein wichtiger Aspekt für die optimale Leistungserbringung. Hier werden sowohl ein sicherer Arbeitsplatz als auch ein angemessener Verdienst, ausgezeichnete Aus- und Weiterbildungsmöglichkeiten, geringfügige Beschäftigung während der Karenz und ein Betriebskindergarten geboten.

RTA RAIL TEC ARSENAL FAHRZEUGVERSUCHSANLAGE GMBH
1210 Wien, Paukenwerkstraße 3
Tel.: 01/256 80 81-401
www.rta.co.at
Hier liegen die Familien der Mitarbeiter auch dem Unternehmen am Herzen. Jährliche Familientage verbessern das gegenseitige Verständnis. Ein Familienbeauftragter widmet sich vor allem den täglichen Herausforderungen junger Eltern.

T-SYSTEMS AUSTRIA GESMBH
1030 Wien, Rennweg 97-99, Tel.: 01/570 57
www.t-systems.at
Flexible, wettbewerbsfähige und attraktive Vergütungs-, Arbeitszeit- und Qualifizierungssysteme sind entscheidende Voraussetzungen für Mitarbeiter. Nicht nur der Betriebskindergarten, sondern auch eine betriebliche Rentenversicherung sorgen für Zufriedenheit unter den Mitarbeitern und zeichnen T-Systems als besonders familienfreundlich aus.

WIENER STÄDTISCHE VERSICHERUNG AG VIENNA INSURANCE GROUP
1010 Wien, Schottenring 30
Tel.: 050/350-200-00, www.staedtische.co.at
Bei der Wiener Städtische Versicherung AG Vienna Insurance Group wird der Mitarbeiter in den Vordergrund gestellt. In diesem Sinne werden individuelle Talente bzw Stärken gefördert. Dies durch das Angebot zahlreicher Aus- und Weiterbildungsmöglichkeiten. Speziell junge Familien profitieren vom Betriebskindergarten.

NIEDERÖSTERREICH

MEDILIKKE – BAUTRÄGER – IMMOBILIEN GESMBH
2340 Mödling, Guntramsdorfer Straße 103
Tel.: 0 22 36/440 04
www.mdk.at
Hier wird vor allem auf vollkommen freie Arbeitszeiten, angepasst an die familiären

Medilikke – Bauträger – Immobilien

Haus St. Vinzenz Pinkafeld

Verhältnisse, Wert gelegt. Verschiedenste individuelle Ausbildungsmöglichkeiten sowie gleiche Aufstiegschancen für Frauen und Männer garantieren ein familienfreundliches Arbeitsklima.

SACHEN & MACHEN
2460 Bruck/Leitha, Industriegelände West Nr. 11
Tel.: 0 21 62/645 80 12
www.sachen-machen.at
Ausgezeichnet mit dem 1. Platz als frauen- und familienfreundlichstes Unternehmen bestätigt Sachen & Machen die Firmenphilosophie der flachen Hierarchien, flexiblen Arbeitszeitenmodelle und sehr guten internen Kommunikation. Hier ist es oberste Priorität, eine Arbeitsatmosphäre zu schaffen, in der sich Verständnis und Vertrauen entfalten können.

TEAM-TRAINER-AGENTUR
3232 Bischofstetten, Pielachtalstraße 5
Tel.: 0 27 48/66 18
www.schmied-senger.at
Im Mittelpunkt steht hier, die familiären und beruflichen Bedürfnisse zu vereinen und die Mitarbeiter selbst mitbestimmen zu lassen. Dies verbessert kontinuierlich die Zufriedenheit am Arbeitsplatz und ermöglicht auch eine bessere Verbindung zischen Familie und Beruf.

BURGENLAND

ALBIN FRIEDRICH KG
7423 Pinkafeld, Marktplatz 5
Tel.: 0664/181 52 10, gottweis@wellcom.at
Mitarbeiter sind heutzutage das wichtigste Kapital. Sie zeichnen sich durch Eigeninitiative und Engagement aus. Um jungen Müttern und Vätern den Berufs- und Familienalltag zu erleichtern, wird hier großer Wert auf selbstständige Zeit- sowie Urlaubseinteilung gelegt.

HAUS ST. VINZENZ PINKAFELD BETRIEBSGMBH
7423 Pinkafeld, Schütznerstraße 15
Tel.: 0 33 57/42 24 20
www.haus-stvinzenz.at
Hier wird von den Mitarbeitern Verantwortungsbewusstsein und Engagement erwartet. Im Gegenzug bietet das Haus St. Vinzenz Aus- und Weiterbildungsmöglichkeiten sowie Kinderbetreuungsplätze.

STEIERMARK

ICG INFORA CONSULTING
8020 Graz, Entenplatz 1a, Tel.: 0 31 6/718 94 00
www.icg.eu.com
Hier wird vor allem auf die Vereinbarkeit zwischen Familie und Beruf geachtet, indem persönliche Anliegen der Mitarbeiter mit Priorität behandelt werden. Familienmitglieder werden in Veranstaltungen miteinbezogen. Hohe Flexibilität, individuelle Arbeitszeitgestaltung und Teilzeitmodelle sowie Teleworking werden angeboten, um das Familienleben zu erleichtern.

K UND K WIRTSCHAFTSCOACHING GMBH
8020 Graz, Zimmerplatzgasse 1/11
Tel.: 0676/317 80 71
www.kkwico.at
Die Vereinbarkeit von Familie und Beruf ist eine wesentliche Voraussetzung für ein geglücktes persönliches Leben der Mitarbeiter.

Karl-Franzens-Universität Graz

Voestalpine AG

Ideale Bedingungen wie flexible Zeiteinteilung tragen zu einem harmonischen Familienleben bei.

KARL-FRANZENS-UNIVERSITÄT GRAZ
8010 Graz, Universitätsstraße 27
Tel.: 0 31 6/380 21 05
www.uni-graz.at
Hier wird großer Wert auf Ausbildung gelegt. Es werden interne als auch externe Weiterbildungsmöglichkeiten sowie Sprachkurse angeboten. Auch hier steht die Vereinbarkeit von Familie und Beruf an oberster Stelle. Weiters bietet die Universität Graz Kinderbetreuungsplätze sowie Sommerkinderbetreuung an.

STEIERMÄRKISCHE BANK UND SPARKASSEN AG
8011 Graz, Am Sparkassenplatz 4
Tel.: 050/100-360 00
www.sparkasse.at
Bei der Steiermärkischen Sparkasse besteht Chancengleichheit für Frauen und Männer sowohl in ihrer Entwicklung als auch bei der Karriere und Entlohnung. Weiters gewährleistet die Steiermärkische die Vereinbarkeit von Familie und Beruf. Kriterien wie flexible Arbeitszeitmodelle, Unterstützung bei Karenz und Wiedereinstieg sowie familienfreundliche Maßnahmen zeichnen diesen Betrieb aus.

OBERÖSTERREICH

KATZMAIER EINRICHTUNGSTEAM – AUFMÖBLER
4193 Reichenthal, Oberer Markt 23
Tel.: 0 72 14/42 36
www.aufmoebler.at
Hier sieht man es als Aufgabe des Arbeitgebers, einen Beitrag dazu zu leisten, dass Mitarbeiter in allen Bereichen ausgeglichen gute Leistungen liefern können. Aus diesem Grund spielt hier das harmonische Zusammenspiel zwischen Familie und Beruf eine große Rolle.

VOESTALPINE AG
4020 Linz, voestalpine Str. 1, Tel.: 050/304-150
www.voestalpine.com
Der Voestalpine liegt nicht nur die Gestaltung einer attraktiven Arbeitswelt, sondern auch das Zusammenspiel zwischen Familie und Beruf am Herzen. Durch zahlreiche Aus- und Weiterbildungsmöglichkeiten und einen Betriebskindergarten bietet das Unternehmen ideale Voraussetzungen für Mütter und Väter, um den beruflichen und privaten Alltag leichter unter einen Hut zu bekommen.

SALZBURG

ARCHE-NOAH KINDERBETREUUNG
5582 St. Michael/Lungau, Pfarrfelstraße 464
Tel.: 0676/418 54 77
www.kinderbetreuung.cc
Hier werden den Mitarbeitern nach der Karenz ein geringeres Beschäftigungsausmaß oder Normalbeschäftigung angeboten. Bei der Urlaubseinteilung werden Mütter bevorzugt. In den Ferien können die Kinder der Mitarbeiter mit in die Arche genommen werden, weiters werden Kinder von Mitarbeitern gratis betreut.

ERNST & YOUNG WIRTSCHAFTSPRÜFUNGS- UND STEUERBERATUNGS GESMBH
5020 Salzburg, Sterneckstr. 33, Tel.: 0 66 2/211 70
www.ey.com

Miele Kindergarten

Salzburg AG

Die Vereinbarkeit von Familie und Beruf ist ein Grundpfeiler dieses Unternehmens. Mit individuellen Lösungen wird auf die Mitarbeiter eingegangen, die nach der Karenz den Sprung zurück in die Berufswelt machen. Mit flexiblen Arbeitszeiten, Fortbildungsmöglichkeiten und individuellen Regelungen in Bezug auf den Arbeitsort werden hier Familien gefördert.

MIELE ÖSTERREICH
5071 Wals bei Salzburg, Mielestraße 1
Tel.: 050/800-0
www.miele.at
Die Generalsanierung der Unternehmenszentrale 2007 wurde dazu genutzt, einen Betriebskindergarten einzurichten. Im Rahmen der alterserweiterten Kinderbetreuung für Kinder von 0–16 Jahren wurden zu Redaktionsschluss sieben Kinder betreut. Motivation für Miele ist vor allem, dass es „sich kein Unternehmen mehr leisten kann, auf gut qualifizierte Mitarbeiterinnen zu verzichten, nur weil zu ihrer Lebensplanung auch Kinder gehören". Weiters werden zusätzliche Sozialleistungen geboten wie eine kostengünstige Gruppenkrankenversicherung und eine überbetriebliche Pensionskassenregelung für MitarbeiterInnen, die länger als 10 Jahre im Haus sind. Die „Miele Akademie" steht ganz im Dienste der Karriere im eigenen Haus und bietet von fachspezifischen Seminaren bis zur Persönlichkeitsentwicklung eine breite Palette von Möglichkeiten, sich weiterzubilden.

SALZBURG AG
5020 Salzburg, Bayerhamerstraße 16
Tel.: 0 66 2/888 41 70
www.salzburg-ag.at
Die Salzburg AG versucht die persönlichen Stärken der Mitarbeiter sowie Verbesserungspotenziale offenzulegen und somit die Mitarbeiter entsprechend aus- und weiterzubilden. Weiters bietet das Unternehmen flexible Arbeitszeiten und Unterstützung bei Karenz und Wiedereinstieg ins Berufsleben.

WÜSTENROT VERWALTUNGS- UND DIENSTLEISTUNGS GES.M.B.H.
5020 Salzburg, Alpenstraße 61
Tel.: 05/70 70-100
www.wuestenrot.at
Durch eine praxisnahe und umfassende Ausbildung wird man optimal in das Team eingebunden. Im Außendienst hat man die Möglichkeit, seine Termine selbst zu vereinbaren und so Familie und Beruf bestens miteinander zu vereinen.

KÄRNTEN

DORFHOTEL GMBH
9582 Latschach, Dorfstr. 26, Tel.: 0664/343 99 08
www.dorfhotel.com
Die vorhandene Infrastruktur, wie der große Kinderclub mit pädagogisch geschulter Kinderbetreuung, autofreies Dorf, kindergerechte Speisekarte können auch von den MitarbeiterInnen genützt werden. Außerdem gilt hier: „Gleiche Arbeit – gleicher Lohn"!

HYPO GROUP ALPE ADRIA
9020 Klagenfurt, Alpen-Adria-Platz 1
Tel.: 050/202-0
www.hypo-alpe-adria.com
In dem internationalen Konzern wird ein vielseitiges und multikulturelles Umfeld geboten. Verschiedenste Aus- und Weiterbildungsmöglichkeiten bieten gute Karriere-

Druck 2000

Trofana Tyrol

chancen. Zahlreiche Angebote wie Kinderbetreuung, sportliche Angebote, Sprachkurse für Eltern und Kinder sowie zahlreiche Veranstaltungen machen die Hypo Group zu einem attraktiven Arbeitgeber.

KINDERNEST
9020 Klagenfurt, Rudolfsbahngürtel 2/1
Tel.: 0 46 3/50 97 30
www.kindernest.or.at
Im Kindernest kümmert man sich nicht nur um die Kleinsten selbst, sondern auch um das Wohl der Mitarbeiter. Man bemüht sich um die Schaffung und Erhaltung qualitativ hochwertiger Arbeitsplätze. Durch familienfreundliche Arbeitszeiten und -bedingungen, betriebliche Gesundheitsförderung und Schaffung von individuellen Weiterbildungsmöglichkeiten schafft dieses Unternehmen ideale Voraussetzungen für Angestellte mit Familie.

QUANTUM INSTITUT FÜR BETRIEBSWIRTSCHAFTLICHE BERATUNG GMBH
9020 Klagenfurt, St. Veiter Straße 1
Tel.: 0 46 3/326 12-0
www.quantum-gmbh.at
Die Vereinbarkeit von Familie und Beruf stellt für dieses Unternehmen ein grundlegendes Anliegen dar. Die Zufriedenheit der Mitarbeiter durch flexible Arbeitszeiten steht hier im Vordergrund.

TIROL

DRUCK 2000
6300 Wörgl, Peter-Mitterhofer-Weg 23
Tel.: 0 53 32/700 00
www.druck2000.at
Hier sind über 50 Prozent der Mitarbeiter Frauen, sodass man die Bedeutung der Doppelfunktion der Frau kennt. Dementsprechend wird der Spagat zwischen „Familie und Beruf" geschätzt. Man versucht Rahmenbedingungen zu schaffen, um die Harmonie zwischen Familie und Beruf bestmöglich zu unterstützen.

TIROLER LANDESKRANKENANSTALTEN GESMBH
6020 Innsbruck, Anichstraße 35
Tel.: 0 51 2/50 40
www.tilak.at
Nicht nur die Entwicklung der Mitarbeiter, sondern auch die Vereinbarkeit von Familie und Beruf wird hier groß geschrieben. Ein ganztägiger Betriebskindergarten mit Mittagstisch ermöglicht auch mit Familie beste Organisation. Auch flexible Arbeitszeitmodelle werden angeboten.

TROFANA ERLEBNIS-DORF & GASTRONOMIE GMBH
6491 Mils bei Imst, An der Au 1
Tel.: 0 54 18/601
www.trofanatyrol.at
Die Trofana Erlebnis-Dorf & Gastronomie GmbH besticht durch gutes Arbeitsklima in einem jungen, engagierten Team; mit dem Kinderhort wird Müttern eine familienfreundliche Stelle geboten.

VORARLBERG

CARITAS VORARLBERG
6800 Feldkirch, Wichnergasse 22
Tel.: 0 55 22/20 00
Hier fühlt man sich den eigenen Mitarbeitern gegenüber verpflichtet und gibt ihnen

Rhombergbau

den nötigen Rückhalt. Es werden zahlreiche Weiterbildungsmöglichleiten sowie flexible Arbeitszeiten angeboten, um eine optimale Vereinbarkeit von Beruf und Familie zu gewährleisten.

RHOMBERG BAU
6900 Bregenz, Mariahilfstraße 29
Tel.: 0 55 74/44 030
www.rhombergbau.at
Bei Rhomberg Bau werden Mitarbeiter gefördert und gefordert. Mit einem vielseitigen Paket an sozialen Leistungen wird ein Umfeld geschaffen, in dem sich die Mitarbeiter wohl fühlen und wachsen können. In diesem Sinne werden hier maßgeschneiderte Arbeitsverhältnisse, flexibel gestaltbare Zeitmodelle, Heimarbeitsplätze oder auf Schulzeiten abgestimmte Arbeitszeiten geboten.

SENE CURA SOZIALZENTRUM HOHENEMS GMBH
6845 Hohenems, Angelika-Kauffmann-Str. 6
Tel.: 055 76/732 77-403
www.senecura.at
Das im Bereich Altenbetreuung tätige Unternehmen bietet sowohl Voll- als auch Teilzeitbeschäftigung mit flexiblen Arbeitszeiten an. In den monatlichen Dienstplänen werden familiäre Bedürfnisse berücksichtigt. Eine betriebsinterne Kinderbetreuung ist in Planung. Weiters werden zahlreiche Aus- und Weiterbildungsmöglichkeiten angeboten.